PEARSON
myitalianlab™ *Ciao!*

Part of the award-winning MyLanguageLabs suite of online learning and assessment systems for basic language courses, MyItalianLab brings together—in one convenient, easily navigable site—a wide array of language-learning tools and resources, including an interactive version of the *Giardino Italiano* student text, an online Student Activities Manual, and all materials from the audio program. Chapter Practice Tests, tutorials, and English grammar Readiness Checks personalize instruction to meet the unique needs of individual students. MyItalianLab can be packaged with the text at a substantial savings. For more information, visit us online at **http://www.mylanguagelabs.com/books.html**

A GUIDE TO *GIARDINO ITALIANO* ICONS

Text Audio Program

This icon indicates that recorded material is available in MyItalianLab to accompany *Giardino Italiano*. Some recordings are also available on the text audio CDs and the Companion Website.

Pair Activity

This icon indicates that the activity is designed to be done by students working in pairs.

Group Activity

This icon indicates that the activity is designed to be done by students working in small groups or as a whole class.

Giardino Italiano

Francesco Bonavita
Kean University

Prentice Hall
Boston   Columbus   Indianapolis
New York   San Francisco   Upper Saddle River
Amsterdam   Cape Town   Dubai   London
Madrid   Milan   Munich   Paris   Montréal   Toronto
Delhi   Mexico City   São Paulo   Sydney
Hong Kong   Seoul   Singapore   Taipei   Tokyo

Executive Acquisitions Editor: Rachel McCoy
Editorial Assistant: Noha Amer
Executive Marketing Manager: Kris Ellis-Levy
Marketing Coordinator: William J. Bliss
Development Editor for Assessment: Melissa Marolla Brown
Senior Managing Editor for Product Development: Mary Rottino
Associate Managing Editor (Production): Janice Stangel
Senior Production Project Manager: Nancy Stevenson
Media Editor: Meriel Martínez
Executive Editor, MyLanguageLabs: Bob Hemmer
Senior Media Editor: Samantha Alducin
Senior Manufacturing & Operations Manager, Arts & Sciences: Nick Sklitsis
Operations Specialist: Brian Mackey
Full-Service Project Management: Assunta Petrone, Emilcomp/Preparé, Inc.
Composition: Emilcomp/Preparé, Inc.
Printer/Binder: Edwards Brothers
Cover Printer: Lehigh - Phoenix Color/Hagerstown
Cover Credit: Elena Ray/Shutterstock
Publisher: Phil Miller

This book was set in Palatino 10/12.

Credits and acknowledgments borrowed from other sources and reproduced,
with permission, in this textbook appear on appropriate page within text, and on page **316**.

Library of Congress Cataloging-in-Publication Data

Bonavita, Francesco.
   Giardino italiano / Francesco Bonavita. — 1st ed.
      p. cm.
   Text in English and Italian.
   Includes index.
   ISBN-13: 978-0-13-222614-1
   ISBN-10: 0-13-222614-6
   1. Italian language—Textbooks for Foreign speakers—English 2. Italian
language—Grammar 3. Italian language—Spoken Italian. I. Title.
   PC1129.E5B64   2011
   458.2'421—dc22

                                                    2010043119

10 9 8 7 6 5 4 3 2 1

ISBN-10: 0-13-222614-6
ISBN-13: 978-0-13-222614-1

Prentice Hall
is an imprint of

www.pearsonhighered.com

Brief Contents

Scope and Sequence

Giardino Italiano is an intermediate level Italian language curriculum designed for **one-semester** courses. It uses communicative language teaching techniques for the purpose of developing oral proficiency among students. Although this is not a grammar driven program, the text does afford students ample opportunities to practice grammatical structures, as well as offering users a comprehensive grammatical reference section for in-class or out-of-class review and practice. The grammatical explanations represent a clear point of reference, and instructors may dwell on it if it meets their particular needs. The chapters are designed to reflect current vocabulary and expressions used in modern Italian, and *Giardino Italiano* provides students the opportunity to construct, manipulate, and experiment with their newly acquired language. Each chapter presents ample occasions for students to create conversations and to think in the target language.

Students are given the opportunity to develop proficiency within the following thematic settings, such as staying in a hotel, shopping, visiting museums, dealing with health issues, going to restaurants, and last but not least, visiting points of interest in Italy. This program aims at developing communication among students by relying primarily on the use of the target language. The text consists of six units; within each unit there are three chapters.

CHAPTER ORGANIZATION

Dialogo
These chapter opening dialogues are original and reflect the theme of the unit.

Domande sul testo
Questions based on the text follow each dialogue as a means to assess student comprehension of the text and to build learner confidence. These questions are relatively easy to respond to, whereas the personal questions that follow tend to become progressively more challenging.

Domande personali
The personal questions encourage reflection and self-expression, serving to involve the learner directly in much the same way as the characters in the dialogues. Most importantly, learners work in pairs so that language learning becomes a shared and meaningful experience.

Attività
The objective is to create exciting learning situations that engage learners in a variety of practical everyday tasks. These pair or group activities ask students to brainstorm on a given topic, to make assumptions in the target language, and to present their work before the class. *Attività* promote self-expression, engage the entire classroom, and encourage learners to interact and enjoy their language-learning process.

Dibattito
These recurring debates are designed to create an environment that encourages group interaction and expression. This is truly a culmination of the unit in that students are invited to take sides on issues, vicariously or not, so that they can speak freely on a given subject. Emphasis is placed on empowering students to take charge

of their newly acquired language, rather than on winning the debate, so that expressive efforts may be carried to the ultimate degree. In this scenario, teachers and learners take on roles that are different from those seen in a traditional language-learning classroom. Here, the teacher becomes a coach or a moderator, while the students have no choice but to use the language for the purpose of expressing themselves. The student is encouraged to take responsibility for his/her learning and not as a passive spectator. The **Idee** and **Vocabolario utile** features are offered for each debate to help students formulate their positions as they prepare for the in-class presentation and debate.

Lettura breve

These original selections are designed to reflect the theme of the unit and to develop reading confidence among students. Brief and relatively simple to comprehend, the selections promote reading skills and emphasize communicative functions. Thus, those features encountered in the chapter opening dialogues in the form of direct questions, personal questions, and activities are also found in the reading selections to facilitate the reading process among learners.

Un po' di lettura autentica

These authentic readings expose learners to a variety of writing styles and expand their vocabulary in the context of Italian life. The writers of these selections are well established in their fields of endeavor and some are known outside of Italy, as is the case with Beppe Severgnini, the journalist of *Corriere della sera* and the author of many books, including *Un italiano in America* (1995).

Attraverso le parole

The *Attraverso le parole* offers a unique approach to vocabulary in which words and phrases are presented by means of definitions listed in the context of everyday usage. Students are required to infer meaning and acquire a familiarity with the vocabulary terms before utilizing them actively.

Presentazione in classe

This activity may take on a variety of learning dynamics whereby students are required to prepare outside the classroom. Teachers and students decide how presentations will be made (using PowerPoint, photos, illustrations, or other means) and whether they will be presented individually, in pairs, or in groups. Students are given the opportunity to explore a topic in depth and to communicate enthusiastically in public.

Esercizio di scrittura creativa

These creative activities ask the learner to explore his/her newly acquired language in writing. The learner must go beyond the typical pattern of sentence production to develop a series of paragraphs, embodying a creative process. This represents a new phase in language learning in which the instructor exercises minimal control of structures, allowing the learner an opportunity to expand and to create.

Cenni culturali

Ample explanations of Italian culture give students a general introduction to the cultural history of Italy. Students are encouraged to understand that language and culture are inseparable. This feature enables students to focus on culture within the framework of listening, adding an enriching dimension.

Introduzione alla letteratura italiana

These six reading selections, one per each unit, are representative of the modern literary canon, as well as reflecting the theme of the chapter. These narratives are aimed at exposing learners to Italian literature so that they may develop an appreciation.

Comprensione uditiva

The listening component based on cultural aspects of Italy is presented in the Textbook as well as in the Student Activities Manual.

L'USO DELLA GRAMMATICA

A grammar reference, organized by unit, is provided in the appendix to allow students easy access to all the grammatical structures presented in the text. The grammatical explanations are concise and are accompanied by a substantial number of examples, demonstrating language use without the aid of English. Each grammar topic is followed by a brief exercise to assess comprehension. This feature enables students to reinforce grammatical skills that are introduced in the unit. The learner will find the *L'uso della grammatica* useful as it reinforces the grammatical skills needed to develop a sound communicative base. As much as possible, the exercises reflect the topics presented in the text so as to give meaning and a sense of purpose. These activities are contextualized and are linked thematically and culturally to the topics being studied.

PROGRAM COMPONENTS

INSTRUCTOR RESOURCES

Instructor's Resource Manual

The Instructor's Resource Manual (IRM) provides sample syllabi and model lessons, as well as suggestions for the implementation of the program. The audio scripts for all of the listening activities in the textbook and SAM are also included. The IRM is available in electronic format for download via the Instructor's Resource Center (IRC) and MyItalianLab.

Testing Program

The Testing Program is a flexible assessment program constructed in a modular approach. Each chapter of the Testing Program consists of a bank of test activities closely coordinated with the vocabulary, grammar, culture, and skills presented in the corresponding chapter of the textbook. In this way, instructors can create customized tests from these modules, tailoring them to their own classes. A complete testing program for each unit, with ready-to-use exams and quizzes, is provided, either to use by the instructor or to serve as a model.

The Testing Program includes two types of modules:
1. Vocabulary and grammar activities that primarily elicit discrete answers;
2. Comprehensive activities that feature real-world tasks that reflect the interpretive, interpersonal, and presentational modes of communication of the ACTFL 5C's within a specific theme/content and, as such, elicit more open-ended answers.

Rubrics are provided for grading. Testing materials are available in electronic format for print download and online testing via the IRC and MyItalianLab.

STUDENT RESOURCES

Audio for the Text

Audio recordings for the *dialogo* and listening activities are available on Audio CDs, the Companion Website, and on MyItalianLab. Additionally, the end-of-unit vocabulary is available on MyItalianLab. Easy-to-access transcripts for the audio are provided in the IRM.

Student Activities Manual

The Student Activities Manual (SAM) activities provide learners with additional opportunities to use the vocabulary and grammar structures introduced in each chapter, as well as to hone their written and presentational communication skills. The audio activities included in each chapter provide additional opportunities to interpret aural texts.

Answer Key for the SAM

Where appropriate, answers to SAM activities can be found in the corresponding Answer Key.

Audio for the SAM

All audio recordings for the listening-comprehension activities included in the SAM are available in MyItalianLab, on CD, and on the Companion Website.

ONLINE RESOURCES

MyItalianLab™

MyItalianLab is part of the MyLanguageLabs suite of products, an award-winning online learning system created specifically for learners in college-level language courses. It combines—in a user-friendly site—a wide array of language-learning and assessment tools, including a media-enhanced version of the *Giardino Italiano* textbook, an interactive version of the *Giardino Italiano* SAM, all materials from the *Giardino Italiano* audio, language games, and much more! Readiness checks and English and Italian grammar tutorials personalize instruction to meet the unique grammar and content needs of individual learners. Instructors can use the system to create assignments, set grading parameters, listen to learner-created audio recordings, and provide written or oral feedback. Instructor access is provided at no charge. Students can purchase access codes online or at their local bookstore.

Companion Website

The Companion Website, located at http://www.pearsonhighered.com/giardino, provides access to selections from the textbook and SAM audio programs.

Instructor's Resource Center

The IRC, located at http://www.pearsonhighered.com, provides instructors access to a downloadable electronic version of the printed instructor resources.

ACKNOWLEDGMENTS

I would like to express my deepest appreciation to my wife, Maria, for her valuable suggestions, for having read the manuscript, and for having been supportive. I would like to thank the Pearson team, most especially, Rachel McCoy, Executive Acquisitions Editor, for recognizing a market need for *Giardino Italiano*, and for her guidance and expertise which made it possible for the text to take on a greater dimension.

Likewise, a virtual army of editors and a support team at Pearson helped guide us through the maze of publishing such a complicated project. Thanks to all of them including Publisher, Phil Miller; Noha Amer Mahmoud, Editorial Assistant; Mary Rottino, Senior Managing Editor for Product Development; Janice Stangel, Associate Managing Editor; Nancy Stevenson, Senior Project Manager; Melissa Marolla Brown, Development Editor for Assessment; and to Meriel Martínez, Media Editor, Samantha Alducin, Senior Media Editor, and Bob Hemmer, Executive Editor, MyLanguageLabs, for their assistance in creating the state-of-the-art MyItalianLab; and to Kris Ellis-Levy, Executive Marketing Manager, and Bill Bliss, Marketing Coordinator, for their efforts in providing marketing materials and support for the sales force and instructors.

I would also like to acknowledge Grazia Nigro, Mirella Rullo, Saint Viator HS, Arlington Heights, IL/College of DuPage, Glen Ellyn, IL, and the Italian writer Stefano Giusti for having perused the manuscript, and last but not least, I must thank numerous colleagues and friends for field testing the chapters and for their invaluable suggestions.

Reviewers:
Grace Mannino—*Stony Brook University, Stony Brook, NY*
Daniela Bisello Antonucci—*Princeton University, NJ*
Tracy Barrett—*Vanderbilt University, TN*
Loredana Lo Bianco—*Fresno State University, CA*
Paola Bianco—*Wilkes University, PA*
Simone Bregni—*Saint Louis University, MI*
Flavio Brizio-Skov—*University of Texas, Knoxville, TN*
Nadia Ceccacci—*University of Oregon, OR*
Gary Cestaro—*DePaul University, IL*
Marina R. de Fazio—*University of Kansas, KS*
Laurain Denman—*University of Pittsburgh, PA*
Patricia F. Di Silvio—*Tufts University, MA*
Mary Ellen Eckhert—*East Los Angeles College, CA*
Angela Ellis—*University of California, Santa Barbara, CA*
Luciana Fellin—*Duke University, NC*
John Mastrogianakos—*Louisiana State University, LA*
Luigia Maiellaro—*Northeastern University, MA*
Aparna Nayak-Guercio—*California State University, Long Beach, CA*
Frank Nuessel—*University of Louisville, KY*
Kristina Olson—*George Mason University, VA*
Carmela Pesca—*Central Connecticut State University, CT*
Ennio Rao—*University of North Carolina, Chapel Hill, NC*
Illaria Serra—*Florida Atlantic University, FL*
Mariagrazia Spina—*University of Central Florida, FL*
Josephine Tarsia—*Rockland Community College, NY*
Irene Zanini-Cordi—*Florida State University, FL*

—**Francesco Bonavita**

Facciamo le prenotazioni

Qual è il tema di questa unità? Che tipo di vacanza preferisci? Di quali comodità hai bisogno per un soggiorno fuori casa?

Una vista del Lago di Como presa da un albergo nei pressi di Varenna.

Funzioni comunicative

- Creare una discussione sui pregiudizi
- Parlare di viaggi e di come influenzano la propria visione del mondo
- Argomentare sulla sicurezza dei repellenti

Occhio alla grammatica!

- L'articolo
- I verbi ausiliari
- Il presente indicativo
- Gli aggettivi
- La preposizione
- I nomi
- Espressioni negative
- Espressioni idiomatiche con il verbo *fare*
- Il congiuntivo

- I pronomi complemento oggetto
- Il condizionale
- Il passato prossimo
- Il superlativo assoluto con *-issimo*
- Espressioni idiomatiche con *dare* e *stare*
- Le forme interrogative
- Alcuni verbi irregolari
- Il futuro
- Il diminutivo

Una tradizione in famiglia

Una pizzeria in Riva del Garda mostra un esempio in cui la professione si tramanda da padre in figlio.

 ## Le professioni in Italia

In passato, in Italia le professioni si tramandavano di generazione in generazione. Così se una madre era professoressa, la figlia di solito sceglieva la stessa professione. In questi ultimi anni però, quest'abitudine ha subito una trasformazione. Non sempre oggi un figlio segue la stessa strada del padre. Tu che attività svolgerai? Ci tieni alle tradizioni? Sei conservatore o progressista?

1.1 Rispondere **Vero** o **Falso** alle seguenti frasi. Se falso, correggi!

1. Nell'Italia contemporanea è molto probabile che un figlio segua la professione del padre.
2. La tradizione vuole che i figli non seguano la strada dei genitori.
3. L'espressione "seguire la strada" significa *rinunciare* o *accettare*?
4. Il termine "tradizionalista" significa *eccentrico*.

Una tradizione in famiglia

La famiglia Rossi gestisce da tre generazioni un albergo di lusso. Marco e Caterina ospitano i turisti con molto calore. I figli, Roberto e Massimo, portano avanti il lavoro dei genitori. Roberto è alto e simpatico e fa anche dello sport. Massimo è esperto in arte culinaria, è molto bravo in cucina ed è un appassionato di musica classica. Ettore ed Elena, in viaggio turistico, si fermano in quest'albergo.

Un albergo gestito da una famiglia.

Ettore:	Vorrei una camera per me e mia moglie, per favore.
Ricezione:	Singola o doppia?
Ettore:	Doppia, per favore.
Ricezione:	Per quanto tempo, signore?
Ettore:	Per il fine settimana.
Elena:	Mi scusi, a che ora servono la colazione?
Ricezione:	Dalle sei alle nove. E, se preferisce, la possiamo servire anche in camera.
Elena:	Non c'è bisogno, grazie. Semmai, vorrei la sveglia per le sette e mezzo.
Ricezione:	Non si preoccupi, signora. È già fatto. Buona notte! Giampiero, accompagna i signori alla stanza numero quarantadue.

Parliamo un po'

Nelle seguenti attività, gli studenti possono svolgere un lavoro di gruppo per rispondere alle domande.

1.2 Domande sul testo. Rispondere alle seguenti domande con frasi complete.

1. Che cosa gestisce la famiglia Rossi?
2. Com'è l'albergo?
3. Da quanto tempo lo gestiscono?
4. Come ospitano i turisti?
5. Chi porta avanti il lavoro?
6. Com'è Roberto?
7. Com'è Massimo?
8. Che tipo di camera vuole Ettore?
9. Quando servono la colazione?
10. A che ora si sveglia la coppia?

1.3 Domande personali

1. Seguirai la stessa professione dei tuoi genitori?
2. Ospiti mai degli amici in casa tua?
3. Che tipo sei?
4. Cucini bene?
5. In che cosa sei bravo/a?
6. Quanti figli ci sono nella tua famiglia?
7. Che cosa prepari in cucina?
8. Dove preferisci fare colazione?

1.4 Le professioni nella mia famiglia. Fai un elenco di alcuni membri della tua famiglia e indica la loro professione. Indica se c'è una tradizione di professione in famiglia.

	Famiglia	**Professione**
ESEMPI:	1. Mio padre…	*Mio padre è commerciante di generi alimentari come mio nonno…*
	2. Mia madre…	*Mia madre è maestra di scuola. Non c'è una tradizione di professione…*
	3. _____	_____
	4. _____	_____
	5. _____	_____

1.5 Indovina chi è? Prepara una descrizione di un personaggio famoso da presentare in classe. Il gruppo deve indovinare chi è la persona di cui si parla. Attenzione! Bisogna osservare la regola del gioco: il gruppo deve aspettare che lo studente/ la studentessa finisca la descrizione prima di scoprire chi è il personaggio. Inoltre è necessario indicare alcuni punti essenziali come, ad esempio, se il personaggio è vivo o morto, la sua professione, ecc.

ESEMPIO: *È un simbolo della lingua italiana. Tutti lo studiano e lo rileggono nel corso degli anni. Molte strade portano il suo nome e tutti lo considerano il sommo poeta per la sua visione, l'onestà, l'integrità morale, il coraggio e l'attaccamento per la sua Firenze. Chi è?*
Risposta: Dante Alighieri

Il grande rettangolo termale che si nota dall'alto è un'immagine del famoso Bagno Vignoni, nei pressi di Siena. Si osservi l'influenza dell'architettura romana. I bagni termali erano molto diffusi nell'antichità.

LETTURA BREVE: Villaggio vacanza

Il turismo di massa ha dei pro e dei contro. Un vantaggio[1] è che un gran villaggio turistico offre prezzi[2] alla portata di tutti[3]. Uno svantaggio[4] è che in un grande centro si possono trovare confusione e congestione. Naturalmente tutto dipende da ciò che un turista desidera avere da una vacanza.

Giuseppe Fini ha ventinove anni. È un ragazzo molto intelligente ma anche molto timido. Ha deciso di andare in villaggio vacanza a Tropea, in Calabria, con la speranza di incontrare la ragazza dei suoi sogni[5].

Quando arriva, Giuseppe incontra un giornalista che sta preparando un servizio sul turismo di massa. Il corrispondente domanda al giovane Fini che cos'è che spinge i giovani a passare una vacanza in compagnia di molte altre persone. Secondo Giuseppe, i giovani vengono in questi posti perché trovano molte persone della stessa età. Le attività sono numerose: possono andare in piscina coperta o scoperta, fare footing quando vogliono e la sera possono andare a ballare in discoteca. Una ragazza di nome Camilla afferma che viene qua con le sue

---

[1]vantaggio: beneficio. Uno dei vantaggi di quest'albergo è che sta vicino alla spiaggia.

[2]prezzi: costi, spese. Il prezzo dell'albergo non include la colazione.

[3]alla portata di tutti: accessibile. È una macchina economica ed è alla portata di tutti.

[4]svantaggio: una situazione sfavorevole. Avere una macchina in città potrebbe essere uno svantaggio perché è difficile parcheggiarla.

[5]sogno: desiderio, aspirazione. Questa casa è l'ideale perché offre molte comodità. È la casa dei miei sogni.

amiche da un paio d'anni. Si divertono[6] molto ed hanno l'opportunità di conoscere amici con cui passare il tempo libero. Un altro giovane afferma che, dopo una settimana di stress, lavorando in ufficio, ha bisogno di distendersi[7], leggendo un buon libro, facendo delle lunghe passeggiate sulla spiaggia o facendo pesca subacquea. Infine, una signorina di nome Monica, afferma che questo posto offre anche una sua intimità: "Puoi trovare il tuo angolo privato attraverso la partita di tennis o la passeggiata con il tuo ragazzo". Lei preferisce fare una gita in barca con il proprio ragazzo nelle limpide acque della zona. Non c'è tempo per annoiarsi[8] qui.

_____

[6]divertirsi: stare allegro, ricrearsi. Loro si divertono quando vanno a una festa.

[7]distendersi: riposarsi, rilassarsi. Loro si distendono un po' prima di cominciare la lezione.

[8]annoiarsi: seccarsi. Gli studenti non sembrano abbastanza motivati oggi. Probabilmente si saranno annoiati.

1.6 Domande sul testo

1. Quali sono i punti positivi del turismo di massa?
2. Quali sono i punti negativi?
3. Quanti anni ha Giuseppe?
4. Perché frequenta questo villaggio vacanza?
5. Cosa vuole fare il giornalista?
6. Cosa spinge i giovani a venire in questo centro turistico?
7. Perché non c'è tempo per annoiarsi?
8. Perché viene Camilla?
9. Perché viene Monica?

1.7 Domande personali

1. Che tipo di vacanza preferisci?
2. Perché vai in vacanza?
3. Perché vai via il fine settimana?
4. Ti piace il nuoto? Perché?
5. Ti piace la pesca subacquea? Perché?
6. Preferisci fare delle lunghe passeggiate? Perché?
7. Che libri preferisci leggere?

1.8 Arriva il week-end! Con il tuo compagno/a di classe, prepara un itinerario ed un elenco di attività per un lungo week-end.

ESEMPIO: In discoteca: *il ballo, la musica, il canto, le bibite, il cibo...*

1. Al mare: *la pesca, il nuoto...*

2. In città: _____

3. Al parco: _____

4. In campagna: _____

5. In montagna: _____

6. A casa dei nonni: _____

7. A casa dei cugini: _____

8. Al lago: _____

9. A casa di amici: _____

10. Al ristorante: _____

11. A teatro: _____

UN PO' DI LETTURA AUTENTICA

Saggistica raccolta dal progetto Gli Alberghi dell'Arte
diretta da Michele Saviozzi

A
Ca' Pisani Hotel ****, Venezia
Dorsoduro 979/A - Tel. 041/2401411 - Fax. 041/277106

A Venezia, si sa, non è un fatto eccezionale alloggiare in un palazzo d'epoca, circondati da atmosfere d'altri tempi magari proprio a due passi dalle maggiori attrattive artistiche. La famiglia Serandrei, forte dell'indiscussa[1] potenzialità del territorio, ha deciso invece di puntare sull'innovativo binomio tra design ed arte, proponendo una struttura estremamente esclusiva ed unica nel suo genere.

È nato così il Ca' Pisani Hotel, il primo "design hotel" di Venezia, con ventinove camere tutte dotate dei più moderni sistemi di condizionamento e confort (telefono privato, linea fax, TV satellitare al plasma, mini-bar, radio, PC e connessione Internet anche ISDN), arredate con mobili e pezzi originali degli anni Trenta e Quaranta. Il contrasto è accattivante[2] e ad effetto.

Assolutamente da provare il "Wine & Cheese" bar, interamente decorato con opere originali di Fortunato Depero, e la stanza del bagno turco in autentico stile déco.

Camere:	29
Prezzi:	Doppia: € 200/260, Appartamento: € 280/350
Chiusura:	8–23 gennaio, 6–20 agosto
Ristorante:	Sì

Palazzo Pisani di Venezia, vicino alle Gallerie dell'Accademia

---

[1]indiscusso: indiscutibile, accettato. Da quest'albergo possiamo vedere un panorama della costa d'indiscussa bellezza.

[2]accattivante: simpatico, attraente. Dopo il pranzo, l'albergo invita i clienti a partecipare ad un accattivante spettacolo musicale all'aperto.

L'opera da vedere

A pochi passi dall'albergo si trovano le Gallerie dell'Accademia, dove sono conservati alcuni dei più importanti capolavori[3] del Rinascimento veneziano. Fra questi, la piccola tela[4] della *Tempesta* (1506–1508) di Giorgione, un'opera fondamentale nel superamento dell'interpretazione architettonica quattrocentesca del paesaggio. In Giorgione prevale una visione lirica della natura ottenuta attraverso una tessitura[5] cromatica senza disegno che determina la fusione atmosferica delle forme.

La Tempesta, una delle opere più enigmatiche di Giorgione, mostra una donna mentre allatta un bambino dopo una tempesta. Si noti Venezia sullo sfondo e un uomo con un'asta fuori dalla città.
Giorgione (da Castelfranco), Italian, (c. 1477–1510). Tempesta (The Tempest), Oil on canvas. Gallery dell'Accademia, Venice, Italy. Scala/Art Resource.

B

Cenobio dei Dogi ✶✶✶✶, Camogli (Genova)
Via Niccolò Cuneo, 34 - Tel. 0185/7241 - Fax 0185/772796

Circondato da uno splendido parco che digrada[6] fino al mare, il Cenobio dei Dogi si staglia[7] ai piedi del monte di Portofino, fra le colorate abitazioni dei pescatori[8] del lungomare[9] di Camogli.

L'albergo, antica residenza dei Gentile con il nome di Castellano di Camogli, era meta[10] di vescovi[11] e dogi genovesi che vi si riunivano per attività conviviali[12]. Trasformato in albergo dalla famiglia De Ferrari, l'edificio ospita oggi 106 confortevoli camere (di cui 4 suites) arredate con mobili d'epoca e una collezione di reperti[13] etruschi. Il ristorante propone

Una vista di Camogli in Liguria in cui si notano palazzi ai piedi dei monti e un piccolo porto.

---

[3]capolavoro: opera d'arte, opera eccellente. I turisti fanno una gita a Padova per ammirare i capolavori di Giotto.

[4]tela: quadro. Le opere di questi pittori sono state dipinte principalmente ad olio su tela.

[5]tessitura: composizione. È uno scrittore che si esprime bene in un'ampia tessitura di materiale.

[6]digradare: scendere gradatamente. Dalla vostra abitazione potete seguire questa strada che digrada verso la spiaggia.

[7]stagliarsi: risaltare, colpire l'occhio. Dalla nostra finestra abbiamo una magnifica vista, dove si stagliano i monti in fiore.

[8]pescatore: una persona che prende pesci. I pescatori partono molto presto la mattina per prendere i pesci.

[9]lungomare: una strada che costeggia il mare. La sera, dopo aver cenato, facciamo una passeggiata sul lungomare.

[10]meta: obiettivo, proposto. Prima di intraprendere un viaggio dovremmo chiederci quale meta vogliamo raggiungere.

[11]vescovo: un prelato ecclesiastico. Il vescovo invita tutti alla tolleranza e a rispettare il prossimo.

[12]conviviale: festoso, gioviale. Il ristorante offre a tutti noi dei momenti conviviali con i nostri amici.

[13]reperto: scoperta archeologica. La straordinaria ricchezza dei reperti della zona attira da sempre turisti da tutte le parti del mondo.

un'ottima selezione di specialità locali servite sulla terrazza che affaccia[14] sul mare. A disposizione degli ospiti[15] la piscina con acqua di mare, il tennis e la spiaggia[16] privata.

Camere: 106 (Singole: 13, Doppie: 89, Appartamenti: 4)
Prezzi: Singola: € 110/150, Doppia: € 150/300, Appartamento: € 365/420
Chiusura: Mai
Ristorante: Sì

L'opera da vedere

L'Abbazia di San Fruttuoso, riportata all'originale splendore da un lungo e accurato[17] restauro promosso dal FAI (Fondo per l'Ambiente Italiano). Il complesso[18] venne realizzato nell'VIII secolo[19] per volere di Prospero, vescovo di Tarragona, per custodire[20] le ceneri[21] di San Fruttuoso. In epoca medievale divenne sepolcreto[22] della famiglia Doria che si occupò di difenderlo nei secoli successivi. L'edificio, sormontato dalla torre ottagonale della chiesa, sorge[23] in riva al mare in un'insenatura[24] chiusa alle spalle dai monti.

L'Abbazia di San Fruttuoso a Portofino

---

[14]affacciare: guardare fuori della finestra. Portofino è famosa soprattutto per le sue piazze ricche di ristoranti e bar con tavolini che si affacciano sul mare.

[15]ospite: visitatore. Il parcheggio è gratuito per gli ospiti dell'hotel.

[16]spiaggia: uno spazio in riva al mare piuttosto sabbioso. Le Cinque Terre offrono delle piccole spiagge, dove si può nuotare e prendere il sole.

[17]accurato: preciso. Quest'albergo si distingue per il suo servizio accurato.

[18]complesso: insieme, struttura. L'albergo consiste di un ampio complesso di servizi ad alto livello.

[19]secolo: cento anni. Da oltre un secolo, la rivista del *Touring Club Italiano* permette ai suoi soci di scoprire il Bel Paese con guide e consigli per i viaggiatori.

[20]custodire: conservare, tutelare. È un albergo a cinque stelle nel quale si custodiscono pregiati mobili antichi.

[21]cenere: polvere, residuo. Nelle vicinanze del nostro albergo si trova il settecentesco Gran Teatro "La Fenice" che, nel 1996, è stato nuovamente ridotto in cenere da un incendio.

[22]sepolcreto: cimitero, camposanto. I turisti visitano un sepolcreto romano situato a pochi passi dal Foro romano.

[23]sorgere: venir fuori, emergere. Oggi il sole sorge alle 6.12 e tramonta alle 7.34, temperatura mite e cielo parzialmente nuvoloso.

[24]insenatura: golfo, baia. Le piccole imbarcazioni possono entrare nell'insenatura, mentre quelle grandi hanno bisogno di una guida per evitare gli scogli.

1.9 Domande sul testo

1. Secondo te, perché non è un fatto eccezionale provare un senso di antichità a Venezia?
2. In che cosa consiste l'innovazione della famiglia Serandrei?
3. In che senso l'albergo Ca' Pisani è considerato moderno?
4. Perché quest'albergo potrebbe essere utile per un uomo d'affari?
5. Che effetto crea l'intreccio di diversi stili per quanto riguarda l'arredamento?
6. Quali sono gli elementi che definiscono l'opera di Giorgione come lirica?
7. Perché la panoramica che si vede dall'albergo Cenobio dei Dogi è affascinante?
8. In passato, com'era utilizzata la residenza?
9. Fino a quale epoca risalgono i reperti?
10. Perché una cena in quest'albergo potrebbe essere incantevole?
11. Cosa rende questa piscina diversa dalle altre?

1.10 Domande personali

1. Quali sensazioni provi nel visitare luoghi antichi?
2. Qual è il vantaggio di una camera con vista panoramica?
3. Perché il panorama di un albergo è un fattore importante?
4. Quali sono i vantaggi di fare un bagno in una piscina con acqua di mare?

1.11 La mania di comprare. Accade spesso che non possiamo fare a meno di comprare un oggetto. La pubblicità è seducente e accattivante. Comprare ci fa sentire potenti e, spesso, serve a distrarci. Con il tuo gruppo, indica alcune strategie che spesso le ditte usano per convincere il consumatore a spendere. Inoltre discuti se si tratta di un comportamento "compensatorio", che crea un conforto per il consumatore o se ha realmente bisogno di quell'oggetto.

1.12 Due personaggi opposti. Nel seguente profilo dei due personaggi indicare la forma corretta dell'**aggettivo**.

Luca e Letizia sono due (1) _____ (giovane) (2) _____ (italiano) residenti in

un (3) _____ (piccolo) centro nei pressi di Messina. Tutti e due frequentano

l'Università di Padova, dove si specializzano in informatica. Oltre ad essere (4) _____

(appassionato) di tecnologia, lui s'interessa molto di argomenti (5) _____ (teologico),

(6) _____ (politico) ed (7) _____ (economico). Infatti, lui scrive per una

rivista di (8) _____ (elettronico) dove trova lo spazio per esprimere le sue idee

(9) _____ (filosofico). Anche lei è (10) _____ (appassionato) di scrittura. Ha

il suo blog sul quale appaiono spesso le sue poesie (11) _____ (sentimentale) e i suoi

racconti d'amore (12) _____ (complicato). Al contrario di Luca che spesso mostra un

atteggiamento (13) _____ (riservato), lei è abbastanza (14) _____ (socievole)

ed anche un tipo (15) _____ (estroverso). Per quanto riguarda le loro attività

(16) _____ (personale), la passione per il viaggio sembra che occupi gran parte del

loro tempo (17) _____ (libero). Tutto sommato, Luca e Letizia sono una coppia

(18) _____ (simpatica).

1.13 Facciamo un confronto. Seguendo l'esercizio 1.12, descrivi due amici creando dei contrasti. Usa tutti gli aggettivi possibili per illustrare il profilo dei due amici. Fai attenzione all'uso dell'**aggettivo**.

1.14 Dibattito: in che senso possiamo avere dei pregiudizi? Hai dei pregiudizi? Quali sono alcuni stereotipi sugli americani? Scegli alcuni aggettivi dal vocabolario utile che, secondo te, si associano agli americani. Prepara la tua lista e portala in classe per dar vita a un dibattito. Discuti pro e contro dell'argomento. Dividere la classe in due gruppi per creare un dibattito in cui ogni gruppo discute il proprio punto di vista. Si raccomanda soprattutto di rispettare le opinioni degli altri durante il dibattito.

Idee

1. I pregiudizi sono atteggiamenti psicologici che spesso nascono dall'ignoranza e si basano sulla paura, sulle fobie nei confronti degli altri, in particolare gli estranei.
2. I pregiudizi sono anche atteggiamenti culturali basati sulla convinzione di superiorità. Questo comportamento si accentua ancora di più quando non si conosce bene la cultura degli altri.

Vocabolario utile

amichevole, allegro, aperto, avaro, cattivo, conservatore, credente, geloso, generoso, gentile, idealista, individualista, industrioso, liberale, maleducato, materialista, ottimista, patriota, pessimista, prudente, realista, romantico, scettico, sentimentale, socievole, superficiale, svogliato, temporeggiatore, tradizionalista, vanitoso

1.15 Presentazione in classe: alla scoperta di un diversivo per il fine settimana. Scrivi una presentazione per la classe, descrivendo alcuni luoghi dove una persona può trascorrere il fine settimana. Se non hai accesso alla tecnologia, puoi benissimo utilizzare alcune foto da riviste, depliant e giornali oppure un videoclip per illustrare il tuo punto di vista.

In una spiaggia della Costa Smeralda, in Sardegna, si nota una coppia che nuota nel mare limpido. Le rocce che circondano la baia sono caratteristiche della zona.

Esercizio di scrittura creativa

1.16 Un annuncio di lavoro. Sei l'imprenditore di una grande ditta internazionale nel settore alberghiero che ha la responsabilità di sviluppare il turismo in Italia. La tua società registra un notevole successo ed è un abile rivale del Club Med. Per questo motivo, la tua compagnia ha bisogno di nuovo personale. Con il tuo gruppo, prepara un annuncio di lavoro strettamente legato al mondo del personale di servizio di un hotel, come direttore d'albergo, cuoco, cameriere, specialista in reception, barman, direttore turistico, guida turistica e segretario d'albergo. Specificate i requisiti che il candidato deve avere come, ad esempio, il titolo di studio, le esperienze internazionali, gli obiettivi professionali e soprattutto, le caratteristiche individuali necessarie per svolgere questo tipo di lavoro. Presentate il vostro annuncio in classe.

🔊 Camera doppia

Una domanda prima di ascoltare

Che tipo di servizi offrono gli alberghi in Italia?

1.17 Rispondere **Vero** o **Falso** alle seguenti frasi. Se falso, correggi!

1. Secondo l'informazione, i prezzi più economici sono dal 1° luglio al 31 luglio.
2. Secondo l'informazione, i prezzi più alti sono nel mese di ottobre.
3. La mezza pensione è offerta solo nei mesi estivi.
4. Secondo l'informazione, in quest'albergo non ci sono confort moderni.

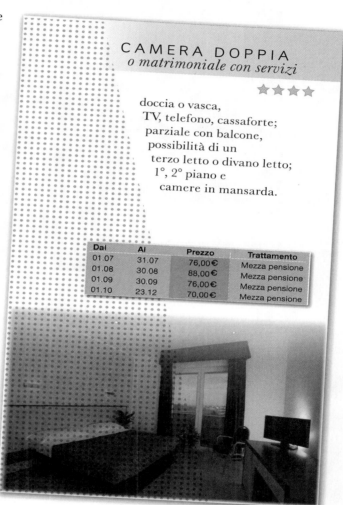

CAMERA DOPPIA
o matrimoniale con servizi
★ ★ ★ ★

doccia o vasca,
TV, telefono, cassaforte;
parziale con balcone,
possibilità di un
terzo letto o divano letto;
1°, 2° piano e
camere in mansarda.

Dal	Al	Prezzo	Trattamento
01.07	31.07	76,00€	Mezza pensione
01.08	30.08	88,00€	Mezza pensione
01.09	30.09	76,00€	Mezza pensione
01.10	23.12	70,00€	Mezza pensione

🔊 I pasti in albergo

Una domanda prima di ascoltare

Come si consumano i pasti in albergo?

1.18 Completare la frase con un vocabolo appropriato.

1. _____ alcune volte è incluso/a / sono inclusi in un albergo italiano.
   a. La televisione   **b.** L'accesso a Internet   **c.** I pranzi

2. Il termine "mezza pensione" indica albergo e _____.
   a. cibo   **b.** tassa   **c.** bevande

3. Servono la cena _____ , per dare maggiore flessibilità al turista.
   a. presto   **b.** spesso   **c.** tardi

4. I turisti visitano la città _____ cena.
   a. dopo la   **b.** prima della   **c.** subito prima della

| # Un giovane a cavallo

Un ottimo esempio di agriturismo in Toscana con una splendida vista del fiume Arno: gli ospiti possono rilassarsi riscoprendo il fascino della natura, lontani dal traffico urbano.

Il turismo

Oggi il turismo italiano offre al turista un nuovo tipo di vacanza. Per coloro che desiderano rilassarsi e godere la natura, lontano dallo stress della vita moderna, il settore del turismo offre il cosiddetto *agriturismo*. Che cos'è l'agriturismo? È una vacanza alternativa in cui il turista utilizza il suo tempo libero all'aria aperta. In genere, questo tipo d'albergo è situato fuori dalla città, in campagna, dove il cliente può stare in contatto con la natura, riscoprire la cucina autentica, senza dover spendere molto. Oggi sono molti gli italiani che trascorrono le loro vacanze in un agriturismo.

Un giovane a cavallo

In quest'azienda agricola, una passeggiata a cavallo può essere un'esperienza rilassante. La famiglia Veltri ha deciso di andare a cavallo tutti insieme, nel tardo pomeriggio.

Achille: Mamma, ho paura che questo cavallo mi faccia cadere.

Grazia: Ma no, caro. Non avere paura. Questi cavalli sono abituati a portare persone.

Matteo: Achille, stai tranquillo! Io vado a cavallo da trent'anni e non ho mai avuto un incidente. E poi, solo all'inizio si ha paura di cadere.

(Dopo una mezz'oretta.)

Un bambino mentre si avvia a fare una gita a cavallo.

Achille: Credo che tu abbia ragione. Già comincio a sentirmi più coraggioso. Papà, ho un'idea. Perché non mi compri un cavallo?

Grazia: Tesoro mio, vai sempre da un estremo all'altro. Prima non volevi neppure salire, ora vuoi addirittura comprare un cavallo.

Matteo: Figlio mio! Lo comprerei volentieri. Dimentichi però che abitiamo in città.

Parliamo un po'

Nelle seguenti attività, gli studenti possono svolgere un lavoro di gruppo per rispondere alle domande.

 **2.1 Domande sul testo.** Rispondere alle seguenti domande con frasi complete.

1. Qual è un nuovo tipo di vacanza?
2. Che opportunità hanno gli ospiti?
3. Quando vanno a cavallo?
4. Perché Achille ha paura?
5. Il padre come incoraggia il figlio?
6. Da quanto tempo va a cavallo?
7. Cosa vorrebbe Achille dal padre?
8. Perché non è pratico avere un cavallo in città?

2.2 Domande personali

1. Qual è la tua vacanza ideale? Perché?
2. Hai mai fatto una passeggiata a cavallo? Se no, hai intenzione di farla in futuro?
3. Cosa puoi fare in vacanza?
4. Cosa fai dopo pranzo?
5. Vorresti avere un cavallo? Perché?
6. Di che cosa hai paura?
7. Qual è il tuo animale preferito?

Vocabolario utile

l'ansia, l'apprensione, il buio, l'incertezza, il colloquio coi genitori, la condizione emotiva, il disturbo psicologico, l'inquietudine, intervenire, monitorare, nuotare, osservare, il panico, praticare uno sport, la sicurezza, lo spavento, la terapia, il terrore

 2.3 Le mie paure infantili. Ci sono sempre delle ragioni ben fondate che alimentano la paura. È molto importante avere l'appoggio di persone care quando c'è una crisi. Con il tuo gruppo, prepara un elenco delle paure che molti bambini hanno durante l'infanzia e scrivi cosa fanno i genitori per alleviare le ansie.

La paura	Il rimedio
ESEMPIO: *Molti bambini hanno paura del buio.*	*Alcuni genitori lasciano sempre accesa una piccola lampada per tranquillizzare i loro bambini. . .*
_____	_____
_____	_____
_____	_____

2.4 Dibattito: Sono viziati molti bambini di oggi? Alcuni esperti sostengono che i bambini di oggi sono troppo viziati rispetto a precedenti epoche storiche. In altri termini, i bambini sono circondati da un'eccessiva forma di materialismo come i videogiochi ed altre forme di intrattenimento. Secondo altri esperti, invece, i bambini hanno bisogno dello stimolo che molti di questi oggetti elettronici offrono. I giochi elettronici insomma possono arricchire l'esperienza formativa dei piccoli. Con il tuo gruppo, fai un elenco delle cose di cui un bambino ha bisogno e indica il perché. Discutere pro e contro. Si raccomanda soprattutto di rispettare le opinioni degli altri durante il dibattito.

Idee

1. Sebbene i giochi elettronici allietino e stimolino l'immaginazione, questo tipo di diversivo spesso limita il dialogo sociale ed il contatto con gli altri bambini, fondamentale per una crescita sana.
2. I bambini hanno bisogno di qualsiasi tipo di giocattolo perché il gioco li aiuta a maturare e a capire meglio le cose della vita.

Vocabolario utile

Accontentare, l'autorità, le buone maniere, la capacità creativa, il consumismo, dialogare, il divertimento, l'educazione ecologica, fare capricci, la formazione intellettuale, i genitori, gridare, l'infanzia, innato, l'innocenza, insegnare, limitare, obbedire, permissivo, il regalo, le regole, rispettare, sgridare, la televisione

Una graziosa vista di Positano lungo la costiera amalfitana: si avvicina la sera e le case aggruppate, con le loro prime luci notturne, creano l'impressione di vedere una scena idillica.

LETTURA BREVE: **Il Notturno: un albergo in riva al mare**

Per gli amanti[1] del mare, c'è anche la vita notturna. Dopo una lunga giornata al mare i turisti possono fare una passeggiata al chiaro di luna[2]. Questa sera, infatti, all'albergo "Il Notturno", un celebre pianista[3] italiano darà un concerto di Beethoven. Sarà una serata romantica ed emozionante. Amanda ed Antonio sono

---

[1]amanti: innamorati. Gli amanti fanno una passeggiata in riva al mare.

[2]il chiaro di luna: sotto la luce della luna. Molti poeti s'ispirano al chiaro di luna.

[3]un celebre pianista: famoso. Michelangelo Benedetti era un celebre pianista italiano.

una delle tante coppie di innamorati che questa sera assistono allo spettacolo che comincia alle otto. Manca ancora un'ora prima che inizi il concerto. Vanno in terrazza[4] per godersi[5] l'incantevole panorama della costa, illuminato dai riflessi della luna. Antonio ricorda di aver letto un annuncio su un giornale locale riguardo il concerto di questa sera. Dicono che il pianista abbia solo venticinque anni. Ha studiato al conservatorio di Santa Cecilia di Roma. Ha già inciso tre dischi. Amanda afferma che anche la sua amica Giovanna lo ha visto l'anno scorso a Milano e conferma che è un eccellente interprete di Beethoven. La giovane coppia ammira la stupenda veduta, l'acqua del mare che luccica[6]. Sembra che un pittore abbia messo delle strisce[7] d'argento sull'acqua. I due innamorati rimangono colpiti nel vedere come la natura si trasforma in diversi momenti del giorno.

---

[4]vanno in terrazza: vanno sul balcone. Romeo e Giulietta vanno in terrazza per stare insieme.

[5]per godersi: per divertirsi. I giovani vanno a vedere lo spettacolo per godersi la serata.

[6]l'acqua... che luccica: l'acqua che brilla. La luna è piena e l'acqua del mare luccica.

[7]la striscia: fascia. Il mar Tirreno è una lunga striscia di mare che va dal centro Italia fino al sud.

 2.5 Domande sul testo. Con il tuo compagno/a di classe, rispondi alle seguenti domande.

1. Cosa possono fare i turisti dopo una lunga giornata al mare?
2. Che cosa ci sarà questa sera?
3. A che ora comincia lo spettacolo?
4. Perché questa sera la costa è bella?
5. Cosa ha letto Antonio?
6. Quanti anni ha il pianista?
7. Dove ha studiato musica?
8. Cosa ne pensa la sua amica Giovanna?
9. Com'è il panorama?
10. Come reagisce la giovane coppia?

2.6 Domande personali

1. Cosa preferisci fare dopo una lunga giornata al mare?
2. Vai spesso a un concerto? Perché?
3. Che tipo di musica preferisci?
4. Leggi la critica prima di andare al concerto?
5. Che effetto ti fa quando ammiri la natura?
6. Quale trasformazione della natura preferisci?

 2.7 Una recensione. Con il tuo gruppo, prepara la critica di un film che hai visto recentemente.

> **Esempio:**   I colori della pellicola sono sbiaditi e danno l'impressione di un'epoca del passato.

Vocabolario utile

l'attore/l'attrice, la comicità, il conflitto, il dialogo, il dramma, la durata, la fotografia, l'interpretazione, il linguaggio, il montaggio, la musica, i personaggi, la presentazione, il/la protagonista, la regia, il racconto, la scenografia, la struttura, il suono, la tecnica, il tema, la trama

1. L'attore. . .
2. La storia. . .
3. La fotografia. . .
4. L'attrice. . .

5. Il regista. . .
6. Il dialogo. . .
7. La musica. . .
8. I costumi. . .

Un po' di lettura autentica

Saggistica raccolta dal progetto Gli Alberghi dell'Arte

diretta da Michele Saviozzi

A

Villa Cimbrone ****Ravello (Salerno)
Via Santa Chiara, 26 - Tel. 089/857459 - Fax 089/857777

Parlare di Ravello significa parlare di Villa Cimbrone. La storia della piccola perla della costiera amalfitana è inscindibile[1] da quella del suo più suggestivo monumento. Qui sono passati capi di Stato, la divina Greta Garbo, Roberto Rossellini e su fino a Bill e Hillary Clinton. Tutti hanno sostato nel romantico parco all'italiana e sulla stupefacente[2] "Terrazza dell'Infinito".

Adesso la Villa padronale apre le sue camere a una ristretta cerchia di ospiti. Stanze di una bellezza mozzafiato[3]; ciascuna con un autentico camino d'epoca e con stupende ceramiche e affreschi. Per calarsi[4] nell'arte e realizzare un sogno da favola.

Camere:	19
Prezzi:	Singola: € 155/170, Doppia € 207/310, Appartamento: € 362
Chiusura:	15 novembre–15 marzo
Ristorante:	Sì

La famosa Villa Cimbrone di Ravello con la splendida vista della costiera amalfitana

L'opera da vedere

Gli splendidi giardini con l'impareggiabile[5] "Terrazza dell'Infinito", ma anche il Chiostro che si apre subito dopo l'ingresso di Villa Cimbrone. Il grazioso cortiletto[6] in stile arabo-siculo-normanno conserva importanti bassorilievi francesi e una formella in terracotta di Luca della Robbia.

Una formella della cantoria di Luca della Robbia nel Museo di S. Maria del Fiore a Firenze

---

[1]inscindibile: inseparabile. Giulietta e Romeo erano una coppia d'innamorati inscindibili.

[2]stupefacente: meraviglioso, incredibile. Il Palazzo Ducale d'Urbino è una stupefacente testimonianza rinascimentale.

[3]mozzafiato: emozionante, impressionante. Le Alpi offrono uno scenario mozzafiato.

[4]calarsi: immergersi. Un viaggio in Italia permette al turista di calarsi nella realtà del passato.

B

Fonte Cesia ****Todi (Perugia)
Via Lorenzo Leonj 3 - Tel. 075/8943737 - Fax 075/8944677

Piazza del Popolo a Todi in Umbria dove la gente gode ancora del piacere della conversazione. Atto comunicativo, questo, e significativo, considerando fenomeni moderni quali, ad esempio, il sorgere dei centri commerciali dove la gente è spinta a parlare sempre meno.

Todi è stata eletta "città più vivibile degli anni 2000" per il suo fascino e la sua armonia. Nel cuore del piccolo centro storico, a pochi passi dalla Piazza del Popolo dove si erge imponente la scalinata del Duomo dedicato a Jacopone, è situato il Fonte Cesia. L'albergo nasce dalla ristrutturazione di uno splendido palazzo nobiliare che sorge sull'omonima[7] fontana rinascimentale. Le caratteristiche peculiari dell'architettura seicentesca sono state conservate e valorizzate.

E quindi: volte[8] a vela, pavimenti in cotto, letti rinascimentali, camini, soffitti[9] con travi[10] a vista e una sala convegni ricavata nell'antica chiesa di San Benedetto con affreschi originali. Molto apprezzata la cucina del suggestivo ristorante.

Camere: 39 (Singole: 2, Doppie: 32, Appartamenti: 5)
Prezzi: Singola: € 104, Doppia: € 124/145, Appartamento: € 171/186
Chiusura: Mai
Ristorante: Sì

L'opera da vedere

Il tempio di Santa Maria della Consolazione (1504) edificato a pianta centrale forse su disegno del Bramante. La figura del cerchio era considerata metafora della perfezione divina e della forma del cosmo regolato da principi divini di armonia e proporzione. La chiesa di Todi è quella che si avvicina maggiormente all'architettura ideale di Leonardo da Vinci.

---

[5]impareggiabile: senza paragone, singolare. Andare a teatro per vedere l'opera è veramente un'esperienza impareggiabile.

[6]cortiletto: un piccolo patio. Il nostro albergo vanta un grazioso cortiletto ben curato con fiori e piante.

[7]omonimo: persona con lo stesso nome. Nella splendida regione del Chianti troviamo dei vini omonimi d'eccellente qualità.

[8]volta: arco. La volta della cattedrale è ricoperta di affreschi.

[9]soffitto: cielo. Il soffitto è decorato con medaglioni in stucco affrescati in stile barocco.

[10]travi: tavole. Tutte le camere sono decorate con travi di castagno.

2.8 Domande sul testo

1. Perché Villa Cimbrone è un simbolo di Ravello?
2. Cosa suggerisce la Terrazza dell'Infinito?
3. Quali sono i limiti che la villa pone ai clienti?
4. Qual è il fascino della villa?
5. Come sono le camere?
6. Perché sembra di stare nel mondo delle favole?
7. Perché bisogna visitare la Terrazza dell'Infinito?
8. Perché la città di Todi è stata premiata come una delle più vivibili?
9. Come possiamo definire la ristrutturazione del palazzo?
10. Perché la figura del cerchio suggerisce armonia?
11. Cosa ricorda la figura di Jacopone nella città di Todi?

2.9 Domande personali

1. Qual è la struttura simbolo della tua città?
2. Come reagisci quando un albergo pone dei limiti ai clienti?
3. Qual è una città vivibile nel tuo Paese? Perché?
4. Quali sono i personaggi che occupano un posto importante nella storia della tua città?

Vocabolario utile

le abitazioni, l'assistenza economica, il ballo, i campi sportivi, il centro di incontri, le escursioni, le feste, il museo, la musica, le opportunità di lavoro, i programmi ricreativi, la riduzione sugli spettacoli, la scuola materna per tutti, il teatro, l'università per la terza età, il volontariato

 2.10 Cosa rende vivibile una città? La classe è invitata a dar vita a un dibattito sulla vivibilità di una città. Ponendo l'attenzione su cosa un'amministrazione comunale dovrebbe fare per rispondere ai bisogni dei bambini, alle necessità dei giovani ed alle esigenze degli adulti, il dibattito dovrebbe chiarire come alcune città rispetto ad altre risolvono meglio i problemi urbani. Alcuni temi da trattare potrebbero essere la qualità della vita, l'inquinamento, i servizi, ecc.

2.11 Presentazione in classe: il tuo film preferito. Scrivi una presentazione per la classe mostrando una sequenza d'immagini del tuo film preferito, spiegando anche alcune scene del film. Fai un commento su alcuni aspetti della pellicola. Se non hai accesso alla tecnologia, puoi utilizzare alcune foto da riviste e giornali oppure un videoclip per illustrare il tuo punto di vista.

 2.12 Alcune espressioni con il verbo *fare*. Utilizzare le attività una o più volte nella categoria appropriata.

fare una foto	fare nuoto	fare sci nautico
fare ginnastica	fare una passeggiata	fare sport
fare una gita	fare pattinaggio	fare vela
fare jogging	fare sci	fare yoga

1. Attività che si possono fare da solo
2. Attività che si possono fare a pagamento
3. Attività che si possono fare gratis

Esercizio di scrittura creativa

2.13 Cosa faresti al posto di un altro? Rispondi alle seguenti domande, utilizzando la forma corretta del condizionale.

> **ESEMPIO:** Il tuo amico si annoia spesso nel fine settimana. (fare un'escursione...)

Al suo posto, io farei un'escursione al giardino botanico.

1. La tua amica non parla italiano. (studiare...)
2. Il tuo amico non mangia gli spinaci. (gustare...)
3. La tua amica non va mai al museo. (visitare...)
4. Il tuo amico ascolta solo musica rock. (ascoltare...)
5. La tua amica è tradizionalista. (essere moderna...)
6. Il tuo amico è introverso. (essere estroverso...)
7. La tua amica non sa chi invitare alla sua festa. (invitare gli amici di scuola...)
8. Il tuo amico non può fare una telefonata. (mandare un'e-mail a...)

2.14 Le qualità professionali. Ogni professione richiede delle qualità specifiche. Per esempio, quali sono gli attributi che uno studente/una studentessa deve avere? È importante che uno studente abbia una grande motivazione, che mostri una buona volontà, che faccia il suo lavoro, che studi molto e che sia determinato a raggiungere il suo scopo. Con il tuo gruppo, utilizza la forma corretta del congiuntivo, descrivi alcune qualità che servono per svolgere le seguenti professioni in base al modello seguente.

> **ESEMPIO:** Un buon direttore?
> *Ci vuole un buon direttore che si assuma la propria responsabilità e sappia influenzare in modo positivo l'andamento di un gruppo...*

Quali sono le qualità di...

1. un buon medico?
2. un buon professore?
3. un buon cuoco?
4. un buon amico?
5. un buon marito?
6. una buona moglie?
7. un buon presidente?
8. un buon scrittore?
9. un buon ballerino?
10. un buon genitore?

2.15 Le due facce della natura. In genere, la natura ci offre sempre spettacoli da ammirare. Basti pensare alla trasformazione delle stagioni come la primavera, ad esempio, per capire quanto siano maestosi i fenomeni della natura. Esistono, però, dei momenti in cui la natura ci terrorizza. Con il tuo gruppo, indica delle situazioni in cui la natura ci fa provare sentimenti sublimi e, a volte, sentimenti di paura.

🔊 La Campania

Una domanda prima di ascoltare

Cosa caratterizza la Campania?

2.16 Scelta multipla. Selezionare la risposta appropriata.

1. L'Italia si distingue in venti _____.

   a. stati   **b.** regioni   **c.** provincie

2. L'Irpinia vanta un territorio piuttosto _____ .

   a. montagnoso   **b.** arido   **c.** arenoso

3. La lavorazione _____ ha reso famosa questa zona.

   a. della terra   **b.** del formaggio   **c.** della frutta

4. Anche ai nostri tempi _____ della zona è considerata eccellente, come era all'epoca dell'antica Roma.

   a. il vino   **b.** l'olio   **c.** l'acqua

5. Il turismo in questa zona ha un aspetto particolarmente _____ che permette all'ospite di rilassarsi.

   a. rustico   **b.** urbano   **c.** balneare

🔊 **2.17** Ascoltare i seguenti annunci pubblicitari ed accoppiarli con l'immagine più appropriata.

1.

3.

2.

In montagna

Una vista panoramica di Cortina d'Ampezzo, una delle più belle e famose località sciistiche italiane. La Valle d'Ampezzo, è nota per il turismo, poiché oltre allo sport offre un'atmosfera montanara, l'ideale per fare delle gite all'aria aperta.

In montagna

Oltre al mare, l'Italia offre meravigliose montagne, come le Alpi e gli Appennini. Generalmente, i giovani preferiscono la montagna in inverno perché amano sciare. In estate, però, le montagne offrono la tranquillità e il piacere di scoprire la natura. Sulle località montane si fanno delle lunghe passeggiate e si respira aria fresca. Inoltre, non c'è né la confusione né il traffico delle località marine.

Teodoro: Che bellissima giornata! È stupenda. Prima di andare al lago a nuotare, io propongo di fare una bella escursione su quel monte. Che ne dite?

Virgilio: È un'ottima idea. Ho qui il mio zaino e dentro c'è acqua minerale e frutta fresca per tutta la comitiva.

Vanna: Piacerebbe venire anche a me. Temo però che oggi i soliti moscerini potrebbero disturbare la gita.

Mirella: Non ci sono problemi. Ho qui la soluzione per tenere lontani gli insetti. Ho comprato in farmacia una nuova crema repellente che dà buoni risultati.

Alcuni amici mentre si preparano a fare un'escursione in montagna.

Parliamo un po'

 Nelle seguenti attività, gli studenti possono svolgere un lavoro di gruppo per rispondere alle domande.

3.1 Domande sul testo. Rispondere alle seguenti domande con frasi complete.

1. Cosa offre l'Italia oltre al mare?
2. Cosa preferiscono i giovani durante l'inverno?
3. Cosa amano fare?
4. Come alternativa, cosa offrono le montagne in estate?
5. Cosa scopriamo in montagna?
6. Cosa facciamo in estate?
7. Che aria si respira?
8. Dove troviamo molta confusione?
9. Cosa propone di fare Teodoro?
10. Cosa ha messo nello zaino Virgilio?
11. Cosa teme Vanna?
12. Quale soluzione ha trovato Mirella?

 3.2 Domande personali

1. Preferisci l'inverno o l'estate? Perché?
2. Sei mai andato/a in montagna? In quale occasione?
3. Hai mai sciato? Dove?
4. Cosa ti piace scoprire?
5. Hai mai fatto delle lunghe passeggiate? Con chi?
6. Dove c'è molto traffico?
7. Dove trovi la tranquillità?
8. Cosa offri agli amici quando organizzi una festa?
9. Dove preferisci nuotare?
10. Dove ti piacerebbe fare un'escursione?
11. Cosa fai quando ti danno fastidio gli insetti?

Vocabolario utile

l'aria incontaminata, arrampicarsi, la bicicletta, il bosco, la caduta dei massi, la canoa, il contatto con la natura, l'equitazione, l'escursione, il fuoco, la gastronomia, il gelo, la neve, il pattinaggio, il pericolo, il rifugio alpino, lo sci di fondo, le valanghe

 3.3 Pro e contro di un luogo di vacanza. Con il tuo gruppo, fai un elenco di luoghi di vacanza e indica i pro e i contro che una vacanza di questo tipo può offrire.

ESEMPIO: In montagna...   Lo sci...   Il freddo...

Tipo di vacanza	Pro	Contro
_____	_____	_____
_____	_____	_____
_____	_____	_____

Vocabolario utile

l'abito antizanzara, allattare, assorbire, la candela a base di citronella, contrarre, la convulsione, essere punti da una zanzara, i farmaci, la gravidanza, la lampadina gialla, la lavanda, l'olio aromatico, la pelle, lo scaccia zanzare elettrico, il sistema nervoso, le sostanze naturali, l'uso del DDT, il vaccino

 3.4 Dibattito: l'uso dei repellenti contro le zanzare comporta dei rischi? Le zanzare, le mosche, i moscerini e molti altri insetti possono causare fastidi, reazioni alla pelle e addirittura, in alcuni casi, trasmettere delle malattie. I repellenti sono molto efficaci, ma alcuni insetticidi possono essere tossici e rischiosi per l'uomo. In Africa, per esempio, si parla di riportare il famoso DDT per combattere la malaria. Come si possono usare i repellenti riducendo i rischi? Dividere la classe in due gruppi per creare un dibattito. Discuti pro e contro di coloro che vogliono vietare la circolazione di un prodotto sul mercato. Si raccomanda soprattutto di rispettare le opinioni degli altri durante il dibattito.

Idee

1. In alcuni Paesi sottosviluppati la malaria colpisce ancora, in modo particolare i bambini. L'uso limitato di un potente repellente come il DDT potrebbe salvare la vita umana.
2. Nonostante l'uso del repellente a base di sostanze chimiche sia efficace, i rischi ambientali per la fauna e la flora sono incalcolabili.

Una splendida vista degli Appennini, in provincia d'Avellino, da dove si può raggiungere il mare e la montagna nel giro di pochi chilometri.

LETTURA BREVE: Una partita a golf

Il golf è uno sport molto diffuso[1] anche in Italia. Stefano Morelli è un appassionato di golf. Questo fine settimana ha fatto le prenotazioni in un albergo in cui può giocare a golf tutto il giorno. Sua moglie Lina è molto triste perché lei detesta questo sport. Per Lina, il golf è monotono. Purtroppo nella vita matrimoniale esistono compromessi. Lina è una moglie molto comprensiva[2]. Ha deciso di non interferire[3] con suo marito. La settimana prossima, però, Stefano dovrà gentilmente accompagnare[4] sua moglie a fare le spese[5] in un grande centro commerciale!

Dopo una lunga giornata sul campo di golf, Stefano arriva un po' in ritardo per la cena. Racconta alla moglie di aver avuto una partita molto impegnativa[6]. Gli amici sono felici per Stefano perché dicono che è bravo come Tiger Woods. Anche Lina è contenta perché ha trascorso tutta la giornata in piscina dove ha fatto amicizia con una simpatica professoressa di Pavia. Si chiama Lea Belloni. Anche lei ha accompagnato suo marito al torneo di golf.

Stefano si ricorda di Sergio Belloni, era nel suo gruppo questa mattina. È uno straordinario giocatore di golf. I due hanno vinto insieme il torneo e, per festeggiare, Stefano lo ha invitato a cena. Anche per Lina sarà un piacere perché le due donne hanno molte cose in comune. Sarà una serata divertente.

---

[1]diffuso: sparso, esteso. Riunirsi per una cena in un ristorante è diventata una moda diffusa tra molti adulti.

[2]comprensiva: disponibile a capire un'altra persona; indulgente. Lina ha incontrato una persona comprensiva.

[3]interferire: intromettersi in qualcosa. I genitori hanno il diritto morale di intromettersi nelle scelte dei propri figli.

[4]accompagnare: andare insieme, seguire. È importante accompagnare un regalo con un biglietto.

[5]fare le spese: fare le compere. Siamo andati in centro e abbiamo fatto delle spese.

[6]impegnativa: difficile. Era un esame impegnativo, ma Luisa non ha avuto alcuna difficoltà nel superarlo.

3.5 Domande sul testo

1. Quale sport è diffuso in Italia?
2. Di cosa è appassionato Stefano?
3. Cosa può fare tutto il giorno?
4. Perché sua moglie è triste?
5. Che cos'è importante nella vita matrimoniale?
6. Che cosa ha deciso di fare Lina?
7. Cosa dovrà fare Stefano?
8. Quando è arrivato Stefano?
9. Come è andata la partita?
10. Cosa ha fatto sua moglie nel frattempo?
11. Perché Stefano arriva in ritardo?
12. Perché Lina è felice?

3.6 Domande personali

1. Hai mai giocato a golf? Se sì, in quali circostanze?
2. Che sport ti piace? Perché?
3. Cosa ti capita di prenotare?
4. Cosa ti piace fare tutto il giorno?
5. Hai un buon rapporto con i tuoi genitori / la persona del cuore?
6. Sei mai venuto/a a compromessi? Quando?
7. Ti piace fare spese? Perché?
8. Cosa trovi monotono?
9. Vai mai a un centro commerciale?
10. Accompagni mai qualcuno a fare spese? Dove?
11. Hai mai vinto un torneo? Quale?
12. In che senso il mondo è piccolo?

Viaggiare è bello ma occorre essere prudenti per evitare brutte sorprese.

UN PO' DI LETTURA AUTENTICA

Il seguente articolo fa parte di un'inchiesta[1] condotta dalla rivista italiana Touring Club Italiano *per comprendere meglio perchè si viaggia e per dare al viaggiatore strumenti per meglio affrontare una vacanza.*

ABC del Turista: diritti alla meta
L'alfabeto di chi viaggia. Per districarsi° nel labirinto dei soprusi[2]

°untangle oneself

di Alessandro Gilioli

Agriturismo. In Italia ce ne sono ormai più di diecimila, con un fatturato di 900 milioni di euro l'anno. Insomma, un vero business. Prima regola, puntare su un agriturismo doc°, cioè dove l'attività economica prevalente sia quella agricola e non quella turistica: altrimenti si tratta di turismo rurale ed è un'altra cosa. Appena arrivati, entrate sbadatamente[3] in cucina e date un'occhiata°: se ci sono scatole° dell'ipermercato, non è un buon segno.

°authentic

°glance
°boxes

Bagagli. È provato che fare i bagagli è un fattore di stress come un amore finito, un trasloco in corso e uno scudetto° perso all'ultima giornata. Per questo

°championship

---

[1]l'inchiesta: indagine, investigazione. Il governo ha condotto un'inchiesta per capire i bisogni dei turisti.

[2]sopruso: ingiustizia, un'offesa subita. L'industria del turismo vuole evitare che i turisti soffrano dei soprusi.

[3]sbadatamente: distrattamente, inavvedutamente. Ho scritto sbadatamente l'indirizzo e-mail ed il mio amico non ha ricevuto il messaggio.

dall'America è arrivata la moda di partire naked. Se invece avete imbarcato[4] le valigie ma all'arrivo non le vedete, ecco tre regolette. Primo, fare subito denuncia all'ufficio Lost & Found; secondo, mandare una domanda di risarcimento[5] entro 14 giorni per i voli nazionali, 21 per quelli internazionali; terzo, non illudersi di essere davvero rimborsati; avete diritto a 24 euro al chilo, anche se nella valigia c'era la vostra collezione di Cartier.

Caparra. La caparra[6] è un'invenzione diabolica per costringervi a partire, anche se un evento catastrofico vi spinge° a restare. Ci sono coppie che pur avendo avviato° le pratiche di separazione insultandosi, sono andate lo stesso in vacanza insieme per non rimetterci° i soldi. Ma ricordatevi che in albergo non è mai obbligatorio versare la caparra.

°*compels / initiated*

°*lose*

Duty free. Una volta vi si faceva incetta° di cravatte e sigari cubani sentendosi furbissimi perché esentasse°. Adesso, se si va in Paesi dell'Unione europea, i prezzi medi sono più alti che in via Condotti.

°*stock pile*
°*free from duty*

Ecovillaggi. Niente plastica e niente auto, energia prodotta dal vento e dal sole. Ma attenzione: al contrario di agriturismo, ecovillaggio non è un marchio doc, con doveri di legge. Chiunque può spacciare[7] per ecovillaggio un albergo. Perciò, se volete essere sicuri che il posto sia ecologicamente corretto, guardate come funzionano gli scarichi, il riciclaggio e lo smaltimento° dei rifiuti.

°*disposal*

Furti. I furti[8] in viaggio sono un classico da raccontare agli amici. Vecchia ma sempre buona quella dello spray anestetizzante in treno. Le varianti vanno dal sonnifero nella minestra allo sciamano che ipnotizza.

Guerre. I giornali pubblicano spesso mappe con i Paesi dove sono in corso conflitti e rivolte. Beh, diffidatene.

Hotel. Ci sono molte guide che consigliano buoni alberghi, ma non ne esiste ancora nessuna dedicata agli hotel da evitare. Chi è interessato al tema si deve affidare ai forum in Internet (*www3.newsland.it*) oppure a un giornalista americano, Tom Brosnahan, che ha scritto un articolo intitolato "I peggiori[9] alberghi del mondo" (*www.travelintelligence.net*).

Last minute. Altro effetto collaterale di Internet: l'amico che nel Web trova il mitico viaggio last minute. Ma attenti: se si digitano le parole last minute su un motore di ricerca, si trovano un milione e 700mila risposte. Quindi prima di usarne uno, leggetevi bene i contratti di viaggio: il rischio di truffe[10] è unanimemente considerato il più alto.

Malattie. Il boom di Sharm ash-Shaykh è stato una benedizione per i medici usciti dall'università con il 18 politico°: se siete andati sul Mar Rosso, qualsiasi sintomo

°*receiving a degree not based on one's merit*

---

[4]*imbarcare*: caricare, far salire a bordo. L'autista ha imbarcato le valigie sul tetto della macchina.

[5]*il risarcimento*: rimborso, indennizzo. Durante il viaggio, una signora ha perso la sua valigia e per accontentarla la compagnia aerea le ha offerto un risarcimento.

[6]*la caparra*: deposito, anticipo. I signori hanno versato una caparra con l'intenzione di comprare una casa.

[7]*spacciare*: vendere illecitamente, fare passare. Alcuni malviventi hanno spacciato droga agli atleti.

[8]*il furto*: rapina, illecito. I ladri hanno tentato un furto in banca, ma l'allarme è scattato subito.

[9]*peggiore*: più cattivo, inferiore. In quel ristorante abbiamo provato la peggiore cucina.

[10]*la truffa*: imbroglio, estorsione. Non dovete mai divulgare le vostre informazioni personali perché potrebbe trattarsi di una truffa.

°stye / elbow

°experts at sea
°careless / pretend

°rescue

°available

°paper

°railroad

°mail-box

°compulsion

°activates

°abroad

°remote control /
  x-rated

poi accusiate, il dottore vi dirà che si tratta di una malattia esotica e che per questo non riesce a guarirvi. La scusa vale anche per orzaioli° e gomiti° del tennista.

Navigazione. I veri lupi di mare° sanno già a quali compagnie di noleggio rivolgersi per evitare inconvenienti[11]. Un po' più incauti° quelli che si fingono° tali e si spingono a vela senza skipper tra mari in burrasca (ne sa qualcosa la capitaneria di porto della Maddalena che puntualmente deve andare a ripescarli°).

Overbooking. Detestabile pratica delle compagnie aeree: accettare più prenotazioni dei posti disponibili°. Se vi mettono su un volo che parte più di due ore dopo, avete diritto a un risarcimento di 150 euro, il doppio se è un volo oltre i 3.500 chilometri e il ritardo supera le quattro ore.

Prenotazioni. Avete prenotato l'hotel via Internet? Affidatevi al vecchio fax e fatevi inviare la conferma cartacea°: un documento su carta intestata vale molto di più della stampata di un'e-mail. Se pensate di arrivare dopo le 18, meglio avvisare[12].

Questionari. Ci avete fatto caso? Quasi tutti, dalla catena a cinque stelle alle Ferrovie° dello Stato, vi implorano gentilmente di riempire un questionario. Con domande del tipo vi è piaciuto il soggiorno, com'era il pranzo a bordo, siete soddisfatti del servizio offerto. Una volta compilati, più o meno sinceramente, questi simpatici foglietti finiscono in una buca° o alla relativa reception.

Ritardi. Visto che sono inevitabili, cerchiamo di vederne il lato positivo.

Shopping. La coazione° allo shopping in viaggio è una di quelle patologie ancora misteriose. Perché mai, quando ci si trova in un luogo lontano, si avverte la compulsione a fare acquisti? Perché questo meccanismo scatta° anche in persone ben consapevoli che con la globalizzazione i generi comprati all'estero sono spesso identici a quelli di casa?

Turismo consapevole[13]. C'era una volta chi andava in Costa d'Avorio senza mettere piede fuori dal villaggio vacanze e chi stava due settimane in Egitto senza accorgersi che era un Paese islamico. Così, è nato il turismo consapevole. Ma niente panico: basta un minimo d'interesse per la cultura locale e un po' di rispetto per gli usi del posto. E non pretendere[14] rigatoni in Tibet: perché, come diceva George Bernard Shaw, "detesto sentirmi a casa quando sono all'estero°".

Uomini soli. Per loro gli alberghi di mezzo mondo si sono connessi a canali TV hard-core. Qualche volta però si esagera: un gentile lettore di Firenze ci ha segnalato, con comprensibile irritazione, che la figlia di nove anni, giocando con il telecomando°, si è ritrovata davanti a un film a luci rosse° in un hotel a quattro stelle di Siviglia.

Vacanze intelligenti. Il sociologo Domenico De Masi sostiene che intelligenti sono quelle vacanze in cui non ci si sforza di riposarsi, ma piuttosto si cambiano attività, ritmi e interessi rispetto alla vita di sempre.

---

[11]inconveniente: disavventura, contrattempo. Oggi l'ascensore non funziona e la direzione dell'albergo si scusa per l'inconveniente.

[12]avvisare: informare, ammonire. La compagnia aerea ha avvisato i viaggiatori che il volo per Torino porta un ritardo a causa del maltempo.

[13]consapevole: cosciente, informato. Dovremmo essere più consapevoli delle nostre azioni per evitare conseguenze serie.

[14]pretendere: richiedere, esigere. È importante pretendere un buon servizio quando si alloggia in un albergo.

Webcam. È l'ultima mania dei siti turistici: trasmettere immagini via webcam delle destinazioni. L'idea è buona, ma non fidatevi[15]. Ci sono siti con webcam puntate su Angkor che mostrano splendide giornate di sole anche nel periodo monsonico°.

°*monsoon season*

Zanzara. La profilassi° antimalarica è oggetto di un annoso e insensato dibattito tra i viaggiatori. I favorevoli narrano storie terrificanti di amici defunti dopo essere stati appena sfiorati° da una zanzara a Cayo Largo o lungo il fiume Nilo. I contrari favoleggiano° sugli effetti esiziali° determinati dalla profilassi medesima. La verità è che la questione sull'antimalarica è infinita.

°*prophylaxis*

°*brushed*
°*fantasize / damaging*

_____

[15]fidarsi: credere, avere fede. Non sempre è facile fidarsi di persone sconosciute ma a volte non abbiamo alcuna scelta.

 3.7 Domande sul testo

1. Perché bisogna essere attenti quando si sceglie il soggiorno in un agriturismo?
2. Perché quando si preparano i bagagli possiamo stressarci?
3. Perché l'autore non incoraggia a dare una caparra?
4. Perché non è consigliabile fare delle compere nella zona duty free?
5. Come l'agriturismo si distingue dall'ecovillaggio?
6. Quali misure protettive dovrebbe prendere un turista che viaggia in treno?
7. Che atteggiamento ha l'autore verso le notizie di guerra diffuse dai giornali?
8. Come si spiegano le poche pubblicazioni sui peggiori hotel?
9. Perché bisogna far attenzione quando usiamo un motore di ricerca di Internet?
10. In che modo l'autore ironizza su alcuni dottori che non riescono a curare le malattie?
11. Secondo l'autore, come si verificano molti incidenti di navigazione?
12. In cosa consiste una pratica condannabile di alcune compagnie aeree?
13. Secondo l'autore, perché non è consigliabile prenotare su Internet?
14. Perché l'autore è scettico per quanto riguarda l'uso dei questionari messo in pratica da alcune aziende?
15. Perché non vale la pena fare spese quando andiamo in vacanza?
16. Perché è importante conoscere la cultura del Paese che si visita?
17. Perché i genitori devono stare attenti quando permettono a un bambino di vedere la televisione in albergo?
18. Secondo il sociologo Domenico De Masi, cosa è una vacanza intelligente?
19. Perché le immagini trasmesse da una webcam non sono sempre affidabili?
20. Secondo l'autore, perché i medici non drammatizzano le conseguenze di una malattia causata dalla malaria?

3.8 Domande personali

1. Fare le valigie è per te un motivo di stress? Perché?
2. Hai mai perso dei soldi dati in caparra? Quando?
3. Sei mai stato/a vittima di un furto o conosci qualcuno che ha avuto un'esperienza del genere?
4. Hai mai avuto un'esperienza negativa in albergo?
5. Hai mai avuto un incidente in mare?
6. Senti il bisogno di fare delle spese quando vai in vacanza? Perché?
7. Quali sono i vantaggi del conoscere la cultura di un Paese diverso dal tuo?
8. Secondo te, in che cosa consiste una vacanza ideale?

 3.9 L'ABC del turismo. L'inchiesta condotta da Alessandro Gilioli sull'*ABC del turismo*, sebbene offra degli spunti interessanti e a volte anche negativi, non esaurisce i suggerimenti che un turista dovrebbe prendere in considerazione prima di organizzare una vacanza. Con il tuo gruppo, crea un ABC del turismo che possa essere utile ad un viaggiatore.

3.10 Presentazione in classe: il tipo di rapporto che ho con i miei familiari. Scrivi una presentazione. Crea una sequenza d'immagini e illustra in classe alcuni membri della tua famiglia. Indica il tipo di rapporto che hai con ognuna di queste persone.

Esercizio di scrittura creativa

3.11 Dal medico. Non ti senti bene e vai dal medico. Soffri di mal di stomaco e non dormi da alcuni giorni. Il medico ti fa alcune domande. Rispondi alle sue domande, utilizzando la forma corretta del **passato prossimo**.

1. Hai mai sofferto di mal di stomaco?
2. Cosa hai mangiato ieri sera?
3. Cosa hai bevuto?
4. Hai avuto dello stress recentemente?
5. Come hai dormito?
6. Hai fatto un'analisi del sangue recentemente?
7. Quali medicine hai preso?

3.12 Chiedere informazioni. Utilizzando le forme interrogative, chiedi delle informazioni sulle seguenti situazioni.

> **ESEMPIO:**   Al professore d'italiano
>
> l'esame   *Scusi, quando daremo l'esame?*
> un dizionario   *Mi può suggerire un buon dizionario?*
> il film   *Un buon film? ...*

A. Alla ragazza
 1. il nome
 2. la scuola
 3. la specializzazione
 4. l'età
 5. l'hobby

B. Al ragazzo
 1. lo sport
 2. la macchina
 3. il lavoro
 4. la nazionalità
 5. la residenza

C. Per quanto riguarda un libro
 1. l'autore
 2. il soggetto
 3. il tema
 4. i personaggi
 5. la critica

D. Per quanto riguarda un film
 1. il cinema
 2. l'orario
 3. il prezzo
 4. gli attori
 5. gli Oscar

3.13 Ascoltare i seguenti annunci pubblicitari ed accoppiarli con l'immagine più appropriata.

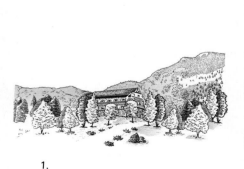

1.

2.

3.

Una bellissima immagine delle
Cinque Terre in Liguria

🔊 Le Cinque Terre

Una domanda prima di ascoltare

Perché le Cinque Terre sono un luogo speciale?

3.14 Rispondere **Vero** o **Falso** alle seguenti frasi. Se falso, correggi!

1. La Toscana e la Liguria sono due regioni distinte.
2. La zona delle Cinque Terre si distingue per il suo aspetto moderno.
3. L'autostrada permette il collegamento tra un centro urbano e l'altro.
4. La zona si può attraversare in cinque ore di macchina.
5. Secondo le osservazioni di Piovene, le Cinque Terre rivelano molto sul carattere ligure.

🔊 **3.15** Ascoltare i seguenti annunci pubblicitari ed accoppiare i commenti con un'immagine appropriata.

1.

2.

3.

3.16 Rispondere **Vero** o **Falso** alle seguenti domande. Se falso, correggi!

1. A Villa il Torrione i clienti non possono fare colazione.
2. L'albergo è molto moderno.
3. L'albergo Candiani era inizialmente un mercato all'aperto.
4. È un albergo di origine medievale.
5. A Praia a Mare non si può fare sport.

3.17 Scelta multipla. Selezionare la risposta appropriata.

1. L'Albergo dei Tigli è situato _____.

   a. sul lago   **b.** in città   **c.** sulla rocca

2. I clienti possono andare _____ sul lago.

   a. in bicicletta   **b.** in barca   **c.** a cavallo

3. La Locanda dei Mercanti è situata _____.

   a. in città   **b.** in campagna   **c.** sul lago

4. I clienti possono vedere _____ in camera.

   a. il panorama   **b.** la televisione   **c.** le sculture

5. La prima colazione è _____.

   a. inclusa   **b.** servita anche in camera   **c.** esclusa

6. All'albergo Belvedere i clienti possono fare _____ nel parco.

   a. uno studio   **b.** delle foto   **c.** delle passeggiate

INTRODUZIONE ALLA LETTERATURA ITALIANA

Si sta facendo sempre più tardi
di Antonio Tabucchi

L'AUTORE Nato a Pisa il 24 settembre 1943, Antonio Tabucchi è uno degli scrittori italiani più famosi al mondo. Le sue opere, che comprendono una vasta gamma di generi letterari, come romanzi, racconti, testi teatrali e saggi, sono state tradotte in quaranta lingue. Professore di lingua e letteratura portoghese presso l'Università di Siena, Tabucchi vive in Portogallo con la sua famiglia e ogni anno durante i sei mesi in cui non insegna si dedica alla scrittura.

ROMANZO *Si sta facendo sempre più tardi* è stato pubblicato dalla Feltrinelli Editore nel 2001. Utilizzando un genere molto antico, la forma epistolare, Tabucchi racconta le sue riflessioni a destinatari non sempre ben definiti. Le lettere, infatti, sono indirizzate a persone che spesso sono personaggi nati dalla fantasia dell'autore. E i luoghi, sebbene possano essere individuati in un ambiente mediterraneo, sembrano essere collocati fuori dal tempo e dallo spazio.

LETTURA

Mia cara,

credo che il diametro di quest'isola non superi i cinquanta chilometri, al massimo. C'è una strada costiera che la gira tutta in tondo, stretta, spesso a picco° sul mare, altrimenti pianeggiando in coste brulle° che scendono a solitarie spiaggette di ghiaia° orlate° di tamerici bruciate dal salino e in alcune a volte mi fermo. Da una di queste ti parlo, a bassa voce, perché il meriggio e il mare di questa luce bianca ti hanno fatto chiudere le palpebre°, stesa qui accanto a me, vedo il tuo seno che si solleva al ritmo pausato della respirazione di chi sta dormendo e non voglio svegliarti. Come piacerebbe questo luogo a certi poeti che conosciamo, perché è così scabro°, essenziale, fatto di pietre, montagnole brulle, spini, capre. Mi è perfino venuto da pensare che quest'isola non esista, e di averla trovata solo perché la stavo immaginando. Non è un

°irto; ripido
°deserte
°piccole pietre / decorate

°parte dell'occhio

°irregolare

luogo, è un buco°: intendo della rete. C'è una rete nella quale pare sia ormai   °*fessura*
impossibile non essere catturati, ed è una rete a strascico°. In questa rete io insisto a   °*coda*
cercare buchi. Ora mi pareva quasi di aver sentito la tua risatina° ironica: "E dàgli, ci   °*ilarità*
risiamo!" E invece no: hai le palpebre chiuse e non ti sei mossa. Me lo sono
immaginato. Che ore saranno? Non ho portato l'orologio, che del resto qui è del tutto
superfluo.

Ma ti stavo descrivendo questo luogo. La prima cosa a cui fa pensare è a com'è
troppo il troppo che il nostro tempo ci offre, almeno a noi che per fortuna stiamo dalla
parte migliore. Invece guarda le capre: sopravvivono con niente, mangiano anche i
pruni e leccano° perfino il sale. Quanto più le guardo, più mi piacciono, le capre.   °*lambire*
Su questa spiaggetta ce n'è sette o otto che si aggirano fra i sassi, senza pastore,
probabilmente appartengono ai proprietari della casetta dove mi sono fermato a
mezzogiorno. C'è una specie di caffè sotto un'incannicciata° dove si possono mangiare   °*tettoia a base di canne*
olive, formaggio e melone. La vecchietta che mi ha servito è sorda e ho dovuto gridare
per chiedere queste poche cose, mi ha detto che suo marito arrivava subito, ma suo
marito non l'ho visto, forse è una sua fantasia, oppure ho capito male. Il formaggio lo
fa lei con le sue mani, mi ha portato nel cortile di casa, uno spiazzo polveroso
circondato da un muro a secco pieno di cardi° dove c'è delle caprette... Ho comprato   °*pianta erbacea*
una forma di formaggio e avrei voluto quella fatta come l'asso di picche°, ma la   °*uno dei quattro semi delle*
vecchia me l'ha rifiutata e mi sono dovuto accontentare di quella rotonda. Le ho   *carte da gioco francesi,*
chiesto una spiegazione e ne ho cavato dei mugugni° sgraziati e gutturali, quasi   *molto usate anche in*
stridenti, accompagnati da gesti indecifrabili: si circondava la circonferenza del ventre *Italia / lamenti*
e si toccava il cuore. Chissà: forse voleva significare che quel tipo di formaggio è
riservato solo a certe cerimonie essenziali alla vita: la nascita, la morte. Ma come ti
dicevo, forse è solo l'interpretazione della mia fantasia che di sovente° galoppa, come   °*spesso*
sai. Ad ogni modo il formaggio è squisito, fra queste due fette di pane scuro che sto
mangiando dopo avervi versato un filo d'olio d'oliva, che qui non manca, e qualche
foglia di timo che condisce° ogni piatto, dal pesce al coniglio selvatico. Avrei voluto   °*insaporisce*
chiederti se anche tu avevi appetito: guarda, è squisito, ti ho detto, è una cosa
irripetibile, fra un po' sarà sparito anche lui nella rete che ci sta avvolgendo°, per   °*coprendo*
questo formaggio non ci sono buchi né vie d'uscita, approfittane°. Ma non volevo   °*avvantaggiatene*
disturbarti, era così bello il tuo sonno, e così giusto, e ho taciuto. Ho visto passare un
bastimento° in lontananza e ho pensato alla parola che ti stavo scrivendo: bastimento.   °*nave mercantile*
Ho visto passare un bastimento carico di? Indovina?°.   °*un gioco molto noto ai*
                                                                                          bambini
Sono entrato nel mare piano piano con una sensazione panica°, come il luogo   °*sensuale, di comunione con*
richiedeva. Mentre entravo nell'acqua, con i sensi già disposti a ciò che il sole   *la natura (dal dio Pan)*
meridiano e l'azzurro e il sale marino e la solitudine suscitano° in un uomo, ho sentito   °*stimolano*
una tua risatina ironica dietro le spalle. Ho preferito ignorarla e sono avanzato
nell'acqua fino a quasi l'ombelico, quella stupida fa finta di dormire, ho pensato, e mi
prende in giro. Come per sfida° sono andato avanti, e sempre per sfida, ma anche per   °*provocazione*
farti uno sberleffo°, mi sono girato di scatto° esibendomi nella mia nudità. Oplà!, ho   °*derisione / reazione*
gridato. Non ti sei mossa° di un millimetro, ma la tua voce mi è giunta° chiarissima e   °*spostata / arrivata*
soprattutto il tono, che era sardonico. Bravo, complimenti, sembri ancora in forma!, ma
la Spiaggia del Miele era vent'anni fa, è passato un po' di tempo, attento a non fare un
buco nell'acqua!° La frase era piuttosto velenosa, devi ammetterlo, indirizzata a   °*sbagliare*
qualcuno che entrava nel mare giocando a fare il maturo fauno, mi sono guardato, e ho
guardato l'azzurro intorno a me e mai metafora mi è parsa più appropriata, e il senso
del ridicolo mi ha colto, e con esso uno stupore, come un disorientamento, e una specie
di vergogna, cosicché mi sono portato le mani davanti per coprirmi, insensatamente,
visto che di fronte a me non c'era nessuno, soltanto mare e cielo e nient'altro. E tu eri
lontana, immobile sulla spiaggia, troppo lontana per avermi bisbigliato° quella frase.   °*mormorare*
Sto sentendo voci, ho pensato, è un'allucinazione sonora. E per un attimo mi sono

°*chiuso*
°*farfalla / difficoltà*
°*preso*

°*rilassata*
°*deviare*
°*circa*

°*pozioni*

°*zafferano / pungente*
°*euforia*

°*campione / curve*

°*rotti*
°*segnale*
°*vecchio*

°*venuto*

°*piccoli rettili*

°*scortese*

°*bevanda / curvo*

°*attento*

°*manata*

°*a stomaco vuoto*

sentito paralizzato, con un sudore gelido sul collo, e l'acqua mi è sembrata di cemento come se vi fossi restato imprigionato e vi dovessi soffocare murato° per sempre, come una libellula° fossile rimasta in un blocco di quarzo. E a stento°, passo dopo passo, senza voltarmi all'indietro, ho cercato di evadere dal panico che ora mi aveva colto° davvero, quel panico che fa perdere i punti cardinali, sono arretrato fino alla spiaggia dove almeno sapevo che comunque c'eri tu come punto di riferimento, quel sicuro punto di riferimento che mi hai sempre dato, stesa° su un asciugamano accanto al mio.

Ma con tutto questo stavo saltando di palo in frasca°, come si suol dire, perché se non sbaglio ti parlavo dell'isola. Dunque se a occhio e croce° ha un diametro di non più di cinquanta chilometri, secondo me non c'è più di un abitante ogni dieci chilometri quadrati. Dunque, pochini davvero. Forse sono di più le capre, anzi, ne sono certo. L'unico bene che la terra produce, oltre ai pruni di more e ai fichi d'India, è il melone, laddove il terreno pietroso si fa sabbia, una rena giallognola dove gli abitanti coltivano meloni, solo meloni, piccoli come pompelmi, e dolcissimi... Dall'uva si ottiene un vino rosato scuro, di alta gradazione, credo che costituisca l'unica bevanda dell'isola, oltre agli infusi° di erbe spontanee che si bevono in abbondanza anche freddi, e che sono amari ma assai profumati. Alcuni sono gialli, perché c'è una specie di croco° spinoso° che fiorisce tra i sassi e che assomiglia a un carciofo piatto; e quella bevanda dà una forte ebbrezza°, assai più del vino, ed è riservata ai malati e ai moribondi. Dopo un insolito benessere ti fa dormire a lungo, e quando ti svegli non sai quanto tempo è passato: forse qualche giorno, e non si fa nessun sogno.

Sono certo che pensi che in un luogo come questo sarebbe necessario portare una tenda. Sì, ma dove piantarla: fra i sassi? Fra i meloni? E poi, lo sai, non sono mai stato un asso° a piantare tende, mi venivano tutte storte°, poverine, facevano pena. Invece ho trovato un posto al villaggio. Da non crederci, ma tu arrivi in un borgo bianco che non ha neppure un nome, si chiama semplicemente villaggio, e sul mulino a vento in rovina che fa da sentinella alle quattro case, dopo una salita di scalini sconquassati° c'è un cartello con una freccia°: Albergo, 100 mt. Ha due stanze, l'altra è disabitata. Il padrone dell'albergo è un uomo attempato° e di poche parole. È stato marinaio e conosce varie lingue, almeno per comunicare, e nell'isola è tutto: postino, farmacista, poliziotto. Ha l'occhio destro di un colore diverso da quello sinistro, non credo sia per natura, ma per un misterioso incidente che gli capitò° in uno dei suoi viaggi e che ha tentato di spiegarmi con avare parole e con il gesto inequivocabile di chi indicandosi un occhio raffigura qualcosa che lo colpì. La stanza è molto bella, davvero non ce la saremmo immaginata così, né io né te. È una grande mansarda che dà sul cortile, con il soffitto che pende fino ad una terrazza poggiata sulle colonne di pietra del portico attorno alle quali si arrotola un rampicante di foglie molto verdi e robuste, un po' grasse, carico di bottoni che la notte si schiudono con un profumo intenso. Credo che quei fiori allontanino gli insetti, perché non ne ho mai visti sulle pareti, a meno che questa pulizia non sia opera dei non pochi gechi° che popolano il soffitto: grassi anche loro, e assai simpatici, perché sempre immobili, almeno apparentemente.

Il burbero° proprietario ha una vecchia serva che la mattina mi porta in camera una colazione consistente in ciambelle di pane all'anice, miele, formaggio fresco e un bricco di una tisana° che sa di menta. Quando scendo lui è sempre chino° su un tavolo a fare i conti. Di che cosa, poi, vallo a sapere. Nella sua sobrietà verbale è tuttavia premuroso°. Mi domanda sempre: ... ¿Cómo está su esposa? Chissà perché ha scelto di parlarmi in spagnolo, e la parola "esposa", che lui pronuncia con il dovuto rispetto, e che già di per sé è un po' ridicola, meriterebbe una bella risata come risposta. Ma che esposa e esposa, mi faccia il piacere!, e giù una bella pacca° sulle spalle. E invece rispondo con la serietà che la situazione richiede: sta bene, grazie, stamattina si è svegliata molto presto, è già scesa alla spiaggia e non ha neppure fatto colazione. Povera signora, risponde lui sempre in spagnolo, a digiuno° sul mare, non può essere!

Batte le mani e arriva la vecchia. Le parla nella sua lingua e lei, svelta° svelta, prepara   °*veloce*
il solito panierino° affinché tu non resti a digiuno. Ed è proprio questo che ti ho   °*cestino*
portato anche stamattina: una ciambella di pane all'anice, formaggio fresco, miele. Mi
sento un po' Cappuccetto Rosso, ma tu non sei la nonna e per fortuna non c'è il lupo
cattivo. C'è solo una capretta marroncina in mezzo al bianco delle rocce, l'azzurro
sullo sfondo, il sentiero° da percorrere fino alla spiaggetta per stendermi   °*via*
sull'asciugamano accanto al tuo.

    Ti avevo fatto un biglietto "aperto", come dicono in linguaggio tecnico le
agenzie. Costano il doppio, lo so, ma ti consentono di rientrare il giorno che vuoi: e
non dico tanto per il battellino° asmatico che fa la spola° ogni giorno fino alla   °*barca / viaggio*
cosiddetta civiltà, ma soprattutto per l'aereo dell'isola più vicina, dove c'è una pista
d'atterraggio. E non per buttare via i soldi, lo sai che sono oculato sulle spese, né per
farti vedere quanto sia generoso, che magari non lo sono affatto. È che capisco i tuoi
impegni: le cose che uno ha da fare, e qui e là, e avanti e indietro. Insomma: la vita. Ieri
sera mi hai detto che oggi dovevi ripartire, dovevi proprio. Ebbene, guarda, riparti, il
biglietto aperto serve proprio a questo. *No problem,* come dicono oggi. Fra l'altro il
momento è favorevole, perché il mare è in risacca°, e porta al largo.   °*ritorno dell'onda*

    Ho preso il tuo biglietto, sono entrato nel mare (questa volta addirittura con i
pantaloni, per mantenere il decoro dovuto ad un commiato°) e l'ho depositato sulla   °*partenza*
superficie dell'acqua. L'onda l'ha avvolto, ed è scomparso alla vista. Oddìo, ho pensato
per un momento con quel batticuore di quando si assiste a una partenza (le partenze
causano sempre un po' d'ansia, e tu sai che in me è sempre eccessiva), finirà contro le
rocce. E invece no. Ha preso la direzione giusta, galleggiando° gagliardamente° sulla   °*fluttuando /*
corrente che rinfresca il piccolo golfo, ed è scomparso in un attimo. Ho cercato di   *coraggiosamente,*
sventolare° l'asciugamano per dirti ciao, ma tu eri già troppo lontana. Magari non te   *spavaldamente*
ne sei neppure accorta°.   °*mostrare*
   °*avveduta*

3.18 Domande sul testo

1. A chi è indirizzata la lettera?
2. Che cosa evoca l'immagine della rete?
3. Come potrebbe l'aspetto primordiale dell'isola interessare i poeti?
4. Perché l'orologio può anche non servire?
5. Cosa pensa il narratore del comportamento degli uomini e di quello delle capre?
6. Cosa pensa la vecchietta dell'ambiente surreale dell'isola?
7. Il gioco del bastimento cosa fa ricordare al narratore?
8. La risatina dell'amica appare ripetutamente, come fosse un tema dominante del racconto.
   Che tipo di rapporto indica tra il narratore e la donna?
9. Perché il narratore è stato preso dal panico?
10. Perché il territorio non è adatto per piantare una tenda?
11. Come descriveresti il proprietario dell'albergo?
12. Quali sono gli elementi che aiutano il narratore a rivivere il passato?
13. Perché il narratore non riesce a dialogare con la donna con gli occhi chiusi, con la vecchietta
    e con il proprietario dell'albergo?
14. Quali sono i misteriosi indizi del racconto?
15. Il narratore tende a raccontare storie che contengono altre storie. Secondo te, che senso
    hanno le varie storie con il tema centrale del racconto?
16. Che rapporto c'è fra la mancanza di logica nel racconto e il paesaggio mentale che il
    narratore cerca di riscoprire?

3.19 Domande personali

1. Hai mai cercato di ripercorrere il tuo passato? Come?
2. Nel rintracciare il passato, hai mai avuto la sensazione che i tuoi ricordi siano in qualche modo imprigionati? Racconta!
3. Nel famoso dipinto di Salvador Dalí *La persistenza della memoria*, notiamo degli orologi deformi, abbandonati in un deserto. Esiste un parallelo fra il surrealismo di Dalí e la narrativa di Tabucchi? Racconta!
4. Sei mai stato/a preso/a dal panico? Quando?
5. Hai paura della solitudine? Perché?
6. Esiste un filo logico nei tuoi sogni? In che senso?
7. Perché la mancanza di logica nella narrativa di Tabucchi ha un'affinità con l'esperienza del sogno negli uomini?

 3.20 Racconta un tuo sogno. Con il tuo compagno/a di classe, racconta un sogno che hai fatto in cui non esiste alcun filo logico e tutto appare piuttosto confuso e indistinto.

VOCABOLARIO

Nomi

l'abito	suit
l'accoglienza	hosting
l'afa	sultriness
l'attimo	moment
la campagna	country
la comitiva	group
la farfalla	butterfly
la giornata	day
il maremoto	tsunami
il mattatoio	slaughter house
il moscerino	fly, gnat
la nuvola	cloud
l'omaggio	tribute, gift
l'ospite	guest
il posto	place, job
la ragione	reason
la sabbia	sand
lo schiaffo	slap
la sorgente	spring
la sveglia	alarm clock
la tappa	stop
il tramonto	sunset

Verbi

alloggiare	to lodge
ammaestrare	to master, to learn
cogliere	to pick
gestire	to manage
inseguire	to follow, pursue
lasciare	to let go
ormeggiare	to anchor
ospitare	to host
porre	to place
posarsi	to rest on, to perch
proporre	to propose
rendere	to render
seguire	to follow
temere	to fear

Parole ed espressioni

che ne direste... ?	How about ... ?
dà buoni risultati	it gives good results
già fatto	it has been done
i soliti moscerini	the usual flies
ne prendiamo	we take some
oltre a	in addition to
semmai	if anything

Aggettivi

abituato	accustomed
sciolto	loose
seccante	annoying
variopinto	multicolored

UNITÀ	**2**	Capitolo 4	Roma: in taxi
		Capitolo 5	Padova: una scelta particolare
		Capitolo 6	Negozio di antiquariato

Facciamo le compere

Una fila di taxi all'aeroporto di Fiumicino

Una vista della Galleria Vittorio Emanuele II, a Milano, dove si può fare shopping.

In questa unità richiameremo l'attenzione sullo spirito commerciale del consumismo. Credi che siamo una società orientata sul consumismo? Quali sono le tue abitudini negli acquisti? Credi che quando compriamo qualcosa o semplicemente andiamo per negozi riusciamo, in qualche modo, a sollevare il nostro spirito? Che abitudini hai quando viaggi? Sei un acquirente impulsivo o riflessivo?

Funzioni comunicative

- Parlare di tolleranza e rispetto
- Discutere di dimenticanze ed appuntamenti importanti
- Esprimersi su come abbellire una casa

Occhio alla grammatica!

- L'uso dei nomi
- Gli aggettivi numerali ordinali
- Il participio irregolare con *avere*
- Il passato prossimo con i verbi riflessivi
- Il verbo *dovere*
- La particella pronominale *ne*
- Gli aggettivi di quantità; gli aggettivi invariabili di colore
- L'uso di *molto, parecchio, poco, tanto, troppo* come avverbio

- I verbi *conoscere / sapere*
- Il passato prossimo con *essere*
- I verbi impersonali
- I pronomi diretti
- I pronomi indiretti
- Le preposizioni
- L'imperfetto
- Il condizionale dei verbi irregolari
- Il verbo *piacere*
- L'aggettivo possessivo

35

CAPITOLO 4

Roma: in taxi

Alcuni turisti mentre salgono in un taxi.

Roma: in taxi

I tassisti conoscono la città meglio d'ogni altro cittadino. Viaggiare in taxi è un'esperienza particolare. Una coppia di turisti, Emilia e Pietro, desidera fare delle compere e prende un taxi.

Emilia: È libero questo taxi?

Tassista: Sì, prego. Dove siete diretti?

Pietro: Ci può suggerire un luogo in cui fare compere?

Tassista: Una buona zona è via Condotti, a due passi da Piazza Venezia. Si spende bene e ci sono ottimi articoli. Di dove siete?

Emilia: Siamo di New York. Mi scusi, posso farle una domanda?

Tassista: Sì, prego, perché no!

Emilia: Ho trovato la città pulitissima. Di chi è il merito?

Tassista: Guardi, abbiamo un buon sindaco che ci tiene molto ad avere una metropoli pulita. Però, per quanto riguarda il traffico, abbiamo ancora alcuni problemi da risolvere, come lo smog e le tasse di circolazione che aumentano ogni anno.

Pietro: Scusi, che cos'è questo grande monumento davanti a noi? Mi sembra di vedere una torta nuziale.

Tassista: Ecco, questo è l'Altare della Patria. È stato eretto verso la fine del diciannovesimo secolo per commemorare l'Unità d'Italia.

Parliamo un po'

4.1 Domande sul testo

1. Come conosce la città il tassista?
2. Dove vanno Pietro ed Emilia?
3. Dove si trova la via indicata dal tassista?
4. Di dov'è la coppia?
5. Come ha trovato la città Emilia?
6. Di chi è il merito?
7. Quali sono alcuni dei problemi da risolvere?
8. Cosa aumenta ogni anno a Roma?
9. Cosa sembra l'Altare della Patria?
10. Perché è stato costruito?

Via Condotti è la via commerciale più antica di Roma; qui si possono trovare i migliori negozi di moda e librerie molto antiche.

4.2 Domande personali

1. Di dove sei?
2. Conosci bene la tua città?
3. Com'è la tua città?
4. Com'è il sindaco della tua città?
5. Quali sono i problemi della tua città?
6. C'è un aumento di prezzi nella tua città?
7. C'è un monumento importante nella tua città? Se no, conosci un monumento importante in un'altra città?
8. Perché è stato costruito?

Vocabolario utile

le attività culturali, il calore della gente, il carovita, la circolazione di cittadini disabili, il clima, la criminalità, l'illuminazione, le infrastrutture, l'inquinamento, le opportunità di lavoro, gli ospedali, la scuola, i servizi pubblici, la tolleranza, il traffico, il trasporto pubblico, le zone verdi

4.3 Crea un dialogo con il tuo compagno/a di classe. Sei a Roma e devi prendere un taxi per andare da un amico. Fornisci tutte le indicazioni necessarie al tassista, come la via, il numero e la zona. Infine, intraprendi una conversazione con lui facendogli delle domande su come si vive in questa città.

Vocabolario utile

il centro economico, la classe sociale, la criminalità, la direzione culturale, la diversità etnica, la giustizia sociale, l'inquinamento, pagare le tasse, la pulizia, la polizia, la qualità dell'architettura, lo scambio culturale, scappare dalla città, il sindaco, vivere insieme, l'utopia

4.4 Dibattito: in una città possono convivere tolleranza e rispetto? Esiste una città in cui regnano tolleranza e rispetto per tutti i cittadini? Quali sono le responsabilità del governo e quali sono gli obblighi dei cittadini per rendere una città più vivibile? Alcuni critici sostengono che il governo non può occuparsi dei valori morali che, invece, devono essere trasmessi dalle famiglie. Cosa ne pensi? Indicare alcuni problemi e alcune soluzioni. Discuti pro e contro dell'argomento. Dividere la classe in due gruppi per creare un dibattito in cui ogni gruppo discute il proprio punto di vista. Si raccomanda soprattutto di rispettare le opinioni degli altri durante il dibattito.

Idee

1. I valori morali, come il rispetto per il prossimo, vengono trasmessi dai familiari durante il periodo di formazione di ogni individuo.
2. I governi devono fare in modo che i cittadini rispettino la diversità culturale.

Un'imponente immagine di Piazza San Pietro, a Roma, vista dalla cupola.

LETTURA BREVE: Dal fruttivendolo

Romina e Raffaele sono al mercato di Piazza Erbe a Verona, per comprare un po' di frutta e verdura[1]. Raffaele fa molto uso di carne e Romina, che non ne mangia affatto, cerca di orientarlo[2] verso una dieta vegetariana. Il problema è che Raffaele non può cambiare il suo modo di vivere perché ha un'avversione per tutto ciò che è verde. Romina, che è molto creativa, vuole indirizzarlo verso la dieta vegetariana un po' alla volta. Per cominciare, gli vuole preparare una nuova salsa a base di limone e spinaci da servire con un po' di panna e parmigiano. Raffaele adora la pasta e la mangerebbe sette giorni su sette. Per secondo, Romina ha un'idea brillante: invece di cucinare un hamburger vegetariano, propone a Raffaele

---

[1]verdura: ortaggio, vegetazione. Dopo un infarto, i medici raccomandano una dieta a base di verdura senza uso dei grassi di origine animale.

[2]orientare: indirizzare, influenzare. La mamma di Giacomo è un'appassionata di opera e cerca di orientare suo figlio nel campo della musica.

Un mercato
all'aperto.

un'insalata mista[3] con un po' di capperi[4], rucola[5] e pezzettini[6] di gorgonzola[7].
Loro vanno in un negozio di generi alimentari[8] e comprano tutti gli ingredienti per
preparare la cena. È un buon inizio per mangiare bene e vivere meglio.

_____

[3]insalata mista: insalata con diversi tipi di verdure o con altri ingredienti, come la caprese a base di
pomodoro e mozzarella (secondo le usanze dell'isola di Capri). Oggi abbiamo preparato un pranzo
abbastanza pesante e questa sera dovremmo accontentarci di una semplice insalata mista.

[4]capperi: fiori di una pianta aromatica. Luisa preferisce mettere dei capperi e un po' d'olio extra
vergine d'oliva sulla sua fettina di manzo.

[5]rucola: pianta selvatica. La rucola è una pianta con un alto contenuto di vitamina C e si può servire
come insalata oppure si può fare anche il pesto per condire la pasta.

[6]pezzettini: piccole parti, frammenti. Per preparare la salsa alla rucola è necessario lavarla e poi farla a
pezzettini.

[7]gorgonzola: un formaggio con fermenti lattici e muffe selezionate. Il gorgonzola ha le sue origini nella
città di Gorgonzola, in Lombardia.

[8]generi alimentari: prodotti nutritivi. Andiamo a fare la spesa in un negozio di generi alimentari non
molto lontano da casa.

4.5 Rispondere con **Vero** o **Falso** alle seguenti frasi. Se falso, correggi!

1. Raffaele e Romina fanno la spesa per preparare una buona cena.
2. A Raffaele non piace la verdura.
3. La salsa che Romina preparerà è a base di pomodoro.
4. La dieta mediterranea fa bene alla salute.
5. Romina ha un'avversione per la carne.
6. Per secondo, Romina prepara un hamburger vegetariano.
7. Romina vuole introdurre una dieta nuova.

4.6 Domande personali

1. Ti piace la verdura?
2. Quante volte alla settimana mangi la carne?
3. Dove compri la frutta?
4. Che ingredienti usi per preparare un'insalata?
5. Che tipo di salsa preferisci?
6. Perché non fa bene mangiare molta carne?

Vocabolario utile

abbrustolire, affettato, aggiungere, amalgamare, bollire, coprire, la cottura, cuocere, fare dorare, fare lievitare, frullare, imbiondire, imburrare, impastare, infornare, lasciare riposare, mescolare, pulire, salare, sbucciare, scaldare, sciogliere, scolare, servire caldo / freddo, soffriggere, spruzzare, tagliare, tritare, versare

 4.7 Con il tuo gruppo, descrivi un piatto o una salsa, indicando ingredienti e altre caratteristiche.

Esempio:	Ingredienti:	Caratteristiche:
La pasta al limone	buccia di limone, panna, parmigiano, pasta, sale e pepe	È un piatto semplice da preparare...
_____	_____	_____
_____	_____	_____
_____	_____	_____
_____	_____	_____
_____	_____	_____

Fendi è il simbolo della nota casa stilistica italiana, uno degli emblemi di fama internazionale.

°*up to now*
°*gross*

°*income*

UN PO' DI LETTURA AUTENTICA

Felicità: istruzioni per l'uso

I soldi non danno la gioia di vivere. Un luogo comune?
No, ora lo confermano anche gli economisti che l'hanno studiata
e hanno scoperto i suoi sette segreti.

di Sabina Minardi

Tanto cibo da soffrire di obesità. Tante automobili da saturare l'aria. Tante merci[1] da non avere il tempo di comprarle tutte. Cose da fare, vedere, provare. Eppure, non siamo felici. E quanto più l'economia è bulimica, più cresce il senso di malessere[2]. Insomma, non è la ricchezza a far felice una società. E il sistema finora° adottato dagli economisti, cioè calcolare il livello di felicità di una società in base al suo prodotto interno lordo°, è sbagliato. A dirlo, oggi, è un gruppo internazionale di studiosi. Perché "l'economia ha perso gioia", secondo l'economista ungherese Tibor Scitovsky. E la ragione è aver affidato la chiave del benessere unicamente al reddito°, trascurando fattori come la sicurezza sociale, i rapporti umani, la cultura, il tempo libero. Servono misure alternative al reddito per valutare la felicità pubblica.

A promuovere l'idea è oggi Richard Layard della London School of Economics. La felicità sociale ha sette componenti: lo stipendio, il lavoro, la vita privata, le relazioni sociali, la salute, la libertà, una filosofia di vita che includa valori morali, sostiene: "Sono questi i parametri che influenzano la felicità. E su questi occorre agire per avere società più felici". Perché senza fiducia nelle

---

[1]la merce: prodotto, articolo. Internet permette al consumatore di comprare qualsiasi tipo di merce senza uscire di casa.

[2]il malessere: indisposizione fisica, inquietudine. Il senso del malessere nel Paese è dovuto alla situazione economica e politica.

istituzioni, quando le disparità economiche sono così gravi da alimentare° inquietudini sociali, senza sistemi sanitari e d'istruzione adeguati, una società non può essere contenta.

 Ma la cura alla malinconia sociale funziona a patto che° siano soddisfatti i bisogni di base. Perché è dimostrato che la gente con stipendi bassi diventa significativamente più felice quando comincia a guadagnare di più. L'esigenza di parametri diversi dal denaro scatta solo quando si è raggiunto un reddito minimo. Vale per gli individui e per le società: solo quando una nazione è diventata autosufficiente e con un certo grado di sviluppo economico comincia ad avvertire l'importanza di fattori più sofisticati. Allora, per tutti, scatta° il paradosso: essere ricchi ma non felici.

 "L'economia è sempre stata costruita intorno al concetto di felicità pubblica. Ed è, oltretutto°, un filone di pensiero tipicamente italiano. L'idea, però, si era persa per strada con l'introduzione delle teorie sull'utilitarismo: da quel momento, la felicità è stata intesa[3] come rapporto tra le persone e i beni", spiega Luigino Bruni, che insegna Storia del pensiero economico alla Bocconi di Milano.

 Oggi si torna invece a parlare di felicità in economia: escono riviste specializzate e libri. Ma soprattutto sono sempre più numerosi i teorici che, sotto diversi profili, indagano questo legame[4] rivoluzionario: dallo svizzero Bruno Frey, che identifica la felicità nella possibilità di partecipare alla vita democratica attraverso le istituzioni di un Paese; a Stefano Zamagni, impegnato sul "matrimonio", impossibile, tra felicità e individualismo. Perché, sostiene, non si può essere felici da soli. Un parametro sofisticato: per esempio, attribuisce un "più" al volontariato, un "meno" all'eccesso di lavoro straordinario, che ruba° tempo libero e dunque felicità.

 Richard Layard, nel frattempo, un peso° specifico ai pilastri° della felicità l'ha già attribuito: la felicità aumenta in condizioni di libertà, quando si ha un credo religioso, se c'è fiducia nelle istituzioni e se in un Paese ci sono valori forti. Diminuisce, invece, quando sono tanti i divorzi e le separazioni, se ci sono problemi di salute e servizi sanitari deboli, se il lavoro è poco sicuro. E qui mette seriamente in crisi il moderno mito[5] della flessibilità: che non dà serenità, ma al contrario provoca insicurezza e impedisce[6] di fare progetti.

 E gli italiani si dicono d'accordo. Il tempo (da dedicare a se stessi, alle proprie passioni, alla famiglia e agli amici) e il calore delle relazioni sono indicati, in una indagine[7] sul rapporto tra lusso e felicità appena realizzata dall'agenzia pubblicitaria McCann-Erickson, come i nuovi generi di lusso. Beni immateriali: come fare il lavoro che piace veramente o la possibilità di sviluppare spiritualità e intimismo. Perché gli status symbol del passato non influiscono più sulla soddisfazione e sulla felicità complessiva.

 "Metà degli italiani può definirsi 'lusso-indipendente', perché ha capito che sono preferibili i valori alle cose. Mi sembra che in questo ci sia il segnale di un recupero di buon senso, che la voglia[8] di 'cocooning' degli anni '90 aveva intuito:

°*fuel*

°*assuming that*

°*activates*

°*moreover*

°*steals*

°*weight / pillars*

---

[3]l'intesa: capita, interpretata. La moda Armani intesa come espressione dell'eleganza italiana.

[4]il legame: rapporto, affinità. I medici dicono che l'allattamento crea un legame molto forte tra madre e figlio.

[5]il mito: leggenda. Il mito è un fatto o un personaggio che, attraverso il tempo, si trasforma in leggenda.

[6]impedire: proibire, inibire. L'inverno ci impedisce spesso di fare una passeggiata sul lungomare.

[7]l'indagine: investigazione, analisi. Il governo sta svolgendo un'indagine per capire meglio l'importanza del vino rosso nella dieta mediterranea.

[8]la voglia: desiderio, appetito. I giovani hanno spesso voglia di mangiare la pizza.

°cocoon

°disguise
°blatant

°unmasked

ritornare nel bozzolo°, tra gli ambienti familiari e tra relazioni e valori forti",
commenta Milka Pogliani, direttore creativo e vicepresidente di McCann-Erickson.
Ma accanto a loro, restano i "lusso-centrici", anche se in declino: sono i ricchi di
famiglia inclini a differenziarsi dalla massa; gli ex ricchi nostalgici dei loro "regni"
e i nouveaux riches inclini a mettere in mostra la loro fresca ricchezza; infine i
"vorrei-ma-non posso", concentrati sull'accumulo[9].

"È vero: resiste un'élite che insegue una ricchezza ampia e visibile", dice
Pogliani: "E che però di questo un po' si vergogna[10], e allora camuffa° i suoi
desideri sfacciati° per esempio nel lusso-vintage. O nell'affitto, nella condivisione
di servizi e nella ricerca di cose uniche e su misura. Sono quelli che spendono
volentieri per cose immateriali come il benessere psicofisico, per quello che noi
abbiamo definito 'lusso etico': come le vacanze colte o lo slow food". Ma restano
atteggiamenti snobistici[11]. Col tempo, in questo clima generale di precarietà,
verranno smascherati°. Costringendo[12] al recupero di valori più autentici.

_____

[9]l'accumulo: raccolta, ammasso. L'inquinamento è un accumulo di sostanze nocive presenti
nell'ambiente.

[10]vergognarsi: imbarazzarsi, intimidirsi. Non bisogna vergognarsi di chiedere spiegazione se ci sono
problemi da risolvere.

[11]snobistico: da snob, chi manifesta un atteggiamento di superiorità. Non venendo alla festa popolare,
Elio ha manifestato un atteggiamento snobistico.

[12]costringere: forzare, obbligare. Molti genitori costringono i propri figli a fare sport a livello
professionistico.

 4.8 Domande sul testo

1. Secondo l'autore, qual è una delle cause del nostro malessere?
2. Gli economisti come misurano la felicità?
3. Di che cosa si lamenta l'economista ungherese?
4. Secondo l'economista inglese, in che cosa consiste la felicità sociale?
5. Cosa succede quando le istituzioni sociali non funzionano?
6. Secondo lo storico Bruni, in che cosa consiste il filone di pensiero tipicamente italiano?
7. Secondo Zamagni, perché non si può essere felici da soli?
8. Secondo Layard, perché diminuisce il senso della felicità?

4.9 Domande personali

1. Quando provi una sensazione di malessere?
2. Secondo te, cosa serve per essere felice?
3. Quali sono alcune istituzioni sociali da migliorare?
4. In che modo il benessere materiale ti aiuta ad essere felice?
5. In che modo le cose immateriali ti aiutano ad essere felice?

Vocabolario utile

l'alcool, gli amici, l'amore, l'assoluto, astratto, il benessere materiale / spirituale, concreto,
conoscere se stesso, la creatività, dare, il denaro, l'espressione artistica, la fortuna, il lavoro,
la libertà di pensiero, il luogo, la passione, il piacere, il potere d'acquisto, i rapporti umani,
la salute, la serenità, la sofferenza, soggettivo, il successo, il viaggio

 4.10 Dibattito: chi vuol essere lieto sia! Con il tuo gruppo, indica ciò che può contribuire
alla felicità di un individuo. In che modo il benessere materiale può migliorare la vita di
un individuo? Cos'altro potrebbe renderci felici? Prepara degli argomenti a sostegno del
tuo punto di vista. Si raccomanda soprattutto di rispettare le opinioni degli altri durante
il dibattito.

Idee

1. Il benessere materiale ci aiuta ad affrontare le esigenze economiche e a raggiungere un'indipendenza economica.
2. La felicità non può essere comprata poiché è un concetto astratto e, come tale, deve essere coltivato in noi stessi.

4.11 Presentazione in classe: le salse che si possono utilizzare per preparare un piatto gustoso. Scrivi una presentazione sulle diverse salse che si possono utilizzare per preparare un gustoso piatto di pasta. Crea una sequenza d'immagini e illustra in classe alcune salse che fanno parte della cucina italiana. Illustra le tue scelte con alcune foto da riviste, depliant e giornali oppure un videoclip.

Esercizio di scrittura creativa

4.12 Ricordiamo alcune cose avvenute in passato. Utilizzando la forma corretta del **passato prossimo**, rispondi alle seguenti domande.

1. Quale via di navigazione ha aperto il viaggio di Cristoforo Colombo?
2. Che cosa hai bevuto da bambino con frequenza?
3. Hai mai chiesto una domanda difficile ai tuoi genitori? Che cosa?
4. Che cosa hai deciso di fare dopo gli studi?
5. Hai mai dato un regalo? In quale occasione?
6. Che cosa ha detto Amleto nel suo soliloquio?
7. Hai fatto qualcosa di rilevante in questi ultimi anni? Che cosa?
8. Che cosa hai letto ultimamente che ti ha fatto riflettere?
9. Che cosa hai visto al museo, al cinema o a teatro che ti ha fatto pensare molto? Perché?

4.13 Scrivi un componimento storico. Scegli un personaggio storico e spiega come ha contribuito allo sviluppo della civiltà. Utilizzando il **passato prossimo**, scrivi almeno dieci frasi seguendo l'evoluzione storica del personaggio.

ESEMPIO: Ho scelto… questo personaggio perché…

🔊 Ponte Vecchio

Una domanda prima di ascoltare

In che modo si distingue la lavorazione dell'oro a Firenze?

4.14 Rispondere con **Vero** o **Falso** alle seguenti frasi. Se falso, correggi!

1. La lavorazione dell'oro è un'industria poco valutata a Firenze.
2. È difficile comprare un gioiello.
3. Il Ponte Vecchio è un centro commerciale dove si vendono prodotti alimentari.
4. La parola *orefice* si riferisce a un gioielliere.

Una vista del Ponte Vecchio, sul fiume Arno, a Firenze.

Una vista vasta e scenografica di Piazza del Popolo, a Roma.

🔊 Piazza del Popolo

Una domanda prima di ascoltare

Perché Piazza del Popolo è un luogo importante di Roma?

4.15 Completare la frase con il vocabolo appropriato.

1. Probabilmente Piazza del Popolo fu teatro di esecuzioni capitali in pubblico per dare
   _____ ai cittadini.
   a. un elogio   b. un esempio   c. rimprovero

2. Probabilmente la piazza è chiusa al traffico per motivi _____.
   a. ambientali   b. di sicurezza   c. politici

3. Un tempo, la piazza era un luogo dove i vari partiti presentavano _____.
   a. le loro realizzazioni politiche   b. le loro attuazioni politiche
   c. i loro progetti politici

4. La piazza rappresenta un punto di riferimento importante per la dimensione _____
   dei cittadini.
   a. sociale   b. privato   c. individuale

Alcuni clienti mentre osservano dei fiori.

Padova: Una scelta particolare dal fioraio

Oggi è il compleanno di Mara e Federico vorrebbe comprare un mazzo di fiori per la sua ragazza. È dal fioraio e sta parlando con la commessa Diana, che è anche un'amica.

Diana: Ciao, Federico. Cosa fai da queste parti?

Federico: Oggi è il compleanno di Mara e non vorrei ripetere la catastrofe dell'anno scorso.

Diana: Perché, cosa è successo?

Federico: Ho dimenticato la ricorrenza e Mara non mi ha parlato per una settimana.

Diana: Mi sorprende! Tu sei sempre stato preciso nelle tue cose.

Federico: Non ho mai detto di essere perfetto! Senti, cosa mi suggerisci?

Diana: Abbiamo delle rose rosse a gambo lungo oppure un vaso di viole.

Federico: Veramente, vorrei qualcosa di più fragrante. Hai la mimosa?

Diana: Sì, ho un bel mazzo di mimose appena arrivate dalla Costa Azzurra. Ti piacciono?

Federico: Sì, moltissimo. Sono stupende. Ne prendo un mazzo. Me lo puoi anche incartare con la carta regalo?

Diana: Sì, naturalmente! Questo piacerà molto a Mara.

Parliamo un po'

5.1 Domande sul testo

1. Che giorno è oggi?
2. Che cosa vorrebbe fare Federico?
3. Che rapporto c'è tra la fioraia e Federico?
4. Cosa teme Federico?
5. Perché la sua ragazza non gli ha parlato per una settimana?
6. Che pensa di Federico la sua amica?
7. Che cosa ammette di non essere Federico?
8. Cosa gli suggerisce?
9. Cosa vorrebbe?
10. Da dove arriva la mimosa?
11. Piaceranno i fiori a Mara?

5.2 Domande personali

1. Quando è il tuo compleanno?
2. Come vorresti festeggiarlo?
3. Che rapporto hai con i commercianti della tua città?
4. Hai mai dimenticato il compleanno di una persona cara?
5. Cosa è successo?
6. Che regalo vorresti comprare per una persona che ammiri molto?
7. Perché è importante fare un regalo?
8. Che regalo vorresti ricevere?

Vocabolario utile

l'amicizia, l'arrangiamento, assortito, le azalee, celebrare, il cestino, l'espressione,
il fidanzamento, il gambo lungo, il garofano, il giglio, l'iris, la laurea, la malattia,
la margherita, il matrimonio, il mazzo di fiori, il messaggio, la mimosa, il mughetto,
la nascita, l'orchidea, la petunia, il profumo, la rosa, il sentimento, simbolico,
i tulipani, le violette

5.3 **Compriamo dei fiori per ogni occasione.** Con il tuo gruppo, prepara un elenco di fiori diversi. Utilizzando il vocabolario utile, descrivi l'occasione, il personaggio al quale fai il regalo e la ragione della tua scelta.

Il personaggio	L'occasione	Il fiore
Esempio: mia madre	Oggi è il compleanno di mia madre.	Compro delle rose rosse perché rappresentano la sua bellezza.
_____	_____	_____
_____	_____	_____
_____	_____	_____

Vocabolario utile

la bugia, il conflitto, la dimenticanza, il dolore, il fattore genetico, la frenesia della
vita moderna, l'oblio volontario, perdonare, la perfezione, i problemi non risolti,
la radice psicologica, serbare rancore, il rispetto, sopprimere, lo stress

5.4 **Dibattito: cosa si nasconde dietro una dimenticanza?** Accade spesso, per una ragione o per l'altra, di dimenticare ricorrenze importanti come un anniversario o il compleanno di persone care. Si tratta veramente di una semplice dimenticanza oppure di qualcosa di più profondo nel nostro inconscio? Con il tuo gruppo e utilizzando il vocabolario utile, esamina alcune ragioni per cui ognuno di noi può dimenticare una ricorrenza importante.
Si raccomanda soprattutto di rispettare le opinioni degli altri durante il dibattito.

Idee

1. Spesso i rapporti tra due persone che si amano possono diventare sterili e non essere amorevoli come una volta.
2. Le dimenticanze sono spesso attribuite al "traffico" mentale e allo stress di una vita quotidiana sempre più frenetica.

Una piazza nel centro di San Gimignano

LETTURA BREVE: **Una piccola città**

Oltre ad avere un suo particolare fascino grazie al paesaggio pittoresco tra i più belli d'Italia, la Toscana è, senza dubbio, una delle zone più indicate per lo studio della storia dello sviluppo urbano nei secoli. I piccoli comuni come, per esempio, San Gimignano, dimostrano l'abitabilità di una città in cui lo schema architettonico facilita il dialogo umano. Le abbazie e le chiese, infatti, insieme alle fortezze e castelli, i vicoli e le piazze, le danno quel carattere inconfondibile che fanno rivivere la storia tra il Medioevo e il Rinascimento. Probabilmente è questo richiamo del passato l'elemento più emozionante che spinge numerosi turisti a trascorrere alcuni giorni in questa splendida cittadina. Insomma, una visita ai piccoli comuni invita a riscoprire non solo le radici storiche della nostra civiltà ma anche a ritemprare il nostro stato d'animo, assorbendo i paesaggi ed i sapori di una cucina inimitabile. Non a caso, una coppia graziosa come Claire e Peter Reynolds esprime un interesse particolare nel voler, in qualche modo, unire il passato al presente. I coniugi inglesi visitano l'Italia da molti anni, ma questa è la prima volta che passano da San Gimignano, la città dalle molte torri. Dopo esser saliti sulla torre principale, Peter ha una fame da lupo[1]. Claire, che ha fatto colazione questa mattina, dice che non ha fame. Al contrario, Peter ha visto una pizzicheria[2] dove sono esposti carne di cinghiale[3], formaggi e tanti salumi, preparati secondo la tradizione locale. Il cinghiale è un maiale selvatico[4] e ha una carne prelibata, specialmente quando è servita con funghi porcini, che sono la

---

[1]una fame da lupo: ha un grande appetito. Dopo un lungo fine settimana al campeggio, Renato è ritornato a casa con una fame da lupo.

[2]pizzicheria: salumeria. Siamo stati in pizzicheria a comprare del formaggio e del salame.

[3]cinghiale: porco, suino selvatico. Il cinghiale è una carne dal sapore forte e si può preparare in umido con un po' di pomodoro e erbe aromatiche.

[4]selvatico: non domestico. Abbiamo scoperto un ristorante che prepara dei piatti eccezionali con carne selvatica, come l'anatra, il coniglio e le quaglie.

specialità della Toscana. Claire non può apprezzare la delicatezza di questa gastronomia locale perché, solo al pensiero di animali selvatici, le passa la fame. Il salumiere spiega a Claire che bisogna provare per credere. L'uso[5] del cinghiale fa parte di un'antica usanza della regione che risale al Medioevo. Si possono preparare delle salse[6] gustose. La pasta al sugo di cinghiale, infatti, è uno dei piatti più rinomati[7] della zona.

_____

[5]uso: tradizione, costume. L'uso del panforte senese risale al periodo medievale.

[6]salsa: sugo. La nonna di Mara prepara sempre delle salse originali con pomodoro oppure con funghi.

[7]rinomato: famoso. Questa sera, gli amici vanno in un ristorante rinomato dove si possono gustare i sapori di una volta.

5.5 Domande sul testo

1. Di dove sono Peter e Claire?
2. Quante volte hanno visitato San Gimignano?
3. Perché Claire non ha fame?
4. Perché Peter ha fame?
5. In base alla lettura, che cosa potremmo comprare in una pizzicheria?
6. Perché Claire non può apprezzare la gastronomia locale?
7. Cosa le spiega il salumiere?
8. Qual è il piatto tipico della zona?

5.6 Domande personali

1. Hai mai mangiato un piatto rinomato?
2. Hai una salsa favorita?
3. Che tipo di pasta preferisci?
4. Fai mai la spesa in una pizzicheria?
5. Hai mai avuto una reazione negativa nel provare nuovi piatti?

Vocabolario utile

carne bianca, dolce regionale, insalata mista, macedonia di frutta, pasta regionale, pesce regionale, pollo regionale, verdura mista

5.7 Con il tuo gruppo, crea una ricetta gastronomica regionale per fare una presentazione in classe.

Il piatto	Ingredienti
Esempio: 1. Spaghetti al limone	Gli ingredienti devono essere freschi e sono limone, panna, sale e pasta.
_____	_____
_____	_____
_____	_____
_____	_____
_____	_____

Alcuni clienti mentre fanno la spesa.

Shopping, gli italiani lo fanno così

Passeggiare tra gli scaffali° del supermercato, annusare° le verdure, provare[1] le scarpe. Cosa ci spinge a scegliere? Una ricerca ricava[2] una vera e propria etologia[3] della spesa.

di Graziarosa Villani

°*mensole / odorare*

Cosa è che tra gli scaffali ci induce a mettere nel carrello questo o l'altro prodotto, che ci fa scegliere al banco° frutta mele piuttosto che fragole, che ci induce a comprare un vestito al posto di un altro? E quanto conta la lista della spesa?

°*tavolo*

Una fotografia chiara di come acquistano gli italiani arriva dalla ricerca di Marketing & Trade srl° che, con l'accuratezza degna° di un etologo, ha analizzato come si muove il possibile acquirente[4] nel suo habitat, ovvero in supermercati, ipermercati, "superstore" che costituiscono ormai il grosso dei luoghi dove avvengono i consumi metropolitani.

°*società a responsabilità limitata (limited liability company) / eccellente*

Se ne ricava una vera e propria etologia dello shopping, con il cliente che guarda, tocca, gira° e rigira il prodotto e arriva persino° ad annusarlo. All'ingresso chi ha voluto è stato dotato [fornito] di una sorta di trasmettitore collegato° a un computer che ha analizzato tutti i dati, scontrino[5] compreso. La scoperta è che non sempre è chiesta la collaborazione dei clienti. "Nel triangolo consumatori-distributori-marca è quest'ultima che soccombe" commenta Carlo Meo, amministratore delegato di Marketing & Trade. Nelle scelte dei consumatori, specie negli ultimi tempi, è entrata poi la variabile carovita[6].

°*muove / anche*
°*connesso*

Muovendoci°, carrello alla mano, in un supermercato e in una situazione con il bello sconosciuto[7] davanti ai peperoni, probabilmente ci comportiamo come le centinaia di persone che hanno partecipato all'indagine. Se non abbiamo stilato° la lista della spesa, colpiti da più impulsi, probabilmente compreremo un trenta per cento in più ma non è detto comunque che ci sbrighiamo° di più. E il tempo per la spesa non è poco.

°*Trasportandoci*

°*scritto*

°*fare in fretta*

Si calcola 10 minuti al banco frutta, 8 a quello carni, 6 ai formaggi. La ricerca ha poi accertato che le donne acquistano di più e spesso per impulso e che col crescere dell'età si acquista di meno. Fare la spesa con i figli comporta poi possibilità di acquisto maggiori (ben l'89% di possibilità che un prodotto toccato da una mamma accompagnata dai figli finisca nel carrello rispetto all'83% di una mamma sola). Con i prodotti poi si interagisce[8]. Nel 30% vengono toccati. Sono il

---

[1]provare: misurare, esaminare. Quando scegliamo un vestito è sempre meglio provarlo prima di acquistarlo.

[2]ricavare: ottenere, concludere. Ricaviamo dei valori preziosissimi ogni volta che facciamo un viaggio all'estero.

[3]l'etologia: fa parte della psicologia e cerca di spiegare il carattere di una persona; si riferisce anche alle abitudini di un popolo. In zoologia, per etologia s'intende lo studio del comportamento degli animali.

[4]l'acquirente: cliente, compratore. Molti negozi offrono al cliente il diritto al rimborso se non sono soddisfatti di ciò che comprano.

[5]lo scontrino: tagliando, ricevuta. È importante conservare lo scontrino come prova d'acquisto.

[6]il carovita: si riferisce all'aumento del costo della vita. Gli stipendi sono bloccati e il carovita si fa sentire sempre di più per molti cittadini.

[7]lo sconosciuto: straniero, forestiero. Il portiere dell'edificio ha negato l'ingresso ad uno sconosciuto che voleva vendere alcuni prodotti agli inquilini.

[8]interagire: entrare in "contatto". È un nuovo dizionario della lingua italiana che interagisce con il programma operativo Mac o Windows.

°deumidificata
°non confezionato

°prodotti tradizionali
°cosmetico per le labbra /
vernice per le unghie

20% quelli girati e rigirati. Stessa percentuale per i prodotti dei quali si legge l'etichetta. L'1% viene anche annusato.

Tra i motivi dell'acquisto al primo posto figura la voglia (44%), seguono la promozione (26%) e l'esposizione (7%). Davanti al banco frutta cresce la probabilità di acquisto. Di impulso si comprano fragole, frutta secca° ed esotica mentre mele, pere, uva sono acquisti di routine. Si preferisce poi il confezionato allo sfuso°. Tra le verdure si contano più acquisti per cipolle, aglio e pomodori. D'impulso si comprano carciofi e asparagi mentre si annusano melanzane, peperoni e cavolfiori.

Alla carne si compra di più il maiale e riscuote[9] successo anche il pronto da cuocere mentre tra i formaggi si preferiscono i più golosi[10]. Passando ai reparti no food si scopre che alle donne piacciono i casalinghi° e i tessili da bagno. Ai cosmetici ci si ferma di più donne giovani che comprano rossetti° e smalti°. Loro non vanno all'intimo e preferiscono comprare i completini[11]. Solo un cliente su tre ne compra uno. Agli uomini (il 75% sono giovani) piace di più il reparto calzature[12]. Preferite le scarpe da jogging. Se le si prova, al 60% le si compra. Nel reparto abbigliamento si scopre che la promozione non gioca un grande ruolo nella scelta di acquisto per casual e abiti eleganti. Gli sconti[13] invece risultano fondamentali per l'abbigliamento dei bambini e per quello sportivo.

---

[9]riscuotere: ricevere, avere. Attualmente a Roma una nuova commedia musicale sta riscuotendo un gran successo perché richiama vecchi motivi musicali.

[10]goloso: ghiotto, insaziabile. Sebbene Gigi non mangi molto gelato, è smisuratamente goloso.

[11]completino: un insieme d'indumenti, vestito. Mariella ha comprato un completino molto elegante per il suo nipotino in occasione delle feste natalizie.

[12]calzatura: scarpe di ogni tipo. Sono entrato in un negozio di calzature e ho comprato alcune scarpe, tra cui mocassini, stivali, sandali e un bel paio di pantofole.

[13]lo sconto: riduzione, diminuzione di prezzo. I musei offrono uno sconto d'ingresso ad anziani, studenti e professori.

5.8   Domande sul testo

1. Generalmente dove fa la spesa la maggior parte degli italiani?
2. Di che cosa si occupa l'etologia?
3. Cosa spinge il consumatore a comprare?
4. Perché il carovita condiziona la scelta del consumatore?
5. Quali sono le conseguenze del fare la spesa senza aver stilato una lista?
6. Secondo l'articolo, in quale reparto del supermercato si perde più tempo?
7. Quali possono essere i motivi che inducono una donna a comprare di più?
8. Che influenza ha la pubblicità sull'abbigliamento?

5.9   Domande personali

1. Dove preferisci fare shopping?
2. Credi che le strategie aggressive utilizzate dal marketing influiscano sulle tue spese?
3. Quali sono alcuni dei fattori che ti invogliano a comprare?
4. Quanto influisce il carovita sui tuoi acquisti?
5. Pensi che stilare una lista ti aiuti a fare la spesa?
6. Nel fare le compere, che cosa ti crea qualche difficoltà?
7. Quando compri più del solito?
8. Quanto sono fondamentali i prodotti di marca per te?

5.10   Cerchiamo di capire il nostro carattere come acquirenti. Con il tuo gruppo, prepara una lista delle vostre abitudini da acquirenti. Ogni gruppo presenterà in classe le proprie abitudini nelle compere. La discussione può tener conto dei seguenti fattori: il carovita, il ruolo della pubblicità, la marca, la presentazione di un articolo e così via.

5.11 Presentazione in classe: è possibile evitare gli eccessi del consumismo? Spesso si
manifestano certi atteggiamenti consumistici senza volerlo. Durante i giorni di festività come
le feste natalizie, ad esempio, molti genitori colmano i loro bambini con tanti di quei regali da
creare qualche imbarazzo. Insomma, l'abbondanza di giocattoli è tale che dopo alcune ore i
bambini smettono di giocarci. In questo caso, nonostante i genitori abbiano tutte le buone
intenzioni di mostrare il loro affetto verso i propri figli, esibiscono degli atteggiamenti
consumistici. Suggerisci come dimostrare il nostro affetto senza affidarci troppo al
consumismo.

Esercizio di scrittura creativa

5.12 Le responsabilità che comportano alcune situazioni. Con il tuo gruppo, prepara un
elenco di responsabilità in base alla situazione vissuta dai personaggi. Utilizzando la forma
corretta del verbo **dovere,** indica alcune responsabilità, incarichi o missioni che i personaggi
dovrebbero svolgere.

> **ESEMPIO:** **Situazione:** Marcello è uno studente che frequenta il primo anno di
> università. Non ha ancora ottenuto alcun risultato positivo. Non riesce a
> studiare perché passa gran parte del suo tempo libero al bar con gli amici. I
> suoi genitori non sanno nulla del suo comportamento. È un anno accademico
> perso. Cosa dovrebbe fare Marcello?
>
> **Soluzione:** *Marcello dovrebbe smettere di perdere tempo al bar. Dovrebbe preparare
> un calendario dettagliato dei suoi impegni accademici. I suoi genitori dovrebbero
> informarsi su come procedono i suoi studi. Chi gli dà i soldi da spendere con gli amici?
> Forse dovrebbe abbandonare gli studi e ritornare a casa. Probabilmente alla base del suo
> comportamento ci saranno altri problemi.*

a. **Situazione:** Elisabetta è molto triste. È da tre settimane che non frequenta Vittorio. Il suo
ragazzo dice che è molto impegnato con il lavoro e che non può uscire. Cosa dovrebbe fare
Elisabetta?

Soluzione: _____

_____

_____

_____

b. **Situazione:** Orlando ha quarant'anni ed è sovrappeso. Respira con fatica quando fa una
passeggiata. Il dottore gli ha detto che, se non dimagrisce, rischia un attacco cardiaco. Che
cosa consiglieresti di fare a Orlando?

Soluzione: _____

_____

_____

_____

c. **Situazione:** A Rossella è stato diagnosticato un tumore inoperabile. Suo marito ha chiesto
al medico di non informare immediatamente la moglie perché è molto sensibile e la notizia
potrebbe essere devastante per lei. I figli, però, insistono nel dire la verità alla mamma. Cosa
dovrà fare il marito? Cosa dovranno fare i figli? Qual è la responsabilità professionale del
medico?

Soluzione: _____

_____

_____

_____

5.13 Ora tocca a te! Seguendo l'esercizio precedente, con il tuo gruppo crea una situazione simile e discutila in classe con i tuoi compagni.

Vocabolario utile

addormentarsi, alzarsi, divertirsi, farsi la doccia, fermarsi, lamentarsi, lavarsi, mettersi, preoccuparsi, prepararsi, recarsi, ricordarsi, svegliarsi, vestirsi

5.14 La giornata tipica di uno studente. Con il tuo compagno/a di classe, descrivi una giornata tipica di uno studente. Utilizza il **verbo riflessivo** al **passato prossimo** e cerca di creare una sequenza logica degli eventi. Fai uso dei verbi contenuti nel vocabolario utile.

5.15 Il programma di Peso Giusto. Sei un socio di Peso Giusto, un programma nutrizionale per controllare il proprio peso basato su un sistema a punti. Ad ogni persona viene assegnato un punteggio da 18 a 30 (i punti variano) da consumare in base al peso della persona nel corso di una giornata. In genere, questo programma favorisce i cibi meno grassi. Oggi partecipi alla riunione settimanale. Stai parlando con il tuo gruppo di sostegno. Utilizzando la particella **ne**, illustra quanti punti hai consumato in una settimana. Inoltre, discuti su alcuni prodotti nutrizionali che potresti comprare per perdere peso e seguire una dieta adeguata.

> **ESEMPIO:** Quanti punti hai consumato nel corso di una giornata? Ne ho consumati 20: 5 di proteine, 5 di grassi e 10 di carboidrati.

1. Proteine
2. Grassi
3. Carboidrati

5.16 Un inventario personale. Con il tuo compagno/a di classe, fai un inventario delle attività che svolgi in questi ultimi tempi. Utilizzando il partitivo **ne**, rispondi ad alcune domande che formulerete entrambi.

> **ESEMPIO:** Quanti libri hai letto? Ne ho letti tre.

1. Quante tazze di caffé hai bevuto in una settimana?
2. Quante ore di ginnastica hai fatto?

Fast food in Italia

Una domanda prima di ascoltare

Come vengono tramandate le tradizioni culinarie italiane?

Un assortimento di alcuni salumi italiani tipici come la mortadella, la pancetta, la coppa, il salame e il prosciutto.

5.17 Rispondere con **Vero** o **Falso** alle seguenti frasi. Se falso, correggi!

1. Il fast food è una caratteristica culinaria italiana.
2. Gli italiani sono molto legati alla cucina moderna.
3. La preparazione dei salumi contiene molti ingredienti artificiali.
4. La Toscana è invasa da ristoranti tipo fast food.

Una libreria di Verona in cui si possono scoprire e acquistare opere di giovani scrittori, non sempre disponibili nelle grandi librerie.

I souvenir

Una domanda prima di ascoltare

Quali sono alcuni souvenir che si possono acquistare in Italia?

5.18 Domande

1. Che tentazione si ha quando si viaggia in Italia?
2. Qual è il vantaggio di comprare una stampa a edizione limitata?
3. Che tipo di stampe si vendono a Verona?

L'arte della pizza

Una domanda prima di ascoltare

Come è nata la pizza?

5.19 Scegliere la risposta appropriata.

1. La pizza ha origini molto _____.

   a. moderne   **b.** antiche   **c.** arcaiche

2. Gli antichi Romani preparavano la pizza tipo _____.

   a. panzarotti   **b.** torta   **c.** focaccia

3. La _____ Margherita era un'appassionata della pizza napoletana.

   a. primadonna   **b.** regina   **c.** diva

4. La pizza Margherita è una pizza _____.

   a. complicata   **b.** semplice   **c.** ricca

5. La pizza Margherita è una pizza a base di pomodoro e _____.

   a. prosciutto   **b.** mozzarella   **c.** pesto

CAPITOLO 6

Negozio di antiquariato

Si noti il mercato dell'antiquariato di Arezzo che si svolge periodicamente in Piazza Grande.

Negozio di antiquariato

Arredare una casa non è facile. Per semplificare il lavoro sarebbe meglio separare l'antico dal moderno. In linea di massima i giovani preferiscono l'arredamento moderno, mentre i tradizionalisti desiderano un ambiente antico. L'altra tendenza è di abbellire gli ambienti abbinando i due stili.

Arianna: Oh, com'è bella questa scrivania stile Ottocento! Potremmo metterla nel tuo studio per abbinarla agli scaffali rococò.

Bernardo: È bella, però non mi piace la sedia in stile fiorentino. Non è molto comoda. Chissà se potremmo usare una poltrona moderna con questa scrivania classica?

Arianna: Senz'altro! Oggi l'arredamento è cambiato rispetto al passato. Possiamo benissimo abbinare l'antico con il moderno e creare il cosiddetto stile eclettico.

Bernardo: Allora, se i contrasti ti piacciono, possiamo comprare un salotto moderno con qualche pezzo antico.

Arianna: Mi piace la tua idea. Ricordati che per arredare una casa s'impiega molto tempo e occorrono abilità e buon gusto.

Bernardo: Hai pienamente ragione, ed è per questo che mi affido a te per l'arredamento della casa.

Parliamo un po'

6.1 Domande sul testo

1. Com'è arredare una casa?
2. Come bisognerebbe fare per facilitare il lavoro?
3. Cosa preferiscono i giovani?
4. Cosa preferiscono i tradizionalisti?
5. Qual è l'altra tendenza nell'arredamento?
6. Dove metteranno la scrivania Arianna e Bernardo?
7. Perché a Bernardo non piace la sedia in stile fiorentino?
8. Com'è cambiato il design di oggi rispetto al passato?
9. Che cosa è necessario nella scelta d'arredamento?
10. In chi ha fiducia Bernardo?

6.2 Domande personali

1. Ti piace arredare la tua casa?
2. Che stile preferisci?
3. Hai una scrivania?
4. Che stile di mobili ti piace?
5. Come abbellirai la tua casa?
6. Hai mai visitato un negozio d'antiquariato?
7. Perché è interessante abbinare due stili?

Vocabolario utile

antico, l'armadio, l'armadio porta computer, la camera da letto, il comodino, il computer, la credenza, il divano, il fornello, il forno, il frigorifero, il letto, la libreria, mediterraneo, moderno, l'orologio a pendolo, la poltrona, il quadro, il salotto, la scrivania, la sedia, la stanza da pranzo, lo stereo, la stufa, il tappeto, il tavolo, la televisione, tradizionale

6.3 **Arrediamo la nostra abitazione.** Con il tuo compagno/a di classe, fai un elenco della mobilia che vorresti avere nella tua casa ideale. Fai una presentazione e discuti la ragione delle tue scelte. Scegli i vocaboli dall'elenco del vocabolario utile.

I mobili della nostra casa ideale

I vantaggi   **Gli svantaggi**

_____   _____

_____   _____

_____   _____

ESEMPIO: *Nella nostra casa al mare metteremmo dei mobili piuttosto pratici, semplici e di buona qualità. La ragione di questa scelta è basata sui seguenti vantaggi:*

1. *I mobili si possono abbinare a qualsiasi gusto...*
   Alcuni svantaggi sono:
2. *Questo tipo di mobilia costa molto.*

Vocabolario utile

accessibile, accogliente, antico, l'appartamento, avanguardia, l'arredamento, la campagna, il colore delle pareti, la comodità, convenzionale, la creatività, la funzionalità, l'energia solare, isolato, lussuoso, il materiale, moderno, modesto, il mutuo, la natura, il potere d'acquisto, la sicurezza, lo spazio, lo stato d'animo, la tecnologia, la villa, il panorama

6.4 Dibattito: rapporto tra casa e uomo. Che rapporto esiste tra la casa e l'uomo? Molti architetti hanno adottato il principio della struttura adeguabile a tutti. Questo atteggiamento spiega perché un'infinità di case sono uguali e impossibili da differenziare. Tuttavia, ci sono anche architetti che credono fermamente nel rapporto tra casa e uomo. In altre parole, le impronte personali dovrebbero riflettersi nel suo stile. Un'abitazione non è soltanto funzionale, ma deve anche favorire una piacevole sensazione di tranquillità. Sei d'accordo su questa tesi? Discuti pro e contro dell'argomento. Dividere la classe in due gruppi per creare un dibattito in cui ogni gruppo discute il proprio punto di vista. Si raccomanda soprattutto di rispettare le opinioni degli altri durante il dibattito.

Idee

1. Costruire un'abitazione in grado di offrire al consumatore una struttura funzionale e allo stesso tempo creare uno spazio in cui ci si possa sentire in sintonia con la natura sembra un'impresa difficile perché questo, dal punto di vista economico, non sarà accessibile a tutti.
2. Molti architetti sostengono che le abitazioni possono offrire funzionalità ed armonia con l'ambiente a prezzi ragionevoli e alla portata di tutti i consumatori.

LETTURA BREVE: Bottega di ceramiche

Renzo e Rossana svolgono un'attività piuttosto impegnativa nel settore immobiliare senza mai concedersi una pausa. Questo fine settimana, però, hanno fatto una gita in Toscana per attenuare[1] lo stress settimanale. Durante una sosta a San Gimignano, la coppia approfitta[2] del tempo libero per fare degli acquisti[3] di ceramica della zona. Rossana è meravigliata per la straordinaria lavorazione dei piatti con una tecnica antica e con disegni medioevali. A lei piacciono molto le ceramiche di Deruta. Ma Renzo le fa presente[4] che si trovano a San Gimignano e

Alcuni oggetti di ceramica regionale esposti in un negozio a San Gimignano, situato in Piazza della Cisterna.

---

[1]attenuare: alleggerire, confortare. Il medico suggerisce l'intervento chirurgico per attenuare le difficoltà a cui il paziente va incontro.

[2]approfitta: usa, si avvantaggia di. Gli studenti approfittano di una pausa tra un semestre e l'altro per fare una mini vacanza.

[3]fare degli acquisti: fare le compere, fare le spese. Molta gente preferisce fare degli acquisiti durante il fine settimana.

[4]fare presente: annunciare, mettere al corrente. I cittadini hanno fatto presente al sindaco i rischi che comporta un alto tasso d'inquinamento.

che sarebbe assurdo comprare della ceramica umbra in Toscana. Finalmente, la coppia decide di acquistare una bella anfora verde lavorata a mano. È un tipico vaso della regione con un dipinto[5] a rilievo[6] con fiori, margherite, gigli e rose. Rossana è felice perché lo potrà mettere in mostra sul mobile nell'ingresso di casa. È interessante notare che le anfore in Toscana prendono spunto[7] dalle anfore etrusche dalle quali si differenziano per le immagini in rilievo, sottolineando delle composizioni.

---

[5]dipinto: pittura, quadro. Alla Chiesa Santa Maria delle Grazie, a Milano, si può ammirare il famoso dipinto de *L'Ultima Cena* di Leonardo da Vinci.

[6]in rilievo: che spuntano, che risaltano. Il professore ha messo in rilievo l'importanza del Rinascimento italiano.

[7]prendere spunto: apprendere, prendere nota. Il governo dovrebbe prendere spunto dalla tragedia di New Orleans per far sì che nel futuro si possa agire con più rapidità.

6.5 Domande sul testo

1. Perché Renzo e Rossana hanno fatto una gita?
2. Di che cosa approfitta la coppia?
3. Che tipo di piatto desidera Rossana?
4. Perché non è d'accordo Renzo?
5. Perché Renzo non vuole la ceramica di Deruta?
6. Com'è il vaso di San Gimignano?
7. Dove metteranno il vaso?
8. Che cosa risalta?

6.6 Domande personali

1. Che tipo di ceramica preferisci?
2. Cosa fai per ridurre lo stress settimanale?
3. Dove fai di solito una gita?
4. Che acquisti fai di solito durante una gita?
5. Ti piacciono i disegni paesaggistici o floreali?

Vocabolario utile

gli animali domestici, ascoltare, il bagno, il balcone, la sala da pranzo, la collezione, coltivare, la cucina, cucinare, fare esercizi / una conversazione, il giardino, i giochi, la lettura, meditare, la musica, navigare, parlare al telefono, i passatempi, pulire, il salotto, lo scantinato, scrivere, la stanza da letto, vedere

6.7 Annulliamo lo stress settimanale rimanendo in casa. Con il tuo compagno/a di classe, indica un luogo della casa in cui puoi attenuare lo stress. Descrivi il luogo e il modo in cui puoi rilassarti.

   Esempio: *Annullo lo stress settimanale nei seguenti luoghi. . .*

6.8 Presentazione in classe: lo stress. Con il tuo compagno/a di classe, indica alcune situazioni che possono causare stress. Scrivi una presentazione in classe e racconta con una sequenza d'immagini alcune situazioni in cui è probabile provare delle difficoltà.

La sindrome di shopping

di Grazia Nigro

La famosa Galleria Vittorio Emanuele II di Milano che collega il Duomo e il Teatro alla Scala, costruito subito dopo l'Unificazione d'Italia del 1861, rappresenta uno dei centri commerciali più lussuosi di Europa, offrendo al consumatore abiti di alta moda e tutte le comodità dello shopping, come, ad esempio, la vasta scelta dei prodotti, i caffè, i ristoranti e tanto altro ancora.

°attacked, assaulted

°Italy

Colpisce[1] più donne che uomini, più adulti che adolescenti. C'è chi non riesce a farne a meno[2], chi viene assalito° dai sensi di colpa, chi vorrebbe farlo, ma non può. . . Gioie e dolori della "piacevole sindrome" che sta contagiando anche il Bel Paese°.

Shopping mania, shopping mania: alzi la mano chi, almeno una volta nella vita, non se ne sia lasciato prendere. . . da solo, in compagnia, per festeggiare un esame, un compleanno o semplicemente per la voglia di comprare qualcosa, utile o superflua che sia.

°slides
°straight
°brand name

°let alone

Non è poi così difficile che la carta di credito scivoli° magicamente dal portafoglio per finire dritta dritta° nelle mani della cassiera[3]: et voilà, il gioco è fatto! E poco importa se si tratta di capi griffati° o di cose da pochi euro comprate in una bancarella[4]. Certo, se l'oggetto che ha il duro compito di gratificarci è un abito di Dolce & Gabbana, l'ultimo cellulare in commercio o una borsa di Gucci, le cose cambiano. È il cosiddetto "shopping compulsivo", o "mania di comprare". Il piacere dell'acquisto si trasforma in una forma vera e propria di dipendenza che procura[5] sensi di colpa, vergogna[6], stress, problemi nei rapporti sociali e sul lavoro, disagi[7] familiari e coniugali, nonché° gravi problemi economici. Il rapporto 2004 Caritas italiana-Fondazione Zancan mostra che tale fenomeno interessa anche l'Italia, nella quale "sarebbe affetta[8] da shopping compulsivo una quota compresa

---

[1]colpire: impressionare, scuotere. Ho ricevuto una brutta notizia che mi ha colpito fortemente.

[2]fare a meno (di): evitare, non fare qualcosa. Non possiamo fare a meno di consultare Internet quotidianamente.

[3]la cassiera: impiegata alla cassa. Prima di prendere un caffè bisogna pagarlo direttamente alla cassiera.

[4]la bancarella: carretto, rivendita ambulante. Siamo andati al mercato all'aperto e c'erano molte bancarelle con i loro prodotti.

[5]procurare: provocare, causare. L'incidente in bicicletta mi ha procurato una frattura alla gamba destra.

[6]la vergogna: imbarazzo, onta. È una vergogna che la città non offra dei servizi di ricreazione per i bambini.

[7]il disagio: difficoltà, scomodità. Il ritardo di un aereo spesso comporta dei disagi.

[8]affetto: contagiato, sofferente. Il signor Rossi si è recato dal medico perché è affetto da insonnia.

tra l'1 e l'8% della popolazione adulta e si tratta soprattutto di "donne, di età compresa tra i trentacinque e i quarantacinque anni".

Chi vuol esser lieto. . . compri!

Gli esperti del settore fanno diverse diagnosi per questa patologia: si fa shopping per necessità ("compro perché mi serve"), per puro edonismo ("compro perché mi piace"), per seguire la moda ("compro per essere *cool*") o per rispondere a una delle tante chiavi di lettura psicoanalitiche ("compro per sopperire[9] a qualche mio bisogno o mancanza", "compro per tirarmi su[10]", ecc.). Queste ultime interpretano in vari modi l'acquisto non controllato di beni per lo più superflui: da "strategia messa in atto per alleviare uno stato depressivo sottostante", risposta semplice e immediata per combattere "tristezza, solitudine, frustrazione o rabbia[11]" in cambio di "felicità, senso di potere e competenza" (J. Lejoyeux) a strumento "per innalzare[12] la propria autostima[13] e combattere frustrazione ed umore depresso" (R. J. Faber e T. C. O'Guinn). Ad esempio dietro la mania, quasi sempre femminile, di comprare vestiti ci potrebbe essere il timore di apparire poco desiderabili, attraenti" (D. Pasca).

Shopping: non solo donna

Ma lo shopping irrefrenabile[14] e insensato non è solo "roba da donna". Uno dei grandi meriti degli studi sui comportamenti umani è la caduta[15] di un mito: anche gli uomini hanno imparato ad usare e a sperperare[16] il denaro in cose molto spesso inutili e costose, proprio come il gentil sesso. Una ricerca del Prof. Koran della Stanford University, dimostra che "Al primo posto tra gli oggetti della 'febbre da acquisto', per quanto riguarda le donne, ci sono i capi d'abbigliamento° seguiti da cosmetici, scarpe e gioielli: tutti elementi riconducibili all'immagine. L'uomo, invece, predilige[17] simboli di potere e prestigio come telefonini, computer portatili e attrezzi[18] sportivi". Se poi ci si ostina[19] a vedere lo shopping come una malattia femminile, allora è meglio farlo ridendoci sopra. Alle maniache dell'acquisto si consigliano *I love shopping* di Sophie Kinsella per riconoscersi nelle ironiche manie e debolezze di Becky, la giovane protagonista spendacciona° di quella che è diventata una fortunata serie (la Kinsella è anche autrice di *I love shopping con mia sorella* e *I love shopping a New York*) o *Shopping terapia* di Amanda Ford che, tra aneddoti divertenti, test per l'autoanalisi e checklist, insegna a comprare più consapevolmente°.

°*clothing items*

°*spendthrift*

°*consciously*

---

[9]sopperire: venire in aiuto, compensare. Spesso i genitori sopperiscono alla loro assenza verso i figli con grossi regali.

[10]tirarsi su: confortarsi, consolarsi. Elena ha bisogno di una piccola vacanza per tirarsi su dopo un lungo periodo di lavoro.

[11]la rabbia: ira, irritazione. A volte, lo stress può causare una reazione di rabbia.

[12]innalzare: tirar su, migliorare. L'educazione civica è l'arma migliore per innalzare la qualità della vita.

[13]l'autostima: fiducia e soddisfazione in se stessi, una visione sana di sé. L'autostima è legata allo sviluppo della personalità.

[14]irrefrenabile: incontrollabile, inarrestabile. Mozart mostrò una passione irrefrenabile per la musica già dalla tenera età di tre anni.

[15]la caduta: fine, capitolazione. La caduta dell'Impero romano ebbe luogo molto prima delle invasioni barbariche.

[16]sperperare: spendere male, sciupare. Ogni anno gli italiani sperperano milioni di euro per curare il raffreddore.

[17]predilige: preferire, amare più di ogni altro. Venezia è ancora la meta prediletta degli sposi in viaggio di nozze.

[18]l'attrezzo: strumento, utensile. Per coltivare il giardino occorrono degli attrezzi adatti come rastrello, forbici e zappe.

[19]ostinarsi: insistere, intestardirsi. Molti giovani si ostinano a cercare lavoro su Internet senza però ottenere risultati positivi.

6.9 Domande sul testo

1. In che cosa consiste il fenomeno che in questo periodo sta interessando il consumatore italiano?
2. Quali sono alcuni dei fattori che portano il consumatore a soffrire di shopping mania?
3. Secondo l'autore, qual è la forma di pagamento che tende a facilitare il consumismo?
4. Quali benefici psicologici possono essere associati al consumismo?
5. Come si manifesta lo shopping mania nelle donne?
6. E negli uomini?
7. Quali aspetti del consumismo vengono messi in rilievo nei libri di Kinsella?
8. Come potrebbe essere utile il lavoro di Amanda Ford al consumatore?

6.10 Domande personali

1. Ti sei mai considerato/a una vittima del consumismo?
2. Hai mai comprato degli oggetti inutili?
3. Quali sono alcuni dei motivi che ti spingono a comprare?
4. Quali benefici psicologici derivano dallo shopping?
5. Quanto sei materialista?

6.11 **Facciamo del teatro.** Con il tuo gruppo, prepara delle situazioni in cui il consumatore mostra delle sindromi psicologiche come, ad esempio, il consumatore che compra per piacere, per seguire la moda, oppure per tirarsi su di morale. Alla fine, il gruppo dovrà fare una presentazione in classe utilizzando un dialogo.

6.12 **Presentazione in classe: materialista o idealista?** Secondo te, siamo una società di materialisti o idealisti? Osservando alcuni atteggiamenti della società, illustra il modo in cui ci definiamo idealisti o materialisti.

Esercizio di scrittura creativa

6.13 **La casa.** Con il tuo compagno/a di classe prepara e discuti i seguenti argomenti. In che senso la casa è un luogo di riposo e di protezione? È solo un posto abitabile? Riflette la nostra personalità?

6.14 Ascoltare i seguenti annunci pubblicitari ed accoppiarli con le relative immagini.

1.

2.

3.

Piazza Armerina

Una domanda prima di ascoltare

Perché è interessante visitare Piazza Armerina?

6.15 Completare la frase con il vocabolo appropriato.

1. Uno dei compiti fondamentali degli archeologi è quello di rivelare ai posteri

   _____ delle civiltà e le culture del passato.

   a. la futilità   **b.** il valore   **c.** l'irrilevanza

2. Piazza Armerina è un centro archeologico di enorme importanza perché mostra come

   vivevano i Romani di _____.

   a. ceto basso   **b.** alto rango   **c.** notevole forza politica

3. Villa Casale vanta una vasta collezione di _____ del periodo romano.

   a. mosaici religiosi   **b.** mosaici atletici   **c.** mosaici mitologici

4. Nella Villa è probabile che i Romani coltivassero _____.

   a. la loro mente   **b.** il loro giardino   **c.** il loro corpo

Mobili antichi nel Quirinale

Una domanda prima di ascoltare

Che tipo di mobili si trovano al Quirinale?

6.16 Rispondere con **Vero** o **Falso** alle seguenti domande. Se falso, correggilo!

1. Il Quirinale era una residenza religiosa.
2. Durante il periodo dell'Unità d'Italia, il Quirinale era una casa reale.
3. Oggi è la residenza del presidente italiano.
4. Lo stile dei mobili rispecchia il gusto delle famiglie.

INTRODUZIONE ALLA LETTERATURA ITALIANA

Saluti notturni dal Passo della Cisa
di Piero Chiara (Luino, 23 marzo 1913–Varese, 31 dicembre 1986)

L'AUTORE Il romanzo *Saluti notturni dal Passo della Cisa* di Piero Chiara è stato pubblicato postumo nel 1987, un anno dopo la sua morte. Nato a Luino, nel 1913, Chiara viene spesso menzionato come lo scrittore del lago in quanto molti dei suoi racconti si riferiscono al Lago Maggiore, zona natale a lui molto cara sin dalla sua infanzia. Nonostante Chiara abbia pubblicato numerose opere, il successo letterario gli arrivò relativamente tardi se si considera che il suo primo romanzo, *Il piatto piange*, appare nel 1962. Nonostante ciò, Chiara non fu affatto estraneo al mondo letterario perché, prima di dedicarsi ai romanzi, ebbe una lunga carriera come poeta e giornalista. In Svizzera, infatti, tra il 1944 e 1945, mentre viveva da internato per fuggire dal regime fascista, Chiara scrisse una raccolta di poesie e, a partire dal suo rientro in Italia, lavorò assiduamente come giornalista al *Corriere della Sera*.

ROMANZO Dal punto di vista dei generi letterari, *Saluti notturni dal Passo della Cisa* potrebbe essere definito un giallo nel senso che non manca l'elemento criminoso, quello secondo cui generalmente succede qualcosa di orribile in circostanze misteriose e alla fine l'enigma si risolve e i cattivi sono puniti. Oltre all'azione criminosa, però, in Chiara si intravede lo spessore dell'umanità, non necessariamente nella sua semplice dicotomia classica alle prese tra il bene e il male, ma piuttosto imprigionato dal suo struggersi per la voglia di avere sempre più denaro pur calpestando i valori morali. Questo è, in sintesi, il romanzo di Chiara ambientato tra il mare della Liguria (a Lerici) e Parma, nel cuore dell'Emilia.

LETTURA

Prima parte: L'arrivo di Spinacroce in Italia Nella primavera d'una trentina d'anni or sono° si era fatto notare a Parma, dove aveva preso alloggio nel migliore albergo, un tal Pilade Spinacroce, proveniente dal Sud America e apparentemente intenzionato a stabilirsi in città o meglio ancora in qualche località dei dintorni, se gli fosse capitato di comprar bene una villa padronale, magari circondata da un bel podere°.

    Si era fatto notare, lo Spinacroce, non solo per la sua aria forestiera, ma anche per la sua taglia, che eccedeva largamente la media. Chi lo incontrava sull'entrata di una banca o nella "ruota" d'ingresso dell'albergo, dove aveva la sua base, non poteva fare a meno di voltarsi a guardarlo e di stare un momento a considerare la sua figura. Portava, benché i rigori dell'inverno avessero già ceduto ai primi tepori di primavera, un soprabito scuro di gabardine più lungo davanti che dietro e un cappello nero floscio°, che ne accrescevano la corposità. La sua faccia, che si vedeva sotto l'ala del cappello e che solitamente teneva chinata°, era quella d'un pizzicagnolo° o di un negoziante di maiali: massiccia, carnosa, senza espressione. . .

    Tale era il suo aspetto, dal quale sembrava possibile dedurre un carattere forte, scontroso°, combattivo.

    Ma di un uomo come lo Spinacroce, al di là dei dati apparenti, sarebbe stato del massimo interesse conoscere l'animo o anche soltanto la mente, quel che aveva capito del mondo, quali strade aveva battuto°, per esempio nel campo delle più comuni conoscenze. Sapere quel che pensava dell'aldilà, di Dio, delle sofferenze umane. Ma come venirlo a sapere dal momento che è vano supporre, o peggio immaginare simili dati?

°trascorsi

°terreno

°cascante
°abbassata / salumiere

°asociale

°frequentato

Si potrebbe forse utilizzare a tale scopo un filo, assai sottile e fragile, fornito da persona che ebbe occasione di avvicinarlo più volte: il notaio Quarenghi, di Parma, presso il quale fece capo per un certo tempo.

"È uno che legge" disse un giorno il notaio parlando di lui. I pizzicagnoli, i mediatori, i piantatori o gli impresari impegnati ad arricchire, normalmente non leggono. Lo Spinacroce invece leggeva, come si poté accertare meglio in seguito, non solo libri sulla situazione economica e politica del mondo, ma anche romanzi del primo Novecento, italiani e stranieri. Leggeva inoltre un paio di quotidiani e non è detto che si limitasse alla politica, alla cronaca e alla Borsa. . . Le pareti dello studio, al pianterreno della villa dov'era andato ad abitare, erano coperte di libri antichi, acquistati insieme allo stabile° e al mobilio. Libri mai toccati, belle legature, opere in venti e più volumi, forse mai aperti da più generazioni. Ma nella stanza in alto dove dormiva, sotto il tetto, aveva i "suoi" libri, fra i quali anche alcune opere di Simenon, una decina di volumi verdi della "Medusa" e un libro di poesie di Guido Gozzano: *La via del rifugio.* Semplice indizio non tanto di un interesse alle riflessioni sul mondo fatte da qualche ingegno letterario, quanto di un certo distacco dalle cose pratiche, che rivelava una natura non inaridita dal denaro e dalle lotte sostenute per accumularlo.

°*edificio*

Simili uomini, che stanno nella nostra società tra la massa e le confraternite degli intellettuali, dei ricchi e dei potenti della politica, vengono comunemente detti imprenditori, in quanto hanno intrapreso attività industriali e commerci senza badare al genere, ma con una determinazione, una tenacia, una capacità di fatica che stupisce i pacifici. Sono codesti, gli uomini che fanno camminare il mondo, in che direzione non importa, come non importa l'attività delle formiche, delle api o d'altri animali che sembrano inutili e hanno invece il loro compito nel meccanismo della natura.

Lo Spinacroce si diceva originario della città di Parma, benché a Parma nessuno lo ricordasse. Emigrato intorno al millenovecentotrenta, aveva sposato a Salta, nell'interno dell'Argentina e ai piedi delle Ande, la figlia di un piccolo albergatore anche lui di Parma, impiantato da più di vent'anni in Sud America.

Erano notizie vaghe, lasciate cadere da lui stesso nei discorsi con mediatori e direttori di banca coi quali era entrato in contatto.

Da Salta a Buenos Aires, da Buenos Aires a Temperley nell'estremo sud, lo Spinacroce era stato volta a volta impresario di costruzioni, importatore di macchine per l'agricoltura, piantatore di caffè, allevatore di bestiame, ma soprattutto affarista° e speculatore.

°*trafficante*

Mortagli la moglie e non trovando più gradevole il mondo degli affari in Argentina dopo l'avvento dei regimi autoritari, aveva deciso, verso i sessant'anni di età, di ritornare nei luoghi nativi per passarvi una vecchiaia tranquilla, lontano dai traffici e disponibile soltanto a qualche modesto impiego di denaro, nel caso che gli si fossero presentate delle buone occasioni.

Nel giro di poche settimane, pur illudendosi di passare inosservato, si era fatto conoscere da mezza città, frequentando banche, studi notarili, mediatori, geometri e ingegneri. Subito si era sparsa la voce della sua ricchezza, che consisteva, secondo le opinioni correnti, soprattutto in una scorta° cospicua di valuta° pregiata: dollari, marchi e franchi svizzeri, che aveva tesaurizzato° in Argentina e che gli era riuscito di trasferire chissà come in Italia, dopo aver liquidato ogni sua proprietà e interesse nel Sud America, diventato a suo parere un mondo di miseria, dove non c'era più posto per persone oneste e laboriose come lui, ma solo per politicanti e avventurieri.

°*riserva / moneta*
°*accumulato*

Alto come era, grasso di spalle e un po' anche di ventre, col capo sempre piegato sul petto ma lo sguardo diritto in avanti, lo Spinacroce imponeva rispetto e considerazione non solo per la sua fama di uomo danaroso°, ma anche per i suoi modi

°*ricco*

°*duri*

°*negoziazioni*

°*benevolenza*

°*interessarsi*
°*ispirava*

°*malattia*

°*smarrito*

°*vicinanza*
°*risiedervi*
°*tipo di cotechino di maiale, tipico della cucina emiliana e lombarda*

°*magro / emaciato*

°*tartagliare / vacillando*

asciutti, da uomo d'azione che sapeva sempre quel che c'era da fare, in ogni occasione. Nonostante l'età ormai più che matura, aveva capelli abbondanti, lisci e ancora quasi del tutto neri. I baffi, che portava cortissimi, erano più neri che grigi, ma ispidi° come i crini d'uno spazzolino per i denti.

Dopo varie trattative°, l'Americano, come veniva chiamato nei caffè, aveva trovato quello che cercava: una vecchia villa signorile ma senza pretese, circondata da un vasto parco, nei dintorni di Langhirano. La villa era abbandonata da qualche anno, ma in un mese o due venne ripulita. L'arredamento era ottocentesco, solido e di ottima qualità: bei mobili di noce che lo Spinacroce seppe apprezzare, ampie poltrone e divani coperti di velluti pregiati.

Contento del suo acquisto, l'Americano andò ad abitarvi dopo aver assunto un giardiniere e una cameriera tutto fare. Da quel giorno non lo si vide più nei caffè né per le strade di Parma. Abbandonato ogni contatto con i professionisti ai quali aveva dovuto ricorrere, si era chiuso nel suo possesso, quasi che la cordialità e la bonomia° dimostrate con saggia misura a Parma non avessero più di manifestarsi da quando aveva raggiunto il suo scopo. A Parma andava in media una volta al mese, facendosi accompagnare in macchina da un noleggiatore di Langhirano, tal Angelo Beretta. Metteva il naso in qualche banca e tornava subito alla sua villa.

Benché non si curasse° degli altri, gli altri non avevano smesso di tenerlo d'occhio e di farne conto, sia per i suoi denari e sia per la curiosità che destava°. Sotto una maschera bonaria il suo viso lasciava infatti scorgere un'ombra di mistero.

Seconda parte: Il rapporto con sua figlia Myriam Si era saputo che aveva una figlia, venuta in Italia dieci anni prima di lui, insieme a un medico italiano, il dottor Francesco Salmarani che aveva conosciuto e sposato in Argentina contro la volontà del padre.

Myriam Salmarani nata Spinacroce, una distinta signora di trentacinque o quarant'anni all'incirca, viveva a Bergamo col marito oculista dal quale aveva avuto un figlio, Albertino, affetto fin dall'infanzia d'una disfunzione glandolare detta morbo° di Simmons, per la quale era cresciuto in modo anormale, tanto che a sedici anni era alto quasi due metri, spaventosamente magro e di aspetto mostruoso. Andava in giro tenuto per mano dal padre e dalla madre, col volto stralunato°, che volgeva a destra o a sinistra senza ragione e buttando avanti le gambe come per dare calci a una palla.

Qualche anno dopo e quando lo Spinacroce si era già insediato nella sua villa di Langhirano si venne a sapere che i Salmarani, pur abitando a Bergamo dove il medico aveva il suo studio, passavano i mesi dell'estate a Lerici, in una villetta sul lungomare, a ridosso° di un antico parco e con vista su tutto il golfo.

La casa di Lerici era stata acquistata dallo Spinacroce col proposito di stabilirvisi° in vecchiaia. L'aria di Langhirano, buona per i prosciutti e per le bondiole°, poteva diventare sconsigliabile, gli aveva detto un medico, se l'enfisema polmonare del quale già soffriva si fosse aggravato col passare del tempo.

Nell'estate di quell'anno la signora Myriam aveva ottenuto dal padre l'uso della villetta di Lerici ed era andata ad abitarla insieme al figlio, con l'intenzione di trascorrere anche la stagione fredda in Riviera, affinché il povero Albertino beneficiasse del clima marino e anche perché i Salmarani si vergognavano di fare vedere per le strade di Bergamo il ragazzo, che con la crescita aveva preso un aspetto sempre più allampanato° e macilento°...

Quando, all'inizio dell'estate, si era trattato di farsi concedere dal vecchio Spinacroce l'uso della sua casa al mare, i due coniugi erano andati più volte nella villa di Langhirano, con il ragazzo, che appena vedeva il nonno si agitava e cominciava a farfugliare°, ballonzolando° come un babbuino sulle lunghe gambe e alzando le braccia come se volesse abbracciarlo. Lo Spinacroce si ritraeva un po' disgustato da quel nipote, che gli pareva una giusta punizione per sua figlia, la quale invece di sposare un grosso piantatore di caffè oriundo° svizzero di Montevideo che le aveva proposto, si era lasciata irretire° da un mediconzolo° italiano senza soldi e senza voglia di lavorare, arrivato in Argentina per far fortuna in qualunque modo e magari anche attraverso un matrimonio.

°nativo
°sedurre / termine peggiorativo

Prima di allora Myriam aveva frequentato raramente la villa, benché si fosse riconciliata col padre fin dai primi tempi del suo ritorno in patria. Sapeva che il padre vedeva di malocchio suo marito e addirittura con ripugnanza il povero Albertino, ma sentendosi erede e avendo anche lei notizia forse più precisa degli altri della ricchezza del genitore non voleva perdere contatto con lui. Arrivava al punto di mettere il naso nei suoi interessi, informandosi sui terreni che aveva acquistato nei dintorni dopo aver comperato la villa e giungendo perfino a sindacare° la scelta delle donne di servizio, delle quali lo Spinacroce pareva stancarsi facilmente, tanto che le sostituiva una dopo l'altra, passando dalle prime che erano sulla cinquantina, a giovani donne di trenta e anche di venticinque anni.

°vigilare

Parte terza: Maria Malerba e le possibili conseguenze per Spinacroce L'ultima di queste, così intelligente e servizievole da render superfluo ogni altro aiuto in casa salvo quello d'un giardiniere che lavorava a giornata, era una giovane di non più di trent'anni, Maria Malerba, originaria d'un paese dell'Appennino parmense ma domiciliata a Langhirano.

Nonostante la sua aria di donna sicura della propria forza, Maria si portava dietro il peso di un errore di gioventù: un figlio di cinque o sei anni, di padre sconosciuto. Morti da tempo i suoi genitori, abitava a Langhirano con una zia, una cugina e il bambino, ma dopo il collaudo° come governante dello Spinacroce, durato non più di un mese, andò a stare nella villa, dove occupava una stanza al pianterreno, di fianco a un bagno di servizio.

°test

Lo Spinacroce, che nei primi tempi aveva dormito in una grande camera da letto del primo piano, si era trasferito in una specie di mansarda forse una volta abitata dalla servitù, accanto alla quale c'era un bagno. Il locale, che prendeva luce da due finestre ad abbaino° sulla facciata della villa, era basso di soffitto ma ampio e luminoso. Il signor Pilade vi aveva sistemato la sua raccolta di oggetti esotici: pelli di leopardo e di leone con le teste imbalsamate, maschere di legno, scudi di cuoio con infilate lance e zagaglie, trofei di frecce e archi, pelli di serpente, crani di bisonti e d'altri animali cornuti, tamburi, un piccolo caimano imbalsamato e alcune grandi farfalle tropicali dentro cassette di vetro... Pareva la stanza di un esploratore. Lo Spinacroce vi stava a suo agio, qualche volta delle giornate intere, a sfogliare° giornali e riviste che gli arrivavano dal Sud America, a leggere o più probabilmente a dormire, nella pace e nel silenzio che gli garantiva il folto° parco intorno alla villa.

°solaio

°dare un'occhiata a

°denso

Maria si occupava del pianterreno o piano rialzato dove oltre alla sua stanza, che era sul retro verso l'orto, c'erano da un lato la cucina e la sala da pranzo e dall'altro i locali di rappresentanza: i salotti, lo studio, un grande soggiorno e una sala da biliardo.

Il primo piano, con le camere da letto, gli spogliatoi° e un bagno assai lussuoso, appariva dall'esterno chiuso e come avulso° dal resto della villa. Le persiane della facciata e anche quelle verso l'orto, sempre chiuse, facevano pensare, agli osservatori poco accorti°, che la villa fosse disabitata o che ospitasse solo un guardiano.

°stanzini
°separato

°svegli

Le donne di servizio dello Spinacroce, fin dalla prima, ebbero sempre ordine di spolverare° superficialmente i mobili della sala di biliardo e di limitare la pulizia ad una scopatura settimanale. Il bel locale rettangolare era ammobiliato con un paio di sedie e un divano, aveva due specchi alle pareti, tendaggi alle finestre e un doppio lampadario in ottone che si abbassava a un metro e mezzo dal piano del biliardo. Sul

°ripulire

°basi / °ingegnosità

°fortificata / °lucchetto

°Attaccata / cornice

°meccanismi

°rifugio

°struttura per
  appendere oggetti /
  facendo attenzione

°rumori

fondo, di fronte alla porta d'ingresso, la parete era quasi completamente coperta da un mobile complicato che comprendeva due rastrelliere per le stecche e una cassettiera sovrastata da uno specchio ovale, dov'erano custodite le bilie, i birilli e gli altri accessori del gioco. Solo allo Spinacroce era noto che una parte del mobile, montata su due cardini°, poteva essere staccata dal muro come una porta. Un accorgimento° che gli era stato rivelato dal mediatore e destinato a nascondere un armadio a muro, chiusa da una porta blindata° simile a quella di una cassaforte, con tanto di serratura° di sicurezza e con un dispositivo per formare il numero occorrente a liberare i meccanismi di chiusura. La porta blindata era mascherata da una porta comune a due battenti. Appiccicata° con la colla alla parte interna del battente° destro, lo Spinacroce aveva trovato una busta gialla dentro la quale, su di un foglio piegato in quattro, era scritta la spiegazione dei vari congegni° di sicurezza e indicata la cifra necessaria ad aprire la cassaforte. In fondo al foglio si leggeva: "La chiave è appesa all'interno del battente di sinistra". La chiave infatti era al posto indicato.

Maria, nel fare le pulizie, si era accorta del nascondiglio° dove lo Spinacroce doveva aver collocato la sua favolosa scorta di dollari, marchi e franchi svizzeri, ma aveva rimesso a posto la rastrelliera° senza dir nulla, badando° a lasciarla staccata di qualche centimetro, così come l'aveva trovata.

Quando di tempo in tempo il vecchio si chiudeva nella sala del biliardo, sentendo gli schiocchi° delle palle Maria credeva che si divertisse a giocare da solo. Invece, pur dando qualche colpo di stecca, si dedicava ad altre operazioni, perché quella era per lui la stanza del tesoro.

Prima parte: L'arrivo di Spinacroce in Italia

6.17 Domande sul testo

1. A che cosa fa pensare il cognome "Spinacroce"?
2. Che impressione dava alla gente che lo incontrava per la prima volta?
3. Di che cosa si lamenta il narratore riguardo alla personalità dello Spinacroce?
4. Perché il notaio Quarenghi è una persona che potrebbe dare ulteriori informazioni sullo Spinacroce?
5. In che senso lo Spinacroce appartiene agli "uomini che fanno camminare il mondo"?
6. Quando decise di ritornare in Italia?
7. Che cosa non è riuscito a nascondere alla gente di Parma?
8. Secondo te, perché lo Spinacroce andava raramente a Parma?
9. Benché non andasse spesso a Parma, perché la gente si interessava di lui?

Seconda parte: Il rapporto con sua figlia Myriam

6.18 Domande sul testo

1. Com'erano i rapporti fra Myriam e il padre?
2. Con chi voleva che sua figlia si sposasse?
3. Lo Spinacroce, come vedeva la figura di suo genero?
4. Lo Spinacroce, come vedeva la figura di suo nipote Albertino?
5. Perché Myriam metteva il naso negli affari del padre?
6. Per quale motivo Spinacroce ha comprato la villa a Lerici?
7. Per quale motivo Myriam si è trasferita a Lerici?

Parte terza: Maria Malerba e le possibili conseguenze per Spinacroce

6.19 Domande sul testo

1. Secondo l'autore, che tipo di errore aveva commesso Maria?
2. A che cosa fa pensare il cognome "Malerba"?
3. Che tipo di donne di servizio sceglieva Spinacroce?
4. Perché lo Spinacroce non voleva che si spolverasse la mobilia della sala di biliardo?
5. Cosa lascia suppporre la scoperta del nascondiglio da parte di Maria?

6.20 Domande personali

1. Credi che si possa capire meglio una persona in base a ciò che legge?
2. L'autore afferma che gli uomini d'azione fanno camminare il mondo e che la direzione del cammino non è importante. Sei d'accordo con questa tesi? Perché?
3. Sei prudente quando parli dei tuoi affari in pubblico?
4. Hai un buon rapporto con i tuoi genitori?
5. Che pensi dei genitori che si vergognano di un figlio?
6. I genitori hanno il diritto di scegliere il matrimonio ai propri figli?
7. Che pensi di coloro che mettono il naso negli affari degli altri?
8. Perché è importante avere persone di servizio di fiducia?

 6.21 **Uomini e donne d'azione.** Con il tuo compagno/a di classe fai un elenco di alcuni uomini d'azione che hanno "fatto camminare il mondo" e spiega le ragioni per cui questi individui hanno contribuito o meno alla storia della civiltà.

🔊 VOCABOLARIO

Nomi

l'acquisto	purchase	la cerniera	fastener, zipper
l'anello	ring	il cinghiale	boar
l'armadio	wardrobe	la collana	necklace
l'arredamento	decoration	la commessa	clerk
l'artigianato	craftsmanship	il comò	dresser
l'assicurazione	insurance	il comodino	night table
l'atteggiamento	behavior	il comportamento	behavior
l'attrezzatura	equipment	il concorrente	competitor
l'avvenimento	event	il coniuge	spouse
il bacio	kiss	la coppa	cured neck of pork
la balena	whale	la coppia	couple
il bastoncino	cane	la credenza	cupboard, pantry
il bene	good, property	la crescita	growth
la bibita	soft drink	il cuoio	leather, hide
la borsetta	handbag	il danno	damage
il bracciale	bracelet	la dimora	home
la bresaola	dry beef	il divano	the sofa
la bugia	lie	l'edilizia	construction, building
il camoscio	chamois	l'esito	result
la campagna	campaign, country	l'essiccatura	drying
il cantante	singer	la facoltà	department, faculty
il carburante	fuel	la favola	fairy tale
il carteggio	documents	la felce	fern
la cartolina	postcard	la fioreria	flower shop
la catena	chain	la firma	signature
		il fiume	river

il fornello	stove	la scatola	box
il garofano	carnation	la scalinata	stair
il giglio	lily	lo scalino	step
il gioielliere	jeweler	la scelta	choice
la garanzia	guarantee	lo scienziato	scientist
la guarigione	cure, recovery	il secolo	century
l'incarico	onus, responsibility	la sede	headquarters
l'ingresso	entrance	lo sfascio	collapse
l'insediamento	settlement, habitat	lo sfondo	background
la lavorazione	craftsmanship	il sindaco	mayor
la legatura	binding	il socio	member
il legname	wood	la sosta	rest, stop
la lunghezza	length	il sostegno	support
la macedonia	fruit cocktail	lo spillo	pin
la maestria	mastery	lo spuntino	snack
la maglia	jersey, sweater	la stampa	the print, press
il malinteso	misunderstanding	lo stelo	stem
la mandorla	almond	lo stilista	designer
il manico	handle	la stufa	heater
la margherita	daisy	la suora	nun
il materassino	mattress	la superficie	surface
il mazzo	bouquet	la svendita	sale
il meglio	best	lo sviluppo	development
la menzogna	lie	il tappeto	rug
il mobile	furniture	la tasca	pocket
la mobilia	furniture	la tombola	tombola (an Italian version of Bingo)
la morbidezza	softness		
il mughetto	lily of the valley	la torre	tower
l'obiettivo	objective	il torrone	nougat candy
l'opera	work of art	l'usanza	tradition
il pacco	parcel	il vassoio	platter
il paesaggio	landscape	la vendita	sale
la pancetta	salt-cured pork belly, similar to bacon	il vetro	glass
il parere	opinion	**Verbi**	
la partenza	departure	abbassare	to lower
la partita	game	abbellire	to embellish
la patria	motherland	abbinare	to match, coordinate
la pelle	leather	accadere	to occur
la pelletteria	leather shop	accomodarsi	to make oneself comfortable
il peso	weight	accoppiare	to match
la piastrella	tile	affidarsi	to rely on
la pizzicheria	delicatessen	aggiungere	to add
la poltrona	armchair	agire	to act
il portaombrelli	umbrella stand	approfittare	to take advantage
il racconto	story	arredare	to decorate
il raduno	gathering	asciugare	to dry
il raffreddore	cold	augurare	to wish
il rapporto	relationship	avvenire	to take place
il re	king	basarsi	to be based on
il ricamo	embroidery	bastare	to suffice
il ricordo	souvenir	capitare	to happen
la riscoperta	rediscovery	collegare	to connect
il sapore	taste	condividere	to share
lo scarpone	boot	confezionare	to pack, make

dipingere	*to paint*
elencare	*to enumerate, list*
evitare	*to avoid*
faticare	*to labor*
fornire	*to furnish*
fratturarsi	*to fracture*
giovare	*to be useful, be good*
incartare	*to wrap*
immergersi	*to immerse oneself*
impastare	*to knead*
intrattenere	*to entertain a company*
lagnarsi	*to whine*
lanciare	*to launch*
montare	*to climb*
notare	*to observe*
pescare	*to fish*
piantare	*to plant*
piegarsi	*to bend*
prestare	*to lend*
provare	*to taste, to try on*
radunare	*to gather*
recarsi	*to go*
riallacciare	*to reconnect*
richiedere	*to require*
risalire	*to go back*
risaltare	*to stand out*
ritemprare	*to reinvigorate*
riuscire	*to succeed*
scalare	*to climb*
salvaguardare	*to safeguard*
sbagliare	*to err, to make a mistake*
sciupare	*to squander*
scordare	*to forget*
smettere	*to stop*
sorgere	*to emerge, rise*
succedere	*to happen*
svolgere	*to carry out, develop*
tramandare	*to hand down*
urgere	*to urge*
vantare	*to boast*

Aggettivi

colmo	*full*
conviviale	*convivial*
disponibile	*available*
estivo	*summer*
grato	*grateful*
ineguagliabile	*incomparable*
liceale	*high school*
nocivo	*harmful*
pregiato	*precious*
prelibato	*delicious*
racchiuso	*enclosed*
selvatico	*wild*
sottile	*thin*

Parole ed espressioni

a proposito	*by the way, à propos*
addirittura	*even*
alla buona	*casual*
alle vongole	*with clams*
cavarsela	*to make it, survive*
chissà	*who knows?*
ci tiene	*it matters to him/her*
Cosa fai da queste parti?	*What are you doing here?*
far fronte a	*to face*
farà piacere a	*it will please*
in linea di massima	*generally speaking*
mettere a disposizione	*to make available*
mettere in evidenza	*to highlight*
mi sembra	*it seems*
nelle tue cose	*in your affairs*
non ci resta che	*all we need to do*
oppure	*or*
Per carità!	*My goodness!*
piove a dirotto	*it's pouring*
prendere in affitto	*to rent*
senz'altro	*of course*

Al museo

Si osservi una sezione del muro esterno del Colosseo di Roma dove appaiono tre piani sostenuti da colonne in stile dorico, ionico e corinzio.

Una vista interna dei Musei Vaticani, con il cosiddetto giardino ottagonale davanti al Palazzo Belvedere. Vorresti visitare alcuni dei più importanti musei d'Italia? In che senso le nostre culture possono essere valutate? Cosa hanno in comune?

In questa unità lo studente è invitato a visitare virtualmente alcuni musei italiani. Oltre ad introdurre l'osservatore alla tradizione artistica italiana, questo esercizio dovrebbe indurre, se non altro, a riflettere sulla condizione umana, come, ad esempio, l'arte italiana esprima il tema universale dei conflitti umani, o in che modo l'arte italiana manifesti la propria supremazia di guida artistica al resto del mondo.

Funzioni comunicative

- Esprimere dei punti di vista sull'arte
- Discutere le caratteristiche fisiche
- Riflettere sulle preferenze

Occhio alla grammatica!

- Pronomi diretti, indiretti e doppi
- Il passato prossimo e l'imperfetto
- La particella *ci*
- Il trapassato prossimo
- Il futuro anteriore
- Il pronome relativo
- I pronomi tonici
- Pronomi possessivi

- Aggettivi dimostrativi
- L'aggettivo comparativo
- L'aggettivo *bello*
- La forma imperativa
- Il futuro con *avere* per esprimere probabilità
- Il condizionale composto
- Il passato remoto

Boccaccio

Jane e Ronald Stewart sono una graziosa coppia americana che da
alcuni anni si occupa di letteratura comparata. Entrambi sono di
Ames, Iowa, dove svolgono una carriera universitaria. Sono in
Italia per la prima volta e desiderano tanto conoscere l'arte
italiana. Questa mattina si sono alzati prestissimo perché è
risaputo che, durante i periodi estivi, i musei sono affollatissimi.
Hanno fatto colazione all'italiana e sono subito andati alla Galleria
degli Uffizi, dove hanno aspettato in fila molto tempo. Nel museo
hanno visto molte opere importanti del Rinascimento, ma la
produzione artistica che più li ha colpiti è stata quella di Andrea
del Castagno.

Jane: Sembrava che la fila non finisse mai! Però, ne è valsa
veramente la pena. *Giovanni Boccaccio* del Castagno
mi è piaciuto molto. Mi ha fatto ricordare un corso
d'italiano. Il mio professore parlava molto
dell'influenza di Giovanni Boccaccio sulla
letteratura mondiale.

Ronald: In effetti, è così. Del Castagno ha rappresentato molto
bene la grandezza dello scrittore. Questa figura
imponente rappresenta l'influenza letteraria che
Boccaccio ha avuto su Chaucer ed altri autori
mondiali.

Jane: Strano! Questa associazione mi fa pensare che ciascuno di noi porta dentro di sé, seppur inconsapevolmente, il ricordo di un tempo lontanissimo, di cose vissute da altre generazioni.

Ronald: Non ho capito bene la tua osservazione. Cosa vorresti dire? Spiegati meglio.

Jane: Voglio dire, insomma, che, oltre al fatto che il quadro di Andrea del Castagno mi porta indietro ai tempi di quando studiavo l'italiano, quest'affresco mi dà l'impressione di aver già vissuto gli anni in cui viveva Boccaccio.

Ronald: Credo di aver capito. Ci sono delle cose nella vita che, pur non avendole viste, fanno parte della nostra esistenza collettiva.

Jane: Esatto! E questo è ciò che ci unisce a molte altre culture.

Ronald: Vedo che stamattina sei in vena piuttosto filosofica. Che ne diresti se continuassimo a gustarci il patrimonio artistico di questo meraviglioso museo?

Parliamo un po'

7.1 Domande sul testo

1. Di dove sono Jane e Ronald?
2. Perché sono in Italia?
3. Quando si sono alzati?
4. Quale attività svolgono?
5. Cosa hanno mangiato a colazione?
6. Quanto tempo hanno aspettato in fila?
7. Che tipo di arte hanno visto?
8. Quale opera li ha colpiti?
9. Che sensazione ha avuto Jane?
10. Cosa ha capito Ronald?

7.2 Domande personali

1. Di dove sei?
2. A che ora ti alzi la mattina?
3. Che tipo di colazione fai?
4. Quale periodo d'arte ti appassiona?
5. Qual è l'opera d'arte che più ti ha colpito?
6. Cosa ti fa ricordare?
7. Hai uno scrittore preferito?
8. Hai mai avuto un'esperienza associativa come quella di Jane?
9. Che cosa vuol dire Jane quando afferma che l'arte collega tutti gli abitanti del pianeta?

7.3 Descriviamo un'opera d'arte. Utilizzando Internet, ogni studente ha il compito di fare una visita virtuale alla Galleria degli Uffizi e di descrivere in classe un'opera d'arte. Nel caso in cui Internet non sia accessibile, si consiglia di utilizzare una biblioteca concentrandosi su un solo artista e sulle sue opere. Inoltre, si raccomanda che le immagini siano a colori, per rendere l'argomento più interessante. Gli studenti potranno discutere i seguenti aspetti:

a. il nome dell'artista
b. il titolo dell'opera
c. i colori dominanti
d. gli elementi che caratterizzano l'immagine
e. cosa ti piace
f. cosa non ti piace
g. cosa ti ricorda
h. Qual è il messaggio dell'artista?
i. C'è un messaggio universale in quest'opera?

Vocabolario utile

l'arte come servizio al cittadino, asociale, cambiare il mondo, il disinteressamento, educativo, l'estetica, la fame nel mondo, formativo, la funzione politica, l'impegno politico, indifferente, l'interesse finanziario, le malattie, il mezzo di comunicazione, l'occhio dell'artista, l'oggetto di mercato, partecipare, la povertà, sociale

7.4 Dibattito: qual è il ruolo di un artista? La questione della responsabilità morale che l'artista dovrebbe avere in ambito sociale dura da molto tempo. Alcuni sostengono che un'opera d'arte debba riflettere un messaggio sociale, mentre altri sono del parere che un artista debba essere libero di esprimere la sua creatività. Con quale tesi sei d'accordo? Discuti pro e contro dell'argomento. Dividere la classe in due gruppi per creare un dibattito in cui ogni gruppo discute il proprio punto di vista. Si raccomanda soprattutto di rispettare le opinioni degli altri durante il dibattito.

Idee

1. Per quanto riguarda la letteratura italiana, alcuni poeti come Marino Marini e Gabriele D'Annunzio hanno impostato la loro poetica senza alcuna preoccupazione etica. In altre parole, un'opera d'arte deve solo contenere un messaggio dal valore prettamente estetico.
2. I grandi artisti come Dante, Leopardi e Tommaso da Lampedusa, tanto per citarne alcuni, hanno impostato la loro produzione in un contesto etico-morale e filosofico per cui non ci può essere un giudizio puramente estetico del loro lavoro.

LETTURA BREVE: Una visita a Castel Sant'Angelo

Castel Sant'Angelo è uno dei monumenti più rinomati[1] di Roma. Il castello nasce per volere dell'imperatore Adriano nell'anno 100 d.C., come mausoleo[2]. Ogni anno, sono molti i turisti che si fermano a contemplare questa struttura grandiosa[3].

Una vista di Castel Sant'Angelo con il suo ponte imponente. Si noti, per altro, che le statue degli angeli che fiancheggiano il ponte sono state scolpite da Bernini.

---

[1]rinomati: famosi, celebri. La costiera amalfitana è rinomata nel mondo non solo per i suoi luoghi incantevoli, ma anche per la sua cucina.

[2]mausoleo: tomba monumentale, sepolcro. Adriano ha fatto costruire il suo mausoleo che ora possiamo ammirare a Castel Sant'Angelo.

[3]grandioso: solenne. I cittadini hanno festeggiato l'anniversario della Repubblica con una grandiosa cerimonia.

Inoltre, il monumento si trova vicino alla Basilica di San Pietro e, quindi, i turisti si fermano spesso per scattare qualche foto ricordo di questo luogo[4].

Tra i vari turisti provenienti da tutte le parti del mondo troviamo Keiko Shimizu e Makiko Funato, che sono appena arrivate a Roma. Le due inseparabili amiche studiano il bel canto della lirica italiana a Kyoto, in Giappone, con la speranza di poter diventare, un giorno, cantanti d'opera. Tutte e due sono appassionate della lirica italiana, particolarmente della musica di Giacomo Puccini.

A Keiko fa molta impressione vedere il castello da vicino perché le fa pensare all'ultimo atto della *Tosca*, quando la protagonista, Floria Tosca, si getta nel fiume Tevere. La sua amica Makiko ha la stessa sensazione e le fa notare che dal castello al fiume c'è una distanza notevole, quindi Tosca non poteva gettarsi[5] direttamente nel fiume. Secondo Keiko la scena dell'ultimo atto non riflette la realtà e si tratta di una licenza poetica.

Oltre all'allusione[6] operistica, il Castello è molto famoso tra i romani poiché, secondo una leggenda, l'angelo che vediamo sul castello, ha salvato[7] la popolazione dalla peste[8]. Se osserviamo attentamente, vediamo che l'angelo afferra[9] con la mano destra la spada con la quale ha sconfitto[10] la peste.

---

[4]luogo: posto, territorio. Il parco è il luogo privilegiato in cui si possono fare lunghe passeggiate contemplando la natura.

[5]gettarsi: buttarsi, lanciarsi. Quando sono tornati dal museo, i turisti si sono gettati subito in piscina.

[6]allusione: riferimento. Il presidente ha fatto allusione al livello sconcertante di povertà che esiste nel nostro Paese.

[7]salvato: liberato da un pericolo. I pompieri sono intervenuti, rompendo il finestrino, per salvare la vita ad un cagnolino quasi in fin di vita.

[8]peste: epidemia. Boccaccio ha descritto Firenze quando fu colpita dalla peste, a metà Trecento.

[9]afferra: prende, agguanta. Le autorità hanno afferrato il prigioniero fuggito dal carcere.

[10]sconfitto: distrutto. Le popolazioni indigene sono state quasi completamente sconfitte.

7.5 Domande sul testo

1. Qual è la provenienza etnica delle due amiche?
2. Cosa le appassiona?
3. Cosa suggerisce la leggenda?
4. Cosa ha scritto Puccini?
5. Cosa rappresenta l'angelo?
6. Con quale mano afferra la spada?
7. Come si è uccisa Tosca?
8. In quale atto avviene la scena principale?

7.6 Domande personali

1. Quali sono le tue origini etniche?
2. Cosa ti appassiona?
3. Conosci delle leggende interessanti? Quali?
4. Qual è la tua preferenza musicale?
5. Hai mai assistito a un'opera? Quale?

7.7 Le mitologie e le leggende ci aiutano a capire la vita laddove la scienza non arriva. Secondo Carl Jung, le basi delle mitologie degli antichi risiedono nell'inconscio collettivo. Con il tuo gruppo, illustra in sintesi uno spunto mitologico e spiega in che senso si lega al nostro modo di agire. Il mito greco di Tantalo, condannato a soffrire la fame e la sete in eterno nonostante fosse immerso nell'acqua e circondato da frutta, potrebbe rappresentare, per esempio, la sofferenza di chi ha a portata di mano qualcosa che desidera fortemente ma che non può avere.

L' *Adorazione dei Magi* di Gentile da Fabriano, realizzata intorno al 1423 su tavola e con un'elaborata cornice scolpita in oro, è conservata presso la Galleria degli Uffizi. Una delle caratteristiche di Gentile da Fabriano è la cura dei particolari come, per esempio, i costumi dei tre re, in broccato con oro e pietre preziose.
Gentile da Fabriano, Italian, (c. 1370–1427). Adoration of the Magi, 1423, Tempera on wood panel, 9'10 1/8 x 9'3". Uffizi Gallery, Florence, Italy. Scala/Art Resource.

UN PO' DI LETTURA AUTENTICA

"Fabriano: gentile pittore cortese"

di Elena del Salvio

Un pittore di fiabe[1], che firma tavole preziose dove santi e madonne sono vestiti come principi e principesse, i gesti appaiono regali e gli sfondi[2] sono splendenti d'oro o paesaggi incantati in cui manca solo il drago, ma dove a volte volano qua e là gli angeli. Elegante e raffinato, come il suo nome impone, Gentile da Fabriano ha i numeri per conquistare gli appassionati d'arte: affascinante e coinvolgente nei suoi quadri sontuosi, celebrato in vita, corteggiato da dogi, duchi e pontefici, ha lasciato relativamente pochi dipinti, sparpagliati[3] in tutto il mondo, tanto da essere pregiate rarità.

      Gentile fu epigono[4] di un movimento artistico in Italia: quel cosiddetto° gotico internazionale che, tra la fine del Trecento e i primi decenni del Quattrocento, rivoluzionò l'arte europea, annunciando la successiva esperienza rinascimentale e costituendo quasi un Rinascimento parallelo e alternativo che, con un linguaggio ancora legato a modelli di derivazione bizantina ma già forte e maturo, diede un decisivo contributo al quadro generale del Quattrocento artistico.

      Ma chi era Gentile? Ai suoi tempi uno dei più noti e ricercati[5] pittori d'Italia, è passato come una meteora senza lasciare certificati di nascita° e morte, e neanche una tomba da onorare, celebrato dalla storia dell'arte ma quasi sconosciuto[6], oggi, ai suoi stessi concittadini° (Gentile chi? è l'interrogativo che la ricerca della sua casa natale° suscita[7] in genere da parte dei fabrianesi°). Si sa che il

°so-called

°birth

°fellow citizens
°of one's birth / people from the town of Fabriano

---

[1]la fiaba: favola, racconto. Le mamme raccontano spesso delle belle fiabe ai loro bambini.

[2]lo sfondo: retroscena, scena. È una fotografia a colori con lo sfondo in bianco e nero.

[3]sparpagliato: disperso, gettato qua e là. La camera di Edoardo è sempre in disordine con i suoi vestiti sparpagliati dappertutto.

[4]epigono: discepolo, successore. Possiamo definire Van Gogh come l'ultimo epigono dell'Impressionismo.

[5]ricercato: richiesto, desiderato. I francobolli storici sono molto ricercati dai collezionisti.

[6]sconosciuto: ignorato, mai visto. I genitori raccomandano ai propri figli di non rivolgere mai la parola agli sconosciuti.

[7]suscitare: stimolare, provocare. Le visite al museo, grazie ai colori e alle espressioni artistiche, suscitano in noi delle reazioni.

padre era un mercante ricco e colto[8], che s'intendeva[9] di matematica e lettere e che poco dopo il 1400 mandò il figlio, già avvezzo ai pennelli° (e dopo essersi fatto le ossa° alla corte di Gian Galeazzo Visconti, nella Milano capitale europea e fucina° artistica di fine Trecento), a Venezia, perché imparasse anche lui a fare il mercante. Nella serenissima° città di S. Marco, Gentile si mise tanto in luce[10], se non come mercante certo come pittore, da guadagnarsi nel 1410 l'incarico[11] di affrescare la sala del Maggior consiglio di Palazzo Ducale; opera perduta, come pure gli affreschi, realizzati poco tempo dopo, nel Broletto di Brescia.

°accustomed to painting
°being trained / forge

°Venezia

   È già un pittore famoso e ambito[12] quando arriva a Firenze, dove nel 1422 s'iscrive all'arte dei Medici e dipinge per la famiglia Strozzi la magnifica *Adorazione dei Magi* oggi agli Uffizi (1423), (inamovibile° per la sua fragilità) e, per la famiglia Quaratesi lo splendido polittico (1425), oggi squartato° e disperso[13] in quattro musei di tre Paesi. Due anni dopo era già morto, non prima di aver realizzato, sempre nel 1425, un affresco per il palazzo dei Notai a Siena (perduto) e per il Duomo di Orvieto (sopravvissuto[14], unico fra i dipinti a fresco) e, nel 1427, per S. Giovanni in Laterano (perduto), a Roma, dove la sua parabola umana si conclude. Dopo di lui, ma anche grazie a lui e all'eredità[15] lasciata ad artisti come Jacopo Bellini, Pisanello e Cosmè Tura, il Quattrocento evolverà verso la conquista della maturità piena alla luce dell'Umanesimo rinascimentale.

°not moveable
°separated

   Il Rinascimento di Gentile, quella civiltà cortese°, artistica ma anche letteraria, raffinata e preziosa, è tutta nei suoi quadri: nell'opulenza delle stoffe[16] e nel fulgore° dei gioielli parigini ammirati addosso alle dame dell'alta società milanese, nei volti[17] graziosi, fronti alte e chiome [capelli] bionde, nelle dita sottili[18], negli atteggiamenti composti e solenni della nobiltà. Nei mille particolari descrittivi di usi e costumi aristocratici studiati da vicino e che sono inestimabili testimonianze dirette: splendenti ritratti di un'epoca cruciale di cui Gentile da Fabriano è stato protagonista e cronista[19] insieme.

°courtly

°splendor

---

[8]colto: istruito, erudito. È un piacere parlare con la mia amica Mara perché è una ragazza colta e preparata.

[9]intendersi: essere competente, conoscere bene. Il mio amico Federico viaggia spesso in Italia e se ne intende molto di vini, specialmente quelli della Toscana.

[10]mettersi in luce: farsi notare, emergere. Renzo è un ottimo sciatore di fondo e spera di mettersi in luce alle prossime olimpiadi invernali.

[11]l'incarico: responsabilità, compito. Il Primo Ministro ha ricevuto l'incarico di formare il nuovo governo.

[12]ambito: desiderato, ricercato. La giovane attrice è molto ambita ed è sempre attorniata da ammiratori.

[13]disperso: sparso, sparpagliato. Il celebre poeta ha chiesto alla sua famiglia di bruciare il suo corpo subito dopo la morte e di disperdere le ceneri in mare.

[14]sopravvivere: continuare a vivere, salvarsi. Il famoso scrittore Primo Levi era sopravvissuto ai lager del nazismo, ma l'autore di *Se questo è un uomo* ha portato con sé l'incubo dell'olocausto.

[15]l'eredità: successione, insegnamento. La signora Rossi ha ricevuto da suo nonno in eredità un ingente capitale che le permetterà di costruire una nuova casa.

[16]la stoffa: tessuto, panno. Non è facile comprare un vestito di ottima qualità a buon mercato perché la stoffa costa molto.

[17]il volto: viso, faccia. L'aereo è arrivato con cinque ore di ritardo e l'irritazione dei passeggeri è evidente sui loro volti.

[18]sottile: magro, di poco spessore. La pizza napoletana si distingue dalle altre per la sua crosta sottile.

[19]il cronista: giornalista, inviato. La partita di calcio è stata trasmessa senza commenti perché i cronisti sportivi sono in sciopero.

7.8 Domande sul testo

1. Chi era Gentile da Fabriano?
2. Come possiamo descrivere i personaggi che appaiono nelle immagini del pittore?
3. Che affinità c'è tra il suo nome e i personaggi?
4. Dove si trovano i suoi dipinti?
5. A quale movimento artistico apparteneva Gentile?
6. Come si potrebbe definire questa corrente artistica?
7. Che cosa sappiamo della sua vita?
8. Com'era la sua famiglia?
9. Cosa desiderava il padre per il figlio?
10. Dove ha iniziato a dipingere?
11. In quale città si è messo in luce?
12. Perché non è possibile mostrare l'*Adorazione dei Magi* in altre città?
13. In che senso potremmo affermare che nell'opera di Gentile da Fabriano si esprime una sorta di giornalismo?

 7.9 Domande personali

1. Che cosa ricorda il tuo nome?
2. Hai un movimento artistico preferito?
3. Ti sei mai opposto alla volontà dei tuoi genitori?
4. Com'è possibile fare del giornalismo attraverso l'arte?
5. In che senso l'espressione artistica è una testimonianza sociale?
6. È possibile esprimersi in ambito artistico senza toccare argomenti sociali?

7.10 Arte pura o arte applicata? In che senso l'arte è pura e in che senso l'arte è applicata? Con il tuo gruppo, scegli un'immagine artistica attraverso la quale il pittore esclude ogni affinità con le preoccupazioni sociali. In contrasto scegli un'opera con cui l'artista esprime un pensiero di natura sociale.

7.11 Presentazione in classe: l'opera lirica italiana. Scrivi una presentazione in classe sull'opera lirica italiana. Scegli uno dei seguenti compositori: Gaetano Donizetti, Pietro Mascagni, Amilcare Ponchielli, Giacomo Puccini, Giacomo Rossini o Giuseppe Verdi. Crea una sequenza d'immagini ed illustra alcuni aspetti dell'opera italiana.

Esercizio di scrittura creativa

7.12 Raccontiamo una storia attraverso l'arte. Spesso le arti visive raccontano la storia di un personaggio, di una vicenda storica, di un episodio umano o di avvenimenti mitologici. Con il tuo gruppo, indica un'opera italiana come, per esempio, una scultura o una pittura, e racconta una storia inerente al soggetto scelto.

Esempio: *Questa scena drammatica è opera dell'artista romana Artemisia Gentileschi e fu eseguita nel tardo Rinascimento, tra il 1615 e 1620. Senza mostrare alcuna tensione emotiva, Giuditta è intenta a decapitare Oloferne con la complicità di un'assistente, anche lei donna. Il generale Oloferne, invece, è colto mentre cerca invano di scuotersi dalle lenzuola che lo imbrogliano. Quest'opera è di un realismo alquanto traumatizzante, poiché descrive la scena in modo grafico e violento. Per l'osservatore che conosce l'episodio biblico di Giuditta, tale drammaticità appare giustificata. Giuditta, infatti, è l'eroina d'Israele che riuscì a liberare il popolo israeliano da un vero despota quale era il generale Oloferne.*

Giuditta che decapita Oloferne,
di Artemisia Gentileschi, 1615–20.
Artemisia Gentileschi, "Judith Decapitating Holofernes". 1615–20. Oil on canvas, 46 3/4 x 37 1/4 in. Pitti Palace, Florence.

Un dipinto della peste a Firenze tratto da un racconto de *Il Decamerone* di Boccaccio. Qui si nota chiaramente la sofferenza del popolo.

Boccaccio

Una domanda prima di ascoltare

Chi era Boccaccio?

7.13 Rispondere con **Vero** o **Falso** alle seguenti frasi. Se falso, correggi!

1. Boccaccio è considerato uno dei padri della lingua italiana.
2. Ha influenzato molti scrittori.
3. Nel suo lavoro sono descritti alcuni episodi della peste del 1348.
4. Durante la peste, ci sono stati morti solo in Italia.

Il ruolo della Chiesa nell'arte italiana

Una domanda prima di ascoltare

Quale ruolo ha avuto la Chiesa nella storia dell'arte?

7.14 Completare la frase con un vocabolo appropriato.

1. Lo sviluppo dell'arte italiana è _____ legato alla tradizione religiosa.

   a. intimamente   **b.** genericamente   **c.** lontanamente

2. Le opere di Giotto si possono ammirare ad Assisi come testimonianza di _____ delle arti visive.

   a. un edificio   **b.** un'accademia   **c.** un museo

3. La Chiesa tuttora _____ alcune delle maggiori opere dell'arte italiana.

   a. trascura   **b.** tralascia   **c.** tutela

4. La Chiesa ha svolto un ruolo _____ riguardo all'espansione dell'arte italiana.

   a. risolutivo   **b.** complementare   **c.** integrativo

La Vergine che adora il divino figlio di Fra Filippo Lippi in mostra alla Galleria degli Uffizi a Firenze.

🔊 Una visita al museo: la parola alla guida

Una domanda prima di ascoltare

Conosci alcune opere di Raffaello?

7.15 La radio sta trasmettendo un programma interessante su alcune collezioni della Galleria degli Uffizi. Nonostante l'annunciatore descriva dettagliatamente il valore di ciascun'opera, sono stati omessi i titoli di queste preziose pitture. Aggiungi un titolo adatto per ognuna delle seguenti descrizioni.

1. _____

2. _____

3. _____

Galeazzo Maria Sforza

Una domanda prima di ascoltare

Com'era l'uomo del Rinascimento?

Galeazzo Maria Sforza
di Piero del Pollaiolo

7.16 Completare la frase con un vocabolo appropriato.

1. Gli Sforza _____ la storia italiana del Rinascimento.

   a. caratterizzarono   **b.** scrissero   **c.** elaborarono

2. Ben lontano dal vivere una vita misurata, Galeazzo Maria Sforza evidenziò l'arte

   _____.

   a. del vivere come un parassita   **b.** della gioia di vivere

   c. del vivi e lascia vivere

3. Da questa immagine possiamo dedurre che l'uomo rinascimentale ha saputo mettere

   _____ nel curare il suo corpo e la sua apparenza.

   a. equilibrio   **b.** enfasi   **c.** moderazione

4. Da questa breve descrizione possiamo anche dedurre che le famiglie nobili di questa epoca

   mettevano in rilievo l'importanza di _____ la propria comunità.

   a. deturpare   **b.** sfigurare   **c.** abbellire

CAPITOLO 8

Anima beata

Anima beata di Gian
Lorenzo Bernini.

Il profilo di Elena, interpretato da
Antonio Canova, uno dei più illustri
scultori del Neoclassicismo italiano.
*Antonio Canova, Detail showing Profile
of "Head of Helen". Hermitage
Museum. © Mimmo Jodice/CORBIS*

Anima beata

In questi ultimi anni, il numero di turisti asiatici che visitano l'Italia
ha registrato un notevole incremento dovuto, in parte, all'onda di
benessere economico, ma anche al vivo interesse che la cultura
italiana suscita nei Paesi orientali. Yoshiko Yamamoto e Hiroshi
Tanaka sono giapponesi. Vivono a Tokio. Si sono appena sposati e
per la loro luna di miele hanno scelto Roma. Sono appassionati di
arte italiana. In particolare, sono attratti dall'opera di Bernini. In
questo momento sono all'Ambasciata di Spagna per ammirare
alcune statue del famoso scultore.

Hiroshi: Yoshiko, questo busto rappresenta la bellezza umana.
Questa bella ragazza sembra molto felice. Ha un
fascino che viene dall'interno, direi un'espressione che
accentua lo spirito.

Yoshiko: Infatti, l'*Anima beata* non ha bisogno di ornamenti. I
suoi occhi sono molto espressivi. Questa ragazza è
felice e sembra non essere complessata.

Hiroshi: Scegliere il bene o optare per il male, questo è il
dilemma. Bernini ha saputo illustrare il libero
arbitrio, ponendo l'uomo nella dicotomia tra il bene
e il male.

Yoshiko: Per un certo aspetto non posso fare a meno di notare delle affinità con la nostra arte, che ha avuto luogo subito dopo il periodo Edo; mi riferisco all'era Tokugawa, quando il Giappone chiuse le porte all'Occidente. Eravamo veramente limitati nelle nostre idee per mancanza di scambi culturali.

Hiroshi: Su questo sono d'accordo. Il contatto con le culture europee ha liberato quella creatività che prima non era possibile, perché il nostro Paese aveva bloccato ogni tipo di contatto con gli europei.

Yoshiko: Penso soprattutto ad Ukiyoe che ha lasciato una forte impronta sulla storia dell'arte e, a sua volta, ha ricevuto una particolare spinta dall'arte di altri Paesi.

Parliamo un po'

8.1 Domande sul testo

1. Di dove sono Yoshiko ed Hiroshi?
2. Da quanto tempo sono sposati?
3. Perché sono a Roma?
4. Di che cosa sono appassionati?
5. Qual è il loro artista preferito?
6. Secondo Tanaka, da dove deriva la bellezza del busto?
7. Perché l'*Anima beata* non ha bisogno di ornamenti?
8. Come sono gli occhi?
9. Qual è il dilemma?
10. Perché il popolo giapponese era chiuso nella sua espressione artistica?
11. Quale influenza ha avuto Ukiyoe?

8.2 Domande personali

1. Di che cosa sei appassionato/a?
2. Secondo te, da dove proviene la bellezza di un individuo?
3. Come adorni il tuo corpo?
4. Hai mai avuto un dilemma? Quale?
5. Cosa ti rende felice?
6. Cosa ti rende triste?
7. In che senso gli scambi culturali possono arricchire le idee?

8.3 Corrispondenza elettronica. Il tuo professore d'italiano sta organizzando uno scambio di e-mail con un gruppo di studenti italiani. Con il tuo gruppo, traccia un profilo degli studenti con cui vorresti comunicare via e-mail. Descrivi la persona ideale con cui vorresti parlare. Crea una scheda elencando le caratteristiche che tale persona dovrebbe avere.

	Le caratteristiche personali	Le qualità intellettuali	Le attività	La professione
Esempio:	È sportivo/a, socievole, estroverso/a, ecc.	È intelligente, colto/a, ecc.	Gioca a tennis, a calcio, ecc.	Studia economia e commercio, ecc.
	_____	_____	_____	_____
	_____	_____	_____	_____
	_____	_____	_____	_____
	_____	_____	_____	_____

Vocabolario utile

l'adolescenza, l'anoressia, l'atteggiamento consumistico, la bulimia, la chirurgia estetica,
la dieta, l'edonismo, eliminare le rughe, l'eterna giovinezza, le indossatrici magre,
il mercato della bellezza, le novità eccentriche, la pressione del gruppo, i prezzi elevati,
la pubblicità, le riviste di moda, lo stile, la taglia ideale, il vestito griffato

8.4   Dibattito: in che senso l'industria della moda controlla il concetto di bellezza? Si
parla spesso del marketing aggressivo che l'industria della moda utilizza per influenzare il
gusto nella moda, dove si mettono in mostra modelle dal peso ideale. Inoltre, l'industria dei
cosmetici adotta dei metodi altrettanto provocanti per creare un tipo di bellezza ideale, per
non parlare del cinema che sa riprodurre uno stile di vita dal quale veniamo tentati con una
certa frequenza. Insomma, siamo veramente autonomi nel decidere in che cosa consiste la
bellezza? Discutine i pro e i contro. Si raccomanda soprattutto di rispettare le opinioni degli
altri durante il dibattito.

Idee

1. La moda non è un prodotto spontaneo della società. Al contrario, la moda è un
   fenomeno d'élite controllato da pochi stilisti capaci di creare una richiesta febbrile dei
   loro prodotti da parte del pubblico.
2. L'individuo è libero di scegliere come vestire e non subisce la pressione del marketing
   gestito dalle case di moda.

La Cascata della Reggia di
Caserta, in Campania. Si notino
le statue di figure femminili
che si bagnano davanti alla
cascata nel parco reale.

LETTURA BREVE: **Una visita alla Reggia di Caserta**

Questa settimana la maestra Bellucci fa una gita a Caserta con i suoi studenti della
quinta elementare. La Reggia[1] di Caserta fu costruita nel 1750, per volontà del re
Carlo Borbone, dall'architetto Luigi Vanvitelli. Gli alunni sono molto svegli e sono
abituati a fare delle domande di alto livello.

---

[1]reggia: palazzo reale, castello. Il nuovo appartamento del mio amico non è certamente una reggia, ma
è qualcosa di grazioso.

Rosa, per esempio, una bambina di dieci anni, non concepisce[2] come una reggia maestosa[3] potesse venire usata come residenza solo dalla famiglia reale. La signora Bellucci spiega che in quell'epoca la nobiltà usava ospitare[4] non solo la parentela[5] e gli amici, ma anche altre famiglie aristocratiche provenienti da[6] ogni angolo d'Europa che si trattenevano per tre o quattro settimane. Quest'usanza ha le sue origini dalla corte del cosiddetto re Sole, Luigi XIV di Francia, al quale faceva comodo far risiedere l'intera nobiltà a Versailles, per evitare eventuali rivolte contro la monarchia.

A questo punto, Giacomo, un altro studente, raccontava che dopo aver consumato un pasto sontuoso, i reali passavano in un'altra stanza adibita a sala concerto, per ascoltare musica, probabilmente di Rossini o Mozart. La professoressa invita gli studenti a fornire[7] altre spiegazioni[8] e Anita afferma che i reali andavano a cavallo, a caccia[9] di lepri e, quando ritornavano alla reggia, discutevano di letteratura, di musica, d'idee e della vita in genere.

La maestra è soddisfatta dei suoi alunni perché dimostrano di aver studiato bene la lezione, prima della visita. Infine, la maestra chiede se gli studenti sanno dire a quale reggia europea si è ispirato l'architetto Vanvitelli. Lea, una ragazza molto preparata, risponde che l'architetto si è ispirato al palazzo di Versailles. Piero afferma che la nobiltà pensava solo a divertirsi, mentre la povera gente soffriva la fame. In effetti, i Borboni erano amanti non solo della vita mondana ma anche della natura, ne sono esempio i meravigliosi giardini che circondano la reggia.

Alla fine della gita, la maestra è contentissima dei suoi studenti e come premio[10] regala a tutti una piccola guida della Campania e dei suoi magnifici palazzi reali.

---

[2]non concepisce: non comprende, non capisce. Non concepisco perché dobbiamo continuare a distruggere le risorse naturali del nostro fragile pianeta.

[3]maestosa: grandiosa, imponente. Mi piacerebbe visitare a lungo la maestosa catena delle Alpi.

[4]ospitare: accogliere. Andremo in Italia e saremo ospitati dai nostri amici di Assisi.

[5]parentela: l'insieme dei componenti di una stessa famiglia. Credo che esista una parentela tra questo signore e il mio amico Ferdinando.

[6]provenienti da: arrivati da, venuti da. I miei antenati provengono dalla Calabria.

[7]fornire: dare, procurare. La buona cucina ci fornisce le sostanze per vivere bene.

[8]spiegazioni: illustrazioni, chiarimenti. Gli studenti di filosofia esigono spesso delle spiegazioni a cui non sempre è possibile dare delle risposte precise.

[9]a caccia: inseguire o uccidere animali. La nobiltà andava a caccia di mattina e al ritorno si preparavano dei ricchi pasti.

[10]premio: gratificazione, ricompensa. Ad ottobre assegnano il Premio Nobel per la letteratura.

8.5 Domande sul testo

1. Perché la famiglia reale aveva bisogno di grandi spazi per i ricevimenti?
2. Cosa fa la classe elementare?
3. Che cosa ha ispirato l'architetto Vanvitelli?
4. Come si possono descrivere gli studenti della signora Bellucci?
5. Per chi erano organizzate le feste della famiglia reale?
6. Quanto tempo duravano le feste?
7. Di solito, cosa facevano i reali dopo pranzo?
8. Secondo Piero, com'era l'atteggiamento della famiglia reale verso i poveri?
9. Perché è soddisfatta la maestra?

8.6   Domande personali

1. Hai mai fatto delle gite quando frequentavi le elementari?
2. Cosa hai fatto?
3. Cosa hai visto?
4. Hai mai avuto un maestro/una maestra che ha saputo stimolare le tue capacità intellettuali?
5. Hai mai organizzato una festa?
6. Qual è la difficoltà nell'ospitare molta gente durante una festa?

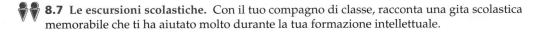 **8.7   Le escursioni scolastiche.** Con il tuo compagno di classe, racconta una gita scolastica memorabile che ti ha aiutato molto durante la tua formazione intellettuale.

Una sartoria.

UN PO' DI LETTURA AUTENTICA

In mostra le sorelle che vestivano le star

Roma celebra ai Musei Capitolini l'arte della sartoria[1] firmata sorelle Fontana: dall'abito da sposa di Linda Christian al "pretino"° della Ekberg per *La dolce vita*

°*dress*

di Eleonora Attolico

Terminate ormai le sfilate[2] del prêt à porter, novembre per il mondo della moda è il mese dedicato alle rievocazioni. Così la città di Roma inaugura due importanti mostre che non solo raccontano la moda ma la innalzano[3] a fenomeno di costume e di cultura.

La prima esposizione si apre l'8 novembre ai Musei Capitolini, nel Palazzo dei Conservatori e racconterà la storia delle sorelle Fontana, la seconda sarà allestita[4] dal 25 novembre a Villa Medici e s'intitolerà[5] "Un Secolo di Moda,

---

[1]la sartoria: laboratorio, atelier. Marino preferisce comprare i suoi vestiti da una sartoria specializzata in abiti su misura.

[2]la sfilata: parata, esibizione. Gli stilisti italiani hanno organizzato una sfilata di moda femminile.

[3]innalzare: levare in alto, glorificare. I tifosi di calcio innalzano le proprie bandiere per incitare i giocatori a vincere la partita.

[4]l'allestimento: preparazione, messa a punto di qualcosa. Per la visita del Papa, gli organizzatori hanno allestito le strade della città con fiori e bandierine multicolori.

[5]intitolarsi: chiamarsi, avere per titolo. Il nuovo film di Nani Moretti s'intitola *Il Caimano*.

Creazioni e Miti del XX Secolo" e presenterà ben 200 vestiti provenienti[6] dalla collezione privata di Enrico Quinto e Paolo Tinarelli, un archivio elaborato in dieci anni e composto da oltre 6000 pezzi.

Micol Fontana compie[7] novant'anni in questi giorni ed è lucida e attenta ai problemi della moda tanto da essere a capo di[8] una fondazione che assegna borse di studio agli stilisti[9] emergenti. Non tutti sanno, ad esempio, che le sorelle Fontana furono le prime ad internazionalizzare la grande sartoria italiana.

Nel 1949 furono loro, infatti, a realizzare l'abito[10] da sposa di Linda Christian che proprio quell'anno si sposò a Roma con Tyrone Power. Fece epoca[11] e si potrà vedere in mostra: in raso di seta° bianco con uno strascico° lunghissimo. Il ricamo° era realizzato su merletto° ed impreziosito° di perle.

°*satin silk / coda / lavoro eseguito con ago / tessuto ricamato / arricchito*

Le Fontana vestirono molte icone dell'eleganza come Soraya, Palma Bucarelli, Grace Kelly, Jacqueline Kennedy, Marella Agnelli. Tra gli altri abiti esposti ai Musei Capitolini, 34 "gioielli" da ammirare, si notano un vestito da sera bianco e rosa pallido in tulle pieghettato° che appartenne ad Audrey Hepburn (1953) e un corto nero di Elizabeth Taylor in doppio crepe di lana e seta.

°*pieghettato*

Anche chi non è un esperto di moda, riconoscerà poi il famoso "pretino" che colpì a tal punto la fantasia di Federico Fellini che lo fece indossare[12] ad Anita Ekberg ne *La dolce vita*. L'abito è del 1955 e fu in realtà realizzato per Ava Gardner ed è nero in lana-seta con i bottoncini rossi, lo completa il mitico cappello da Monsignore e la catena° a croce.

°*collana*

E se moda e cinema sono legati[13] a doppio filo, la mostra di Villa Medici si spinge° ancora più in là spiegando[14] la sua evoluzione nel XX secolo, come fenomeno internazionale di ampio respiro° dalla Francia, all'Italia, all'Inghilterra, agli Stati Uniti. Colpisce che la moda del Novecento vada di pari° passo con l'emancipazione femminile. Si parte dall'abbandono del busto ad opera di Paul Poiret e Mariano Fortuny, si passa ai vestitini disinibiti° delle Garçonne degli Anni Venti realizzate da Jean Patou. Gli anni Trenta sono soprattutto francesi (in Italia era il periodo della moda autarchica° voluta dal fascismo) con i successi di Coco Chanel e di Lanvin.

°*si muove*
°*respirazione*
°*uguale*

°*liberati*

°*indipendente*

Nel dopoguerra invece si respira la ritrovata° gioia di vivere e di ricominciare con gli abiti sfarzosi° di Christian Dior ed il suo "New Look". Gli anni Cinquanta, invece, sono proprio quelli sofisticati e romantici delle sorelle Fontana e di Schuberth. Tutto cambia poi con Emilio Pucci con i suoi stampati° straordinari che daranno il via[15] al prêt à porter. In mostra inoltre si trovano alcuni

°*riscoperta*
°*lussuosi*

°*riprodotti*

---

[6]proveniente: venuto, originario. Hanno appena annunciato che il treno proveniente da Milano ha un ritardo di due ore a causa del maltempo.

[7]compiere: raggiungere, realizzare. La sorella di Alfredo compie in questi giorni venticinque anni e la famiglia organizzerà una festa in suo onore.

[8]essere a capo di: gestire, comandare. Nonostante Ennio abbia solo trentadue anni è già a capo di una ditta internazionale di prodotti alimentari.

[9]lo stilista: creatore di moda, ideatore di moda. Gli stilisti più famosi sulla scena internazionale sono probabilmente Valentino, Armani, Ferragamo, Versace e Dolce & Gabbana.

[10]l'abito: vestito, abbigliamento. Tradizionalmente le spose indossano un abito con uno strascico molto lungo e con un velo di colore bianco o avorio.

[11]fare epoca: scrivere la storia. La FIAT 600 degli anni Cinquanta ha fatto epoca per milioni d'italiani perché ha dato l'opportunità alla gente di comprare una macchina economica.

[12]indossare: vestire, portare. Lo sposo indossa un abito nero con il fiore all'occhiello.

[13]legato: connesso, attaccato. Anticamente si mandavano i messaggi in un biglietto legato alla zampa di una colomba.

[14]spiegare: rendere comprensibile, illustrare. Il professore spiega la lezione utilizzando PowerPoint.

[15]dare il via: iniziare, cominciare. Ieri hanno dato il via al Giro d'Italia che, come sappiamo, è una corsa ciclistica molto seguita dagli appassionati della bicicletta.

esempi di moda spaziale di Pierre Cardin e di André Courrèges e fa riflettere il fatto che proprio quei vestiti trapezoidali sono tornati alla ribalta in questa stagione.

Inutile aggiungere[16] che si troveranno diversi esempi delle minigonne di Mary Quant. In quanto agli anni Settanta portano la firma[17] di Yves Saint Laurent, il primo a proporre[18] la donna androgina con i suoi tailleur-pantaloni adorati da Catherine Déneuve mentre Valentino accentua la femminilità della donna fino a renderla[19] un oggetto di seduzione irresistibile. Gli Ottanta sono di Giorgio Armani e della sua donna in carriera essenziale e sobria mentre, in quello stesso periodo, si affermano Thierry Mugler, Claude Montana, Emanuel Ungaro e Vivienne Westwood.

La mostra si chiude infine con la ricerca tecnologica e le creazioni di Yamamoto, Helmut Lang, Prada in contrasto con le provocazioni di Gianni Versace e John Galliano.

L'allestimento, curato da Guido Ciompi, propone un intreccio[20] di video, musiche, fotografie e proiezioni che faranno rivivere gli abiti come fossero performance artistiche.

---

[16]aggiungere: dire, allegare. Il presidente ha detto che vuole migliorare la qualità dell'aria ed ha aggiunto che fra dieci anni avremo macchine alimentate da energia solare.

[17]la firma: marca, nome. I vestiti con la firma di uno stilista costano molto.

[18]proporre: lanciare l'idea, suggerire. Il presidente vuole proporre nuove misure per stimolare la crescita economica del Paese.

[19]rendere: rappresentare, trasformare. Comunemente si pensa che la tecnologia renda la vita meno complicata, ma in realtà la nostra esistenza sta diventando sempre più complessa.

[20]l'intreccio: racconto, trama. Le città italiane sono spesso caratterizzate da un intreccio straordinario di preziosi elementi architettonici che spaziano dall'antichità alla modernità.

 8.8 Domande sul testo

1. Perché le due mostre romane sono particolarmente importanti?
2. Qual è il tema della seconda mostra?
3. Che cosa hanno in comune le sorelle Fontana?
4. Di che cosa si occupa oggi Micol Fontana?
5. Perché è una donna straordinaria?
6. Come fu realizzato l'abito da sposa di Linda Christian?
7. Qual è il merito delle sorelle Fontana?
8. Come potremmo definire i clienti delle sorelle Fontana?
9. Fino a che punto Fellini fu colpito dal "pretino"?
10. Come si dimostra l'emancipazione della donna attraverso la moda femminile del Novecento?
11. Quale atteggiamento hanno adottato gli stilisti nel dopoguerra?
12. Qual è la differenza essenziale tra Yves Saint Laurent e Valentino?
13. Come potremmo definire l'allestimento di Guido Ciompi?

8.9 Domande personali

1. Quando hai assistito a una sfilata di moda?
2. In che modo le mostre di abbigliamento ci aiutano a capire i cambiamenti culturali?
3. Come gli stilisti influenzano i nostri gusti?
4. Perché la nostra civiltà dipende troppo dalle creazioni stilistiche?
5. Come si può avere uno stile personale non dettato dagli stilisti?

8.10 Una sfilata di moda attraverso gli anni. Con il tuo gruppo, scegli un decennio del Novecento, come per esempio gli anni Venti, e scrivi un tema sugli abiti. Descrivi dettagliatamente gli abiti e le ragioni per cui andavano di moda certi vestiti.

8.11 Presentazione in classe: uno scambio culturale. Dopo l'11 settembre 2001 il numero di scambi culturali fra diversi Paesi è diminuito paurosamente. A prescindere dalle misure di sicurezza che sono state prese per regolare il traffico degli stranieri, un Paese ha il diritto morale di interagire con differenti culture. Discuti come imposteresti uno scambio culturale con la tua università ed illustra i benefici di una tale iniziativa.

Esercizio di scrittura creativa

8.12 Come stavano le cose nell'anno in cui siamo nati? Con il tuo gruppo, utilizzando la forma corretta del **trapassato prossimo**, indica gli avvenimenti importanti che hanno avuto luogo nell'anno in cui sono nati i componenti del tuo gruppo.

> **ESEMPIO:**   Se l'anno è il 1992, potremmo dire che:
> *Nel 1992, Bill Clinton **aveva già sconfitto** George H. Bush.*
> *Il Papa Giovanni Paolo II si **era già rammaricato** per l'Inquisizione contro Galileo Galilei.*
> *Lo scrittore americano Isaac Asimov **era già morto**.*

1. _____
2. _____
3. _____
4. _____
5. _____
6. _____
7. _____
8. _____
9. _____
10. _____

8.13 Come cambieranno le abitudini nel futuro? Con il tuo gruppo, utilizzando la forma corretta del **futuro anteriore**, indica come cambieranno le nostre abitudini.

> **ESEMPIO:**   Dopo che molti giovani **avranno utilizzato** i videogiochi con frequenza, non potranno più leggere libri.
> Dopo che le abitazioni **saranno state computerizzate**, non avremo più bisogno di usare le chiavi.
> Dopo che noi **avremo esaurito** le nostre risorse naturali, non saremo più in grado di occupare il pianeta.

🔊 Bernini

Una domanda prima di ascoltare

Chi era Bernini?

8.14 Completare la frase con il vocabolo appropriato.

1. La genialità di Bernini sta nella sua attività artistica piuttosto _____.
   a. molteplice   **b.** specializzata   **c.** inflessibile

2. Lavorare il marmo per Bernini era come lavorare del materiale _____.
   a. duro   **b.** morbido   **c.** resistente

3. Bernini ha saputo dare alle sue sculture _____ per far sì che esprimessero qualcosa di spirituale.

   a. un corpo   **b.** una materia   **c.** un'anima

4. La difficoltà degli scultori delle generazioni succedute a Michelangelo era particolarmente

   _____.

   a. comprensibile   **b.** semplice   **c.** ardua

🔊 Una fontana di Bernini

Una domanda prima di ascoltare

In che cosa consiste la grandiosità di questa piazza?

8.15   Rispondere con **Vero** o **Falso** alle seguenti frasi. Se falso, correggi!

1. Piazza San Pietro esprime un concetto politico.
2. La fontana crea un effetto lineare.
3. Bernini non ha ritenuto necessario intervenire per non rovinare l'armonia della piazza.
4. La piazza e le fontane si contrastano per creare un effetto più piacevole.

Una vista del colonnato di Bernini in Piazza San Pietro.

🔊 Una visita al museo: la parola alla guida

Una domanda prima di ascoltare

Che impressione hai sull'arte del Bernini e del barocco?

8.16   Stai ascoltando una guida che spiega alcune opere di Gian Lorenzo Bernini. Pur menzionando dettagliatamente il valore di ogni opera, la guida ne ha omesso i titoli. Indica un titolo appropriato per ognuna delle seguenti descrizioni.

1. _____

2. _____

3. _____

Un'immagine parziale del famoso colonnato barocco di Bernini in Piazza San Pietro. Si notino le statue in cima a ogni colonna. Piazza San Pietro è forse l'opera architettonica più rappresentativa del barocco d'Italia.

Gli allievi del Bernini

Una domanda prima di ascoltare

Quale contributo hanno dato gli allievi di Bernini?

8.17   Scegliere una risposta appropriata.

1. I 140 santi situati lungo la balaustra sono stati scolpiti _____ di Bernini.

   a. dai discepoli   **b.** dai maestri   **c.** dagli insegnanti

2. Lo stile barocco esprime un concetto architettonico alquanto _____.

   a. sobrio   **b.** pomposo   **c.** contenuto

3. Il Papa celebra la Santa Messa ogni domenica _____ della sua stanza.

   a. dalla finestra   **b.** dal balcone   **c.** dalla cappella

4. Le statue allineate sulla sommità di ogni colonna sono più _____.

   a. basse   **b.** alte   **c.** minuscole

CAPITOLO 9

Il famoso *Discobolo*

Una copia romana del Discobolo di Mirone.
"Discus Thrower," Roman copy of a Greek bronze by Myron, c. 460–450 B.C. Marble, life-size. Museo delle Terme, Rome. Ministero per i Beni e le Attività Culturali— Soprintendenza Archeologica di Roma.

Il famoso Discobolo

Il famoso *Discobolo* dello scultore greco Mirone, risalente al 460–450 a.C. Questa riproduzione romana ritrae l'atleta mentre sta per lanciare il disco. Si noti lo sforzo fisico prima che esploda la potenza dell'atleta. Si notino anche i muscoli tesi, immaginiamo anche la distanza a cui potrebbe essere lanciato il disco.

Guida turistica: Buongiorno! Sono Teresa Olivieri. Sono la vostra guida. Questa mattina vorrei parlare un po' dell'importanza dell'atleta nell'antica Roma. Di solito si parla dei Romani come guerrieri nel contesto dell'espansione territoriale romana. Sì, è vero che i Romani volevano conquistare il mondo, però bisogna anche tener conto che ci tenevano molto a mantenere un perfetto equilibrio tra la vita giornaliera e il benessere del loro corpo, "mens sana in corpore sano." Come i Romani, anche noi cerchiamo di tenere in esercizio il corpo perché abbiamo capito il rapporto che c'è tra la longevità e l'attività fisica. Se osserviamo bene quest'atleta, capiamo subito che era un giovane non solo in ottime condizioni fisiche ma che era anche attento al suo aspetto. Prima di continuare, vorrei invitarvi a fare delle domande.

Turista: Ho due domande. Quanti anni potrebbe avere quest'atleta e perché ha un'aria triste?

Guida: Avrà avuto una ventina d'anni, ventuno, ventidue massimo. Non ha proprio un'aria triste. Siamo molto lontani dalla scultura di Michelangelo in cui l'artista cerca di dare non solo la forma ma anche l'elemento psicologico del personaggio. In questo caso, l'artista ha voluto immortalare la potenza fisica del giovane. Altre domande?

Turista: Ho sentito dire che anche i Romani facevano uso di sostanze chimiche per migliorare la loro forza fisica. È vero?

Guida: Assolutamente, no! Dalle mie ricerche non mi risulta. Probabilmente si tratterrà di qualche aneddoto infondato. I Romani curavano il proprio corpo attraverso esercizi atletici e sport. Tutto questo è confermato dalle strutture atletiche che abbiamo ereditato dai Romani.

Parliamo un po'

9.1 Domande sul testo

1. Di solito, che cosa dicono dei Romani?
2. A cosa tenevano molto i Romani?
3. In che cosa consiste l'equilibrio, secondo i Romani?
4. In che cosa sono come noi?
5. Com'era il giovane?
6. Quanti anni poteva avere?
7. Che aria ha l'atleta?
8. Cosa illustrava Michelangelo?
9. Che cosa vuole raffigurare l'opera di Mirone?

9.2 Domande personali

1. Cosa fai per mantenere la linea?
2. Cosa fai per mantenere un equilibrio fisico-mentale?
3. Quando hai un'aria triste?
4. A che cosa ci tieni molto?
5. A che cosa non tieni?
6. Qual è stato un momento decisivo della tua vita?

9.3 Sano di mente e forte fisicamente. Con il tuo compagno/a di classe, prepara un programma ideale per mantenere un equilibrio tra fisico e mente. Segui il modello.

	Cosa mangiare	Le attività fisiche	Le attività intellettuali
ESEMPIO:	La frutta fresca	Camminare	Leggere un libro
	_____	_____	_____
	_____	_____	_____
	_____	_____	_____
	_____	_____	_____
	_____	_____	_____
	_____	_____	_____
	_____	_____	_____
	_____	_____	_____

LETTURA BREVE: **Giuditta sconfigge Oloferne**

In una delle sale della Galleria degli Uffizi è esposta una bellissima immagine del famoso personaggio biblico di Giuditta. Si tratta di un'opera di Sandro Botticelli, uno dei maggiori esponenti[1] della pittura rinascimentale italiana. Questo dipinto è uno dei pochi esemplari in cui la donna è messa in rilievo[2] non tanto per la sua bellezza fisica quanto per la sua inimitabile[3] impresa[4] di coraggio e di convinzione. Nel quadro, infatti, notiamo Giuditta in primo piano con un atteggiamento[5] bellico[6]. Indossa un vestito elegante blu e impugna una spada. Porta i capelli lunghi e sulla testa ha una piccola corona. In secondo piano, Giuditta è seguita da una damigella[7] che porta una testa su un portavivande[8]. È la testa di Oloferne, un terribile tiranno che per lungo tempo ha oppresso il popolo ebraico. Soltanto Giuditta è riuscita a sconfiggere con astuzia[9] questo tiranno. Giuditta è un simbolo di resistenza.

Nel periodo rinascimentale, vi era l'usanza di fare riferimento[10] alla cultura classica greco-romana. Gli intellettuali del tempo, gli umanisti, studiavano i classici principalmente perché queste civiltà del passato rappresentavano un'enorme fonte d'ispirazione. Oltre ai classici, però, studiavano anche le Sacre Scritture per verificare l'autenticità dei documenti e per leggere direttamente i testi biblici.

Per Botticelli, il personaggio di Giuditta è una figura universale perché incarna[11] il coraggio e la convinzione morale. Giuditta è l'eroina di tutti i tempi, come Giovanna d'Arco, e tante altre donne che hanno saputo affermare i propri ideali. Sandro Botticelli, che visse in un periodo in cui la donna era messa in secondo piano, ha avuto il coraggio di renderla protagonista delle sue opere come eroina di tutte le epoche, in contrasto con i valori di allora e trasformando così il concetto di eroe. Questo è in contrasto con i gusti dell'epoca quando questo ruolo veniva associato soltanto alle figure maschili. Botticelli ha trasformato il concetto dell'eroe.

Giuditta con la testa di Oloferne in una raffigurazione di Artemisia Gentileschi (1593–1652/53).
Artemisia Gentileschi, Italian, (1593–1652/53). Judith and Maidservant with the Head of Holofernes, c. 1625, Oil on canvas, 6'1/2" x 55 3/4" (184.15 cm x 141.61 cm). Detroit Institute of Arts, Detroit, Michigan. Gift of Mr. Leslie H. Green/The Bridgeman Art Library, NY

---

[1]esponente: membro, rappresentante. Giuseppe Verdi è un esponente della musica operistica italiana.

[2]messa in rilievo: sottolineata. La modella mette in rilievo il lavoro di uno stilista.

[3]inimitabile: incomparabile, ineguagliabile. Il lavoro di Madre Teresa è ineguagliabile per l'enorme influenza che esercitò nel mondo.

[4]impresa: azione, lavoro. Il viaggio di Cristoforo Colombo rappresenta un'impresa eccezionale per il suo spirito esplorativo.

[5]atteggiamento: modo di porsi, comportamento. Questi studenti sono bravi perché hanno un atteggiamento positivo.

[6]bellico: guerresco, militarizzato. Un confronto bellico comporta spesso delle conseguenze negative.

[7]damigella: ragazza. Le spose sono spesso accompagnate dalle damigelle d'onore.

[8]portavivande: un piatto grande. La mamma di Sandro serve il pranzo domenicale in un portavivande decorato in argento.

[9]astuzia: furbizia, ingegnosità. La volpe è un animale che spesso viene associato con l'astuzia a causa della sua abilità nello sfamarsi a spese di altri animali.

[10]fare un riferimento: alludere, rivolgersi. Il mio professore d'italiano fa spesso riferimento al Rinascimento, descrivendone i meriti storici.

[11]incarna: rappresenta, simboleggia. Nelle favole di Esopo, il leone incarna la potenza dell'uomo.

9.4 Rispondere alle seguenti frasi con **Vero** o **Falso**. Se falso, correggi!

1. Giuditta ha paura di affrontare il pericolo.
2. È una delle donne più eroiche di tutti i tempi.
3. È un personaggio tirannico.
4. Oloferne era un personaggio generoso.
5. Botticelli mette la donna in secondo piano.
6. Gli umanisti facevano riferimento ai moderni.
7. Gli umanisti studiavano la Bibbia per verificare l'originalità del documento.

9.5 Domande personali

1. Come porti i capelli?
2. Chi prende le decisioni in famiglia?
3. C'è discriminazione nei confronti della donna?
4. In che parte del mondo la donna occupa una posizione secondaria?

9.6 Con il tuo gruppo, prepara una scheda delle donne eroiche attraverso la storia. Accanto ad ogni personaggio, elenca le sue qualità.

Il nome del personaggio	Cosa ha fatto	Le caratteristiche
ESEMPIO: Giuditta	Ha ucciso Oloferne.	Era bella e intelligente.
_____	_____	_____
_____	_____	_____
_____	_____	_____
_____	_____	_____
_____	_____	_____
_____	_____	_____

Una moneta romana d'oro coniata intorno all'anno 100 d.C. che ritrae l'imperatore Traiano. A Traiano si deve il merito di aver realizzato uno dei più grandi progetti urbanistici della città di Roma, il Foro e il Mercato, ancora oggi testimonianze di un passato glorioso.
Dagli Orti/Picture Desk, Inc./Kobal Collection

UN PO' DI LETTURA AUTENTICA

L'America restituisce i tesori trafugati.
I capolavori? A volte tornano.

di Fabio Isman

La colossale Testa di Traiano, in marmo bianco, alta oltre mezzo metro è stata trafugata[1] nel gennaio 1998 dai depositi dei Musei Capitolini a Roma. La casa[2] di vendite all'asta Christie's l'aveva messa in vendita a New York, con offerte a partire da 250 mila dollari, ma ormai sta per tornare in Italia. Il celebre bronzo di "Lisippo" e la "Venere Morgantina" in marmo, già in mostra al Getty Museum di Malibù, hanno avuto la stessa fortuna. Nel giorno in cui ritornano a Roma tre preziosi oggetti illegalmente usciti dal nostro Paese, due dei quali il Getty ha deciso sua sponte[3] di restituire, gli investigatori fanno sapere che di quei due capolavori "abbiamo ormai assemblato un ricco dossier°, con le prove definitive, e complete, della loro appartenenza[4] al patrimonio italiano; e della loro fuoriuscita° clandestina dai nostri confini". Il celebre "cratere di Eufonio" che il Metropolitan di New York include tra i propri tesori dal 1972, invece, è stato scavato di nascosto a Cerveteri. "Il direttore del Metropolitan, Philippe de Montebello, sarà a Roma proprio per parlare di questa e di altre opere: se i colloqui[5] tecnici che avrà, segneranno significativi progressi, sarò lieto di discutere con lui il futuro di questo ed altri capolavori", spiega il ministro dei Beni culturali, Rocco Buttiglione.

   Ministro, quale futuro, se si tratta di opere sottratte[6] in modo illegittimo al nostro Paese? "Appunto: se verrà riconosciuto il diritto di proprietà che ci appartiene siamo disponibili a concederle[7] in prestito[8] per un lungo periodo; perfino superiore ai quattro anni finora previsti[9] dalla legge. Magari un decennio o più, anche con una riforma delle norme in vigore. Ma, sia chiaro, noi non rinunceremo mai all'affermazione dei nostri diritti sulla proprietà: anzi, vogliamo che siano riconosciuti. Ai musei americani che accetteranno questo, presteremo opere, anche importanti, da mettere in mostra; chi invece non accoglierà[10] quest'offerta, otterrà, da noi, soltanto un atteggiamento durissimo, perfino in senso giudiziario. Il nostro non è un Paese aperto al saccheggio[11]. E che anche

°file
°escape

---

[1]trafugato: rubato, portato via di nascosto. Durante la seconda guerra mondiale molte opere d'arte sono state trafugate dai nazisti.

[2]la casa: ditta, compagnia dove si effettuano vendite pubbliche. La casa Christie's è forse una delle ditte più famose che si occupa di vendite all'asta.

[3]sua sponte: (espressione dal latino) di volontà propria, senza alcun obbligo.

[4]l'appartenenza: proprietà, bene. La lingua italiana come il francese, il portoghese, il rumeno e lo spagnolo sono classificate come lingue neolatine perché hanno una comune appartenenza linguistica.

[5]il colloquio: conferenza, conversazione. Gli studenti partecipano ad un colloquio sulla poesia di Giacomo Leopardi.

[6]sottratto: rubato, rapito. I rapinatori sono entrati in un bar ed hanno sottratto tutto il contante dalla cassa.

[7]concedere: permettere, dare. Il professore ha concesso dieci minuti di pausa per dare agio agli studenti di rinfrescarsi.

[8]il prestito: credito, mutuo. Gli sposi hanno ricevuto un prestito dalla banca per comprare una nuova casa.

[9]previsto: visto in anticipo, intuito. Come previsto dal maltempo, l'aereo porta due ore di ritardo.

[10]accogliere: accettare, approvare. Gli studenti hanno accolto con entusiasmo la lezione del professore.

[11]il saccheggio: distruzione, devastazione. Il famoso saccheggio di Roma del 1527 colpì gravemente la popolazione.

negli Stati Uniti ci sia una nuova consapevolezza[12] di questo problema, lo dimostra un fatto: proprio di recente, quel Paese si è dato una struttura incaricata[13] di reprimere i traffici illeciti di opere d'arte e di reperti[14] archeologici".

È il giorno in cui "Europa torna in Italia": tra le tre opere restituite[15] dal Getty quasi alla vigilia del processo a Roma (il 16 novembre) contro Marion True, l'ex curator del museo accusata d'aver comperato almeno 42 pezzi romani etruschi scavati° illegalmente, c'è anche un capolavoro del pittore Asteas: un vaso apulo alto più di 70 centimetri e del diametro di 60, che risale circa al 340 a.C., e tramanda° "una delle prime raffigurazioni di Europa: a cavallo di un Toro, che è Giove", dice ancora il ministro. E nel giorno in cui Europa ritorna, di novità sui traffici clandestini, di cui l'Italia è purtroppo tra le vittime maggiori, ce n'è a non finire. Un collezionista californiano cercava di vendere due tele di Andrea Appiani (1754–1817): a un'asta, ancora da Christie's, per almeno un centinaio di migliaia d'euro; però, erano state rubate dal Castello di Brancaccio, San Gregorio di Cassola, in provincia di Roma, e ora hanno già iniziato il viaggio di ritorno. Perché "ad industriarsi negli scavi clandestini o nei traffici d'arte illeciti, non sono semplici "spalatori", bensì delle autentiche organizzazioni della criminalità specializzata; e i traffici alimentano[16] spesso anche il terrorismo", continua ancora Buttiglione.

°excavated

°hands down

Molti sono i musei americani sotto accusa; e con alcuni, i colloqui per un'eventuale restituzione sono appena agli inizi. Ieri, è tornata anche un'epigrafe marmorea di mezzo metro, asportata° negli anni 50 da Selinunte; e in aggiunta, un candelabro, da Vulci, rubato nel 1986 dalla collezione del marchese Giorgio Guglielmi; "ma al Getty", aggiunge uno degli investigatori, "c'è ancora ben altro". Per alcuni degli oggetti trafugati, i carabinieri hanno individuato anche il solito Giacomo Medici, l'ex gallerista romano condannato a dieci anni di reclusione°.

°taken away

°prigionia

Per i mercanti clandestini d'arte che depredano[17] l'Italia, i tempi diventano più grami°; un itinerario comprovato di loro traffici, porta negli Usa, dopo passaggi in Inghilterra e in Svizzera; "Paese che adesso ha aderito[18] alla convenzione stipulata dall'Unesco nel 1970", spiega Zottin. Ma qualcuno valuta che, sparsi[19] nei musei, scavati clandestinamente ed esportati in tempi recenti dal nostro Paese, i reperti archeologici siano forse tre migliaia. "Queste restituzioni spontanee ci fanno piacere", dice il Ministro; "ma non sono che un primo passo", aggiunge il generale. "E, soprattutto, il vecchio sistema non funziona più: siamo intransigenti[20], e lo saremo ancora di più, nella difesa dei nostri diritti di proprietà", conclude Buttiglione.

°difficili

---

[12]la consapevolezza: presa di coscienza, cognizione. Grazie alle grandi iniziative contro il fumo, c'è la consapevolezza tra i giovani che il tabacco nuoce gravemente alla salute.

[13]incaricato: delegato, avere il compito di. Gli studenti sono incaricati di recarsi in laboratorio per completare gli esercizi uditivi.

[14]il reperto: scoperta, ritrovamento. Qualche volta accade, nel mondo affascinante dell'archeologia, che la scoperta di un reperto antico avvenga in maniera fortuita.

[15]restituire: dare, contraccambiare. Mio fratello ha dimenticato di restituire i libri in biblioteca e adesso dovrà pagare una multa pesante.

[16]alimentare: promuovere, incrementare. Si dice che l'ignoranza alimenta la paura.

[17]depredare: saccheggiare, rubare. Gli esperti di ecologia ci aiutano a capire che non possiamo continuare a depredare la natura.

[18]aderire: partecipare, accettare. È giusto che un arbitro punisca un giocatore quando non aderisce alle regole del gioco.

[19]sparso: disperso, sparpagliato. Quando studio per un esame i miei libri sono sparsi per tutta la casa.

[20]intransigente: intollerante, duro. Mio padre ha le sue idee sulla politica italiana e a volte può sembrare molto intransigente.

9.7 Domande sul testo

1. Perché è colossale la testa di Traiano?
2. Quale prezzo aveva fissato la casa d'aste Christie's per quest'opera?
3. Cosa può dimostrare il governo italiano nella causa giudiziaria riguardante queste opere?
4. Cosa ha spinto il museo Getty a restituire queste opere?
5. Come hanno scoperto il vaso di Eufronio?
6. Di che cosa parleranno il direttore del Museo Metropolitan e il ministro dei beni culturali?
7. Quali sono le condizioni di prestito che il ministro impone ai musei?
8. Che tipo di iniziativa ha messo in atto il governo americano per impedire che i criminali saccheggino l'arte italiana?
9. Di che cosa è accusata Marion True?
10. Che cosa voleva fare un collezionista americano?
11. Esiste una correlazione tra criminalità specializzata e terrorismo?
12. Cosa c'entra Giorgio Guglielmi in questa faccenda?
13. In che senso l'atteggiamento del ministro sarà intransigente?

9.8 Domande personali

1. Hai mai partecipato ad una vendita all'asta?
2. Quali sono i meriti delle aste?
3. Quali sono gli svantaggi?
4. È possibile fare delle scoperte archeologiche fortuite?
5. Qual è la responsabilità di una casa d'asta nei confronti delle opere d'arte rubate?

 9.9 Una vendita all'asta. Con il tuo gruppo prepara una vendita all'asta. Scegli un oggetto e descrivilo dettagliatamente, menzionando la sua origine, la storia, gli aspetti interessanti e il valore che tale cosa potrebbe avere. Per rendere la vendita ancora più autentica, si consiglia ai gruppi di preparare delle banconote in euro per permettere agli interessati di pagare la somma richiesta.

Vocabolario utile

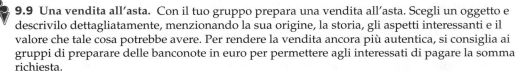

l'accordo, la causa legale, la collaborazione, la documentazione, la giustizia, i fondi finanziari, i gioielli, le medaglie, morale, la mostra, l'orgoglio nazionale, il patrimonio artistico, il prestigio, il recupero, i reperti archeologici, il restauro, la restituzione, il rifiuto, rispettare, rubare, lo scantinato, sottrarre, il traffico illegale, trafugato, i vasi

 9.10 Dibattito: a chi appartengono le opere d'arte? Nei musei americani esistono molte opere trafugate che vanno dal periodo etrusco (circa mille anni a.C.) fino all'epoca dell'Illuminismo (il Settecento). I grandi magnati americani come, ad esempio, Andrew Carnegie, John D. Rockefeller, Andrew Mellon e Paul Getty, tanto per menzionare i più famosi, contribuirono a creare l'immagine del museo come fonte di istruzione e di conservazione dell'arte mondiale, grazie ai loro contributi che servirono ad opere di restauro. Attualmente il governo italiano è entrato in trattative con le autorità americane per far sì che l'America restituisca i lavori d'arte all'Italia. Secondo te, che diritti ha il governo italiano di reclamare dopo tutti questi anni le opere d'arte trafugate? L'Italia ha ragione o torto? Discuti i pro e i contro dell'argomento. Si raccomanda soprattutto di rispettare le opinioni degli altri durante il dibattito.

Idee

1. Alcuni critici sostengono che in Italia ci sono centinaia e centinaia di opere d'arte abbandonate negli scantinati dei musei perché il governo non ha i mezzi per custodirle. Secondo questa tesi, allora, una volta che queste opere d'arte rientreranno in Italia, dove andranno a finire?
2. I custodi dell'arte italiana negli Stati Uniti sostengono, invece, che non solo hanno diritto ad esporre tali opere, considerate patrimonio universale, ma che, al contrario dei colleghi europei, riescono a fare un lavoro di restauro migliore.

9.11 Presentazione in classe: la donna eroica. Scrivi una presentazione sulle eroine della storia. Scegli uno dei personaggi femminili che hai elencato nell'attività 9.6 e prepara un commento in classe. Crea una sequenza d'immagini di personaggi che hanno contribuito allo sviluppo della civiltà.

Esercizio di scrittura creativa

9.12 Componimento: facciamo degli scavi archeologici. Scrivi un tema sulla tua partecipazione ad una spedizione archeologica. La tua università ha organizzato una spedizione archeologica in Sicilia, precisamente a Morgantina, dove sono in corso degli scavi sull'arte greca. Racconta la tua esperienza, dall'inizio del viaggio fino al ritorno nel tuo Paese. Menziona le attività giornaliere, il lavoro negli scavi, gli oggetti che hai trovato, gli amici che hai incontrato e ciò che hai imparato.

Annunci

9.13 Ascoltare i seguenti annunci e assegnare ad ogni dichiarazione un'immagine appropriata.

1.

2.

3.

Dagli Orti/Picture Desk, Inc./Kobal Collection

Una raffigurazione di Cesare Augusto in un gesto di comando. Notiamo che indossa una corazza ed un mantello intorno alla vita. C'e' anche un Cupido, simbolo di potere, in miniatura che lo guarda verso l'alto.

🔊 Una visita al museo: parola alla guida

9.14 Scegliere una risposta appropriata.

1. La moglie del generale fece _____ una statua per dedicarla a suo marito.

    a. obbligare   **b.** commissionare   **c.** deputare

2. Alla guida piacerebbe l'idea di essere _____.

    a. disprezzata   **b.** deificata   **c.** demonizzata

3. Il generale appare in posa _____.

    a. insignificante   **b.** autorevole   **c.** screditata

4. Il generale appare in divisa _____.

    a. militare   **b.** civile   **c.** borghese

🔊 *Il Torso del Belvedere*

Una domanda prima di ascoltare

Che ruolo ha avuto *il Torso del Belvedere* nell'arte rinascimentale?

9.15 Rispondere con **Vero** o **Falso** alle seguenti frasi. Se falso, correggi!

1. Il *Torso del Belvedere* è stato trovato recentemente.
2. Michelangelo era uno studioso della scultura antica.
3. Questa statua è un buon esempio di vivacità e dinamismo.
4. Gli umanisti italiani non viaggiavano.

INTRODUZIONE ALLA LETTERATURA ITALIANA

Memorie della mia vita
di Giorgio de Chirico (Volos, 10 luglio 1888 – Roma, 20 novembre 1978)

L'AUTORE Nato in Grecia, nel 1888, da genitori italiani, Giorgio de Chirico è il fondatore della cosiddetta scuola metafisica ed è conosciuto come uno dei pittori più importanti del Ventesimo secolo nell'ambiente dell'arte pre-surrealista. Grande studioso di filosofia moderna, de Chirico sembra aver assimilato eloquentemente il tema dell'alienazione e l'impossibilità di dialogo tra gli esseri viventi. Le sue opere, infatti, come, ad esempio, *La nostalgia dell'infinito*, raffigurano un senso profondo del malessere, dove le città appaiono disabitate, quasi fossero diventate dei dinosauri in estinzione.

AUTOBIOGRAFIA Nelle sue memorie, de Chirico non solo ripercorre le tappe della sua vita, narrando con incisiva chiarezza i momenti più significativi dei suoi scambi giornalieri con i familiari e con le persone che lo circondano professionalmente, ma, allo stesso tempo, il racconto lascia filtrare dei punti salienti inerenti alla formazione artistica del grande pittore.

LETTURA Il più lontano ricordo che io abbia della mia vita è il ricordo di una camera grande e alta di soffitto. Era di sera, in quella camera buia e triste; le lampade a petrolio stavano accese, e coperte dal paralume. Ricordo mia madre seduta in una poltrona; in un'altra parte stava seduta una mia sorellina, che morì poco tempo dopo; era una ragazzina di sei o sette anni; di quattro anni circa maggiore di me. Io stavo tenendo in mano due piccolissimi dischetti di metallo dorato, forati° nel centro e che   °*bucati* erano caduti da una specie di fazzoletto orientale che mia madre portava in testa e che era ornato tutt'intorno con quei dischettini lucenti. Guardando i due minuscoli dischi credo che pensassi ai timpani°, ai piatti, a qualcosa che avrebbe dovuto dare un suono,   °*strumento a percussione* a qualcosa con cui si gioca suonando o si suona giocando; ma la gioia che provavo a tenerli tra le mie piccole dita inesperte, come le dita dei pittori primitivi, e quelle dei pittori moderni, era legata certamente a quel profondo sentimento di perfezione che mi ha sempre guidato nel mio lavoro d'artista. Quei dischetti perfettamente uguali, perfettamente combacianti° e lucenti, con quel foro perfetto nel centro, mi apparivano   °*corrispondenti* allora come qualcosa di miracoloso, come più tardi miracoloso mi apparve l'*Ermes* di Prassitele nel museo di Olimpia, e più tardi ancora il *Ratto delle figlie di Lisippo*, di Rubens, alla pinacoteca di Monaco ed alcuni anni or sono il famoso quadro di Vermeer di Delft, *La padrona e la domestica*, al Metropolitan Museum di Nuova York.

È la qualità della materia che dà la misura del grado di perfezione in un'opera d'arte, soprattutto in pittura, e questa qualità è la cosa più difficile a capire; per questo oggi i cosiddetti "intelligenti", con a capo° i cosiddetti "pittori", preferiscono girare al   °*leader* largo° da tale questione e rifugiarsi comodamente nella cosiddetta "spiritualità".   °*evitare* Quando non avevo ancora vent'anni, avevo già capito il lato più misterioso dell'opera di Federico Nietzsche, avevo già capito tutta la musica classica e tutta la letteratura classica, tutta la filosofia antica e moderna, ma è solo molto più tardi che ho realmente cominciato a capire il mistero della grande Pittura.

Ora sempre più capisco il sublime di una pittura di Rubens o di Velazquez, di Rembrandt, di Tintoretto o di Tiziano.

Da quel lontanissimo ricordo della mia infanzia, da quella camera buia e triste che rivedo come nella mente si rivede un sogno, emerge un simbolo minuscolo ed immenso, un simbolo di perfezione: i dischetti dorati e forati nel centro del copricapo orientale di mia madre.

In quel tempo la mia sorellina morì, ma io non ricordo questo fatto. Più tardi mia madre mi raccontò che al momento del funerale fui mandato a passeggiare con una bambinaia, ed essa, non si sa se per stupidità o malvagità, si fermò con me proprio là ove passava il corteo che accompagnava la mia sorellina al cimitero. Pure in quel modo nacque mio fratello, ma anche questo fatto non lo ricordo. Tutto ciò avveniva ad Atene, verso il 1891; io ero nato tre anni prima a Volos, capitale della Tessaglia, durante una torrida giornata di luglio, mentre le candele si scioglievano nei candelieri, ché ad aumentare la calura° estiva soffiava sulla città un vento infocato, che viene dall'Africa e che i greci chiamano *livas*.

°*caldo*

Passarono anni tenebrosi°. Ricordo confusamente mio fratello; lo ricordo piccolo, piccolo, angosciosamente piccolo, come certi personaggi inquietanti che si vedono nei sogni. Rivedo in una luce di crepuscolo° scene collegate a lunghe malattie, come il tifo, ed a penose convalescenze. Ricordo un'enorme farfalla meccanica, che mio padre mi aveva portata da Parigi, mentre ero appunto convalescente. Dal mio lettuccio guardavo quel giocattolo, incuriosito ed impaurito, come i primi uomini dovevano guardare i pterodattili giganti, che nei crepuscoli afosi° e nelle gelide aurore, volavano pesantemente con le ali di carne sopra i laghi caldi, bollicanti° ed eruttanti sbuffi di vapore sulfureo. Ricordo una casa ove si abitava; una casa enorme e triste come un convento; il padrone si chiamava Vuros. Questa casa sorgeva nella parte alta della città; dalla mia finestra scorgevo, lontano, una caserma di artiglieria; quando ricorreva la festa nazionale greca, una batteria usciva a gran galoppo dal cortile e si dirigeva verso una collina che stava dietro, ad una certa distanza. Arrivati lassù gli uomini scendevano dai cassoni e dai cavalli, disponevano i pezzi in fila e poi sparavano le salve; dei globi bianchi, come nubi cascate sulla terra, rotolavano un po', si stracciavano e si dileguavano ai fianchi della collina. Il colpo giungeva dopo e faceva leggermente vibrare i vetri delle finestre; questo fatto di vedere prima il lampo e poi di udire il colpo mi impressionava molto; più tardi seppi il perché, ma anche oggi resto sempre un po' impressionato quando, guardando da lontano un cannone che spara, vedo prima il lampo e poi odo il colpo.

°*difficili*

°*scura*

°*caldi*
°*scottanti*

In quel lontano periodo della mia vita sentii i primi richiami del demone dell'arte. Provavo una gran gioia a calcare° delle stampe poggiando sul vetro della finestra la stampa con sopra un foglio di carta. Ero sempre molto stupito ed emozionato quando vedevo apparire sulla carta i contorni precisi di quella stampa che tanto ammiravo, ma il mio amor proprio di artista in erba°, non era soddisfatto; avrei voluto copiare la stampa senza calcarla. Allora mi affannavo° a farlo, ma provavo una grande difficoltà. Un giorno, ricordo, mi sforzavo di copiare una figura che rappresentava san Giovanni Battista sotto l'aspetto di un giovane dal torso nudo, cinto le reni con una pelle di montone; la testa del santo era vista un po' in iscorcio° e stava un po' piegata sulla spalla destra ed era quello scorcio e quel movimento che mi parevano difficoltà insormontabili; ero disperato. Mio padre mi venne in aiuto. Prese la matita e sulla testa del santo disegnò una croce in cui il centro stava al centro della testa; poi disegnò una croce uguale sul mio disegno, là ove si trovava la testa; mi mostrò come potevo aiutarmi con quelle due croci per trovare la posizione degli occhi, del naso, della bocca, l'altezza e la distanza alla quale doveva stare l'orecchio, la linea del cranio e quella della mascella e così, con molta pazienza, dopo aver molto cancellato, riuscii a disegnare abbastanza bene la testa del santo. Grande fu la mia soddisfazione per avere imparato il sistema delle due croci.

°*copiare*

°*inesperto*
°*agitavo*

°*angolazione*

Mio padre era un uomo dell'Ottocento; era ingegnere ed era anche un gentiluomo d'altri tempi; coraggioso, leale°, lavoratore, intelligente e buono. Aveva

°*equo*

studiato a Firenze ed a Torino e di tutta una numerosa famiglia di gentiluomini era il
solo che avesse voluto lavorare. Come molti uomini dell'Ottocento aveva diverse
capacità e virtù: era bravissimo come ingegnere, aveva una bellissima scrittura,
disegnava, aveva molto orecchio per la musica, era osservatore ed ironista, odiava
l'ingiustizia, amava gli animali, trattava altezzosamente° i ricchi ed i potenti, ed era   °*sprezzatamene*
sempre pronto a difendere e ad aiutare i più deboli ed i più poveri. Era anche un
ottimo cavallerizzo e aveva avuto alcuni duelli alla pistola; mia madre conservava,
incappucciata° in oro, una pallottola di pistola che era stata estratta dalla coscia destra   °*coperta*
di mio padre in seguito ad uno di quei duelli.

   Ciò per dire che mio padre, come molti uomini di quel tempo, era proprio il
contrario della maggior parte degli uomini di oggi, che mancano di senso positivo e di
ogni temperamento, sono inabili ed incapaci e, per soprammercato, per nulla
cavallereschi, molto opportunisti, ed hanno il cervello pieno di asinerie. Se per
esempio oggi un bambino non riesce a disegnare una testa, suo padre, certamente, non
saprà insegnargli il sistema delle due croci; se poi per disgrazia del bambino il padre è
un "intellettuale", allora non solo egli non potrà insegnargli nessun sistema, ma lo
incoraggerà a disegnare male, a disegnare sempre peggio, a disegnare pessimamente,
sperando che così potrà un giorno diventare un Matisse per procacciarsi fama e
quattrini.

   Mentre si abitava in casa Vuros accaddero diversi fatti, tutti spiacevoli, come
sono sempre i fatti che accadono nella vita. Fra questi fatti ricordo un'epidemia
d'influenza durante la quale noi tutti, mio padre, mia madre, mio fratello, io ed anche i
domestici e la governante, dovemmo coricarci° con la febbre; l'unico che riuscì a   °*andare a letto*
restare in piedi, benché febbricitante, fu il cuoco, che si chiamava Nicola e di cui mio
fratello Savinio parla nei suoi ricordi d'infanzia, ma, credo, dandogli un altro nome.
Nicola, con la febbre, andava da una camera all'altra, faceva il servizio, usciva a far la
spesa, teneva i conti, cucinava, andava in farmacia, insomma era tutto: cuoco,
domestico, domestica, segretario, infermiere; era qualcosa come quello che la sorella di
Nietzsche fu per l'autore di *Così parlò Zarathustra,* almeno da quanto Nietzsche stesso
dice in una dedica in versi scritta per sua sorella a principio d'un libro e nella quale
dichiara che essa fu per lui madre, sorella sposa e amica e che lui, negatore di Dio,
mandandole quel libro, si faceva il segno della croce.

   Durante quel periodo in cui noi tutti fummo a letto con la febbre, la più
intollerante, la più furibonda°, era una governante triestina che noi chiamavamo la   °*arrabbiata*
fraïlain (dal tedesco: *Fraülein:* signorina).

   Essa urlava° e strepitava dicendo che la si voleva lasciar morire di fame. In quei   °*gridava*
tempi erano ancora in vigore° i vecchi sistemi per curare la febbre; anzitutto purga con   °*in uso*
olio di ricino; poi disinfezione dell'intestino con una buona dose di salolo°; dieta   °*minerale*
assoluta; dopo l'azione della purga un brodo leggerissimo e completamente sgrassato;
chinino°, massaggi sul petto e la schiena con olio caldo nel quale si eran fatti bollire dei   °*minerale*
fiori di camomilla; senapismi° di marca francese Rigolo, applicati sulla schiena e sul   °*erbe*
petto e applicazioni di ventose, dette anche coppette, e di cataplasmi° di seme di lino   °*impacchi*
misto e senape in polvere. Invece la *fraïlain* non voleva medicine e voleva mangiare
pasta asciutta bene condita e braciole con patate arrosto. Insomma quella triestina era
una malata moderna *ante litteram;* soltanto che se allora avesse fatto secondo i suoi
desideri, per lei sarebbe andata a finir molto male, poiché in quei tempi non esistevano
ancora i miracolosi sulfamidici e gli antibiotici che oggi permettono ad un ammalato di
mangiare capponi arrosto e ravioli con il ragù, mentre ha la febbre a quaranta.

   Un altro fatto spiacevole che ricordo fu una serie di terremoti che principiavano
regolarmente ogni sera dopo il tramonto. Tutta la casa si muoveva lentamente, come
una grossa nave sul mare in burrasca°. Gli abitanti del quartiere, compresi noi,   °*tempesta*

°*si sacrificò*

°*procedeva*

°*pistola*
°*meccanismo / manico*
°*munizioni*
°*meccanismo che
    permette di sparare
    un'arma da fuoco*

portavamo i materassi fuori, in una piazza, per dormire all'aperto. Anche in quell'occasione il cuoco Nicola si prodigò° in mille modi; portava fuori materassi, valigie e perfino alcuni mobili e la mattina riportava tutto in casa; inoltre si occupava di me e di mio fratello come una vera bambinaia.

Dopo la casa Vuros si andò ad abitare un'altra casa che si chiamava Gunarakis; era una palazzina di stile neoclassico con un bel giardino ove c'era un eucaliptus. Mio padre era spesso assente, poiché si recava a Vuros, la cittadina ove io nacqui e dove egli sorvegliava e dirigeva la costruzione della ferrovia che s'inoltrava° nell'interno della Tessaglia. I miei ricordi della vita in casa Gunarakis sono molto vaghi. Dalle finestre che stavano al nord lo sguardo spaziava lontano, fino ad una catena di monti che d'inverno si coprivano di neve e donde veniva un vento gelido che ghiacciava la casa. Ricordo un bellissimo libro che mi fu regalato durante le feste e che si chiamava *I nani burloni*; magnifiche erano le illustrazioni di quel libro; ricordo anche un altro libro ove erano rappresentate a colori intere famiglie di gatti; quei gatti così ben disegnati e colorati, così vivi, risvegliavano in me una gran voglia di disegnare e di dipingere. Pensavo quanto sarebbe stato bello poter riprodurre con tale perfezione un animale nelle sue forme e nei suoi colori. Mia madre mi aveva comprato un album per esercitarmi a disegnare: quest'album conteneva dei modelli di disegno che raffiguravano dei fiori; alcuni di questi modelli consistevano nel solo contorno, altri avevano anche l'ombreggiatura. Ricordo che copiai con molta attenzione due rose; mia madre mi aiutò a scrivere una letterina a mio padre e mise nella busta anche il disegno delle rose; mio padre mi rispose felicitandomi per i progressi che facevo nella difficile arte del disegno. Quando il tempo era bello si andava con mio fratello nel giardino e là, con una piccola zappa ed una piccola pala, si facevano minuscoli lavori di terrazzieri. Ma poi pioveva ed i lavori eran distrutti dall'acqua. Il cuoco Nicola, durante l'assenza di mio padre, teneva sotto il cuscino del suo letto una strana rivoltella°; quella consisteva del solo tamburo° attaccato al calcio°; nel tamburo s'introducevano le cartucce° sulle quali spuntava un detonatore che consisteva in un minuscolo tubetto il quale sorgeva perpendicolarmente sulla cartuccia; il grilletto°, che nella parte percuotente era piatto anziché appuntito, picchiava come un martelletto sul detonatore che, incendiandosi, faceva partire il colpo. Rivoltelle di questo modello, ma però con la canna, vidi più tardi in Italia, in monumenti raffiguranti militari ed eroi del Risorgimento. Io ero molto impressionato vedendo quell'arma strana e misteriosa che in confronto al moderno fucile mitragliatore, il cosiddetto mitra, era quello che le pitture delle catacombe sarebbero in confronto alla *Kermesse* di Rubens; voglio dire: come qualità e non come soggetto; l'imbecillità di molti lettori è oggi tale che, a scanso di equivoci, bisogna chiarire tutto.

Si abitò per poco tempo in casa Gunarakis. Mio padre doveva fermarsi a Volos per un lungo periodo, perché un altro ramo della ferrovia veniva costruito lungo i monti che si snodano a levante della città. Allora con tutti i mobili, i bauli e le valigie, si partì alla volta della città degli Argonauti, sopra un piroscafo che salpò dal Pireo.

Giorgio de Chirico – *Memorie della mia vita*, © 1998/2007 RCS Libri S.p.A./Bompiani

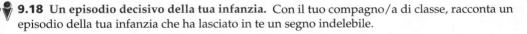

9.16 Domande sul testo

1. Che cosa c'era in quei dischi dorati che affascinavano tanto de Chirico da piccolo?
2. In che modo si paragonano i dischi con i grandi maestri dell'arte come Prassitele, Rubens e Vermeer?
3. Secondo de Chirico, qual è un elemento essenziale del cosiddetto "mistero dell'arte"?
4. Che cosa rimproverava alla bambinaia?
5. Cosa gli faceva pensare la farfalla meccanica?
6. Che cos'è che lo impressionava mentre gli artiglieri sparavano le salve?
7. Che tipo di richiamo ha sentito per l'arte?
8. Perché era felice nel calcare delle immagini?
9. Come intervenne il padre sul ritratto di San Giovanni Battista?
10. Che cosa indica il fatto che suo padre era l'unico in famiglia che volesse lavorare?
11. Che immagine del padre aveva il figlio?
12. L'autore che giudizio esprime nei confronti dei padri moderni?
13. Non pensi che l'autore esageri su questa presa di posizione nei confronti dei padri di oggi?
14. Che giudizio esprime su Nicola, il cuoco?
15. Il nome del filosofo tedesco Nietzsche appare con frequenza nelle memorie di de Chirico. In che modo il filosofo tedesco avrebbe potuto influenzare l'atteggiamento artistico del pittore?
16. Perché protestava la governante triestina?
17. Cosa ne pensi dei metodi usati in quell'epoca per combattere le influenze?
18. Che cos'è che affascinava in modo particolare l'autore?
19. Come lo appoggiavano i genitori in questo suo desiderio?

9.17 Domande personali

1. Quali sono i tuoi primi ricordi di infanzia?
2. C'è qualcosa che ti affascinava in modo particolare quando eri bambino/a?
3. Secondo te, perché de Chirico paragona il richiamo dell'arte a qualcosa di diabolico?
4. Che giocattolo della tua infanzia ti ha fatto fantasticare?
5. Pensi che è bene esentare i bambini dai funerali?
6. Quale disegno nella storia dell'arte ti ha colpito? Perché?
7. Si tende spesso a guardare le generazioni precedenti con un occhio nostalgico, così come de Chirico confronta suo padre con i padri moderni. Credi che questo sia un atteggiamento tipico?
8. Osservando il modo in cui venivano trattate le epidemie di influenza alla fine dell'ottocento, si possono constatare i progressi da giganti fatti dalla scienza. In che cosa consiste, secondo te, questo progresso scientifico?
9. Credi di aver avuto un'infanzia abbastanza positiva con tutto l'appoggio di coloro che ti hanno cresciuto? C'è qualcosa di cui non sei soddisfatto/a?

9.18 Un episodio decisivo della tua infanzia. Con il tuo compagno/a di classe, racconta un episodio della tua infanzia che ha lasciato in te un segno indelebile.

VOCABOLARIO

Nomi

l'abito	the garment, apparel
l'accoglienza	the reception, hospitality
l'ambasciata	the embassy
l'allievo	the student
l'anziano	the elderly person
l'argento	the silver
l'astuzia	the craftiness
la balaustra	the balustrade
la bellezza	the beauty
il benessere	the well-being
il bivio	the junction, crossroads
il capolavoro	the masterpiece
il cardellino	the goldfinch
la cascata	the waterfall
il ceto	the social class
il coperchio	the lid, top
il coraggio	the courage
la corazza	the armor
la creta	the clay
la damigella	the damsel, bridesmaid
il dipinto	the painting
il discobolo	the discus thrower
il dolore	the suffering
l'equipaggio	the crew
la facciata	the façade
il fallimento	the bankruptcy
il fascino	the charm
la favola	the fable
il fianco	the side, hip
la folla	the crowd
la fonte	the source, spring
la furbizia	the astuteness, shrewdness
il getto	the jet, spurt
la giardiniera	the female gardener
il gigante	the giant
la grandezza	the greatness
il guerriero	the warrior
l'impegno	the commitment
l'impresa	the initiative, undertaking
l'impronta	the footprint, mark
l'incertezza	the uncertainty
l'inquadratura	the frame
l'insicurezza	the insecurity
l'invecchiamento	the aging
il lenzuolo	the bedsheet
la lepre	the hare
il lineamento	the feature
la malsanità	the malpractice
la mancanza	the shortage, lack of
il marmo	the marble
la metà	the half
il monitoraggio	the monitoring
il nuotatore	the swimmer

la parentela	the relationship, relatives
il pensiero	the thought
la peste	the plague
il pezzo	the piece
il piedistallo	the pedestal
il portavivande carrello portavivande	the plate, lazy susan
il premio	the prize
la provenienza	the origin
il pugno	the fist, punch
la raffigurazione	the image
il reale	the monarch
la reggia	the palace
il reperto	the find
il roseto	the rose garden
il sangue	the blood
lo scambio	the exchange
la scelta	the choice
la scheda	the form, card
lo scontro	the clash
lo sforzo	the effort
la smania	the obsession
la sosta	the pause/
la speranza	the hope
la spiegazione	the explanation
la spina	the thorn
la spinta	the push, drive
la statuaria	the art sculpture
lo sviluppo	the growth, development
la tappa	the stage
la tenerezza	the tenderness
le terme	the baths
la tristezza	the sadness
la vicenda	the affair, matter
la volontà	the will
la volpe	the fox

Verbi

abbracciarsi	to embrace
accarezzare	to caress
accedere	to enter, log on
accogliere	to welcome
accorgersi	to become aware of
affascinare	to fascinate
affermare	to state
affermarsi	to become established
afferrare	to seize, grab
affrontare	to face, confront
allenarsi	to train
allontanarsi	to get away from
appartenere	to belong
appoggiare	to lean
arricchire	to enrich

avvenire	*to happen*
avviare	*to initiate*
avvicinarsi	*to approach, near*
bagnarsi	*to bathe oneself*
capeggiare	*to lead*
coinvolgere	*to involve in*
comporre	*to compose*
comportare	*to involve*
concepire	*to conceive*
condividere	*to share*
decapitare	*to decapitate*
dedurre	*to infer*
emanare	*to emit*
eseguire	*to carry out*
esemplificare	*to exemplify*
esibirsi	*to perform, show off, display*
fornire	*to furnish, give*
gettarsi	*to throw oneself*
incidere	*to affect*
indurre	*to induce*
innalzarsi	*to elevate*
intraprendere	*to undertake*
intrattenersi	*to entertain, to dwell on*
lanciare	*to throw, launch*
mancare	*to be missing, fail*
mantenere	*to hold*
occuparsi	*to be involved in*
ospitare	*to host*
paragonare	*to compare*
prelevare	*to take, withdraw*
progredire	*to progress*
provenire	*to come from*
raffigurare	*to represent*
reagire	*to react*
ribellarsi	*to rebel*
riconoscere	*to recognize*
rimpicciolire	*to downsize, shrink*
rinvenire	*to discover, recover*
rinvigorirsi	*to reinvigorate*
riproporre	*to propose anew*
ritrarre	*to depict*
rivolgersi	*to address oneself to*
scatenare	*to unleash*
sconfiggere	*to defeat*
scuotersi	*to shake off*
sembrare	*to seem*
sfamarsi	*to feed*
simboleggiare	*to symbolize*
soggiogare	*to subjugate*
sorreggere	*to hold*
sostenere	*to sustain*
spargere	*to shed, spread*
spingere	*to push*
suscitare	*to arouse*
svolgere	*to carry out*
tracciare	*to sketch, outline*
trascinare	*to drag*

Parole ed espressioni

ci tenevano	*they cared about/to*
ci tengo a	*it matters to me that*
cosicché	*and so*
di solito	*usually*
e via di seguito	*and so on*
fare a meno di	*to do without*
fare comodo	*to be of convenience*
fatto su misura	*tailor made*
ha tirato fuori	*has drawn out*
in che modo	*in what way*
le viene in mente	*it comes to mind*
li ha colpiti	*struck them*
mi da pena	*it pains me*
n'è valsa la pena	*it was worth it*
per volere di	*by the will of*
tener conto	*to keep in mind*
tramite	*by means of*

Aggettivi

affollato	*crowded*
avvantaggiato	*favored*
balneare	*seaside*
benestante	*well-off*
colto	*cultured, learned*
costretto	*forced*
diseredato	*underprivileged, disadvantaged*
disfattistico	*self-destructive*
duttile	*ductile, malleable*
estivo	*summertime*
gracile	*delicate, frail*
impensabile	*unthinkable*
incancellabile	*indelible*
invaso	*invaded*
irrisolto	*unresolved*
magistrale	*masterful*
mondano	*mundane, worldly*
mosso	*agitated*
prostrato	*worn out, lying flat*
quaresimale	*pertaining to Lent*
risaputo	*well known*
scomparso	*disappeared*
sdraiato	*lying down*
sommo	*highest, supreme*
spietato	*violent*
sporgente	*protruding*
tale	*such*
teso	*tense*

Avverbi

addirittura	*even*
anziché	*rather than*
inoltre	*in addition*
maggiormente	*mostly*
ovunque	*everywhere*
piuttosto	*rather*

Dal medico: la nostra salute

L'ospedale degli Innocenti a Firenze. L'edificio è stato costruito nel 1421 dal noto architetto fiorentino Filippo Brunelleschi in base ad un suo disegno del 1419. L'ospedale è la prima istituzione europea che si occupa della tutela dei bambini abbandonati. Si noti, inoltre, che l'Istituto degli Innocenti in collaborazione con il Comune di Firenze ha sviluppato delle tabelle dietetiche per i bambini per tutelare la loro salute.

Quale sarà il tema di questa unità? Cosa imparerai? Quali sono alcune preoccupazioni per la tua salute? Credi che i servizi sanitari della tua città siano adeguati? Cosa faresti per migliorarli?

Funzioni comunicative

- Discutere della responsabilità individuale nel mangiar bene
- Contrastare e confrontare le pratiche nutrizionali
- Identificare e confrontare le pratiche di buona salute

Occhio alla grammatica!

- Il congiuntivo con alcune congiunzioni
- *Meglio* come avverbio e *migliore* come aggettivo
- I pronomi indefiniti
- Il gerundio
- L'infinito come soggetto
- I suffissi per indicare il diminutivo, il vezzeggiativo, l'accrescitivo e il peggiorativo
- Gli aggettivi *qualche* e *alcuno/a/i/e*

- La forma passiva
- Il congiuntivo imperfetto
- I comparativi e superlativi irregolari
- Verbi con le stesse caratteristiche di *piacere*
- Altre espressioni idiomatiche
- Il periodo ipotetico
- Altri usi del congiuntivo dei verbi irregolari

CAPITOLO 10

La piramide della dieta mediterranea

Una professoressa mentre spiega la piramide della dieta mediterranea ad alcuni studenti.

La piramide della dieta mediterranea

Due professori d'italiano residenti a New York, Maria e Francesco, durante il loro viaggio in Italia visitano un liceo di Roma, dove gli studenti discutono i meriti della dieta mediterranea contro gli svantaggi di un'alimentazione tipo *fast-food*.

Maria: I dati scientifici mostrano chiaramente che una dieta mediterranea comporta dei benefici importanti. Chi di voi può elencare gli elementi chiave della piramide che formano il piatto fondamentale sulle vostre tavole?

Maurizio: Il pane e la pasta in casa mia ci sono ogni giorno. Posso dire che mia madre fa la pasta sette giorni alla settimana, sia pure con salse diverse.

Marina: Da noi la pasta non si mangia tutti i giorni, però il pane non manca mai.

Nadia: Se dipendesse da me, non mangerei mai la verdura. Mia madre insiste però che io metta qualcosa di verde nel mio piatto, come broccoli, fagiolini e spinaci.

Stefano: Al mio fratellino piacciono molto i dolci e, per questa ragione, nostra madre non compra mai dei dolciumi. Questo è un bene perché in questo modo non eccediamo con le calorie.

Parliamo un po'

 10.1 Domande sul testo

1. In quale occasione i due professori visitano il liceo?
2. Di che cosa discutono gli studenti?
3. Cosa indicano i dati scientifici?
4. Di che cosa è composta la dieta nella famiglia di Maurizio?
5. Come prepara la pasta sua madre?
6. Cosa piace molto in casa di Marina?
7. Cosa non mangerebbe volentieri Nadia?
8. Su che cosa insiste sua madre?
9. Cosa piace a Stefano?
10. Perché la madre non compra i dolci?

10.2 Domande personali

1. Di che cosa consiste la tua dieta?
2. Quante volte all'anno consumi la cucina *fast food*?
3. Di che cosa consiste la cucina mediterranea?
4. Che tipo di pasta preferisci?
5. Ti piacciono i dolci?
6. Che tipo di verdura preferisci?
7. Segui una dieta equilibrata? In che cosa consiste?
8. Quali sono i pregi della cucina mediterranea?
9. Quali sono gli svantaggi di una dieta basata su *fast-food*?

Alcuni ingredienti della tipica cucina italiana: aglio, pomodori, olio d'oliva, olive, peperoni, pane e basilico.

Vocabolario utile

gli antiossidanti, il burro, le calorie, i cereali, la cultura del cibo, il diabete, i grassi essenziali / nocivi, il gusto, gli ingredienti artificiali, l'ipertensione, i legumi, le malattie cardiache, l'obesità, l'olio d'oliva, i prodotti freschi, il rischio di tumori, il sapore, il sodio, la verdura, la vita attiva / sedentaria, lo zucchero

 10.3 Prepara un confronto tra cucina mediterranea e *fast food*. Illustra i pregi e i difetti.

	La cucina mediterranea	Il *fast food*
Pregi	_____	_____
Difetti	_____	_____

Vocabolario utile

l'attività fisica, l'autonomia personale, i bambini, la causa, il diabete, i dolci al burro, il colesterolo, il cibo ipercalorico, l'epidemia, le grandi catene, il grasso, il gusto, l'infarto, ingrassare, la lotta, l'obesità, le patatine fritte, la robaccia da mangiare, il rischio, sintetico, la tentazione, lo zucchero

 10.4 Dibattito: chi è responsabile del mangiar bene? In questi ultimi anni alcuni consumatori hanno avviato delle battaglie legali contro i produttori dell'alimentazione tipo *fast-food* affermando che i loro problemi di salute si possono attribuire direttamente agli ingredienti usati nei loro prodotti. D'altro canto, l'industria alimentare sostiene che la responsabilità di seguire una dieta adeguata dovrebbe ricadere sul consumatore. Discutere i pro e i contro dell'argomento. Dividere la classe in due gruppi per commentare il risultato. Si raccomanda soprattutto di rispettare le opinioni degli altri durante il dibattito.

Idee

1. Com'è accaduto in precedenza con il fumo, molti avvocati si preparano a lanciare battaglie legali contro l'industria alimentare di *fast food*, accusandola di contribuire all'obesità della gente.
2. D'altro canto, però, le grandi catene dei *fast food* sostengono che anche loro appoggiano una dieta sana, promuovendo l'attività fisica, insalate e poche calorie.

Un castello medievale, Cerveteri.

LETTURA BREVE: Il castello

In questi ultimi anni, un nuovo modo di fare la vacanza è di soggiornare in un castello. In un castello ci sono molte cose da scoprire, come la storia, l'arte e la cultura. Oltre ad essere una fortezza medievale, il castello rappresentava un piccolo mondo governato da un signore, racchiuso[1] tra le sue mura, tra le quali si svolgeva la vita di tutti i giorni. In quel periodo, il castello era un luogo in cui si poteva trovare protezione contro la violenza dell'epoca. Con il passar del tempo, specialmente con l'avvento[2] della polvere da sparo[3], non era più necessario per gli

---

[1]racchiuso: chiuso, sbarrato. Gli animali dello zoo sono racchiusi in un determinato spazio senza avere l'opportunità di muoversi liberamente.

[2]l'avvento: l'arrivo, la venuta. L'avvento della televisione ha trasformato il nostro modo di vivere.

[3]la polvere da sparo: un esplosivo come la dinamite. L'ufficio postale proibisce di spedire qualsiasi prodotto che contenga polvere da sparo.

abitanti racchiudersi in questa cittadella[4]. Dal Rinascimento in poi, infatti, la struttura medievale ha subito una trasformazione, da luogo di protezione a sfarzosa dimora per la nobiltà. Durante questo periodo, le finestre non guardavano soltanto all'interno delle mura, ma si affacciavano al mondo esterno. Oggi il castello è usato come albergo o museo e offre momenti romantici ai turisti.

Una coppia molto simpatica, Dino e Chiara Bastiani, ha deciso di festeggiare il suo decimo anniversario di matrimonio in un antico castello, in Umbria. Dopo l'entusiasmo iniziale, la novità dell'ambiente si è trasformata per Chiara in un vero e proprio incubo[5], con fobie[6] di spettri[7] invisibili. Chiara non ha potuto dormire per tutta la notte. Si è impaurita[8] credendo che ci fossero degli spiriti nella sua stanza. Suo marito ha cercato invano[9] di confortarla, spiegandole che era tutto frutto della sua immaginazione. Inoltre, Dino le ha fatto notare che tutti gli spiriti che lei pensava di vedere non erano altro che la suggestione di molti romanzi[10] medievali che lei aveva letto negli anni.

Non sempre le vacanze finiscono bene. E così, anziché[11] passare un'indimenticabile fine settimana in un ambiente storico, Chiara è ritornata a casa con tanta di quella paura che solo uno psicologo potrebbe aiutarla.

---

[4]la cittadella: il castello, la fortificazione. La cittadella di Livorno è situata sul porto ed è una delle fortificazioni più rappresentative della Toscana.

[5]incubo: sogno angoscioso, pensiero inquietante. Ho fatto un brutto sogno in cui il mio professore mi torturava ogni volta che sbagliavo gli esercizi: è stato un vero incubo.

[6]fobie: paure, angosce, timori. Il signore soffre di fobie infondate, ma il fatto di viaggiare in aereo lo angoscia ancora di più.

[7]spettri: fantasmi, spiriti. Per la festa di Halloween molti bambini si travestono da spettri.

[8]impaurita: presa dalla paura, terrorizzata. La bambina è impaurita dal cane, è probabile che abbia avuto una brutta esperienza in passato.

[9]invano: inutilmente, senza effetto. Il professore spesso parla invano ed è probabile che gli studenti non lo ascoltino.

[10]romanzi: storie, racconti, opere narrative. Lo scrittore italiano Alessandro Manzoni ha scritto uno dei romanzi più famosi della letteratura italiana, *I Promessi sposi*.

[11]anziché: piuttosto di, invece di. Anziché ordinare carne, loro hanno preferito pesce in umido.

10.5 Domande sul testo

1. Qual è un nuovo modo di fare le vacanze?
2. Che cosa si visita?
3. Che cosa c'è da scoprire?
4. Che tipo di struttura è il castello?
5. In che senso il castello era un luogo di protezione?
6. In che periodo?
7. Quale funzione aveva?
8. Com'è usato il castello oggi?
9. Cosa offre il castello oggi?
10. Perché Chiara è impaurita?
11. Cosa le fa ricordare questa esperienza?
12. Perché Chiara non ha dormito?

10.6 Domande personali

1. Qual è il tuo modo di fare la vacanza?
2. Che cosa visiti?
3. Hai mai visitato un castello? Quale?
4. Cosa ti piace vedere quando vai in vacanza?
5. Hai mai visitato un museo? Quale?
6. Qual è un momento romantico secondo te?
7. Ti sei mai impaurito/a? Per che cosa?
8. Hai mai sofferto d'insonnia? In quali circostanze?
9. Credi negli spiriti?
10. Sei superstizioso/a?

 10.7 Non posso dormire. Con il tuo gruppo, fai un elenco delle situazioni che rendono difficile addormentarti ed aggiungi il tipo di rimedio che usi per migliorare la situazione.

	Non posso dormire	**Rimedio**
ESEMPIO:	Quando bevo troppo caffè. . .	leggo un libro. . .

Una tavola apparecchiata con un panorama del Lago di Como, nei pressi di Varenna.

Un po' di lettura autentica

Superstizioni a tavola

di Stefania Barzini

L'Italia è una terra ricca di storia, tradizioni e a volte si notano credenze molto particolari. Oltre alla qualità della cucina, l'ambiente e l'apparenza del luogo dove si mangia potrebbero fare la differenza sia nel palato che al nostro interiore.

L'Italia si sa è un Paese di superstiziosi, guai[1] a incrociare un gatto nero, per esempio, o a passare sotto una scala, tanto per citare quelle più comuni. Essendo poi il nostro un Paese in cui mangiare è uno degli sport nazionali, non potevano mancare le credenze e i pregiudizi legati al cibo.

La più comune, quella che viene rigorosamente rispettata da tutti, intellettuali e impiegati, ricchi e poveri, donne e uomini, è quella legata al sale: la

[1]il guaio: brutta situazione, inconveniente. La mia macchina non funziona da qualche tempo e probabilmente è successo un guaio.

saliera[2] non va mai passata tenendola in aria, bensì posandola sul tavolo: ognuno poi la prenderà con la sua mano. Per quanto possa sembrare strano, all'origine di queste leggende ci sono sempre radici[3] storiche e razionali. In questo caso il sale fin dall'antichità ha sempre avuto valenze simboliche: da una parte, nei Vangeli, indicava l'infusione della sapienza nei discepoli; dall'altra, da sempre, i re cospargevano[4] di sale il terreno delle città conquistate, cosa che accadde anche in epoca romana quando Cartagine fu arata°e cosparsa di sale.   °ploughed

Le superstizioni riguardanti il sale furono poi condannate dalla Chiesa, ma molte sopravvivono[5] ancora come quella siciliana secondo la quale le anime dei bambini che non sono stati battezzati non sopportano senza dolore che il sale sia sparso per terra. Si sa anche che le streghe[6] che partecipavano al convegno al Noce di Benevento, il famoso albero magico, dovevano nutrirsi di cibi insipidi[7] perché il sale e l'aglio avrebbero invece sciolto il Sabba.

Anche l'olio ha avuto un destino simile a quello del sale (e anch'esso, come il sale era prezioso), un'altra superstizione siciliana voleva, infatti, che in caso di rovesciamento dell'olio a terra ci si rivolgesse alla Madonna perché lo raccogliesse, mentre un fedele° vi spargeva sopra un pugno di sale.   °believer

Il vino poi, a tutt'oggi non si versa con la sinistra e nemmeno volgendo la bottiglia all'esterno. Essere in tredici a tavola, anche i bambini lo sanno, porta male. Ma è soprattutto un alimento insospettabile ad essere oggetto delle paure dei superstiziosi: l'umile cetriolo[8]. In varie regioni, infatti, si crede che se s'indicano i cetrioli con il dito prima di raccoglierli, questi smetteranno di crescere; per averne invece un buon raccolto bisogna seminarli di Sabato Santo; e nella campagna veronese, infine, si pensa che il loro odore faccia scappare gli scarafaggi[9], cosa che forse farà ricredere i molti detrattori di questo prodotto dell'orto.

Ancora, i contadini pavesi credono che un piccolo ramo di rosmarino[10] a contatto con la pelle serva a mantenersi allegri. In Friuli giurano che le pesche sbucciate[11] siano indigeste, mentre mangiarne sette noccioli non solo farebbe passare la sbronza[12], ma ne eviterebbe anche di future. E tutti sanno che quando si mangia una varietà di frutta per la prima volta nella stagione, bisogna esprimere un desiderio.

---

[2]la saliera: un piccolo recipiente basso di vetro, porcellana, legno o plastica che si usa per versare il sale fino. In genere, i cuochi non sono contenti quando i clienti chiedono la saliera perché questo potrebbe mettere in discussione la loro cucina.

[3]la radice: origine, fonte. Sono molti gli studenti che studiano la lingua italiana per riscoprire le loro radici.

[4]cospargere: ricoprire, disseminare. Ai bambini piace giocare sulla spiaggia e cospargere i loro corpi con la sabbia.

[5]sopravvivere: salvarsi, rimanere in vita. Il famoso scrittore Primo Levi ha raccontato la sua esperienza da sopravvissuto nei lager nazisti.

[6]la strega: donna perfida e maligna, maliarda. La Befana rappresenta la strega buona che durante l'Epifania porta giocattoli ai bambini meritevoli ma, qualche volta, porta anche carbone ai bambini cattivi.

[7]insipido: sciapo, senza sale. Guido soffre di pressione alta e il medico gli ordina di mangiare insipido, senza arricchire troppo il cibo.

[8]il cetriolo: un ortaggio che usiamo spesso nelle insalate. Per utilizzare il cetriolo in un'insalata è consigliabile sbucciarlo e tagliarlo a rotelle.

[9]lo scarafaggio: insetto, bacherozzo. Gli scarafaggi esistono da milioni di anni e per questa ragione hanno avuto tutto il tempo per adattarsi a resistere a tutte le condizioni avverse.

[10]il rosmarino: pianta aromatica molto utilizzata nella cucina italiana. Il rosmarino è una pianta dalle foglie sottili come aghi.

[11]sbucciato: senza la pelle, pelato. La frutta sbucciata ha meno vitamine.

[12]la sbronza: ubriacatura, ebbrezza. L'uso eccessivo di alcol causa sbronze e può produrre innumerevoli problemi di salute.

Tornando invece alla tavola apparecchiata[13] è bene sapere che anche alle posate sono legate particolari superstizioni: porgere un coltello dalla parte della lama fa perdere l'amicizia e disporre due coltelli a croce porta sfortuna. Attenzione poi anche nello sparecchiare[14]: la tovaglia non va mai scossa[15] di sera, pena, sciagure a catena!

Insomma, le credenze sono talmente tante che spesso un pranzo diventa una vera e propria interminabile cerimonia. Però gli italiani a tavola stanno comunque a lungo e volentieri. E poi, nel dubbio, perché rischiare?

_____

[13]apparecchiato: allestito, preparato. I nonni di Paola hanno preparato una tavola apparecchiata per un pranzo tradizionale con antipasto, primo, secondo e dolci.

[14]sparecchiare: sgombrare la tavola, liberare. Dopo il pranzo tutti hanno aiutato a sparecchiare la tavola.

[15]scosso: sconvolto, agitato. La notizia che i suoi dipinti non sono stati accettati alla mostra internazionale ha scosso terribilmente il giovane pittore.

10.8 Domande sul testo

1. Dove hanno origini le superstizioni?
2. Cosa potrebbe accadere se s'incontra un gatto nero per strada?
3. Che valore ha avuto il sale nel corso della storia?
4. Cosa accadrebbe porgendo la saliera ad un'altra persona?
5. Quale significato aveva il sale nella Bibbia?
6. Perché le streghe non usavano mettere il sale nel cibo?
7. In quale periodo si consiglia di piantare il cetriolo?
8. Oltre alle sue proprietà aromatiche, quali altri vantaggi ha il rosmarino?
9. Perché porgere un coltello dalla parte della lama potrebbe essere un gesto offensivo?

10.9 Domande personali

1. Conosci alcune superstizioni?
2. In che cosa le superstizioni in Italia sono diverse da quelle americane?
3. In cosa sono simili?
4. Quanto sei superstizioso/a?
5. Come si possono riconciliare le superstizioni con la scienza?

10.10 Sei superstizioso/a? Fai un'inchiesta sulle superstizioni. Con il tuo gruppo, prepara un'inchiesta sul perché alcune superstizioni persistono e altre scompaiono dalla nostra società. Indica alcuni esempi di superstizione presenti nella tua vita quotidiana.

10.11 Presentazione in classe: i castelli italiani. Scrivi una presentazione sui castelli italiani. Crea una sequenza d'immagini ed illustra in classe alcuni castelli. Commenta l'importanza storica del castello ed altri dati che hai scoperto nella tua ricerca.

Esercizio di scrittura creativa

10.12 La dieta giusta da seguire secondo le esigenze. In questi ultimi anni si è parlato di dieta come se fosse una moda. Non a caso, leggiamo che una dieta ha lasciato il posto ad un'altra per ragioni di maggiore "efficacia". I personaggi più rappresentativi della nostra società come, ad esempio, attori e atleti preferiscono diete moderne al punto tale da mettere in discussione la dieta mediterranea. Secondo te, tenendo conto delle esigenze individuali, qual è una giusta dieta da seguire? Con il tuo gruppo, scrivi un componimento su come impostare una dieta a secondo delle necessità personali.

10.13 Una dieta equilibrata. La domanda che molti di noi si pongono non è tanto come seguire una dieta equilibrata, quanto come seguirla in virtù del fatto che la nostra vita quotidiana è sempre più frenetica. Oltre alle attività lavorative, infatti, che spesso occupano più di un terzo della giornata, i nostri impegni sociali sono tali da impedire anche ai più volenterosi di seguire una dieta equilibrata. Mantenere, allora, un buon livello fisico e mentale rappresenta la grande sfida della nostra vita. Con il tuo gruppo, scrivi un componimento su ciò che costituisce una dieta equilibrata e cosa fare per mantenerla con una certa costanza.

10.14 Un confronto tra superstizioni. Per fare un elenco paragonando le superstizioni esistenti in Italia e in USA occorrerebbe un contesto ben più ampio di questo. Il numero tredici, per esempio, porta fortuna per la maggior parte degli italiani, invece lo stesso numero rappresenta un vero e proprio incubo per un gran numero di americani. Con il tuo gruppo, svolgi un tema su alcune superstizioni che esistono nei due Paesi, cercando di trarre un parallelo tra le due culture.

Indovina chi è?

Una domanda prima di ascoltare

Conosci alcune professioni sanitarie?

10.15 Indovina chi è? Ascolta attentamente la descrizione delle seguenti professioni sanitarie e, in base ai dati forniti, indovina la professione o gli attrezzi che un sanitario usa per curare alcune malattie. Le risposte possono variare.

1. Chi è?
2. Chi è?
3. Che analisi è?
4. Chi è?
5. Chi è?
6. Chi potrebbe dare un tale consiglio?
7. Chi è il medico che cura le malattie mentali?
8. Chi è il medico che li segue?
9. Chi è il medico che li cura?
10. Chi ci fa questa raccomandazione?
11. Chi è il medico che ci suggerisce questo?

Lavorazione del formaggio fatto a mano.

Il formaggio

Alcune domande prima di ascoltare

1. **In che modo si distingue la fabbricazione del formaggio?**
2. **Cosa consigliano i medici?**

10.16 Scelta multipla.

1. La scamorza è una specialità _____.
   a. vegetariana **b.** napoletana **c.** nordica
2. L'Italia è considerata un Paese importante per la produzione del _____.
   a. petrolio **b.** formaggio **c.** computer
3. Non bisogna fare uso eccessivo dei formaggi perché potrebbe far male al _____.
   a. fegato **b.** cuore **c.** polmone
4. I medici dicono che bisogna mangiare formaggio con moderazione perché potrebbe alzare il livello di _____
   a. zucchero **b.** proteina **c.** colesterolo

La cucina italiana

Una domanda prima di ascoltare

Quali sono gli ingredienti chiave della cucina italiana?

10.17 Completare la frase con un vocabolo appropriato.

1. Il pomodoro è un elemento base della _____ italiana.
2. Il basilico contribuisce a dare maggiore ricchezza al _____.
3. I pomodori si usano per _____.
4. L'aglio e _____ arricchiscono la cucina italiana.

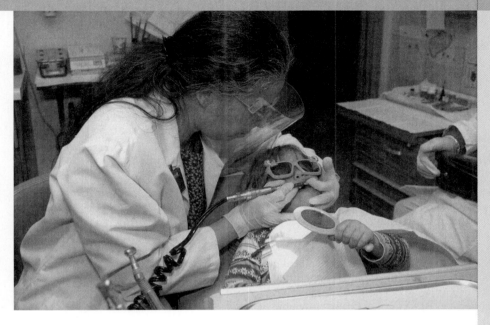

Un dentista mentre cura l'igiene orale di un bambino. Si noti come il dentista sia riuscito a distogliere il bambino dalla paura facendogli mettere degli occhiali da sole e lasciandolo giocare con uno specchio.

Consigli per denti sani

Il dottor Gianfranco Veronesi è un dentista in pensione da circa sette anni. Come contributo alla sua comunità, il dottore visita le scuole della zona una volta al mese per far sì che i bambini imparino l'importanza dell'igiene orale come misura preventiva.

Il dottor Veronesi: Buongiorno, ragazzi. Chi di voi mi può spiegare come si lavano i denti?

Elisa: Io me li lavo così, avanti e indietro, da un lato all'altro. Ma il mio babbo dice che devo usare il metodo verticale, su e giù.

Il dottor Veronesi: Il tuo papà ha ragione, però oggi abbiamo scoperto che il miglior sistema è quello circolare. Ecco, si fa così. Mettete un po' di dentifricio sullo spazzolino e lavate i denti con moto circolare. Adesso, quante volte al giorno dobbiamo usare lo spazzolino?

Marco: Tre volte al giorno. Ma come si fa, dottore, a seguire questa regola, quando non siamo a casa?

Il dottor Veronesi: In effetti è difficile. Se è possibile, dovresti portarti in tasca un piccolo spazzolino. Se ti è impossibile, cerca almeno di lavarti i denti la mattina e la sera, prima di andare a letto. Chi di voi considera l'igiene orale una misura preventiva?

Rossana:	Io mi lavo i denti subito dopo i pasti e i miei fratelli maggiori si passano il filo interdentale tra il dente e la gengiva.
Dario:	Anch'io mi lavo spesso i denti. Mio padre, invece, si sciacqua con una soluzione per eliminare il tartaro.
Il dottor Veronesi:	Bravi, ragazzi! Sono fiero di voi perché vedo che avete ascoltato bene. Per esprimere la mia gratitudine, ho qui per voi un piccolo dono da parte dell'Associazione Dentisti Italiani. Dentro c'è un tubetto di dentifricio, uno spazzolino morbido e un libricino che illustra come spazzolare i denti.

Parliamo un po'

 11.1 Domande sul testo

1. Da quanto tempo è in pensione il dottor Veronesi?
2. In che cosa consiste il suo contributo?
3. Qual è la sua missione?
4. Come spazzola i denti Elisa?
5. Che sistema usa suo padre?
6. Cosa consiglia il dottor Veronesi?
7. Perché è difficile lavarsi i denti tre volte al giorno quando non siamo a casa?
8. Cosa fa d'abitudine Rossana? E i suoi fratelli maggiori?
9. E Dario? E il padre di Dario?
10. Cosa regala l'Associazione Dentisti Italiani?

11.2 Domande personali

1. Dai un contributo alla tua comunità? In che modo?
2. Hai una missione nella vita? Quale?
3. Quante volte all'anno vai dal dentista?
4. Hai mai avuto mal di denti?
5. Hai un metodo preventivo per i denti sani?
6. Che metodo preferisci per lavarti i denti?
7. Quale spazzolino preferisci?
8. Quale dentifricio preferisci?

 11.3 Prepara un elenco del tuo contributo alla società. Come ti rendi utile alla tua comunità?

> **Esempio:** 1. *Aiuto i bambini a leggere. . .*
> 2. *Faccio volontariato in un ospedale. . .*

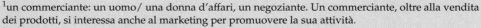

Lettura breve: La valigia

Il signor Benjamin Smith è un commerciante[1] americano che si occupa di[2] prodotti elettronici. Questa settimana è molto irritato perché ha dovuto affrontare[3] un lungo viaggio pur non stando bene. Da alcuni giorni, infatti, sente dei forti dolori ad un molare. È appena arrivato dagli Stati Uniti ed è diretto a Milano per esporre alcune novità alla famosa Fiera[4] di Milano. Nonostante abbia viaggiato con una compagnia

---

[1]un commerciante: un uomo/ una donna d'affari, un negoziante. Un commerciante, oltre alla vendita dei prodotti, si interessa anche al marketing per promuovere la sua attività.

[2]occuparsi di: interessarsi di. Bill Gates si occupa di computer, ma è anche un abile uomo d'affari.

[3]affrontare: combattere, fare fronte a. Dopo aver subito un intervento chirurgico, la signora ha dovuto affrontare un periodo difficile, facendo terapia due volte al giorno.

[4]la fiera: una mostra, un mercato. Il concetto di fiera, dove si possono trovare nuovi prodotti, è molto antico e risale al Medioevo.

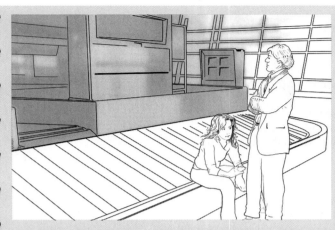

I viaggiatori subiscono spesso lo smarrimento dei bagagli in modo particolare durante l'alta stagione. Nonostante le compagnie aeree facciano del tutto per evitare questo disagio, offrendo alle vittime dei rimborsi monetari, le buone intenzioni non potranno mai alleviare lo stress che una simile situazione comporta. Questo inconveniente potrebbe in qualche modo recare dei disturbi, delle ansie ai viaggiatori?

aerea molto rinomata[5], gli hanno smarrito[6] la valigia. Immaginiamoci quanto tempo prezioso avrà trascorso nel cercare di contattare il personale addetto a questo tipo di situazione. Dopo numerose telefonate di reclamo[7] alla società aerea, infatti, non è ancora riuscito ad ottenere un buon esito[8]. L'idea di passare alcuni giorni senza le proprie cose, potrebbe infastidire[9] chiunque.

Appena arrivato in albergo, il signor Smith continua spietatamente la sua ricerca mettendosi subito in contatto con l'aeroporto. Spesso accade che le segreterie telefoniche[10] possano essere impersonali, nel senso che con questi servizi il cliente, purtroppo si ritrova a seguire le istruzioni di una macchina prima di poter parlare finalmente con un telefonista.

Dopo tante insistenze[11] ed una lunga attesa[12], il signor Smith è riuscito a parlare con un addetto della compagnia aerea che gli ha dato l'assoluta certezza che la valigia gli sarà consegnata[13] entro ventiquattro ore. C'è da aggiungere a questo problema il fatto che il signor Smith ha portato con sé il peso di un dolore al dente che probabilmente lo avrà reso irascibile. Questa considerazione ci suggerisce che esiste una correlazione tra il comportamento[14] umano e la salute di una persona. Nel caso del signor Smith forse non lo sapremo mai. Dagli eventi accaduti, possiamo ipotizzare che il signor Smith non starà attraversando un periodo sereno tanto da permettergli di svolgere il suo lavoro con la massima attenzione.

---

[5]rinomata: famosa, nota. L'Italia è un Paese rinomato per il suo artigianato, i cui lavori sono eseguiti con la massima cura senza dar peso alla produzione in massa.

[6]smarrire: perdere, dissolvere. All'inizio della *Divina Commedia*, Dante dice di essersi smarrito e a sua insaputa interviene Virgilio, noto poeta latino, che cerca di ricondurlo sulla giusta via.

[7]reclamare: contestare, lamentarsi. I viaggiatori reclamano i loro diritti e qualche volta sono pure ascoltati.

[8]esito: risultato, risposta. Gli studenti hanno studiato bene ed hanno avuto dei buoni esiti all'esame.

[9]infastidire: irritare, dar noia. Il caldo eccessivo infastidisce gli abitanti.

[10]la segreteria telefonica: una macchina che riceve messaggi vocali. Quando non c'è nessuno, lascio un messaggio sulla segreteria telefonica.

[11]insistenze: perseveranze, ostinazioni. Dopo tante insistenze, i cittadini sono riusciti a far prevalere le loro iniziative.

[12]l'attesa: pausa, sosta. Possiamo considerare l'attesa come una virtù nel senso che non tutti riescono ad aspettare pazientemente.

[13]consegnare: dare in custodia, affidare. A Madre Teresa è stata consegnata una laurea ad honorem per il suo contributo alla pace e le sue opere in soccorso dei poveri.

[14]il comportamento: condotta, modo di agire. Il comportamento di questi pazienti è esemplare perché, nonostante i loro malanni, riescono a mostrare un atteggiamento positivo.

11.4 Domande sul testo

1. Perché il signor Smith è irritato?
2. Qual è il suo lavoro?
3. Perché è diretto a Milano?
4. Cosa hanno smarrito?
5. Cosa può infastidire una persona?
6. Come ha viaggiato?
7. Perché possono essere impersonali i servizi telefonici?
8. Cosa hanno garantito i responsabili dell'aeroporto?
9. Qual è la vera ragione per cui è irritato il signor Smith?

11.5 Domande personali

1. Hai mai perso un bagaglio?
2. Ti irriti facilmente quando hai un problema?
3. Cosa pensi delle segreterie telefoniche?
4. Fino a quanti minuti puoi aspettare un impiegato al telefono?
5. Ti preoccupi quando hai un problema?
6. Hai mai avuto mal di denti?
7. Hai mai sporto un reclamo?
8. Quali sono stati i risultati?

 11.6 Lascia un messaggio sulla segreteria telefonica. Con il tuo gruppo, prepara una serie di messaggi da lasciare su una segreteria telefonica. Alcuni messaggi dovranno essere informali come, ad esempio, quando lasci detto ad un amico/a di incontrarti da qualche parte. Indica lo scopo della tua telefonata, l'ora in cui ti incontrerai ed altri possibili dettagli. L'altro messaggio, invece, è più formale in quanto devi illustrare un problema di natura commerciale e indicare dettagliatamente la ragione della telefonata e lo scopo che vorresti ottenere.

Vocabolario utile

l'aggressività, arrabbiarsi, l'autocontrollo, l'autonomia, l'autostima, calmarsi, consapevole, controllare la sofferenza, la depressione, essere sinceri, gli eventi traumatici, impulsivo, il malumore, il maniaco, perdere il controllo, il rilassamento, la salute mentale, la sofferenza emotiva, valutare le conseguenze, la violenza

 11.7 Dibattito: in che modo lo stato della salute influisce sul comportamento umano? Secondo gli studi di psicologia, non si esclude che l'ansia, lo stress, l'umore e le anomalie psichico-fisiche di un individuo possano influire sul comportamento umano. Si sente spesso parlare, però, di una stretta correlazione tra il comportamento umano e lo stato di salute di un individuo al punto che, quando sbagliamo noi tendiamo a giustificarci sostenendo che ci tradisce lo stato mentale precario, piuttosto che assumere responsabilità personale per le nostre azioni. Come possiamo attribuire i nostri difetti allo stato di salute problematico? Discuti i pro e i contro dell'argomento. Si raccomanda soprattutto di rispettare le opinioni degli altri durante il dibattito.

Idee

1. Le statistiche dimostrano che una persona su cinque ha bisogno di assistenza medica nel corso della sua vita a causa della depressione. Inoltre, non esiste nessun collegamento tra depressione e violenza.
2. Il rischio di violenza è leggermente più alto per le persone che soffrono di ansie e depressione. Inoltre, esiste un collegamento diretto tra comportamento insolito e malattie mentali.

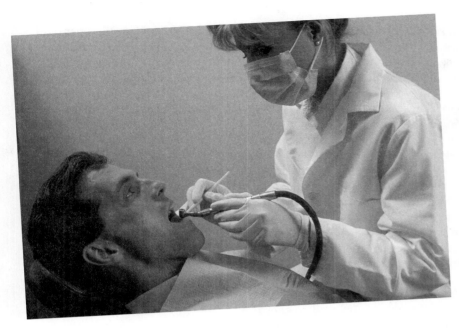

Un dentista mentre usa il trapano per trattare le carie. Questo è un lavoro seccante ma indispensabile che spesso dà fastidio al paziente.

Un po' di lettura autentica

Hai paura del dentista? Ecco l'anestesia generale (o narcosi) e la sedazione[1] conscia. Cosa fare, come superarla e cosa significa la fobia del dentista

del Dott. Cesare Paoleschi

All'origine del terrore che molti adulti provano anche quando solo pensano al dentista vi sono spesso le brutte esperienze subite[2] da bambino durante le prime cure odontoiatriche. Infatti, un dottore poco paziente può rovinare[3] il rapporto di fiducia che si deve creare col giovane paziente, e questo ricordo di un rapporto brutto fatto di paura e dolore rimane per sempre. Non c'è da stupirsi[4]. La stessa cosa avviene quando un bambino incontra un cattivo insegnante a scuola che gli fa detestare una materia[5] che magari invece sarebbe potuta risultare interessante.

Cattivi dottori e cattivi insegnanti possono fare grossi danni[6] nella vita di un bambino. In generale si può dire che se il bambino non riesce a stabilire un senso di fiducia col dentista è sicuramente meglio non insistere ma piuttosto

---

[1]la sedazione: sedativo, anestesia. Per evitare rischi, il medico consiglia al paziente di non guidare mentre è ancora sotto l'influenza della sedazione.

[2]subire: affrontare, patire. Il numero delle donne e dei bambini che subiscono delle ingiurie è notevolmente alto nei Paesi sottosviluppati.

[3]rovinare: distruggere, danneggiare. Alcuni studenti hanno rovinato la festa distribuendo bevande alcoliche.

[4]stupire: meravigliare, impressionare. Un atleta completamente sconosciuto ha stupito il pubblico per aver vinto la maratona con un bellissimo distacco rispetto ai favoriti della corsa annuale.

[5]la materia: disciplina, soggetto. L'italiano è una delle materie preferite dagli studenti americani di lingua straniera.

[6]il danno: male, lesione. È risaputo da anni che il fumo causa danni ai polmoni.

provare un altro approccio. Accorciare[7] le sedute[8], gratificare il bambino per ogni piccolo passo avanti fatti ogni volta, insomma conquistare la fiducia del bambino e soprattutto non tradirlo[9] mai. Niente è più devastante che dire ". . . non sentirai nulla!" e poi a tradimento . . . zac la puntura. Meglio dirgli semmai ". . . sentirai un dolorino piccolo piccolo che puoi sopportare[10]" e magari poi impegnarsi[11] con un anestetico locale e un po' di destrezza, a far sì che veramente non senta nulla durante l'iniezione[12].

Quando vi sono state esperienze di questo tipo rimane nel paziente, ormai adulto, lo stesso stato di ansia e di terrore che provava[13] da bambino. In genere con qualche colloquio[14] si riesce a vincere questa paura e a far capire al paziente che ora, contrariamente ad allora è lui che comanda: in qualsiasi momento può alzarsi e interrompere la seduta. In ogni caso è suo evidente diritto chiedere di non sentire alcun dolore. Questo in verità sarebbe dovuto succedere anche quando era solo un bambino . . .

Comunque, per paure irragionevoli e incontrollabili si può utilizzare la narcosi, cioè una procedura che permette di dormire placidamente mentre il dentista fa il suo lavoro. Il paziente, infatti, viene addormentato con un gas e non ricorda più quello che succede. E' necessario però che l'anestesia generale sia fatta in strutture abilitate[15] e da un medico anestesista.

La narcosi è certamente il trattamento preferito quando si devono inserire impianti[16] endoossei° a supporto di nuovi denti, oppure nel caso si debbano eseguire interventi speciali come allungare[17] o accorciare la mandibola o la mascella, o per pazienti affetti da deficit mentali dai quali non si può ottenere la necessaria collaborazione. In genere il paziente dopo le opportune visite e controlli può essere operato in anestesia generale e rimandato a casa la sera stessa. Se invece l'intervento[18] è più complesso, allora è preferibile restare un paio di giorni in osservazione. In realtà non è il trattamento più usato per i pazienti che hanno paura. Come vedremo ci sono altre possibilità. Però attenzione: a chi il dentista fa tanta paura, fa sicuramente piacere sapere che esiste anche questa possibilità. Sarà lui solo a decidere se utilizzarla o provare ad affrontare e magari vincere la paura del dentista.

°tecnica chirurgica; impianto dentale

---

[7]accorciare: ridurre, diminuire. Gli autisti cercano sempre di accorciare il tragitto specialmente durante le ore di punta.

[8]la seduta: visita, appuntamento. Ho avuto la mia prima seduta dallo psicologo per cercare di alleviare le mie ansie.

[9]tradire: ingannare, violare. È sconcertante sapere che molti uomini politici spesso tradiscono lo spirito della costituzione.

[10]sopportare: soffrire, patire. Non sempre è facile sopportare il caldo eccessivo.

[11]impegnarsi: sforzarsi, dedicarsi. Il professore è pienamente soddisfatto del suo lavoro perché gli studenti si sono impegnati al massimo durante tutto l'arco del corso.

[12]l'iniezione: puntura, inoculazione. Spesso i bambini preferiscono essere invisibili per non sottomettersi alle iniezioni.

[13]provare: sentire, avvertire. Bisogna provare per credere, ma in quel ristorante si mangia divinamente.

[14]il colloquio: chiacchierata, dialogo. Dopo un breve colloquio i due nemici si sono dati la mano.

[15]abilitato: autorizzato, approvato. L'amministrazione della pubblica istruzione ha abilitato nuovi professori di lingua italiana.

[16]l'impianto: apparato, installazione. Per alcuni pazienti affetti da malattie cardiache, optare per un impianto di stent non è più una scelta ma un intervento essenziale.

[17]allungare: ampliare, aumentare. L'età media si sta allungando sempre di più grazie ai progressi della medicina avvenuti in questi ultimi anni.

[18]l'intervento: operazione chirurgica. Dopo l'intervento chirurgico, i medici hanno tenuto una conferenza stampa sulle condizioni di salute del presidente.

Esiste anche un'altra metodica che aiuta a vincere la paura e utilizza un apparecchio[19] che permette di respirare una miscela di protossido di azoto e ossigeno. Questa tecnica si chiama *sedazione conscia* proprio perché il paziente rimane sempre sveglio e consapevole di cosa sta accadendo. È possibile utilizzarla in studio, durante una normale seduta dentistica e determina nel paziente uno stato di rilassatezza[20] e di calma, assieme a una leggera insensibilità della mucosa e delle gengive. Si tratta di una lieve sensazione di assopimento° sufficiente a eseguire con iniezioni anestetiche senza sentire alcun dolore durante la penetrazione dell'ago[21]. Di solito poi, dopo qualche seduta il paziente non ha più paura e non ha più bisogno di questa procedura.

°*sonnolenza*

[19]*l'apparecchio*: apparato, meccanismo. Per i pazienti affetti da tumori della laringe, esistono degli apparecchi che facilitano la comunicazione attraverso le vibrazioni sonore.

[20]*la rilassatezza*: rilassamento, riposo. L'obiettivo di una vacanza ideale è quello di raggiungere uno stato di completa rilassatezza.

[21]*l'ago*: puntura. Alcune persone hanno paura della penetrazione dell'ago.

11.8 Domande sul testo

1. In che modo gli episodi dell'infanzia possono influire sul comportamento adulto?
2. Perché gli adulti dovrebbero avere un po' più di pazienza verso i bambini?
3. Quali sono alcune alternative per stabilire maggiore fiducia con i bambini?
4. Perché gli adulti dovrebbero avere un atteggiamento onesto verso i bambini?
5. In che modo il dialogo con i bambini migliora il rapporto con gli adulti?
6. La narcosi quando si può utilizzare?
7. Che cos'è la narcosi?
8. In che cosa consiste la sedazione conscia?
9. Come si può sconfiggere la paura del dentista?

11.9 Domande personali

1. C'è stato un episodio della tua infanzia che ha influito o influisce ancora sul tuo comportamento da adulto/a?
2. Hai delle fobie?
3. Hai mai perso la pazienza quando hai a che fare con bambini?
4. Sei permissivo/a o severo/a con i bambini?
5. In che modo il dialogo è la forma più efficace per stabilire dei buoni rapporti umani?
6. Hai paura quando vai dal dentista?
7. Che tipo di atteggiamento vorresti che il tuo dentista manifestasse nei tuoi confronti?
8. Hai mai avuto un'esperienza positiva dal dentista?
9. Negativa?
10. Quali sono i pro ed i contro della sedazione?
11. Come si possono vincere le paure?

11.10 Con il tuo gruppo prepara un racconto sulle tue esperienze dal dentista e su come hai fatto per vincere la paura dal dentista.

11.11 Presentazione in classe: le cose che ci irritano. Scrivi una presentazione sulle situazioni che possono irritare le persone. Crea una sequenza d'immagini ed illustra in classe alcuni aspetti del comportamento umano che spesso contribuiscono a far perdere l'autocontrollo.

Esercizio di scrittura creativa

11.12 La mia missione. Ognuno di noi ha delle aspirazioni nella vita, alcune delle quali possono essere modeste ed altre, invece, possono addirittura valere più della vita. In un componimento, scrivi come le tue aspirazioni potrebbero diventare una missione di vita.

11.13 Una lettera di protesta. Da molti anni viaggi in aereo con una compagnia aerea abbastanza conosciuta. Sebbene tu abbia avuto dei disappunti in passato per quanto riguarda gli occasionali ritardi dovuti al maltempo e ai soliti fastidi che un viaggio aereo può comportare, questa volta la tua tolleranza ha raggiunto i limiti. Hai deciso di fare reclamo non solo per le valigie che ti hanno smarrito ma soprattutto per il modo freddo in cui la compagnia ti ha trattato. Scrivi una lettera ai responsabili della compagnia aerea, spiegando dettagliatamente il problema e la ragione per cui hai deciso di non utilizzare più i loro servizi.

🔊 I dolci

Una domanda prima di ascoltare

In che modo il dolce italiano si distingue?

11.14 Rispondere con **Vero** o **Falso** alle seguenti domande. Se falso, correggi!
1. Tutte le regioni italiane fanno gli stessi dolci.
2. La cassata è un dolce regionale a base di ricotta e mandorle.
3. La sfogliatella è un dolce napoletano.
4. La crostata alle castagne è un dolce siciliano.
5. I dolci fanno bene ai denti.

🔊 L'uomo dei ghiacci

Una domanda prima di ascoltare

Cosa possiamo osservare attraverso l'uomo dei ghiacci?

11.15 Completare la frase con un vocabolo appropriato.

1. Da questo aneddoto si può dedurre che _____ cotti rappresentano un traguardo positivo con il miglioramento della salute dell'uomo.

2. _____ di quest'uomo non ha subito alcuna alterazione grazie in parte al ghiaccio che lo ha protetto dalla putrefazione.

3. In linea di massima, possiamo dedurre che _____ dei nostri denti favoriscono una buona prevenzione.

4. Da questo *cenno culturale* possiamo ipotizzare che le escursioni in montagna portano delle _____.

Questa immagine illustra alcuni esseri umani del periodo preistorico. La loro attività quotidiana ebbe molto in comune con l'uomo dei ghiacci.

L'erboristeria

CAPITOLO 12

Un'erboristeria.

L'erboristeria

In questi ultimi anni, le erboristerie in Italia si sono moltiplicate. Gli italiani hanno capito che le erbe possono rappresentare un'alternativa salutare alla medicina tradizionale. L'uso dei farmaci per combattere le infezioni non sempre giova all'uomo in quanto questi comportano effetti collaterali che possono causare altri danni alla salute. Tuttavia, bisogna trovare un equilibrio tra la scienza e le erbe. È necessario ricorrere al consiglio del medico. Non possiamo cercare di curarci solo perché si legge che un'erba può guarire una malattia. Come in tutte le cose, bisogna affidarsi al buon senso.

Fernando: Ti avviso che d'ora in poi non dimenticherò più nulla. La mia memoria migliorerà. Finalmente ho scoperto un'erba magica che aiuta a rafforzare le cellule del cervello. Sai che cos'è? È una pianta orientale.

Fedora: Ma senz'altro! Stai parlando del ginkgo biloba. Ma certamente! Tutti ne parlano con grande entusiasmo. A mio avviso, però, il miglior metodo per sviluppare la memoria è quello di pensare, riflettere ed usare il cervello al massimo.

Filippo: Hai pienamente ragione. L'uomo moderno cerca di risolvere tutti i problemi fisici con le pillole. Così abbiamo l'atleta che usa medicinali per riabilitare il suo fisico, il paziente che si cura con le erbe senza il medico e via di seguito!

Filomena: L'uso delle erbe è un metodo molto efficace perché è molto antico ed è un'alternativa alla medicina tradizionale. Tuttavia dobbiamo far attenzione a non abbandonare la medicina tradizionale, altrimenti rischiamo di mettere in pericolo la nostra salute.

Parliamo un po'

 12.1 Domande sul testo

1. Cosa si è moltiplicato in questi ultimi anni?
2. Che scelta possiamo fare?
3. Che effetti possono causare i farmaci?
4. Che rischio si corre con le erbe?
5. Cosa ha scoperto Fernando?
6. Che problemi ha?
7. Cosa suggerisce Fedora?
8. L'uomo moderno come vuole risolvere i problemi fisici?
9. Che rischio si corre secondo Filomena?

12.2 Domande personali

1. Fai uso d'erbe per curare la tua salute?
2. Hai fiducia nella medicina tradizionale?
3. Hai mai avuto una reazione ai farmaci? Quale?
4. Hai mai cercato di curarti da solo/a?
5. Per quale motivo vai dal dottore?
6. Cosa prendi quando hai un'infezione alla gola?

 12.3 Un rimedio tradizionale. Fai un elenco di alcuni rimedi tradizionali usati nella tua famiglia per curare malanni comuni, come un raffreddore, un mal di testa, ecc.

Il tipo di malanno	Il rimedio tradizionale
_____	_____
_____	_____
_____	_____

Vocabolario utile

l'agopuntura, gli antibiotici naturali, l'approccio, l'armonia, convenzionale, curare, debilitare, gli effetti collaterali, l'effetto placebo, le erbe, il farmaco, funzionale, guarire, incompatibile, l'inutilità, l'omeopatia, l'organismo, promuovere, il rapporto medico-paziente, i rimedi naturali, ristabilire, la sfiducia dei medici, il vantaggio terapeutico, tonico

12.4 Dibattito: sono efficaci i prodotti omeopatici? La medicina moderna non sempre accetta i prodotti omeopatici. In che modo è giusto legittimare l'uso dei prodotti omeopatici? In linea di massima, i medici sconsigliano l'uso dei prodotti omeopatici in alternativa alla medicina moderna e sono pochissimi gli scienziati che cercano di integrare la medicina moderna con i rimedi naturali. Discuti i pro e i contro dell'argomento. Dividere la classe in due gruppi per commentare il risultato. Illustrare il proprio punto di vista. Si raccomanda soprattutto di rispettare le opinioni degli altri durante il dibattito.

Idee

1. Molti medici sostengono che la cosiddetta medicina alternativa non produce alcun beneficio per i pazienti e, come tale, non è una terapia suscettibile di verifica scientifica. L'unico vantaggio è forse quello di dare al paziente una sicurezza psicologica.
2. Senza escludere, naturalmente, i benefici che la medicina moderna offre al paziente, l'omeopatia può contribuire alla cura di alcune malattie laddove la scienza non è ancora in grado di risolvere alcune problematiche.

Alcuni ciclisti mentre pedalano in una piazza di Ferrara. In questa città quasi tutti usano la bicicletta come principale mezzo di trasporto.

Lettura breve: In bicicletta

Andare in bicicletta è un buon metodo per rilassarsi[1]. Molti medici, infatti, dicono che una passeggiata in bici fa bene alla salute. La famiglia Ranieri, per molti aspetti, rappresenta le tipiche abitudini[2] degli italiani. Luciano e Angela sono due professionisti e abitano in città. Lui è un architetto e lei è una professoressa di scuola media[3]. Hanno un bambino di sedici mesi, Robertino, che è molto vivace. Durante la settimana, il lavoro, le faccende quotidiane[4] e la responsabilità dell'essere genitori sono causa di molta tensione. Luciano è impegnato[5] con il suo lavoro e molte volte ritorna a casa tardi. Angela non ha vita facile a scuola, dove i suoi studenti esprimono tutti i peggiori atteggiamenti dell'adolescenza.

Nel fine settimana, dunque, tutta la famiglia va in bicicletta per alleviare lo stress.

Prima di partire, Angela prepara un'abbondante colazione con la marmellata[6] alle fragole fatta in casa. Dopodiché, la famiglia si avvia in macchina in una località campestre[7], dove si può pedalare[8] per diversi chilometri senza correre il rischio d'incidenti stradali. È una bellissima giornata primaverile con

---

[1]rilassarsi: riposarsi, distendersi. La sera mi rilasso leggendo un buon libro accanto al camino.

[2]le abitudini: i costumi, le usanze. Andare in vacanza ad agosto è un'abitudine degli italiani.

[3]la scuola media: periodo d'istruzione tra gli undici e i tredici anni. Marisa ha tredici anni e frequenta una scuola media non molto distante da casa sua.

[4]le faccende quotidiane: i lavori del giorno. Alessandra aiuta la sua mamma nelle faccende quotidiane come, ad esempio, passare l'aspirapolvere, fare la spesa e pulire la sua stanza.

[5]impegnato: indaffarato, occupato. Mario lavora molto perché è impegnato con gli studi dalla mattina alla sera.

[6]la marmellata: conserva di frutta, confettura. Mi piace la marmellata di mirtilli; secondo i medici, fa bene alla salute.

[7]località campestre: zona situata in campagna, zona rurale. Andiamo in vacanza in una località campestre lontana dalla congestione urbana.

[8]pedalare: andare in bicicletta. Lance Armstrong si è distinto per aver pedalato con molta abilità nei momenti più difficili.

una temperatura piuttosto mite. Angela si sente forte e pedala senza alcun problema fisico. Robertino si diverte seduto sul sedile posteriore[9] dietro il padre e guarda il panorama di campi con i loro animali. La coppia parla del più e del meno. Luciano racconta alla moglie che in questo periodo sta costruendo una nuova chiesa e che, durante gli scavi[10], gli operai[11] hanno scoperto un tempio romano risalente[12] al primo secolo dopo Cristo. Angela, dal canto suo, si lamenta che a scuola lotta con studenti spesso svogliati[13].

La gita prosegue meravigliosamente bene e tutta la tensione, che si era accumulata nel corso della settimana lavorativa, sembra essersi dissipata. Sennonché, Robertino comincia a piangere e così Angela si rende conto che il ruolo di mamma non le lascia molto tempo a disposizione per rilassarsi.

---

[9]sul sedile posteriore: il sedile di dietro. Il bambino viaggia sul sedile posteriore mentre la mamma pedala con tranquillità.

[10]gli scavi: buche, aperture. Gli archeologi raccolgono dei reperti negli scavi e, al termine della giornata, fanno un resoconto delle testimonianze che hanno raccolto.

[11]gli operai: lavoratori, manovali. Gli operai lavorano cinque giorni alla settimana ma se necessario si mettono a disposizione anche durante il week-end.

[12]risale: ha origine, appartiene ad un periodo storico. Il Colosseo risale al primo secolo dopo Cristo, un periodo durante il quale i romani costruirono molti edifici e strade.

[13]svogliati: indolenti, negligenti. Chissà perché, ma gran parte degli studenti sembra svogliata quando si arriva al venerdì, senza alcuna voglia di lavorare.

12.5 Domande sul testo

1. Qual è un buon metodo per rilassarsi?
2. Perché?
3. Dove abita la famiglia Ranieri?
4. Quale professione esercita il marito?
5. Da quante persone è composta la famiglia?
6. Com'è il bambino?
7. Perché non sono motivati gli studenti?
8. Quando vanno in bicicletta?
9. Per quale ragione?
10. Perché è importante fare esercizio?

12.6 Domande personali

1. Hai una bicicletta?
2. Sei mai andato in bicicletta?
3. Hai un buon metodo per rilassarti?
4. Dove abiti?
5. Che lavoro fai?
6. Hai un bambino?
7. Cosa fai per alleviare lo stress?
8. Sei mai stato vivace da bambino?
9. Che cosa mangi a colazione?

 12.7 Rilassarsi. Fai un elenco dei metodi di rilassamento ed indica i benefici.

	Diversivo	**Benefici**
ESEMPIO:	La passeggiata	Fa bene al cuore

Un po' di lettura autentica

Secondo una ricerca svizzera pubblicata dalla rivista Lancet, non c'è differenza tra un farmaco naturale e un bicchiere d'acqua

Scontro[1] sulla medicina alternativa "L'omeopatia? Solo un placebo"

di Fabrizio Ravelli

L'editoriale di *Lancet*, una delle più autorevoli riviste mediche al mondo, ha un titolo che sembra definitivo: "La fine dell'omeopatia". Il principe Carlo farà un salto sulla sedia, visto che ha appena commissionato uno studio per convincere il governo a investire di più nella medicina alternativa. E con lui decine di milioni fra medici e pazienti filoomeopatici nel mondo avranno una brutta sorpresa.

La scelta tra la medicina moderna e quella alternativa non è sempre facile.

Lancet pubblica una ricerca dell'Università di Berna, secondo la quale, una sperimentazione incrociata[2] dimostra che i farmaci omeopatici hanno un'efficacia solo illusoria, pari[3] a quella del placebo e cioè dell'acqua fresca. Difficile immaginare che i seguaci[4] della medicina fondata alla fine del '700 dal dottor Samuel Hahnemann, a questo punto, facciano ammenda[5] e buttino nella spazzatura[6] tinture e preparati ultra-diluiti. Ma certo quello inferto[7] dal dottor Matthias Egger e dai suoi colleghi è un duro colpo.

I ricercatori svizzeri hanno paragonato i risultati di 110 trattamenti omeopatici con altrettante somministrazioni[8] di farmaci convenzionali, in un ampio spettro di situazioni, dalle affezioni respiratorie alla chirurgia[9]. Hanno scoperto che l'omeopatia non ha effetti più rilevanti del placebo. Più in dettaglio, a Berna dicono che, mentre nella sperimentazione su bassa scala (e quindi qualitativamente inferiore) s'è accertata una certa prevalenza degli effetti dell'omeopatia sul placebo, su una scala più ampia c'è stato il pareggio[10]: nessuna differenza fra prodotti omeopatici e acqua fresca. I farmaci convenzionali, invece, hanno vinto entrambe le partite[11].

---

[1] lo scontro: disputa, urto. La medicina alternativa rappresenta un approccio diverso alla cura delle malattie rispetto alla medicina tradizionale e questa divergenza provoca spesso uno scontro tra le due scienze.

[2] incrociare: sovrapporre, ibridare. Alcuni pazienti chiudono gli occhi e incrociano le dita prima di entrare in sala operatoria.

[3] pari: identico, uguale. Il mio medico non crede che ci sia una pari validità tra la medicina alternativa e quella istituzionale.

[4] il seguace: discepolo, aderente. I medici moderni possono essere considerati i seguaci di Ippocrate, colui che descrisse nel V secolo a.C. la responsabilità professionale del medico.

[5] l'ammenda: scusa, rettifica. È probabile che quando si cerca una seconda opinione medica il nuovo dottore faccia un'ammenda della prima diagnosi.

[6] la spazzatura: immondizia, sporcizia. Il sindaco della città ha imposto delle multe salate a coloro che buttano la spazzatura nelle strade.

[7] inferto: inflitto, causato. L'industrializzazione ha inferto un duro colpo alla coltivazione biologica delle erbe aromatiche.

[8] la somministrazione: distribuzione, assegnazione. La somministrazione delle vitamine deve essere svolta con giudizio e cautela.

[9] la chirurgia: operazione, intervento. Gli atleti che si sottopongono ad interventi chirurgici sono molti.

[10] il pareggio: uguaglianza, equivalente. La mia squadra di calcio ha ottenuto un prezioso pareggio contro un avversario molto forte.

[11] la partita: incontro, competizione. Anziché auspicare sportività e armonia, le partite di calcio spesso finiscono con scontri violenti tra i tifosi.

Insomma, secondo Egger e colleghi, l'omeopatia funziona solo se ci credi. L'editoriale di *Lancet*, che si apriva con quel titolo sulla morte dell'omeopatia, conclude in maniera più salomonica[12]: "Bisogna che i dottori siano chiari e onesti con i loro pazienti sull'assenza di benefici dell'omeopatia e con se stessi sulla debolezza[13] della medicina moderna nel prendere atto del bisogno di attenzione personalizzata da parte dei loro pazienti". Un giudizio che coglie[14] le debolezze scientifiche dell'omeopatia, ma anche la ragione del suo successo.

In Gran Bretagna, per esempio, ci sono più di 47 mila praticanti dell'omeopatia, più dei medici generici. Il 42 per cento dei medici generici indirizza[15] pazienti alle cure di un omeopata. In Scozia, l'86 per cento è in favore dell'omeopatia. Tutto il settore della medicina alternativa è in grande espansione: i britannici spendono attualmente 130 milioni di sterline all'anno per queste cure (dall'agopuntura, alle erbe, alla riflessologia[16]), ma si stima che questa spesa salirà fino a 200 milioni nei prossimi quattro anni. Lo studio commissionato dal principe Carlo, che gli ha attirato critiche violentissime dagli ambienti scientifici, mira[17] a dimostrare che la medicina alternativa potrebbe far risparmiare 3,5 miliardi di sterline al servizio sanitario pubblico.

La ricerca pubblicata da *Lancet*, verosimilmente, non chiuderà affatto l'eterna discussione sui benefici dell'omeopatia. Va avanti da circa 200 anni, da quando il tedesco dottor Hahnemann cominciò a sperimentare il principio "similia similibus curantur" (espressione omeopatica che significa: il simile cura il simile), e cioè la cura delle malattie utilizzando in altissima diluizione le sostanze che ne erano all'origine. Erano, bisogna ammettere, gli anni dei salassi, delle purghe[18] e delle sanguisughe. Anche le sostanze che Hahnemann provò a diluire erano a volte particolari: c'erano estratti di "mustela phoetida" (ghiandola[19] anale di puzzola), "periplaneta americana" (scarafaggio) e "pediculus capitis" (pidocchio)[20].

La diluizione elevatissima dei preparati omeopatici fa sì che, spesso, non resti nel preparato nemmeno una molecola del principio originario. Ma gli omeopati credono che esista una "memoria dell'acqua", in grado di trattenere la capacità di produrre benefici. E sono decenni che intorno all'omeopatia si accendono dispute scientifiche. E, per stare all'Italia, si ricorda il processo intentato contro Piero Angela da due associazioni di omeopati, per una puntata di Superquark[21]. Angela ebbe la solidarietà di scienziati come Dulbecco, Levi Montalcini e Sirchia. I giudici lo assolsero.

---

[12]salomonico: saggio. Dopo l'operazione, il chirurgo ha dato un giudizio salomonico sulle condizioni critiche del paziente senza sbilanciarsi troppo.

[13]la debolezza: difetto, punto debole. Una delle debolezze della cosiddetta medicina alternativa è che non ha l'appoggio della comunità scientifica.

[14]cogliere: raccogliere, afferrare. Purtroppo non sempre i pazienti sanno cogliere i buoni consigli del medico.

[15]indirizzare: orientare, dirigere. Alcuni medici, oltre ad offrire cure convenzionali, prescrivono ai loro pazienti di sottoporsi a dei trattamenti omeopatici.

[16]la riflessologia: massaggio terapeutico. La riflessologia adopera gli stessi principi di terapia naturale utilizzata dall'agopuntura.

[17]mirare: puntare, volere raggiungere. I farmaci mirano a dare risultati immediati, mentre per le piante aromatiche si tratta di un processo che richiede molto più tempo.

[18]la purga: lassativo, purificazione. La purga veniva usata in passato per disintossicare l'organismo.

[19]la ghiandola: organo che ha secrezione interna. L'infiammazione di una ghiandola indica che qualcosa non funziona nel nostro organismo.

[20]il pidocchio: insetto. Il pidocchio si trova sulla cute del capo e spesso si diffonde tra i bambini delle scuole elementari.

[21] Superquark è un programma televisivo molto serio di argomenti scientifici.

12.8 Domande sul testo

1. In che cosa consiste la critica della rivista svizzera *Lancet* per quanto riguarda la credibilità dell'omeopatia?
2. Secondo la critica, perché dovranno avere paura quelli che usano prodotti omeopatici?
3. In che cosa consiste l'esperimento di Berna?
4. Chi era Samuel Hahnemann?
5. Secondo le ricerche di Egger, che differenza c'è tra i prodotti omeopatici e i farmaci convenzionali?
6. Secondo la ricerca, come funzionano i prodotti omeopatici?
7. Perché il giudizio espresso dall'editoriale *Lancet* non è poi tanto negativo nei confronti dell'omeopatia?
8. Da cosa deduciamo che in Gran Bretagna l'omeopatia è utilizzata con regolare frequenza?
9. Chi ha commissionato la ricerca?
10. Su quali principi si basava il trattamento di Hahnemann?
11. Quale attività svolgono Dulbecco, Levi Montalcini e Sirchia?
12. Quale accuse sollevarono a Piero Angela?

12.9 Domande personali

1. Hai mai usato dei prodotti omeopatici?
2. Credi nella loro efficacia?
3. Quali obiezioni hai riguardo i prodotti omeopatici?
4. Che ne pensi della medicina convenzionale?
5. Come possiamo integrare la medicina alternativa in quella convenzionale?

 12.10 La mia esperienza con la medicina alternativa. Con il tuo compagno/a di classe, fai un elenco delle volte che sei ricorso alla medicina alternativa e indica i successi e gli insuccessi che hai ottenuto da questo tipo di trattamento.

Esperienza positiva	Esperienza negativa

ESEMPIO: 1. Alcuni mesi fa, ho avuto un forte mal di gola. Anziché correre subito dal medico, ho deciso di andare in erboristeria dove mi hanno suggerito uno sciroppo a base di erbe aromatiche. Dopo una settimana, il mal di gola è sparito!

2. Qualche tempo fa, ho preso una leggera forma di bronchite. Avevo una forte tosse e non riuscivo a concentrarmi nel lavoro. In erboristeria mi hanno suggerito alcune pillole omeopatiche, ma dopo tre giorni non ho visto alcun miglioramento. Sono dovuto andare dal medico che mi ha prescritto degli antibiotici. Il giorno dopo ero subito in grado di riprendere il lavoro!

12.11 Presentazione in classe: una gita immaginaria in bicicletta. Scrivi un brano su una gita immaginaria in bicicletta. Crea una sequenza d'immagini e illustra in classe alcuni itinerari della tua escursione in bici. Cita i dettagli della gita, le attività, i luoghi visitati, la durata e le cose che hai scoperto.

Esercizio di scrittura creativa

12.12 Siamo la civiltà dell'immediata gratificazione. Abbiamo sviluppato una cultura che pretende la guarigione il prima possibile, senza aspettare. Secondo le statistiche, gli italiani spendono miliardi di euro solo per curare un semplice raffreddore e le piccole allergie, senza parlare poi delle diete. Le case farmaceutiche spendono altrettanti miliardi per far sì che i loro prodotti accontentino i pazienti, desiderosi di avere un'immediata gratificazione. Insomma, siamo un popolo che sembra abbia perso il senso della misura. Scrivi se quest'atteggiamento sia soltanto un caso temporaneo oppure un segnale molto più profondo che dovremmo analizzare con più serietà.

12.13 Che faresti se avessi l'opportunità di cambiare le cose? Hai mai immaginato le cose che faresti se avessi l'opportunità, il tempo, il potere o magari i soldi per farle? Cosa cambieresti della tua vita? Descrivi le cose che vorresti fare se ne avessi l'occasione. In che modo metteresti il tuo talento e le tue idee al servizio della società?

La qualità della vita

Una domanda prima di ascoltare

In che modo la qualità della vita è migliore rispetto al passato?

12.14 Rispondere con **Vero** o **Falso** alle seguenti domande. Se falso, correggi!

1. I nostri nonni vivevano più a lungo di noi.
2. La durata della vita è cambiata rispetto ai nostri nonni.
3. È molto difficile oggi trovare una persona che viva fino a cento anni.
4. Secondo i medici, camminare spesso fa bene alla salute.
5. La vita sedentaria comporta dei rischi.

Un farmacista mentre spiega ad un paziente l'uso di un farmaco.

Il farmacista

Una domanda prima di ascoltare

Quali mansioni svolge un farmacista?

12.15 Completare la frase con un vocabolo appropriato.

1. In molte circostanze, il _____ svolge il ruolo di medico.
2. Nei piccoli _____ di provincia i farmacisti svolgono un ruolo importante.
3. I farmacisti spesso hanno la fiducia dei _____.
4. I farmacisti sono _____.
5. Un farmacista ha la libertà di agire come _____ in certe circostanze.

Il castello aragonese di Isola Capo Rizzuto, in Calabria, rappresenta una delle tante fortezze che nei secoli diedero asilo agli abitanti in momenti critici.

◀)) Guardia Piemontese

Una domanda prima di ascoltare

In che modo si distingue Guardia Piemontese?

12.16 Rispondere con **Vero** o **Falso** alle seguenti domande. Se falso, correggi!

1. Le fortezze erano usate per accogliere la gente durante momenti di festa.
2. La comunità di Guardia Piemontese vanta una lunga tradizione di origine addirittura spagnola.
3. Gli abitanti di questo grazioso paese diedero subito soccorso ai valdesi.
4. La lingua d'oc è una lingua romanza con radici piemontesi.

INTRODUZIONE ALLA LETTERATURA ITALIANA

L'ingrediente perduto
di Stefania Aphel Barzini. Sonzogno Editore, 2009

L'AUTRICE Nata a Roma nel 1952, Stefania Aphel Barzini si dedica alle attività gastronomiche e alla narrativa. In questo ruolo, ha insegnato corsi sulla cucina regionale italiana, sia in Italia che all'estero. Ha trascorso alcuni anni in America, dove ha contribuito notevolmente presso l'Istituto Italiano di Cutlura a Los Angeles nell'insegnamento di arte culinaria. Ha scritto molti articoli e libri, uno dei quali presenta una rassegna di cinquant'anni di storia sui costumi e le abitudini culinarie degli italiani. *Così mangiavamo*, pubblicato nel 2006, rappresenta un'invitante narrativa perché oltre ad offrire degli spunti biografici dell'autrice, quest'opera è anche una riflessione sul rapporto che l'italiano ha con il cibo e la trasformazione della cucina italiana avvenuta subito dopo la Seconda Guerra Mondiale, la quale potrebbe aver avuto delle conseguenze sull'aspetto qualitativo della salute per molti italiani.

L'ingrediente perduto è un romanzo affascinante che racconta la saga di una famiglia o, meglio dire, di donne che affrontano le loro vicende attraverso gli anni, tra la Sicilia e l'America.

RACCONTO

Hoboken, 14 maggio 1973

Cara Sandy,
immagino la sorpresa nel ricevere questa lettera! Sono stupita anch'io che la scrivo. Chissà quando la leggerai, non ho il tuo indirizzo e non saprei dove spedirtela. La lascerò qui, a casa, perché sono sicura che alla fine ti farai viva. Per quale motivo mi faccio sentire solo ora, quando fra noi ormai c'è il silenzio? Be', non l'ho fatto prima perché dopo quel pomeriggio di cui ancora oggi ricordo solo di aver litigato con Sonny e la tua fuga°, dopo quella tua spaventosa sfuriata° insomma, mi è sembrato di capire che tu non volessi più saperne di me. Non credevo saresti andata via per sempre. Mi sbagliavo. Sei una gabbadotz, una testa dura.

Comunque non preoccuparti, non è nulla di serio. Di tragico forse sì, ma di serio no.

° *l'abbandono precipitoso di un luogo / scoppio d'ira*

Ieri sono stata dal dottor Reuter. Da mesi mi accadevano cose strane. Iniziò tutto un pomeriggio in cui, pensa un po', decisi di cucinare. Volevo preparare la parmigiana di melanzane. Sì, quella di Nanna Rosalia. Da quando mia madre non vive più con me ho fatto pace con la sua cucina e adesso mi tocca ammettere che quel cibo rifiutato per anni aveva qualcosa di divino. Quel pomeriggio all'improvviso restai con la padella a mezz'aria. Non ricordavo più come si faceva. Avevo dimenticato l'abc. Guardavo i fornelli neanche fossero dischi volanti, oggetti venuti da un pianeta sconosciuto, muti nell'attesa di portarmi con loro in un'altra galassia.

° senso di smarrimento / riempirmi / cadere come quando si perde l'eliquilibrio

Lo spaesamento° non durò molto, due o tre minuti, abbastanza per colmarmi° di terrore, quasi che la terra mi scivolasse° via da sotto i piedi.

Poi iniziarono a scomparire gli oggetti. Cose d'uso comune prendevano il volo come le rondini di primavera. L'orologio da polso, per esempio, sparì dal comodino dove lo posavo ogni sera per materializzarsi qualche giorno dopo nel barattolo dello zucchero. Le chiavi della macchina cercate per giorni e ritrovate dopo una settimana nel frigorifero insieme alle uova. Non me ne capacitavo°. Cominciai anche ad avere difficoltà nel riempire gli assegni: non ricordavo più come e dove scrivere le cifre. Finché un giorno mi ritrovai al supermercato in accappatoio e pantofole. Me ne accorsi perché un bambino mi indicò ridendo a sua madre: "Guarda, mamma, quella signora crede di essere in piscina! Le manca solo la ciambella!°"

° convincersi, rendersi conto

° salvagente

° scherzo, burla / destino / destino

° detto di avversità

° dialetto siciliano per dire "il destino"

° rimuove

Allora mi spaventai davvero. Perdevo colpi. Il mondo intorno a me era sempre un attimo o in ritardo. Non ero più a fuoco, e dopo anni passati a cercare di vedere chiaro nel caos dentro di me mi pareva un terribile scherzo del destino. Ecco perché ciò che mi sta accadendo non è serio. È piuttosto una beffa° della sorte°. E dire che io al fato° non ci ho mai creduto, a quello ci pensava Nanna. Quando accadevano cose brutte, quando le disgrazie o la sfortuna si accanivano° su di noi, lei si stringeva nelle spalle e diceva: "È 'u destinu, e 'u destinu'° non si può combattere".

Io mi infuriavo. Il destino toglie° le forze, rende la vita inutile, ogni tentativo vano, ogni ambizione ridicola. Io lo odio. Ma non saprei dare un altro nome a ciò che oggi mi sta accadendo.

Così sono andata dal dottor Reuter. Capì subito di cosa si trattava, ma non disse nulla. Ordinò invece una serie d'esami che ieri sono andata a ritirare. I risultati parlano chiaro. Ho l'Alzheimer. Non so bene cosa sia, una specie di demenza progressiva. Non è curabile. Si può solo rallentarla°, renderle il cammino più difficoltoso.

° andare più piano

Te lo scrivo con tanta freddezza, perché non saprei in che altro modo dirtelo. Le troppe bugie raccontate a me stessa e al resto del mondo mi hanno quasi soffocata. Oggi preferisco la realtà, per quanto paurosa essa sia.

Eccoti spiegato il motivo di questa lettera. Non so per quanto ancora sarò in grado di ricordare e di restare lucida. I rapporti tra noi non sono mai stati felici. So di averti amata poco e male. Mi dispiace. Ho capito che ci sono delle ragioni dietro la mia incapacità di amare, di accettare la vita e le persone per ciò che sono. Se così non fosse sarei un mostro, ma io credo e spero di non esserlo. Ora voglio raccontarti chi è Connie. Prima che sia troppo tardi.

Sono nata il 29 ottobre del 1929 ... ho scelto proprio il giorno, il mese e l'anno peggiori per venire al mondo! Il famoso "Martedì Nero" che ha dato il via alla Grande Depressione. Io nascevo e centinaia di americani si lanciavano giù dai grattacieli o si sparavano un colpo di pistola nelle cervella. Un inizio sfortunato, che può chiarire in parte quanto mi è accaduto in seguito. Ho ancora nelle orecchie la filastrocca° che Nanna canticchiava sempre: "Chi nasce di lunedì (come te) ha il dono della bellezza, chi nasce il martedì (come me) vuol dire sventura, chi di giovedì (come mia madre) non ha paura di partire, chi di sabato (come lo zio Vinnie) è generoso e sa amare".

° poesia per bambini

Non so più cosa accada a chi nasce negli altri giorni.

Grande Depressione a parte, l'anno non fu certo ricco di eventi importanti. Hoover era presidente, a Manhattan iniziarono i lavori dell'Empire State Building e Count Basie cantava Blue Devil Blues. Qualcuno inventò lo scotch, la gomma americana, gli omogeneizzati° e il pane a cassetta, il che spiega la mia passione per quello bianco e morbido. In quei mesi oltre a me nacquero un buon numero di criminali. Eddie Nash, il gangster proprietario di un sacco di locali a Los Angeles che finisce spesso sulle prime pagine dei giornali, e James Bulger, ricercato dall'FBI e dalla polizia di mezzo mondo. Ero in buona compagnia! Per fortuna quell'anno sono nate anche Jackie e Audrey, donne che ho sempre ammirato e alle quali avrei tanto voluto assomigliare. Ah, e ci fu il massacro di San Valentino. Insomma, un anno così.

Il mio primo ricordo, non dovevo avere più di un anno perché ancora non camminavo, è quello di mia madre che stende il bucato° e il profumo della biancheria che sventola al sole. Sono sempre stata una bambina molto fisica, le mie memorie sono legate a sensazioni e profumi: il grembiule di Nanna che mi avvolgeva tutta, le sue mani ruvide e screpolate che odoravano di pane e mi veniva voglia di mangiarla, il calore dei fornelli, l'aroma del cibo per le stanze, il vapore che appannava° i vetri avviluppando° la casa in un piccolo bozzolo caldo e sicuro. Non ho mai capito perché la gente attribuisca tanta importanza ai ricordi. Io invece vorrei dimenticare le immagini che mi riportano a momenti sereni. Per me sono una condanna: stanno lì a dimostrare che una volta sono stata felice, e avrei potuto continuare a esserlo, e se non è accaduto è anche colpa mia. Un pensiero insopportabile.

Mamma sapeva narrare storie bellissime. Raccontava della sua isola, di un mondo dove le streghe volavano alte sui pendii° del vulcano, di fantasmi, di strane creature mezze uomo e mezze coniglio, di un paese lontano in cui esisteva ancora la magia, ed era possibile parlare con i morti senza che la gente ti pigliasse° per pazza. Eppure un giorno, anni dopo, quando andavo già a scuola, tornai a casa e la sfidai per la prima volta: "La maestra ha detto che le storie che mi racconti sono fantasie, balle che mi confondono le idee. Quei maghi, quelle streghe…la magia non esiste!"

Mia madre strinse le labbra, mi guardò e rispose: "La realtà, Connie, non è solo ciò che si vede, la vita è piena di magie, ma bisogna cercarle e farle spazio. Vale la pena di vivere anche per questo".

Però da allora quelle storie non le raccontò più.

Poi c'era il cibo. Lei adorava cucinare, lo sai meglio di me, e io, almeno da piccola, impazzivo per ciò che usciva dalle sue mani. Ero una bambina grassa e vorace e mangiavo come un lupo. Quei piatti preparati con tanta cura erano un miracolo che si compiva ogni giorno solo per me, un incantesimo° che mi teneva legata alla sedia finché non avevo spazzolato anche l'ultima briciola° rimasta. Per mia madre il cibo era sacro…

Le cose cambiarono con la nascita di Vinnie. Quando i nonni mi dissero che presto sarebbe arrivato un fratellino non ne fui affatto contenta. Stavo bene così, con Nanna solo per me. Papà era una figura lontana, rinchiuso nella sua bottega a tagliare barbe e a impomatare° capelli. Il giorno in cui Nanna Rosie partorì°, il nonno mi svegliò, mi vestì, mi preparò la colazione, m'infilò il cappotto e disse: "Connie, spicciati! Dai, andiamo a incontrare il fratellino!"

Piantai un capriccio memorabile. Era una giornata più fredda delle altre, diluviava° e i tuoni° ringhiavano° minacciosi. Non avevo voglia di uscire con quel tempo, non per andare a vedere un poppante° che frignava°: " Non ci vengo! Non ci voglio andare neanche se mi regali la bambola più grande del mondo! Ho detto di no e di no!"

° *alimento facile a digerirsi*

° *roba lavata*

° *offuscare, annebbiare*
° *coprendo*

° *terreni in pendenza*

° *prendesse*

° *fascino, meraviglia*
° *frammento*

° *cospargere di pomata / generare un figlio*

° *pioveva a dirotto / rumori / emettevano / bambino lattante / piangeva*

° *attaccò*

…Ma a tornare a casa fu invece quel topino giallognolo che crescendo mi si appiccicò° alle costole come un cagnolino fedele. Il ricordo di Vinnie mi perseguiterà anche nella tomba. Dimenticherò ogni cosa, non lui. Eravamo diversi quanto il giorno dalla notte. Lui solare e allegro nonostante la poca salute, entusiasta, il sorriso sempre pronto. Aveva la capacità di trovare gioia e bellezza in qualsiasi cosa che facesse. Era proprio questo a mandarmi in bestia: la facilità con cui affrontava gli ostacoli, le pene, le restrittezze di una vita insignificante come la nostra. Io non ero capace. Per me tutto era difficile, penoso, deludente. La vita mi sembrava una battaglia senza fine dalla quale sarei comunque uscita sconfitta.

…Prima di scomparire, di disperdermi come un fumo maligno, Sandy, voglio dirti che mi dispiace. Mi dispiace di non aver mai detto di volerti bene. Mi dispiace di averti amata male. Di non averti cercata. Di non averti trovata. È tardi per perdonare, ma spero non per capire e forse giustificare. A me resta solo di riflettere sull'ironia del fato, perché sì, mi tocca accettare che in fondo un qualche tipo di destino debba esistere. Il destino di una donna che avrebbe dovuto ricordare e ha invece cercato di dimenticare fino ad ammalarsi. Adesso scivolerò nell'ombra.

E forse è meglio così.

Ciao, piccola mia
Connie

 12.17 Domande sul testo

1. Perché Sandy potrebbe essere sorpresa nel ricevere la lettera?
2. Che rapporto esiste tra Sandy e Connie?
3. Perché Connie è andata dal medico?
4. Che cosa le accadeva?
5. Come descrivi il suo spaesamento?
6. Dove ritrovava l'orologio da polso e le chiavi della macchina?
7. Qual è stato l'episodio che le ha fatto capire che c'era qualcosa che non andava?
8. Secondo Nanna, perché le disgrazie non si possono combattere?
9. Perché l'idea del destino faceva infuriare Connie?
10. Come si può descrivere il morbo di Alzheimer?
11. Cosa si può fare per curarlo?
12. Perché Connie descrive la malattia con freddezza?
13. Prima di perdere la lucidità, cosa vuole confessare a Sandy?
14. Perché Connie crede di essere nata in un anno crudele?
15. In che senso la Grande Depressione del 1929 è legata alla vita di Connie?
16. Connie dice di essere nata in buona compagnia. Come spieghi questo sentimento di ironia?
17. Nell'assieme, che tipo di infanzia ha avuto Connie?

18. Perché vorrebbe piuttosto dimenticare l'inizio della sua vita anziché ricordarlo?
19. Che cosa le raccontava la mamma?
20. Perché ha deciso di sfidare i racconti della mamma?
21. Secondo Nanna, perché la magia fa parte della vita?
22. Perché Connie era una bambina grassa?
23. Che cosa ha causato la nascita di Vinnie?
24. Perché si rifiutò di andare a visitare il fratellino?
25. Perché il ricordo di suo fratello lo perseguiterà fino alla tomba?
26. Che cosa odiava di suo fratello?
27. Perché è dispiaciuta Connie?
28. In che senso dovrà riflettere sull'ironia del fato?

12.18 Domande personali

1. Hai mai avuto uno spaesamento?
2. Qual è stata la tua reazione?
3. Hai mai perso qualcosa di valore?
4. Qual è stata la tua reazione?
5. Credi nel destino?
6. Pensi che il fatalismo sia un atteggiamento negativo? Perché?
7. Come si definisce il morbo di Alzheimer?
8. È un anno negativo o positivo l'anno in cui sei nato/a?
9. Hai mai cercato di dimenticare un'esperienza negativa? Perché?
10. Hai mai avuto una rivalità con alcuni membri della tua famiglia?
11. Hai fatto qualcosa per risolvere questo tipo di antagonismo? Cosa hai fatto?

Attività. La forza del destino o libero arbitrio? Nel racconto, la madre di Connie mostra un atteggiamento passivo riguardante la sorte, nel senso che bisogna accettare i tristi eventi che accadono. Sua figlia, invece, cerca di ribellarsi alla forza del destino nonostante lei pure sia destinata a rassegnarsi alle vicissitudini della vita. Con il tuo partner, descrivi un esempio in cui la forza del destino prevale e un altro in cui il libero arbitrio s'impone.

🔊 VOCABOLARIO

Nomi

le abitudini	customs
l'alito	breath
l'ammenda	fine
l'approccio	approach
la beffa	practical joke
il bozzolo	cocoon
la briciola	crumb
il brivido	shudder
il bucato	laundry
la chirurgia	surgery
il consiglio	advice
la debolezza	weakness
il dentifricio	toothpaste
il dono	gift
il fato	fate
la filastrocca	nursery rhyme
il filo	thread
la fuga	running away
la gengiva	gum
la ghiandola	gland
l'impianto	equipment, facility
l'incantesimo	magic spell
la lusinga	enticement
la malattia	sickness
il malinteso	misunderstanding
la marmellata	jam
l'operaio	worker
il pacchetto	pack
il pareggio	draw/ equalizer
la partita	game/ match
il pendio	slope
il pensionato	retiree
la persiana	shutter
il pidocchio	louse
il poppante	baby
la purga	laxative/ purge
la rientranza	recess
il salvagente	life preserver
la sfuriata	outburst, fit of anger
la sorte	destiny
lo scavo	excavation
lo scherzo	joke
lo sciacquo	rinse
lo scontro	clash
il sedile	seat
il seguace	follower

la somministrazione	administering of medication
lo spaesamento	disorientation
la spazzatura	rubbish
lo spazzolino	brush
la tasca	pocket
il tessuto	tissue
il trasloco	move
il tubetto	tube
il tuono	thunder

Verbi

accanirsi	to be dogged by bad luck
accingersi	to begin to
affidare	to entrust
annuire	to agree
appannare	to cloud
appiccicare	to stick
approfittare	to take advantage of
avviluppare	to envelop
capacitarsi	to comprehend
cogliere	to seize/ catch
colmare	to fill up
comportare	to bring about
concedere	to grant
coricarsi	to go to bed
diluviare	to pour
distruggere	to destroy
elencare	to enumerate
fissare	to stare at
frignare	to whine
giovare	to help
impomatare	to pomade/gel one's hair
incrociare	to cross
indirizzare	to address/ direct
innescarsi	to activate / be triggered
mancare	to miss
mirare	to aim at
omogeneizzare	homogenize
partorire	give birth to
pigliare	to seize, take
prevenire	to prevent
rafforzare	to reinforce
rallentare	to slow down
ricoverare	to hospitalize
rilassarsi	to relax
ringhiare	to growl
risalire	to date back to

rivolgersi	*to turn to*
scivolare	*to slip*
scomparire	*to disappear*
scorgere	*to notice*
scuotere	*to shake*
smettere	*to quit*
solcare	*to mark, plough*
spaziare	*to range*
spiegare	*to explain*
subire	*to stand/ suffer*
sviluppare	*to develop*
togliere	*to remove*
trascurare	*to neglect*

Aggettivi

attenuato	*subdued*
campestre	*rural*
chiaro	*clear*
equo	*equitable / fair*
impegnato	*committed/ engaged*
morbido	*soft*
morboso	*morbid*
pari	*equal*
ruvido	*rough, coarse*
salomonico	*wise / Solomon-like*
salutare	*healthy*
screpolato	*chapped*

sommario	*brief*
svogliato	*half-hearted*

Avverbi

cautamente	*cautiously*
chiaramente	*clearly*
nitidamente	*clearly*
sfacciatamente	*rudely*

Parole ed espressioni

a mandarmi in bestia	*to send me into a rage*
da quanto sembra	*it appears that*
dare il via	*to kick off, begin*
d'ora in poi	*from now on*
è disposto a	*is ready to*
e via di seguito	*and so on*
essere a fuoco	*to be in focus*
fare parte di	*to take part in*
ma senz'altro	*of course*
la nostra pelle	*our skins*
perdevo colpi	*I was out of step, could not function*
prendere il volo	*disappearing*
se dipendesse da me	*if it were up to me*
il tenore di vita	*lifestyle*

UNITÀ **5**

Capitolo 13 La cassata siciliana
Capitolo 14 Il compleanno
Capitolo 15 La lezione di pizza

A tavola

Quale sarà il tema di questa unità? Cosa imparerai? Il famoso detto "dimmi cosa mangi e ti dirò chi sei" potrebbe essere valido dal punto di vista antropologico. Che significato ha per te il sedersi a tavola per gustare un buon pranzo? Che ruolo ha per te la gastronomia?

Una tavola preparata con piatti tipici nei pressi di Gubbio, i cui sapori risalgono alla civiltà etrusca. Si possono gustare alcune specialità della cucina umbra come pane casereccio, formaggi locali, agnello e frattaglie, fave fresche e torta al testo.

Funzioni comunicative

- Esprimere le proprie opinioni sul cibo
- Discutere le abitudini alimentari
- Discutere la storia degli alimenti

Occhio alla grammatica!

- Il congiuntivo passato
- Le congiunzioni usate con il congiuntivo passato
- Il congiuntivo imperfetto
- Il congiuntivo trapassato
- Altre preposizioni
- Alcune irregolarità dei nomi
- L'avverbio
- La forma articolata della preposizione
- Altri usi di *lo, ci* e *ne*

- La posizione del soggetto
- Altre espressioni idiomatiche
- Il discorso diretto e indiretto
- Altri usi dei numerali
- L'imperativo accoppiato ai pronomi atoni
- I pronomi relativi *il quale, la quale, i quali, le quali*
- L'omissione dell'articolo

La cassata siciliana

Esposizione di alcuni dolci tipici in una pasticceria siciliana. I pasticceri siciliani sono famosi per la lavorazione della cosiddetta pasta reale, che è una pasta di mandorle dolcissima. L'influenza di questo dolce risale alla dominazione araba nell'isola.

La cassata siciliana

Questa settimana Sandra e Gianna sono davvero felici. Le due amiche sono studentesse di architettura barocca presso l'Università di Siena. Finalmente, visitano la Sicilia. In questo momento sono a Noto, una località famosa per le sue chiese in stile barocco. Il barocco trasmette soprattutto un senso di splendore, di grande sontuosità, e di spazio infinito. È uno stile nato subito dopo il Concilio di Trento come opposizione alla riforma religiosa del Protestantesimo. Le due amiche hanno fatto molte ricerche e tante fotografie. Hanno sfruttato al massimo il tempo a loro disposizione. Durante il pomeriggio, le due compagne si sono concesse un po' di svago in una pasticceria siciliana. Le due amiche chiacchierano un po':

Sandra: Cameriere, vorrei assaggiare un dolce tipico della regione. Cosa mi suggerisce?

Cameriere: Abbiamo la pasta reale a forma di frutta e la cassata.

Gianna: Che ingredienti ci sono nella cassata?

Cameriere: Ci sono pasta di mandorle, frutta candita e ricotta.

Sandra: Quali sono le origini di questo dolce?

Cameriere: La cassata risente dell'influenza araba che questa regione ha avuto nel corso dei secoli.

Parliamo un po'

 13.1 Domande sul testo

1. Che attività svolgono Sandra e Gianna?
2. In che cosa si distingue la città di Noto?
3. Perché è famosa?
4. Quali sono alcune caratteristiche dell'architettura barocca?
5. Com'è nato il barocco?
6. Perché si fermano in pasticceria le due studentesse dopo il lavoro?
7. Qual è il dolce tipico della regione?
8. Qual è la caratteristica della cassata?
9. Qual è l'origine di questo dolce?

13.2 Domande personali

1. Che tipo di architettura preferisci?
2. Com'è l'architettura nella tua città?
3. Cosa fai nel tempo libero?
4. Hai un dolce preferito?
5. Quali sono i suoi ingredienti?

13.3 **Il mio stile architettonico preferito.** Prepara un elenco di almeno quattro città famose per la loro architettura ed indica le immagini che ti trasmettono.

	Città	Architettura	Le immagini che evocano in me
ESEMPIO:	*1. Roma*	*La Basilica di San Pietro*	*Simbolo del Cristianesimo*

Sebbene la struttura di questo McDonald's di Via del Corso, a Roma, sembri abbastanza fortuita, i *fast food* si sono ormai affermati in Italia.

LETTURA BREVE: **Cucina rapida ma nutritiva**

Anna Galliani è una bravissima cuoca. Lei è dottoressa e lavora all'ospedale San Camillo, a Roma, nel reparto[1] di oncologia. Durante la settimana, come molte donne moderne, non ha tempo per preparare piatti elaborati[2], cosa che fa però la domenica. Questa mattina ha preparato cannelloni ripieni[3] di ricotta ed erbette.

---

[1]reparto: sezione. È uno specialista che lavora nel reparto di cardiologia.

[2]elaborato: preparato con attenzione, eseguito con cura. Il tiramisù è un dolce semplice ma elaborato perché bisogna amalgamare bene il cioccolato con altri ingredienti.

[3]ripieni: pieni, imbottiti. A Luisa piacciono molto le zucchine ripiene alla romana con tonno e pangrattato.

Come salsa, ha usato del pomodoro fresco preparato con olio d'oliva e cipolla. Per accompagnare questo ricco piatto, suo marito ha aperto una bottiglia di vino rosso piemontese[4]. Tutto questo non richiede[5] molto tempo, ed Anna può ancora godersi[6] tutta la giornata.

Negli ultimi anni le usanze in cucina sono drasticamente cambiate. In passato non esistevano problemi in cucina, almeno quando si preparava un pranzo. Oggi, sono molti coloro che lavorano e non hanno tempo per preparare un pranzo. L'industria gastronomica è consapevole di questo cambiamento e, così, in molti Paesi è frequente trovare rosticcerie, ristoranti e supermercati in cui il consumatore può acquistare un pranzo già confezionato[7]. Questo fenomeno, insomma, sebbene faciliti la vita di molte famiglie, al tempo stesso crea anche dei problemi, almeno per quanto riguarda la qualità del cibo. In altre parole, quando compriamo del cibo pronto in uno di questi centri gastronomici, non sempre sappiamo quali sono gli ingredienti usati.

Benché Anna Galliani sia un medico, almeno una volta alla settimana trova il tempo per preparare piatti genuini dimostrando che anche nella vita stressante, c'è sempre spazio per la buona cucina. Molti professionisti, insomma, potrebbero prender nota[8] dell'atteggiamento della dottoressa Galliani.

---

[4]piemontese: inerente alla regione Piemonte. Luigi abita a Torino e parla anche il piemontese.

[5]richiede: bisogna, necessita. La pizza richiede poco tempo nel forno altrimenti si corre il rischio di far bruciare la crosta.

[6]godersi: rallegrarsi, gioire. Marco si gode la partita di calcio quando va allo stadio con gli amici.

[7]confezionato: impacchettato, incartato. Sono molte le persone che comprano un pranzo confezionato, in particolare durante i giorni lavorativi.

[8]prendere nota: osservare, fare una considerazione. In un ristorante regionale mia moglie ha preso nota degli eccellenti piatti che abbiamo mangiato con la speranza di poterli rifare in casa.

13.4 Domande sul testo

1. Perché Anna non ha tempo di preparare cibi elaborati?
2. Cosa fa la domenica?
3. Cosa ha preparato oggi?
4. Perché sono cambiate le abitudini in cucina?
5. Di che cosa è consapevole l'industria gastronomica?
6. Quali sono i vantaggi della cucina già pronta?
7. Quali sono gli svantaggi?
8. Cosa ci dimostra Anna?

13.5 Domande personali

1. C'è tempo per preparare una cucina elaborata nella tua famiglia?
2. Cosa fai la domenica?
3. Come ti rilassi?
4. Sono cambiate le abitudini alimentari nella tua famiglia?
5. Hai mai comprato il cibo confezionato?
6. Come può nuocere alla nostra salute mangiare sempre cibo pronto?

13.6 Prepariamo un piatto elaborato. Con il tuo gruppo, spiega la preparazione di un piatto elaborato. Indica come si prepara e quali ingredienti servono.

Il piatto	Gli ingredienti	Come si fa?
_____	_____	_____

Vocabolario utile

gli additivi, allergico, l'ambiente, i batteri, i conservanti, contaminare, il costo, convenzionale, danneggiare, i dolcificanti, ecologico, i fertilizzanti, la fiducia, geneticamente modificato, i grassi vegetali idrogenati, gustoso, l'igiene, i pesticidi, il rischio, salutare, il sapore, gli scienziati, sicuro, i solfiti, le sostanze chimiche, il terreno

 13.7 Dibattito: il rischio in cucina. Di questi tempi si parla molto dei cosiddetti prodotti biologici o naturali come un'alternativa ai prodotti alimentari che contengono coloranti, additivi oppure sostanze chimiche per rendere il cibo più gustoso. Sebbene il governo tuteli gli interessi del consumatore, il problema, però, è che non sempre i prodotti naturali ci garantiscono un'assoluta genuinità. Oltre a casi scandalosi ed eclatanti avvenuti in passato da parte di alcuni spietati produttori con il solo obiettivo di voler defraudare il pubblico, l'etichetta dei prodotti e un linguaggio piuttosto ambiguo non fanno altro che confondere i consumatori. Discuti i pro e i contro con il tuo gruppo, sottolineando i rischi che si possono correre. Quali misure precauzionali dobbiamo prendere? Dividere la classe in due gruppi per commentare il risultato. Si raccomanda soprattutto di rispettare le opinioni degli altri durante il dibattito.

Idee

1. È importante sapere cosa si mangia per evitare che il cibo contenga sostanze chimiche o prodotti che siano stati geneticamente modificati. Oltre ad avere un sapore autentico, i prodotti biologici aiutano a conservare la biodiversità e a ridurre la tossicità del cibo.
2. La produzione biologica non è economicamente sostenibile in un pianeta sovrappopolato come il nostro, senza parlare della difficoltà di controllare la genuinità di un prodotto naturale.

Un caffè all'aperto sul famoso Piazzale Michelangelo, a Firenze. La gente prende un aperitivo e ammira la vista stupenda.

Slow Food presenta un bimestrale che sostiene prodotti e produttori della gastronomia italiana.

Un'Arca per non perdere la memoria del cibo

di Alessandra Retico

°carne bovina del Piemonte
/ piccoli pesci /
grasso di maiale

°formaggio /
aranci e limoni /
formaggio / formaggio

°grandi misure igieniche

Razza piemontese,°, cicciarelli di Noli°, lardo di Colonnata°, provolone del Monaco°, agrumi del Gargano°, Ragusano° e casizolu°, questi sono nomi da pronunciare con lentezza[1]. Perché nella lentezza quei nomi evocano memoria e memoria del gusto. Unico arcaico appiglio[2] al sapore autentico della vita.

Riconoscete la filosofia? È quella dello Slow Food, l'associazione-movimento che da anni si batte[3] per la conservazione delle buone abitudini alimentari, del mangiar sano e "lento" contro l'imperante sveltezza[4] dell'anglosassone gastronomia mordi[5] e fuggi. E contro l'omologazione dei sapori, la globalizzazione dei gusti, a dispetto delle[6] leggi iperigieniste° e della grande distribuzione alimentare, lo Slow Food lancia un'altra iniziativa. Naturalmente "slow" e piena di memoria salvifica[7]. A cominciare dal nome: "Arca", la cui metafora simbolica non può essere più esplicita.

Arca è una rivista bimestrale che lo Slow Food ha appena ideato, foglio[8] dopo foglio, con l'intenzione di far "salire" a bordo della biblica imbarcazione tutti quei prodotti del patrimonio agroalimentare italiano sotto minaccia[9] d'estinzione. E con i prodotti, i produttori stessi. Quelle tante, piccole realtà d'artigianato del cibo che, al di là del fascino della tradizione, avrebbero reali potenzialità produttive e commerciali. Ma, sotto l'onda omologatrice dell'industria alimentare, rischiano di annegare[10].

[Il] sottotitolo della rivista, "Quaderni dei Presìdi", dove per Presìdi s'intendono[11] tutti quegli interventi concreti e mirati sul territorio volti a salvare

---

[1]la lentezza: ritardo, rallentamento. Questo ristorante ha saputo restituire al cliente il gusto della cucina tradizionale e la lentezza con cui dovremmo consumare i pasti, facendo riscoprire il piacere della conversazione.

[2]l'appiglio: appoggio, sostegno. Lo scalatore usa appigli sicuri per non cadere.

[3]battersi: lottare, combattere. Sono pochi i politici che si battono per difendere la qualità del cibo e dell'ambiente.

[4]la sveltezza: velocità, rapidità. Il cuoco ha eseguito le preparazioni del cibo con sveltezza e precisione.

[5]mordere: addentare, morsicare. Nel mordere qualcosa di duro, si può rompere un dente.

[6]a dispetto di: nonostante, benché. A dispetto di ogni previsione, bisogna ammettere che nei vagoni ristorante a volte si mangia piuttosto bene.

[7]salvifico: che comporta o garantisce la salvezza spirituale. Una vita spirituale potrebbe condurre ad una meta salvifica.

[8]il foglio: pagina, pezzo di carta. Il cuoco prepara la sfoglia all'uovo sottile come un foglio.

[9]la minaccia: avvertimento, pericolo imminente. I nuovi casi di salmonellosi causati dalle uova delle galline comporta una minaccia sia per i consumatori che per i produttori.

[10]annegare: morire annegando, affogare. Mentre si svolgeva un banchetto matrimoniale in un albergo, alcuni bambini lasciati incustoditi hanno rischiato di annegare in piscina.

[11]intendersi: avere profonda conoscenza, essere esperti. In genere, gli italiani se ne intendono di cucina.

quelle realtà artigianali: dalla ricerca delle risorse per l'acquisto di attrezzature[12] a quella di nuovi canali di commercializzazione, dalla creazione di micromercati (fiere[13], coinvolgimento[14] di trattorie[15], commercio elettronico), a progetti di marketing e comunicazione.

Ma per salvare dalla dimenticanza il patrimonio gastronomico può servire talvolta[16] anche meno, un gesto minimo di solidarietà: e un macello[17], un forno[18] e un vigneto[19] potrebbero essere salvi, per la ricchezza di tutti.

Per questo l'*Arca* promuove delle vere e proprie campagne di sostegno[20] chiamando all'attenzione tutti i lettori: i "Presidi" potranno infatti essere adottati da chiunque[21] permettendo a contadini[22], allevatori[23], casari[24] e pescatori di continuare a far arrivare sulle nostre tavole un caciocavallo podalico° o i pomodorini di Corbara, la bottarga di muggine o il violino di capra.

°*tipo di formaggio*

Ma l'"*Arca* non è una semplice rivista", avverte Carlo Petrini, presidente di Slow Food. "È la voce di un grande progetto. È uno strumento di comunicazione e di mobilitazione"; è un'enciclopedia del gusto, un viaggio nel dimenticato mondo del mangiar bene. Che vuole rendere realtà un'utopia. E il progetto di Slow Food e *Arca* è infatti, ambizioso: creare cento Presidi entro il salone[25] del Gusto di Torino che si svolgerà dal 25 al 29 ottobre prossimo. Un'intera sezione di quella manifestazione ospiterà tutti i produttori coinvolti nel progetto *Arca*, con l'obiettivo di crescere e moltiplicarsi: in Italia, in Europa e in tutto il mondo. In questa direzione, probabilmente, va anche la nuova associazione battezzata[26] dallo

---

[12]**l'attrezzatura**: equipaggiamento, strumenti. Le attrezzature come, ad esempio, l'impastatrice e la lavastoviglie sono di vitale importanza per i grandi ristoranti perché consentono di accelerare il lavoro.

[13]**la fiera**: esposizione, mostra. I cuochi si recano spesso alle fiere non solo per aggiornarsi, ma anche per confrontarsi con i colleghi.

[14]**il coinvolgimento**: partecipazione. Il coinvolgimento di alcuni membri della famiglia ha portato il ristorante al fallimento.

[15]**la trattoria**: cantina, taverna. L'osteria, che una volta era frequentata soprattutto da uomini, ora offre un ambiente familiare aperto a tutti con un'ottima cucina casalinga.

[16]**talvolta**: di tanto in tanto, qualche volta. In genere preferisco mangiare a casa, ma talvolta è anche piacevole pranzare in un ristorante.

[17]**il macello**: mattatoio, luogo dove si uccidono gli animali. Oltre a controllare gli animali destinati alla macellazione, le autorità esaminano le condizioni igieniche dei macelli.

[18]**il forno**: panificio. Mia nonna usa sempre il forno per cuocere le vivande, il pane ed i dolci.

[19]**il vigneto**: vigna, viti. Durante il periodo estivo, molti ristoranti delle zone di campagna preparano delle sale da pranzo all'aperto e all'ombra, magari vicino ad un vigneto.

[20]**il sostegno**: appoggio, supporto. Tutti i vigneti utilizzano pali non molto alti e fili di metallo come sostegno per la vite.

[21]**chiunque**: ognuno, qualunque persona. Chiunque voglia approfondire la conoscenza del vino dovrebbe visitare un vigneto.

[22]**il contadino**: agricoltore, coltivatore. Il contadino ha dato un contributo sostanziale alla tradizione culinaria italiana come, ad esempio, il minestrone ed altri piatti a base di pasta, riso e polenta.

[23]**l'allevatore**: fattore. L'allevatore di bestiame dovrebbe assicurarsi che nel mangime non ci siano additivi o sostanze chimiche che potrebbero causare problemi al consumatore.

[24]**il casaro**: formaggiaio, cascinaio. Il casaro lavora con la forma, parola dalla quale deriva il termine formaggio.

[25]**il salone**: mostra, esposizione. I proprietari dei ristoranti visitano i saloni per l'esposizione dei prodotti alimentari.

[26]**battezzare**: consacrare, iniziare. Dopo aver battezzato il loro bambino, i genitori hanno organizzato una festa in famiglia al ristorante.

Slow Food, quella delle "Città del vivere lento" alla quale hanno finora aderito 32 comuni che si ispirano alla filosofia del buongusto e del vivere bene.

Primo carico di *Arca*, molti prodotti e produttori a rischio estinzione, come la razza[27] bovina piemontese, ormai allevata in poche stalle[28]. Ma arriveranno a salire sull'arca, a piccoli, lenti ma inesorabili passi, anche il provolone del Monaco, figlio unico di qualche casaro napoletano. Lo Sciacchetrà, il vino passito delle Cinque Terre. A chiederci e a dimostrarci che, salvandosi, salvano anche noi. Come le lumache[29] che, spostandosi, lentamente, portano con sé la casa della civiltà.

_____

[27]la razza: specie, genere. La razza bovina piemontese è particolare perché pascola in zone montanare in estate e in pianura il resto dell'anno.

[28]la stalla: scuderia, ovile. Il mangime che viene dato agli animali nella stalla non sempre è di primissima qualità.

[29]la lumaca: chiocciola, mollusco. La lumaca è il simbolo del movimento Slow Food che promuove il ritorno a gustare lentamente il cibo che mangiamo.

13.8 Domande sul testo

1. Cosa suggerisce il titolo dell'articolo?
2. In che senso le specialità elencate nell'articolo evocano la memoria?
3. Perché il termine "lentezza" richiama la filosofia di quest'organizzazione?
4. Qual è uno dei principali obiettivi di Slow Food?
5. Quale riferimento fa l'autore alla gastronomia anglosassone?
6. In che senso la globalizzazione è in contrapposizione alla filosofia di Slow Food?
7. Come spieghi la metafora biblica dell'arca di Noè?
8. Come si proteggono i produttori nel salvare i prodotti?
9. Quali obiettivi si propongono di raggiungere?
10. Secondo il concetto di Slow Food, perché è necessario creare dei micromercati?
11. Perché Slow Food incoraggia i piccoli produttori a continuare il loro lavoro usando le antiche tecniche di produzione?
12. Come spieghi la metafora della lumaca?

13.9 Domande personali

1. Qual'è la differenza tra *fast-food* e la cucina tradizionale?
2. In una società contemporanea come la nostra, perché non è sempre possibile mangiare con comodo e senza fretta?
3. Quali sono i vantaggi nel recuperare dei valori gastronomici dimenticati dalle nuove generazioni?
4. In che senso la globalizzazione impedisce lo sviluppo di una cucina qualitativa?
5. I piccoli produttori potranno veramente competere con i grandi centri commerciali?

13.10 La ricetta della nonna. Riscoprendo le vostre radici, con il tuo gruppo, indica una ricetta tradizionale e spiega come questo piatto potrebbe richiamare la filosofia di Slow Food. Discuti il tipo di lavorazione necessaria per ottenere buoni risultati insieme agli ingredienti che assicurano alla ricetta la massima qualità.

13.11 Presentazione in classe: la tradizione dei dolci. Prepara un testo per la prossima classe, possibilmente con un compagno/a di classe, da presentare come parte di "una fiera gastronomica" sulla tradizione dei dolci e sul modo in cui l'arte dolciaria è legata alla cultura di un popolo. Crea una sequenza d'immagini ed illustra in classe come il dolce può aiutarci, in qualche modo, a riscoprire la storia e le tradizioni di un popolo.

> **Esempio:** *La tradizione dolciaria è, sotto molti punti di vista, connessa alle feste religiose e culturali di un Paese . . .*

Esercizio di scrittura creativa

13.12 Dimmi cosa mangi e ti dirò chi sei. In un componimento, spiega il significato che la frase "dimmi cosa mangi e ti dirò chi sei" ha per te. Si potrebbe fare un parallelo, ad esempio, fra dieta e salute. Un'altra idea potrebbe basarsi su un confronto tra il *fast food* e il mangiar sano.

🔊 Il bar

Una domanda prima di ascoltare

Com'è diverso il bar italiano da quello americano?

13.13 Rispondere con **Vero** o **Falso** alle seguenti domande. Se falso, correggi!

1. In un bar italiano si consumano solo prodotti alcolici.
2. Ai bambini è vietato l'accesso al bar.
3. Da questo brano, possiamo dedurre che si può consumare la colazione in un bar.
4. Al bar si possono anche mangiare dolci.

🔊 Il dolce siciliano

Una domanda prima di ascoltare

In cosa si distingue il dolce siciliano rispetto ai dolci di altre regioni italiane?

13.14 Completare la frase con il vocabolo appropriato.

1. Una delle caratteristiche dei dolci siciliani è che non contengono ingredienti

   _____.

   a. naturali   **b.** artificiali   **c.** genuini

2. Come accade in molte pasticcerie, i dolci si possono _____ elettronicamente.

   a. assaggiare   **b.** mangiare   **c.** acquistare

3. La lavorazione e _____ caratterizzano questi dolci.

   a. i componenti   **b.** gli ingredienti   **c.** l'artificiosità

4. I pasticceri siciliani _____ di una certa popolarità nell'ambiente della pasticceria.

   a. godono   **b.** allietano   **c.** intrattengono

🔊 Il barocco di Noto

Una domanda prima di ascoltare

In che senso Noto è una città interessante?

13.15 Completare la frase con il vocabolo appropriato.

1. Il Protestantesimo è stato la causa principale che ha spinto la Chiesa a

_____.

    a. trasformarsi   **b.** modernizzarsi   **c.** correggersi

2. Oltre alla nuova immagine architettonica, il barocco trasmette un senso di

_____

    a. attrazione   **b.** misticismo   **c.** religiosità

3. Noto è un paese caratterizzato dall'architettura _____

    a. classica   **b.** spirituale   **c.** barocca

4. Il barocco siciliano è noto per la sua _____

    a. accoglienza   **b.** originalità   **c.** matrice

Il compleanno

Un assortimento di cornetti in una pasticceria italiana: si dice che il cornetto abbia le sue origini nella seconda metà del 1600, quando le truppe turche dell'Impero Ottomano si diressero verso Vienna. In quell'epoca i pasticceri austriaci inventarono i cornetti a forma di mezzaluna o di crescente islamico. Comunque sia, oggi il cornetto si è diffuso in tutto il mondo e in Italia la colazione sarebbe impensabile senza questo magnifico dolce accompagnato da un cappuccino.

Il compleanno

Oggi è il compleanno di Michele. Compie quattordici anni e frequenta l'ultimo anno di scuola media. A Michele piacciono molto i dolci. Sua madre Matilde, però, cerca disperatamente di controllargli il peso che è un po' eccessivo per la sua età. Michele non vuole assolutamente rinunciare ai dolci, soprattutto oggi che festeggia il suo compleanno. Ha chiesto a sua nonna di preparargli una crostata di ricotta. Sua madre è decisamente arrabbiata.

Madre: Ti ho detto che troppi dolci non ti fanno bene alla salute! Mangiane solo una fetta!

Michele: Mamma, non ti preoccupare! La crostata alla ricotta non fa ingrassare. La nonna usa ingredienti naturali. E poi, non c'è molto zucchero. Dopotutto, è la mia festa. Oggi faccio un'eccezione. Ti prometto che da domani seguirò una dieta migliore.

Madre: Va bene, Michele. Ma a partire da domani devi andare in palestra almeno tre volte alla settimana.

Michele: Ma non credi che alla mia età sia un po' esagerato fare ginnastica? A scuola sono molto attivo e oltre al programma di educazione fisica, faccio parte di una squadra di calcio e di pallacanestro.

Madre: Ascolta, caro. È inutile che tu mi dica sciocchezze. Come genitore ho il diritto di farti notare che le buone abitudini iniziano in casa. Purtroppo oggi i giovani non sanno seguire una dieta adeguata e io faccio la mia parte a metterti sulla strada giusta.

Parliamo un po'

 14.1 Domande sul testo

1. Che cosa festeggia Michele?
2. Cosa piace a Michele?
3. Perché sua madre è arrabbiata?
4. Cosa cerca di controllare sua madre?
5. Michele cosa ha chiesto alla nonna?
6. Cosa non gli fa bene?
7. Come si giustifica Michele?
8. Cosa promette a sua madre?
9. Quante volte deve andare in palestra?
10. Perché Michele dice che la palestra è un'esagerazione?
11. Che diritto ha la madre come genitore?

14.2 Domande personali

1. Come festeggi di solito il tuo compleanno?
2. Che tipo di dolci ti piacciono?
3. Si sono mai arrabbiati i tuoi genitori nei tuoi confronti?
4. Hai mai chiesto a qualcuno in famiglia di prepararti una specialità? Quale?
5. Hai mai fatto una promessa?
6. Ti piace camminare?
7. Cosa fai per mantenere la linea?
8. Tua madre è esigente nei tuoi riguardi? Perché?

 14.3 **Perdere la pazienza e arrabbiarsi.** Descrivi quando qualcuno ha perso le staffe nei tuoi confronti. Fai una presentazione in classe.

Esempio:

> **Episodio**
> 1. *Quando non sono ritornato a casa dopo la scuola. . .*
> **Conseguenze**
> *i miei genitori mi hanno punito.*

Alcuni ingredienti come l'aglio, il basilico, il pomodoro, i peperoni, le spezie e l'olio d'oliva possono benissimo essere alla base di una cucina vegetariana.

LETTURA BREVE: **La cucina vegetariana**

La melanzana[1] è un ortaggio versatile. Forse in nessun'altra regione la melanzana è usata così bene come in Sicilia. Questo fine settimana, Franca e Gino sono andati a Siracusa per visitare gli scavi[2] della Magna Grecia. Hanno visto la mostra di scultura greca e le urne[3] del periodo attico[4], dove sono illustrate le storie della mitologia. Hanno camminato tutta la mattina per le strade di Piazza Armerina, un centro archeologico di grandissimo valore per quanto riguarda le antichità romane. Verso l'una del pomeriggio i due amici avevano una fame da lupo[5]. Sono andati in un ristorante tipico della zona dove hanno ordinato numerose specialità siciliane. Il piatto che forse non dimenticheranno mai è la caponata[6]. La caponata è un classico piatto siciliano. Oltre alle melanzane, il piatto consiste di pezzettini di sedano[7], cipolla, pomodoro, peperoni, zucchine, capperi ed olio d'oliva. Il sapore[8] è agrodolce. Si mangia con pane di semola e si accompagna con vino rosato o bianco.

Le ricette che si possono preparare con le verdure sono infinite. L'asparago, per esempio, è un ortaggio[9] dal sapore delicato, di colore bianco o verde, che si abbina[10] benissimo con un buon risotto o servito con delle uova, unite al parmigiano reggiano. Un'altra verdura versatile è il carciofo[11] che si può preparare in diversi modi: fritto, con la pasta e con le bruschette. Non dimentichiamo che gli ortaggi hanno proprietà salutari, poiché contengono ferro[12], potassio[13], calcio, fosforo e vitamine.

Con gli ultimi sviluppi dell'ingegneria genetica in molte regioni del mondo si sta sviluppando un nuovo metodo di coltivazione che dà origine ad alimenti geneticamente modificati. I cibi transgenici[14] sono già presenti nei nostri supermercati. Sebbene questi prodotti alimentari siano resistenti ai parassiti ed ai virus e promettano di ridurre la fame nel mondo, non sappiamo ancora quali siano i rischi a cui andiamo incontro.

---

[1]la melanzana: verdura, ortaggio. Le melanzane alla parmigiana si preparano al forno con un po' di sale, olio d'oliva, salsa al pomodoro e parmigiano.

[2]gli scavi: zona in cui si fanno ricerche archeologiche. In Italia è frequente assistere ad una scena in cui gli archeologi lavorano negli scavi in cerca di reperti antichi.

[3]le urne: vasi. Le urne greche sono famose per i loro dipinti che testimoniano sia la mitologia che episodi della poesia omerica.

[4]il periodo attico: relativo all'antica arte greca dell'Attica. Il periodo attico riflette un'enorme attività intellettuale della civiltà greca che sfociò in opere artistiche di alta qualità.

[5]una fame da lupo: avere molta fame / appetito. Luigi e i suoi amici hanno percorso circa otto chilometri a piedi ed ora hanno una fame da lupo!

[6]la caponata: piatto tipico siciliano. Un insieme di ortaggi fritti, la caponata può essere servita come antipasto, contorno o pranzo.

[7]il sedano: verdura, ortaggio. Usiamo il sedano per dare più sapore al minestrone.

[8]il sapore: il gusto. L'arte del cuoco consiste nel saper individuare gli ingredienti per creare i sapori giusti.

[9]un ortaggio: ciò che si coltiva negli orti. È inconcepibile servire un pranzo privo di frutta e ortaggi.

[10]abbinarsi: accoppiarsi, associare. I colori del ristorante si abbinano all'ambiente regionale e rustico.

[11]il carciofo: verdura, ortaggio. I carciofi alla giudea si devono all'influenza ebraica in Italia che risale ai tempi dell'antica Roma.

[12]il ferro: un minerale, metallo. A proposito di carciofi, questi ortaggi, oltre ad essere molto buoni, contengono vitamine e ferro, preziosi per la nostra salute.

[13]il potassio: un minerale. Il potassio è un elemento essenziale per il corpo umano.

[14]i cibi transgenici: cibo geneticamente modificato. Non sappiamo ancora quali siano i benefici e i rischi che i cibi transgenici hanno sul nostro organismo.

14.4 Domande sul testo

1. Come si cucina la melanzana in Sicilia?
2. Perché Franca e Gino sono in Sicilia?
3. Perché le urne greche sono importanti?
4. Perché è famosa Piazza Armerina?
5. Cosa hanno mangiato là?
6. Come si può descrivere l'asparago?
7. Perché è versatile il carciofo?
8. Perché bisogna muoversi con cautela nella produzione dei cibi transgenici?

14.5 Domande personali

1. Che tipo di verdura ti piace?
2. Hai un modo particolare di cucinare la verdura?
3. Hai mai visitato degli scavi archeologici?
4. Mangeresti cibi transgenici?
5. Quali sono i vantaggi della coltivazione biologica?

 14.6 Facciamo un piatto con le verdure! Con il tuo compagno/a di classe, crea una ricetta vegetariana indicando gli ingredienti che servono, le fasi di preparazione e i benefici di questa pietanza.

Una cesta di zucchine con i loro fiori che, come sappiamo, vengono utilizzati in molte regioni italiane per preparare piatti prelibati. Come il crisantemo evoca dei ricordi culinari nei Paesi orientali (ad esempio, in Giappone), così i fiori di zucca in Italia rappresentano la creatività dell'arte culinaria italiana.

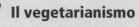 **UN PO' DI LETTURA AUTENTICA**

Il vegetarianismo

del Dott. Luciano Proietti (Pediatra nutrizionista, membro del Comitato Medico Scientifico AVI)

ALIMENTAZIONE NELL'ETÀ EVOLUTIVA Uno dei compiti della società contemporanea è quello di dare ai genitori, attraverso l'informazione dei mezzi di comunicazione, gli strumenti per far crescere i propri figli in salute fisica e mentale.
      Per raggiungere questo obiettivo, uno dei fattori principali è sicuramente l'alimentazione[1]: se il cibo è scarso, il bambino crescerà poco; se il cibo è troppo,

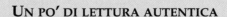

_____
[1]l'alimentazione: cibo, nutrizione. In una società in cui il tempo è denaro la qualità dell'alimentazione può essere benissimo compromessa.

il bambino crescerà troppo; se il cibo è inquinato[2], crescerà inquinato; e in tutti e tre i casi, si ammalerà[3].

Da molti anni si sta assistendo, in tutti i Paesi industrializzati, a un significativo cambiamento della diffusione delle malattie: diminuisce la mortalità causata dalle malattie infettive, mentre aumentano in termini assoluti, le malattie di tipo cronico-degenerativo (malattie cardio-vascolari, gastro-enteriche, renali, polmonari, tumori). I motivi di questa trasformazione sono legati al cambiamento dei cosiddetti "fattori di rischio", presenti nell'ambiente di vita e di lavoro (inquinamento ambientale; tempi, ritmi, modalità, spazi di lavoro) o prodotti da particolari abitudini di vita (sedentaria[4], abuso di droghe e di alcool, alimentazione incongrua, iperstimolazione sensoriale). Questi fattori di rischio agiscono in modo lento e subdolo[5] provocando modificazioni nel funzionamento degli organi del nostro organismo che a un certo punto si ammala. L'alimentazione scorretta[6], perché squilibrata,[7] carente[8] o eccessiva nei suoi principi nutritivi, rappresenta sicuramente il più importante fattore di rischio, in termini percentuali, per le malattie croniche, degenerative e infettive.

È infatti ormai universalmente riconosciuta la correlazione tra salute e alimentazione e la possibilità di prevenire le patologie degenerative attraverso un'alimentazione equilibrata.

Negli ultimi quarant'anni i consumi e le abitudini alimentari degli italiani sono profondamente cambiati, perché è cambiata la condizione socio-economica e lo stile di vita del Paese: dalla cucina della povertà e dell'indigenza[9] che aveva caratterizzato le generazioni dei secoli passati, si è giunti[10] alla cucina dell'abbondanza e dell'eccesso.

In quarant'anni si è passati da un consumo giornaliero medio di 2400 calorie, a più di 3000 calorie in massima parte assunte[11] attraverso alimenti poco equilibrati: zuccheri semplici, grassi e proteine animali.

L'organizzazione del lavoro e le aumentate esigenze di consumo hanno cambiato le abitudini alimentari delle famiglie: si mangia spesso fuori casa, si è ridotto il tempo della preparazione del cibo, si fa sempre più uso di prodotti industriali preparati e conservati, la cena prende il posto del pranzo come momento alimentare principale, la colazione diventa ricca come un pasto principale, la

---

[2]inquinato: contaminato, alterato. Proteggere il consumatore dal cibo inquinato è una responsabilità che spetta al governo che, però, non sempre riesce ad effettuare controlli adeguati.

[3]ammalarsi: prendere una malattia, perdere la salute. Se i ristoranti non usano misure igieniche, la gente corre il rischio di ammalarsi.

[4]sedentario: inattivo, pigro. Con i nuovi mezzi elettronici che fanno parte della vita moderna, la tentazione di condurre un'attività sedentaria è enorme.

[5]subdolo: falso, ingannatore. Spesso le autorità hanno un comportamento subdolo perché minimizzano i controlli sull'ambiente.

[6]scorretto: sbagliato, improprio. Usare il telefonino in un ristorante è un atteggiamento scorretto che non sempre viene preso in considerazione.

[7]squilibrato: sproporzionato, confuso. L'uso eccessivo e squilibrato di grassi e carboidrati potrebbe avere serie conseguenze sull'organismo.

[8]carente: insufficiente, inadeguato. Una dieta carente di proteine è spesso attribuita al regime vegetariano poiché, come si sa, è priva di carne.

[9]l'indigenza: mancanza di mezzi, miseria. Una delle contraddizioni dei Paesi industrializzati è che mettono in evidenza l'indigenza dei loro cittadini a fronte di un grande benessere materiale.

[10]giungere: arrivare, venire. Prima che giunga una crisi ecologica, le autorità dovrebbero riesaminare l'utilizzo delle risorse naturali.

[11]assumere: assorbire. Il fegato fa fatica ad assumere troppe proteine.

pubblicità[12] sempre interessata al guadagno[13] e mai alla salute del consumatore, prende il sopravvento[14] nelle scelte alimentari.

Numerosi studi epidemiologici hanno ormai chiaramente e inconfutabilmente[15] messo in evidenza che un'alimentazione incongrua rappresenta la causa principale delle malattie moderne.

In Italia sono emerse in modo chiaro le discrepanze esistenti fra i fabbisogni[16] di nutrienti e i livelli di sicurezza degli stessi, raccomandati dall'Istituto Nazionale della Nutrizione e dall'O.M.S. e i reali consumi alimentari della popolazione.

Gli errori più frequenti presenti nella nostra alimentazione sono i seguenti:

eccesso calorico: si mangia troppo; eccesso di zuccheri semplici: si assume troppo zucchero attraverso bibite, dolciumi, merendine[17]; eccesso di grassi e proteine animali: si mangia troppo latte, formaggio, carne, uova; carenza[18] di fibra alimentare da cereali integrali[19], legumi, verdure.

In questa situazione un momento fondamentale è sicuramente il primo anno di vita che può condizionare la vita futura del bambino sia per quanto riguarda la sua salute fisica che per il suo sviluppo cognitivo e affettivo.

---

[12]la pubblicità: reclame, campagna pubblicitaria. Un buon ristorante si preoccupa di servire un ottimo cibo e offrire un buon servizio perché non vuole farsi una pubblicità negativa.

[13]il guadagno: profitto, ricavo. Una buona cucina non solo garantisce un notevole guadagno ad un ristorante, ma offre anche un ottimo servizio al consumatore.

[14]prendere il sopravvento: dominare, vincere. Da quando i cuochi si esibiscono in televisione più persone si dilettano in cucina.

[15]inconfutabilmente: indiscutibilmente, innegabilmente. Gli scienziati hanno dimostrato inconfutabilmente che l'uso degli oli idrogenati fa male alla salute.

[16]il fabbisogno: necessario, essenziale. Non tutti i cibi fanno parte del fabbisogno nutritivo di una persona.

[17]la merenda: spuntino, piccolo pasto. È risaputo che a molti bambini italiani piace fare merenda con pane e crema di nocciole.

[18]la carenza: insufficienza, mancanza. In questi ultimi anni si sta verificando un'impressionante carenza di fibra nella dieta umana.

[19]integrale: intero, totale. Il pane integrale aiuta l'organismo a mantenersi in buona salute.

14.7 Domande sul testo

1. Che responsabilità hanno i genitori nei confronti della salute dei loro bambini?
2. Secondo Proietti, qual è l'elemento chiave che fa crescere bene i bambini?
3. In che modo un'alimentazione scarsa può danneggiare la crescita?
4. Quali sono i rischi di una cattiva alimentazione?
5. In che modo è cambiata la mortalità nei Paesi industrializzati?
6. Puoi indicare alcuni fattori di rischio di questa mortalità?
7. Quali abitudini possono peggiorare la qualità della vita?
8. Perché i fattori di rischio possono essere minimizzati con una cura preventiva?
9. Come spieghi il legame tra cibo e salute?
10. Perché i cibi preparati industrialmente comportano dei rischi?
11. Sei d'accordo con la tesi di Proietti secondo la quale consumare una ricca colazione comporta dei rischi?
12. Secondo l'autore, in cosa si differenziano i fabbisogni nutritivi e il reale consumo di cibo in Italia?

14.8 Domande personali

1. Sei d'accordo con la tesi secondo la quale il primo anno di vita di un bambino potrebbe determinare il suo comportamento psico-affettivo? Perché
2. Com'è stata la tua alimentazione da bambino/a?
3. Cosa fai per avere un'alimentazione equilibrata?
4. Come si alimentano i giovani nel tuo Paese?
5. Puoi indicare alcune attività sedentarie?
6. Puoi indicare alcuni cibi che non rientrano nei fabbisogni nutritivi?

14.9 **L'inganno pubblicitario.** Con il tuo compagno/a di classe, cita almeno un messaggio dei media che cerca di ingannare il consumatore. Fai una presentazione in classe, mettendo in evidenza le tecniche forvianti dei produttori.

Vocabolario utile

attirare, le bugie, la composizione, comprensibile, la credibilità, le emozioni, l'etichetta, falso, l'immagine, influenzare, ingannare, ingannevole, invadente, leggibile, il linguaggio, il marchio, persuasivo, la presentazione, promettere, la qualità, la rappresentazione, suggestivo, la trasparenza, la velocità del messaggio

14.10 **Dibattito: la difesa e l'accusa alle campagne pubblicitarie.** Dividere la classe in due gruppi: produttori e consumatori. Da una parte, il gruppo dei produttori difende la sua posizione dichiarando che un tipo di alimentazione comporta dei benefici. Dall'altra, il gruppo dei consumatori accusa i produttori di ingannare il pubblico con false promesse. Discutere pro e contro dell'argomento. Si raccomanda soprattutto di rispettare le opinioni degli altri durante il dibattito.

Idee

1. L'etichetta di un prodotto informa il consumatore con trasparenza sui valori e sulla composizione di un articolo. Le case produttrici agiscono quasi sempre onestamente nei confronti del pubblico e le autorità puniscono severamente i produttori che non rispettano le leggi, offrendo al consumatore prodotti alterati.
2. Spesso le case produttrici attribuiscono ai loro prodotti delle proprietà inesistenti. Il loro modo di presentare i prodotti attraverso la pubblicità tende ad ingannare il consumatore che compra solo perché viene influenzato da un attore o da un atleta molto noto al pubblico.

14.11 **Presentazione in classe: i meriti e gli svantaggi della cucina vegetariana.** Scrivi una presentazione sulla cucina vegetariana e sui benefici che questo tipo di dieta comporta. Crea una sequenza d'immagini e presenta in classe alcuni piatti vegetariani. Spiega perché questo tipo di dieta può suscitare delle controversie, perché alcuni medici sono contrari.

Esercizio di scrittura creativa

14.12 **Rischi o benefici dei cibi transgenici?** Il mondo è sempre più popolato, ma le risorse naturali sono sempre più limitate. In questo scenario i leader di ogni nazione dovranno agire in futuro in modo che i loro Paesi possano competere adeguatamente a livello globale. Per quanto riguarda il settore dell'agricoltura, i Paesi non possono far fronte alla richiesta di cibo senza studiare l'alternativa dei cibi transgenici. Tale approccio potrebbe garantire una maggiore quantità di cibo e soddisfare la richiesta globale. Non sappiamo, però, quali conseguenze sull'ecologia abbia questo tipo di agricoltura. Modernizzarsi, insomma, o rischiare di rimanere fuori dalla concorrenza globale. Questo è il problema da risolvere per i futuri capi di governo.

In un componimento, illustra i benefici e i rischi che comporterebbe un'alimentazione basata sui prodotti transgenici per affrontare la sovrappopolazione e la continua carenza di risorse naturali.

Una nota ballerina della Scala di Milano mentre compra un panettone in una pasticceria.

Il panettone

Una domanda prima di ascoltare

Che ti suggerisce la parola "panettone"?

14.13   Rispondere con **Vero** o **Falso** alle seguenti domande. Se falso, correggi!

1. Il panettone è un dolce che si prepara per tutte le occasioni festive.
2. Il panettone non è stato creato per celebrare il Natale.
3. È molto raro trovare un panettone in una casa italiana durante le feste natalizie.
4. Il panettone è un dolce che contiene una varietà d'ingredienti.
5. Preparare un panettone è un'attività che dovrebbe riuscire a tutti.

Il gelato

Una domanda prima di ascoltare

Perché in Italia è molto diffuso il gelato?

14.14   Rispondere con **Vero** o **Falso** alle seguenti domande. Se falso, correggi!

1. L'italiano occupa uno degli ultimi posti nella classifica mondiale per quanto riguarda il consumo dei gelati.
2. Il consumatore mangia il gelato con moderazione.
3. Il gelato a base di frutta è molto nutriente.
4. L'industria del gelato sta attraversando una crisi delle vendite.
5. Al consumatore non importa che il gelato possa farlo ingrassare.

📢 La scuola in Italia

Una domanda prima di ascoltare

In cosa il sistema scolastico è diverso da quello americano?

14.15   Completare la frase con un vocabolo appropriato.

1. Il _____ scolastico
   italiano è un po' diverso da quello americano.

2. La prima esperienza di scuola inizia con
   _____ nella quale i
   bambini si formano socialmente e
   intellettualmente.

3. Le _____
   dimostrano che il bambino ha bisogno di molti
   stimoli per arricchire la sua educazione.

4. _____ di Reggio
   Emilia sembra abbia avuto un impatto notevole
   nella storia della pedagogia moderna.

5. _____ è considerata
   una fase critica per l'adolescenza.

Il noto fisico Enrico Fermi mentre spiega
un'equazione matematica.

CAPITOLO 15

La lezione di pizza

Un pizzaiolo di Santa Margherita, in Liguria, mentre si accinge a infornare una pizza.

La lezione di pizza

Gennaro è un giovane napoletano. La sua fidanzata gli ha suggerito di aprire un ristorante originale a Roma, dove i clienti possono preparare la pizza che desiderano. Questa pizzeria è molto famosa. Un gruppo di studenti stranieri va da Gennaro per imparare a fare la pizza. Sentiamo cosa dice Gennaro ad un giornalista durante un'intervista.

Giornalista: Questi studenti sono veramente eccezionali perché stanno dimostrando un forte interesse per la cucina italiana. Cosa ne pensa?

Gennaro: Non c'è dubbio. È per questo che ho deciso di fare questo lavoro. Sono felice quando posso contribuire alla diffusione della cultura.

Giornalista: A proposito, questi ragazzi vogliono conoscere le origini della pizza. Potrebbe dire qualcosa in merito?

Gennaro: La pizza ha origini molto antiche. Una cosa è certa: la pizza originariamente era il cibo dei poveri. La tradizione della pizza napoletana risale al primo millennio. I napoletani quando preparavano il pane ci mettevano ingredienti per farne un pranzo completo. Ma la pizza come la conosciamo oggi è legata all'introduzione del pomodoro in Europa dopo la scoperta del Nuovo Mondo. La classica pizza napoletana è la "pizza Margherita" con pomodoro e mozzarella. Poi sono arrivate le variazioni, preparate con un'infinità d'ingredienti come le zucchine, le melanzane, i carciofi e via di seguito.

Parliamo un po'

15.1 Domande sul testo

1. Di dov'è Gennaro?
2. Che cosa gli ha suggerito la sua fidanzata?
3. Perché è stato un buon suggerimento?
4. Perché il gruppo di studenti va da Gennaro?
5. Che cosa osserva il giornalista?
6. Perché Gennaro è felice?
7. Quali sono le origini della pizza?
8. La pizza quando è arrivata a Napoli?
9. Qual è la classica pizza napoletana?
10. Quando è arrivato il pomodoro in Europa?
11. Quali sono alcune variazioni nella preparazione della pizza?

15.2 Domande personali

1. Che tipo di pizza ti piace?
2. È facile fare la pizza?
3. Che ingredienti si possono mettere sulla pizza?
4. Che tipo di lavoro hai fatto per guadagnare qualche soldo?
5. È stata una buona esperienza?
6. Da chi sei stato incoraggiato/a ad intraprenderla?
7. Esiste un'iniziativa alla quale vorresti contribuire? Quale?
8. Perché è interessante conoscere la storia del cibo?

15.3 Un esperimento fallito. Cucinare non sempre è un'impresa positiva perché in alcuni casi si può anche sbagliare. Con il tuo compagno(a di classe racconta un tuo esperimento in cucina o, magari, l'esperienza di un tuo amico/a che ha avuto conseguenze disastrose.

Un ritratto di *Vertumnus*, l'Imperatore Rodolfo II, di Giuseppe Arcimboldo, il famoso pittore manierista che ha saputo mettere in rilievo la frutta e la verdura, utilizzando la tecnica dei ritratti.

LETTURA BREVE: Il cibo come richiamo al passato

Roberto e Sheila Levi abitano nel Connecticut. Roberto è americano, d'origine ebraica[1]. I suoi genitori sono di Roma. Gli ebrei sono in Italia da molte generazioni. Subito dopo la distruzione di Gerusalemme nel 70 d.C., infatti, ci fu un grande esodo[2] e molti ebrei raggiunsero Roma. L'Italia ha una comunità ebraica tra le più antiche d'Europa. La comunità giudea ha sempre beneficiato della tolleranza religiosa che gli italiani hanno mostrato verso questo popolo semitico anche se, però, va ricordato che nel 1938, Mussolini adottò le infami[3] leggi razziali che esclusero gli ebrei italiani da ogni attività civica come, ad esempio, la scuola pubblica, l'impiego statale, la partecipazione alla vita pubblica e così via. Nonostante questo passato ignobile[4], oggi sono molti gli ebrei che risiedono in Italia. I signori Levi, che non rappresentano un'eccezione, sono in Italia per la prima volta. Dopo aver visitato il Foro romano, la giovane coppia ha pranzato in un vecchio ristorante ebreo nella famosa zona di Trastevere. Roberto ha mangiato i carciofi alla giudea[5]. Si è ricordato subito di sua nonna e della sua infanzia quando lei gli preparava lo stesso piatto. Roberto è contentissimo perché il sapore è esattamente come quello che sapeva creare sua nonna: molto olio d'oliva, carciofi teneri, pezzettini d'aglio e prezzemolo tritato. È un aroma eccezionale!

L'idea che il cibo possa essere associato alla nostra vita, è un fenomeno abbastanza diffuso. La letteratura di ogni Paese, ad esempio, è ricca d'immagini, in cui il cibo ha una funzione simbolica. Un esempio importante, forse, è quello raccontato dallo scrittore francese Marcel Proust: il protagonista di uno dei suoi romanzi, riscopre la sua infanzia nel momento in cui inzuppa[6] madeleines nel tè. Negli esperimenti più recenti, la celebre scrittrice romana, Stefania Barzini, usa le ricette culinarie della famiglia per evocarne il passato. Anche nell'opera, come il *Falstaff* di Giuseppe Verdi, ci sono molti accenni culinari.

Oggi più che mai la scienza ha scoperto l'importanza del rapporto tra l'alimentazione e gli aspetti psicologici nello sviluppo di un individuo. Il cibo, oltre a fornire[7] le energie quotidiane di cui abbiamo bisogno per vivere, è uno strumento di comunicazione e d'espressione. In altre parole, un'opera come il *Falstaff* di Giuseppe Verdi o la *Cenerentola* di Gioacchino Rossini sarebbe incomprensibile senza le scene culinarie.

---

[1]ebraica: semitica. Lo scrittore italiano di origine ebraica, Carlo Levi, è conosciuto nel mondo letterario per il suo libro, *Cristo si è fermato ad Eboli*, che scrisse durante la sua prigionia degli anni fascisti.

[2]l'esodo: emigrazione, partenza. Le guerre scatenano spesso un grande esodo costringendo la popolazione a fuggire da una situazione piuttosto difficile.

[3]infame: scandaloso, crudele. Alcuni vegetariani si oppongono all'uso dei macelli animali e considerano infame e codarda la gente che li utilizza.

[4]ignobile: vergognoso, indecoroso. Qualche volta, purtroppo, si verificano degli episodi ignobili come quando il turista viene truffato da un ristorante che gli presenta un conto astronomico.

[5]alla giudea: nello stile ebraico. Mi piacciono i carciofi alla giudea perché è un piatto semplice da preparare.

[6]inzuppare: bagnare, intingere. Il bambino inzuppa il pane nel latte.

[7]fornire: dare, munire. Il fornaio si occupa di fornire il pane al ristorante senza però negare ai gestori di creare le loro specialità.

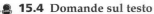

15.4 Domande sul testo
1. Qual è l'orientamento religioso di Roberto?
2. Perché visita Roma?
3. Perché gli ebrei dovettero fuggire da Gerusalemme?
4. Cosa proibiscono le leggi razziali del 1938?
5. In genere come si può definire l'atteggiamento degli italiani verso gli ebrei?
6. Cosa ricorda Roberto al ristorante?
7. Cosa rappresentano i carciofi per Roberto?
8. Quale fenomeno si ripete spesso nella letteratura di ogni Paese?
9. Come ricorda il passato lo scrittore francese?
10. E la scrittrice romana?
11. La scena culinaria come arricchisce le opere di Verdi e di Rossini?

15.5 Domande personali
1. Qual è il tuo orientamento religioso?
2. C'è un cibo che ti fa ricordare la tua infanzia?
3. Conosci uno scrittore che utilizza spesso il cibo come richiamo al passato?
4. Hai visto un film in cui il cibo ha un ruolo fondamentale?
5. Pensi che le leggi razziali potrebbero ripetersi oggi?
6. Come si potrebbero ridurre i conflitti razziali?

15.6 Ricordiamo la nostra infanzia. Con il tuo compagno/a, prepara un elenco delle cose che in qualche modo ti ricordano la tua infanzia. Utilizza non solo il cibo, mettendone in rilievo il sapore, un aroma, ma anche un luogo o un evento, valorizzandone l'ambiente, il tono o la qualità che riescono a evocare in te qualcosa del passato.

Il cibo   **Il luogo**   **La festa**

Un'intervista

L'arte della pasta fatta a mano vanta una lunga tradizione in Italia. Queste immagini dimostrano quante forme e tipi di pasta ci sono. Dai ravioli ripieni ai cappelletti, dai tortellini ai tortelloni, la pasta italiana è entrata a far parte del vocabolario internazionale. Il lessico della pasta, infatti, rappresenta un notevole repertorio al punto che potremmo considerarlo come un linguaggio a parte della lingua italiana.

UN PO' DI LETTURA AUTENTICA

Il gastronauta

Intervista a Davide Paolini

Per chi non lo sapesse, l'organizzazione Slow Food è stata fondata negli anni Ottanta con lo scopo di tutelare il piacere del cibo e di educare il pubblico a rispettare le tradizioni culinarie. Carlo Petrini, autore e fondatore del movimento, ha lanciato l'iniziativa in Piemonte con l'idea di salvaguardare non solo il gusto della tavola ma anche l'ambiente per far sì che i produttori alimentari conservassero i vecchi metodi dell'agricoltura senza valersi dei cibi transgenici. Oggi lo Slow Food vanta moltissime organizzazioni e 80.000 mila soci in oltre 100 Paesi. È interessante notare che come segno caratteristico del movimento, Slow Food ha scelto la lumaca. Il simbolo del mollusco contrasta nettamente con Fast Food e vuole indicare che la lentezza, il gusto e il piacere del cibo sono qualità che non possono essere perdute.

DAVIDE PAOLINI E IL GASTRONAUTA: DIALOGO A MICROFONO SPENTO[1] Per chi non lo conoscesse: Davide Paolini, comunicatore di professione, ha fatto della sua passione per la gastronomia, un vero e proprio lavoro, la cui filosofia si basa sulla ricerca dei prodotti che hanno consentito[2] alla nostra penisola di diventare la terra del gusto per antonomasia[3]. Non è uno scienziato, non è un critico e neppure uno chef mancato, forse per il suo spirito di ricerca e d'osservazione la figura che più gli si addice[4] è quella del sociologo, anzi, del Gastronauta.

E Gastronauta non si nasce, ma si diventa, perché per esserlo serve possedere delle sensibilità, quali l'attrazione per il gusto, il friccico[5] del cercare e non del trovare, il desiderio della convivialità, qualità che consentono di relazionarsi ai prodotti attraverso i cinque sensi, intraprendendo[6] un viaggio metaforico a ritroso[7] per scoprire il percorso di ciò che si sta assaporando[8].

Detto questo, diamo la parola a loro, ovvero al comunicatore ideatore di questa filosofia del gusto e alla figura che ha ideato per rappresentare il suo spirito di ricerca, il gastronauta.

GASTRONAUTA: Non capisco per quale motivo non ti accontenti[9] più di girare in lungo e in largo per scoprire straordinari artigiani, assaggiare[10]

---

[1]spento: chiuso, fermato. Il Comune di Ischia ha concesso il permesso ai ciclomotori e ai velocipedi di circolare in centro a condizione che siano condotti a mano o a motore spento.

[2]consentire: autorizzare, permettere. I genitori hanno concesso ai figli minorenni di partecipare ad un'escursione sulle Alpi.

[3]per antonomasia: per eccellenza. La pasta è per gli italiani il piatto nazionale per antonomasia.

[4]addirsi: stare bene, essere adatto. Si dice che l'umorismo si addice a chi soffre di malumore poiché ha effetti terapeutici.

[5]il friccico: termine romanesco per indicare un battito del cuore, un piccolo brivido. Mi serve un friccico di sole per farmi sentire felice.

[6]intraprendere: iniziare, avviare. Molti studenti laureati in scienze intraprendono una carriera nel settore industriale, dove si guadagna sempre di più.

[7]a ritroso: all'inverso, contrario. Molti uomini politici spesso procedono a ritroso nei loro piani.

[8]assaporare: gustare, assaggiare. Un buon cuoco assapora il cibo prima di servirlo agli ospiti.

[9]accontentarsi: essere soddisfatto, essere contento. I bambini non si accontentano più di giocattoli semplici.

[10]assaggiare: gustare, degustare. Nei vigneti, si usa molto far assaggiare i nuovi vini ai visitatori.

i loro prodotti, segnalandoli[11] poi ai tuoi lettori o ai tuoi amici. Non è questo un modo già singolare per contribuire alla loro salvezza?

D. PAOLINI: Caro gastronauta, non pensare al cibo solo come piacere della gola[12] e stimolatore dei sensi: il cibo è parte fondamentale del materialismo e per questo va scisso[13] in ogni sua parte, ovvero nella materia prima di cui è costituito, nella gestualità dalla quale è nato, nella sua storia, considerandolo quindi un vero e proprio *medium* economico e di comunicazione.

GASTRONAUTA: Non ti sembra di esagerare? La tua non è che una provocazione, vero?

D. PAOLINI: Nossignore: il mio è un atto di fede! Oggi il cibo è un *medium* che fa discutere, che produce ricchezza, che influisce pesantemente sui costumi e sui modi d'essere, condiziona la quotidianità e i comportamenti. Il cibo contiene in sé straordinarie valenze economiche. È in grado di generare valore sul territorio e creare imprenditorialità[14] diffusa, se adeguatamente utilizzato.

GASTRONAUTA: Dunque i prodotti diventano *media* dei territori?

D. PAOLINI: Quando uso il termine "medium" è in versione versatile. Ci sono prodotti agroalimentari che sono elaborati grazie alla sapienza[15] ancestrale, che è cultura a tutti gli effetti. Per questo motivo i prodotti devono essere presentati non trascurando i loro contenuti culturali e artistici.

GASTRONAUTA: È per questo che li hai definiti "giacimenti"[16]?

PAOLINI: Con questo termine, intendo portare l'attenzione sui contenuti culturali di molti prodotti alimentari per poter richiamare l'attenzione dei beni[17] culturali. Vorrei ricordarti che l'art. 9 della Costituzione parla di difesa del patrimonio[18] artistico-culturale del Paese. Ebbene solo così si possono salvare aromi, profumi, sapori e saperi. E allora perché appunto non dare loro dignità di opere d'arte?

---

[11]segnalare: trasmettere, far conoscere. L'ultimo lavoro dello scrittore italiano Antonio Tabucchi è stato segnalato dalla critica come il migliore romanzo dell'anno.

[12]la gola: gargarozzo, faringe. Quando soffriamo di mal di gola i medici ci consigliano di bere molti liquidi.

[13]scindere: separare, dividere. Per far bene il nostro lavoro dobbiamo scindere il lato emotivo da quello professionale.

[14]l'imprenditorialità: attivismo, l'insieme delle capacità e delle competenze proprie degli imprenditori. Il nuovo presidente ha lanciato una nuova campagna per dare maggiore impulso all'imprenditorialità della nazione.

[15]la sapienza: conoscenza, saggezza. La scienza c'insegna a gestire con sapienza la nostra vita senza concederci troppi eccessi.

[16]il giacimento: miniera, riserva. Benché in Sicilia ci siano alcuni giacimenti di petrolio, questi non garantiscono una produzione tale da poter competere con i Paesi arabi.

[17]il bene: beneficio, patrimonio. Oltre alle tradizioni, è importante considerare l'ambiente come un bene essenziale per il futuro del pianeta.

[18]il patrimonio: ricchezza, tradizione. Il patrimonio culturale italiano ha come periodo storico iniziale l'età etrusca.

15.7 Domande sul testo

1. Perché Davide Paolini si potrebbe definire un sostenitore della gastronomia italiana?
2. Perché, secondo Paolini, non basta segnalare al pubblico la singolarità di un nuovo cibo?
3. Come spieghi la filosofia del gastronauta?
4. Come spieghi l'unione dei due termini, "gastronomia" ed "astronauta"?
5. Perché si ha un friccico nel cercare e non nel trovare?
6. In che modo Paolini contribuisce a salvaguardare la cucina tradizionale?
7. Perché il cibo, secondo Paolini, non si può considerare solo un piacere della gola?
8. Oltre ad arricchire il palato, quali sono le altre caratteristiche del cibo tradizionale?
9. Come contribuisce alla scomparsa dei piatti tradizionali il tenore di vita moderna?
10. Il termine "giacimenti" è piuttosto associato alle risorse naturali. In che senso la gastronomia è intesa come risorsa naturale?
11. Perché è importante salvare gli aromi, i profumi, i sapori e l'arte della gastronomia?

15.8 Domande personali

1. Vivere per mangiare o mangiare per vivere? Qual è la tua posizione a riguardo?
2. Che importanza ha il gusto del cibo nella tua vita?
3. Ti piace avventurarti in cucine culturalmente diverse dalla tua?
4. In quali occasioni provi dei battiti al cuore?
5. In che modo è importante salvare le tradizioni culinarie?
6. Quale relazione c'è tra l'arte e la cucina?
7. Qual è il ruolo dell'arte in cucina?

 15.9 Una cucina diversa dalla mia. Con il tuo compagno/a di classe, indica gli aspetti negativi e quelli positivi che hai riscontrato provando una cucina diversa dalla tua.

> **Esempio:**   *Quando sono andato in Giappone ho visto che la colazione era molto diversa da quella che faccio di solito ogni mattina. Anziché prendere un cappuccino, lì mi offrivano un tè…*

Vocabolario utile

le abitudini, l'autenticità, la biodiversità, il cibo, il consumatore, difendere, l'economia, l'ecosistema, educare, la gastronomia, il gusto, lentamente, la minaccia, il palato, il piacere, prodotti genuini, la qualità della vita, la rapidità, restituire, le risorse, i ristoranti di massa, salvaguardare, il sapore, la sostenibilità del pianeta

 15.10 Dibattito: le culture e le tradizioni si uniformano. Davanti al fenomeno del commercio globale che unisce culture e tradizioni diverse a ritmi precipitosi, la filosofia dello Slow Food è spesso paragonata a Greenpeace. Slow Food, infatti, cerca di salvaguardare le tradizioni culinarie con la stessa urgenza e drammaticità con cui il movimento ecologico tenta di proteggere l'ambiente. Ma si può veramente parlare di "estinzione" del cibo? Ci sono segnali allarmanti di cui dovremmo preoccuparci? Discutere pro e contro dell'argomento. Dividere la classe in due gruppi per commentare il risultato.
Si raccomanda soprattutto di rispettare le opinioni degli altri durante il dibattito.

 Idee

1. Oltre a promuovere il piacere del cibo e a conservare le tradizioni culinarie, il movimento Slow Food si presenta come un protettore dell'ambiente per far sì che i produttori di generi alimentari rispettino l'ecosistema.
2. Le tradizioni gastronomiche non possono scomparire perché fanno parte della memoria collettiva di un popolo. Per quanto riguarda il rispetto dell'ambiente, i governi si occupano di controllare e verificare le produzioni alimentari.

15.11 Presentazione in classe: il cibo e l'arte. Scrivi una presentazione sul cibo e l'arte. Attraverso Internet, fai una ricerca su come artisti, come Giuseppe Arcimboldo e Caravaggio, utilizzano il cibo nelle loro opere. Crea una sequenza d'immagini ed illustra in classe alcuni esempi di cibo come arte.

Esercizio di scrittura creativa

15.12 Il raffinamento dei gusti. Il Rinascimento italiano rappresenta uno dei maggiori periodi storici durante i quali ogni disciplina umana è stata impiegata per migliorare la qualità della vita. Sotto questo aspetto, per esempio, la scienza ha riproposto il metodo scientifico con cui affrontare le ricerche, le arti visive hanno prospettato una nuova dimensione per illustrare la vita e così via con la matematica, la musica, l'architettura, la filosofia e tutte le altre branche del sapere. Non c'è da meravigliarsi, dunque, se gli umanisti dell'epoca hanno contribuito notevolmente a raffinare il palato. Descrivi come il Rinascimento italiano ha contribuito al raffinamento dei gusti della cucina classica tradizionale.

15.13 La pasta come piatto universale. Le origini della pasta risalgono probabilmente ad epoche molto lontane, da quando l'uomo ha scoperto la farina. Alcuni storici pensano che Marco Polo abbia portato la pasta dall'Oriente perché il termine "maccheroni" iniziò a circolare subito dopo che l'esploratore veneziano ritornò dalla Cina. Comunque sia, il fatto è che oggi la pasta è servita in tutto il mondo. Le numerose forme della pasta hanno indubbiamente contribuito ad arricchire le ricette di tutti i Paesi. Descrivi alcuni dei motivi che hanno reso la pasta uno dei piatti più popolari del mondo.

La pizza

Una domanda prima di ascoltare

Quali sono gli ingredienti base della pizza?

15.14 Rispondere con **Vero** o **Falso** alle seguenti domande. Se falso, correggi!

1. Una delle ragioni per cui la pizza è diventata un piatto universale è perché appartiene alla cucina elaborata.
2. Una delle ragioni per cui la pizza piace ad ogni palato è che si può preparare sempre allo stesso modo.
3. Molti anni fa, al ristorante, solo chi aveva delle possibilità economiche ordinava la pizza.
4. Uno dei vantaggi di questo prodotto è che la cottura può realizzarsi in qualsiasi tipo di forno.

Gli ebrei in Italia

Una domanda prima di ascoltare

In che modo si distinguono gli ebrei italiani?

15.15 Completare la frase con un vocabolo appropriato.

1. La presenza ebraica in Italia _____ ad origini molto antiche.
2. Gli ebrei _____ per evadere l'antisemitismo dell'epoca.
3. A Roma trovarono un _____ politico accettabile che permetteva loro di vivere in pace.
4. Con l'ascesa del Cristianesimo qualche _____ gli ebrei furono obbligati a _____ nei ghetti.
5. Dal racconto si _____ che una gran parte della _____ ebraica si è amalgamata al resto degli italiani.

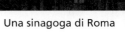

Una sinagoga di Roma

Introduzione alla letteratura italiana

Piccolissimo: vent'anni dopo

di Antonio Amurri (Ancona, 28 giugno 1925–Roma, 18 dicembre 1992)

L'AUTORE è stato uno scrittore e paroliere italiano che per diversi anni ha diretto *Il Travaso*, giornale satirico romano.

Umorista e scrittore, Antonio Amurri rappresenta una voce ironica ed indispensabile perché ci aiuta a capire la trasformazione che la società ha subito attraverso la tecnologia. Inoltre, questo arguto scrittore ci fa entrare nella casa tipica italiana dove la vita coniugale non sempre riesce ad esprimersi nella serenità familiare.

SAGGIO *Piccolissimo: Vent'anni dopo* è stato pubblicato nel 1991, replicando un primo straordinario successo avuto negli anni Settanta. In questo brano l'autore confessa una certa avversione per gli elettrodomestici che in questi ultimi decenni hanno invaso le cucine di moltissime famiglie.

LETTURA Quarantennale idiosincrasia per la tecnologia in cucina.

Sono ventidue anni che odio la lavapiatti di casa mia. Esattamente dal giorno in cui fu installata e fatta funzionare. Così come, da trent'anni, odio la lavatrice semplice, quella che frulla° i bucati°.

Faccio osservare che adempio° personalmente al bucatino delle mie mutande e dei miei calzini usando sapone verde di Marsiglia e che consumo l'adempienza° "davanti" alla lavatrice in funzione, come a sfidarla° sia sul piano della velocità sia su quello del bianco che più bianco non si può. E vinco sempre io. Ed emetto versacci satanici vedendo uscire dal boccaporto° dell'infernale strumento, tra nauseanti vapori di sciacquamorbido, le mutande di Lorenzo tutte sbrindellate°, i suoi calzini dal cui orlo penzolano° fili di elastici stracciati e lessati, i fazzoletti strappicchiati° qua e là, le camicie con le punte dei colletti lise° di strofinio° incontrollato della centrifugazione.

L'inveterato° e insopprimibile rifiuto della donna di lavare i piatti con le proprie mani è alla base dell'invenzione della lavastoviglie, che è lo strumento più apocalittico, rumoroso e inutile che mente umana (femminile, certamente) potesse escogitare°.

Ma come si fa a ritenere indispensabile in cucina una macchina che: primo, ci vuole almeno un quarto d'ora per caricarla° delle stoviglie da lavare dopo averle pre-sciacquate a mano; secondo, non appena se ne pigia° un tasto, si mette a ronzare° come una legione di calabroni° per farti capire che sta scaldando l'acqua (cosa che gli scaldabagni fanno con maggior potenza e nessun fragore° molesto); terzo, dopo aver ronzato per mezz'ora, improvvisamente ti fa fare un balzo° sulla poltrona nella quale sonnecchiavi° perché si mette in moto con un assordante rumore di acque sbatacchiate° e di zampilli° roteanti; quarto, quando ti sei abituato al baccano° insopportabile che ne contraddistingue l'attività, improvvisamente tace, facendoci pensare che lo strazio ° sia finito; quinto, dopo un silenzio carico di minacce, di colpo le minacce si palesano e ricomincia con il "roarrrroarrrroarrrroarrrr", il quale ti fa pensare che non stia lavando i piatti ma tentando di decollare.

°agitare / vestiti
°eseguire
°compito
°lottare

°apertura
°lacerate
°oscillare / lacerati
°consumate / frizione
°incorreggibile

°inventare

°sistemare
°pressare / rumoreggiare
°vespe
°forte rumore
°salto
°dormicchiare / agitate
°getti / rumore
°tormento

Tutto questo inferno durato due ore per che cosa, poi? Per pulire pochi piatti che una donna sana di mente e operosa di mano avrebbe lavato in meno di dieci minuti. Ma si sa, la lavastoviglie rappresenta l'affrancamento° della donna dai lavori domestici più umili, il cuore di ogni moglie batte con il ritmo della lavastoviglie, ed è strano che la lavastoviglie non sia stata scelta come simbolo del femminismo.

°*liberazione*

E poi, infine: perché i piatti e i bicchieri *debbono* stazionare° dentro l'infernale strumento senza esserne mai tolti finché non sia il momento di rimettervreli dopo averli usati? Perché un povero marito deve prenderli da lì quando ne ha bisogno? E perché io ne ho bisogno quando la lavastoviglie è silente ma segretamente in funzione, dimodoché non appena apro lo sportello vengo inondato da una valanga d'acqua-piatti-bicchieri e posate° sporchi?

°*parcheggiare*

°*cucchiai, forchette, coltelli*

La odio, dal profondo. Un giorno la caricherò di bicchieri-piatti-posate e di una bomba a orologeria. Anzi, no, meglio andare sul sicuro: una bomba che scoppi a contatto con l'acqua. Una bomba a carburo°. Così l'odiata lavapiatti emetterà il suo ultimo nefasto brontolio, per poi tacere per sempre.

°*sostanza chimica*

Veniamo ai coltelli da cucina. Tagliano, i vostri? No, certamente. Un coltello da cucina non taglia mai. Il coltello per tagliare il pane, a casa mia, ha un posto preciso e ce l'ha proprio, pensate, nel ripostiglio del pane. Ma lì è inutile cercarlo. In ogni caso, quando finalmente lo trovo, magari in giardino, infilzato° in terra fra le piante di rose, provo ad affettarci il pane, ma provo soltanto, perché il coltello per affettare il pane non riesce ad affettare il pane per mancanza di voglia di moglie di portarlo ad arrotare°.

°*trafiggere*

°*molare*

Un uomo che si dica uomo a un certo punto non ce la fa più e pretende l'acquisto della famosa coltelliera universale, cioè quel blocco di legno che si vede sempre più spesso nelle cucine dei film di lusso e specialmente in quelle dei film di Dario Argento. Nel blocco di legno sono infilzati tanti tipi di coltelli da cucina, tutti taglientissimi°, di tutte le misure, con manici di legno scuro e compatto, impreziosito da bulloncini d'acciaio uno qui uno là e uno in mezzo.

°*penetranti*

Ma, ahimè, confesso anche in questo caso la mia sofferta esperienza. Intanto è difficilissimo prendere il coltello giusto. Se cerco quello più lungo mi viene su il più corto. E una volta venuto fuori, è assai problematico rimetterlo dentro. È come cimentarsi in una specie di tiro a segno dove anziché un centro c'è una fessurina° assolutamente inimboccabile. È più spicciativo pugnalare il blocco di legno dove càpita càpita, tanto il coltello è così affilato da scavarsi° ipso facto il suo nuovo alloggiamento. Ne consegue però che il blocco di legno che contiene (anzi, conteneva) i coltelli è ormai in pezzi che sono sparsi un po' dovunque e il loro reperimento° è diventato lo stesso del periodo ante-blocco: inattuabile.

°*spaccatura*

°*fare una buca*

°*situare*

Altra tecnologia avanzata: il ferro da stiro completo del blocco per la fabbricazione del vapore stirammira°. Intanto c'è da dire che il blocco sembra quasi un computer e che, come tutti i computer, m'impaurisce. In ogni caso ho *dovuto* imparare a usarlo durante un'estate in cui sono stato lasciato solo a Roma per più d'un mese. Avendo la necessità di stirare le camicie e i fazzoletti (rigorosamente lavati a mano), ho cercato di capire la stiratura computerizzata. Ma tutto ciò che ho ottenuto sono stati vapori densi e umidi che hanno invaso l'office, talché alla fine il calore e la nebbia erano tali da farmi sentire più nella cinematografica giungla vietnamita di Oliver Stone che a casa mia. In quel lungo Ferragosto con le lavanderie chiuse ho girato con camicie spiegazzate e fazzoletti appallottolati…

°*un prodotto commerciale che fa riferimento ai termini "stirare" e "ammirare"*

C'è, fra chi sta leggendo, un marito che abbia tentato di affettare° il roast beef con il coltello elettrico? È l'esperienza alla quale si deve l'incremento di fughe nella legione

°*tagliare*

°*distruggere*
°*spiegazzate*

°*moglie*
°*tagliare a pezzettini*

°*conformità*

°*mettere in moto*

straniera più cospicuo degli ultimi vent'anni. Mariti provati dall'aver completamente rovinato° interi tocchi di carne succosa ridotti a fettine trasparenti e sbrindellate, o a fettone spesse come un doppio filetto, o a mezze fettine sgualcite°, o a tocchi sghimbesci, dai loro maldestri tentativi di controllare un coltello che vibra come un martello pneumatico, hanno creduto più opportuno espiare la loro colpa riparando nella legione straniera piuttosto che affrontare le ire della cuoca-consorte°.

E il tritatutto°? Due dita della mia mano destra hanno subito un tentativo di tritaggio e, non saprei spiegare il perché, perfino il mignolo del mio piede sinistro. D'altra parte, perché lamentarsi se un tritatutto, in ottemperanza° alla funzione per cui è stato creato e al nome che porta, trita, appunto, tutto, comprese le dita di chi lo aziona°.

Taccio sulla complessa macchinetta che impasta farina e uova, e soprattutto su quella che trasforma la pasta sfoglia in tagliatelle. A casa ha trasformato molte altre cose in tagliatelle, oltre la pasta.

E la gelateria? Quella che fa i gelati di spinaci, d'insalata, di parmigiano? Sì, avete letto bene, anche di parmigiano. Tutti i tipi di gelato si fanno a casa mia, ma non quelli tradizionali. Un cioccolato, una crema, un torroncino sono considerati banali.

Detesto, detesto sinceramente il bancone della cucina di casa mia, dov'è ormai difficile appoggiare sia pure un bicchiere, perché ogni centimetro quadrato è occupato da frullatori, sbucciatori, spremitori, grattugiatori, affettatori, decoperchiatori, accenditori, spegnitori e perfino apparecchietti che non si sa a che cosa servano.

°*attraente*

L'offerta dell'elettrodomestico inutile è sempre più interessante, ed è così allettante° che io stesso, nemico giurato del genere, ormai non riesco più a resistere.

°*parte gialla dell'uovo*

Siamo giusti: come rinunciare allo strumentino che rompe le uova facendo restare i tuorli° infallibilmente interi? Come fare a meno del porcellino che si mette a grugnire se lasci il frigorifero aperto? Come poter ignorare che esiste la pentolina a pile che frigge alla perfezione anche in piscina, o al parco o, se si vuole, a Piazza del Popolo? Come fingere di non sapere che è in commercio la snocciolatrice di ciliegie, albicocche e olive? E lo speciale spatolino che toglie elettricamente i semi dalle arance e dai mandarini?

Come resistere?

La tecnologia mi ucciderà. Lo sento.

°*puntare*

Una macchinetta elettronica mirerà° al mio cuore e farà partire un mortale perforatore di zucchine con la zucchina e tutto.

15.16 Domande sul testo

1. Secondo l'autore, per quale ragione è stata inventata la lavastoviglie?
2. Da quanto tempo non sopporta questo tipo di elettrodomestico?
3. Qual è uno degli svantaggi della coltelliera?
4. Qual è una delle difficoltà nell'usare un ferro da stiro di tipo stirammira?
5. Qual è una delle difficoltà dell'affettare con il coltello elettrico?
6. Quali sono alcuni pericoli quando si usa un apparecchio di tritaggio?
7. Che gelati nuovi si servono in gelateria?
8. Come si presenta il bancone della cucina?
9. Secondo l'autore, qual è il paradosso degli elettrodomestici in cucina?

15.17 Domande personali

1. Potresti immaginare la tua cucina senza gli elettrodomestici?
2. L'autore come ironizza sull'eccessiva dipendenza dagli elettrodomestici dell'uomo moderno?
3. Pensi che dietro l'ironia si nasconda un atteggiamento antifemminista dell'autore?
4. In che senso gli elettrodomestici hanno contribuito alla liberazione della donna?
5. In che modo siamo spesso prigionieri della tecnologia?
6. Credi che sia possibile fare un passo indietro nella storia della civiltà utilizzando meno tecnologia?

 15.18 Le frustrazioni in cucina. Con il tuo gruppo, fai un elenco degli apparecchi che possono aiutarti a cucinare ma che qualche volta possono anche rendere il tuo compito più difficile.

VOCABOLARIO

Nomi

l'abitudine	*habit*
l'alimentazione	*nourishment*
l'attesa	*wait*
il carciofo	*artichoke*
la cassata	*Sicilian cheesecake*
la ciliegia	*cherry*
la cipolla	*onion*
la crostata	*pie*
la fidanzata	*fiancée*
il gambero	*shrimp*
la mandorla	*almond*
la melanzana	*eggplant*
la pasticceria	*pastry shop*
la pesca	*fishing*
il peso	*weight*

Verbi

assaggiare	*to taste*
concedersi	*to treat oneself*
esercitare	*to exercise*
ingrassare	*to gain weight*
raccogliere	*to harvest*
risalire	*to go back*
segnalare	*to identify*
sfamare	*to feed*

Parole ed espressioni

a partire da	*starting*
addirittura	*even*
dello stesso stampo	*similar*
al forno	*baked*
in merito	*with regards to*
perfino	*even*
al punto di	*to the point of*
la scuola media	*the middle school*

Aggettivi

arrabbiato	*upset*
cancerogeno	*carcinogenic*
quotidiano	*daily*
stretto	*tight*

UNITÀ **6**

Capitolo 16   Fontana di Trevi
Capitolo 17   Una visita a Pompei
Capitolo 18   Il cortile del Museo Bargello

Visitiamo l'Italia

Una vista notturna del famoso Duomo di Firenze. Si noti la cupola dell'umanista Filippo Brunelleschi il quale ha saputo dare una nuova svolta all'architettura del Rinascimento italiano. A destra, si osservi il campanile di Santa Maria del Fiore (1296) ideato da Giotto (1267–1337) anch'egli ha dato un contributo importante allo sviluppo del concetto rinascimentale dell'arte.

Quale sarà il tema di questa unità? Cosa imparerai? Hai mai visitato l'Italia? Milioni di turisti stranieri si recano ogni anno in Italia per affari, turismo, oppure per ragioni di famiglia. Comunque sia, un viaggio in Italia offre al visitatore l'opportunità di ricollegarsi con il passato che abbraccia oltre tremila anni di storia.

Funzioni comunicative

- Parlare di comunità
- Discutere le proprie radici
- Discutere le trasformazioni sociali

Occhio alla grammatica!

- I suffissi -tore e -trice
- I nomi difettivi
- I verbi essere e avere al futuro per esprimere probabilità
- I pronomi personali
- Distinzione tra andare e venire
- Parole derivate con suffissi
- Il presente progressivo
- Il futuro anteriore

- Il condizionale passato
- Parole derivate con prefissi
- Parole composte
- Sostituti dell'aggettivo
- L'uso causativo del verbo fare + infinito
- Soggetti indefiniti
- La concordanza del participio passato

La Fontana di Trevi è considerata uno dei maggiori simboli dell'arte barocca di Roma. Costruita intorno al 1762, la fontana è una delle più belle della città e, ancora oggi, migliaia e migliaia di turisti vi si recano ogni giorno per gettarvi la rituale monetina.

Fontana di Trevi a Roma

Un gruppo di giovani turisti che spera di tornare nella città eterna, si trova davanti alla celebre Fontana di Trevi. Sul fondo si trovano monetine provenienti da tutte le parti del mondo perché la tradizione vuole che, gettandovi un soldo, il turista sarà costretto dal destino a rivisitare uno degli angoli più romantici della città.

Nella: Non posso credere ai miei occhi! Eravamo in un vicolo molto stretto e, tutto ad un tratto, ci troviamo davanti a questa magnifica fontana barocca come fosse un'illusione ottica.

Giorgio: Infatti, è così! La Fontana di Trevi dà questa impressione. È stata costruita da un architetto romano, Nicola Salvi, su desiderio di Papa Clemente XII, il quale voleva creare una grande scena in uno spazio limitato.

Marina: Io voglio buttare subito una monetina perché devo esprimere i miei desideri. Vorrei imitare gli attori del famoso film, *Three Coins in the Fountain*.

Nadia: Ma, da dov'è nata questa tradizione?

Cesare: La fontana ha una lunga storia, ma probabilmente questa usanza sarà stata inventata a Hollywood! La realtà è che oggi, tutti i turisti che arrivano qui, vogliono ripetere questa tradizione.

Alessandra: Francamente, io vorrei propormi nei panni di Anita Ekberg, una delle
protagoniste del celebre film di Federico Fellini, *La dolce vita*, che si bagna
di notte nelle acque fresche per abbandonarsi alla sua fantasia.

Giuliana: Forse sarà un modo di esprimersi in pubblico, ma il fatto è che molti
giovani si bagnano nella fontana semplicemente per evadere dal caldo
afoso che spesso colpisce la città durante i mesi estivi.

Parliamo un po'

 16.1 Domande sul testo

1. Quando è stata costruita la fontana?
2. Perché i turisti gettano una monetina?
3. Perché Nella si meraviglia di ciò che vede?
4. Cosa voleva creare il Papa?
5. Cosa ha creato Nicola Salvi?
6. Cosa vorrebbe fare Marina?
7. A quale film s'ispira Alessandra?
8. Chi ha creato questa vecchia leggenda?
9. Che desiderio hanno i turisti?
10. Di cosa è simbolo la fontana?
11. Come mai molti si bagnano nella fontana?

16.2 Domande personali

1. Esiste nella tua comunità una fontana storica?
2. Hai mai buttato una monetina in una fontana?
3. Vorresti creare qualcosa per i posteri?
4. Hai mai costruito qualcosa?
5. Sei mai stato/a ispirato/a da un film?
6. Conosci altre leggende?
7. Cosa provi quando visiti un monumento storico?
8. Hai mai sentito il bisogno di affermarti in qualche attività?

 16.3 I monumenti della mia città. Con il tuo compagno/a di classe, fai un elenco degli edifici
importanti della tua città e del loro valore storico.

> **ESEMPIO:** Il Teatro dell'Opera della mia città offre ai cittadini l'opportunità di mantenere
> viva una tradizione musicale molto antica. . .

Il Teatro dell'Opera, La Scala, di Milano con la sua imponente architettura neoclassica, è considerato un simbolo nazionale della lirica italiana. Si osservi, inoltre, la statua di Leonardo da Vinci che, non a caso, era un grande appassionato di musica.

LETTURA BREVE: Castel Sant'Angelo

In Italia ci sono molti castelli. Il Castel Sant'Angelo di Roma è forse il più celebre perché, oltre ad essere stata una vera fortezza[1] militare che difendeva la città contro i nemici[2], ha dato origine a molte leggende, secondo una delle quali l'Angelo, che vediamo tutt'oggi in cima[3] a questa imponente[4] costruzione, salvò la città dalla peste[5].

Il castello fu fatto costruire dall'imperatore romano Adriano, nell'anno 100 d.C., come mausoleo[6]. È situato ai margini del fiume Tevere, non molto lontano dalla Basilica di San Pietro. Durante il periodo medioevale, il castello venne ristrutturato dal Vaticano perché era utilizzato sia come archivio sia come struttura di protezione. Durante una devastante invasione che avvenne nel Cinquecento, il cosiddetto Saccheggio[7] di Roma, il castello visse uno dei suoi episodi più drammatici. Una mattina di maggio del 1527, infatti, truppe di mercenari diedero l'assalto a Roma e le conseguenze furono piuttosto tragiche. Tra le duecento guardie svizzere che lottarono[8] gloriosamente per proteggere il Vaticano, solo quarantadue soldati riuscirono a rifugiarsi[9] insieme al Papa nel Castel Sant'Angelo, grazie ad un corridoio segreto che univa la basilica al castello.

Ma la fama del castello si deve, forse, anche al famoso soprano Giacomo Puccini e alla sua meravigliosa opera, *La Tosca*. La trama è abbastanza lineare: Floria Tosca, una bellissima soprana romana, è innamorata di Mario Cavaradossi, un pittore che, oltre al suo lavoro artistico, svolge[10] un'attività rivoluzionaria appoggiando[11] alcuni ribelli filo-napoleonici. Mario è perseguitato e arrestato da Scarpia, il questore[12] di Roma. Tosca cerca di salvare il suo amante accettando la mano di Scarpia, un vero tiranno che da anni fa tremare tutta la città. Secondo il

---

[1]la fortezza: rocca, costruzione con difesa militare. Visitando le fortezze dei Normanni, degli Angioini e degli Aragonesi che abbondano in tutta la penisola, gli osservatori potranno capire meglio quanto sia intrecciata la storia italiana.

[2]i nemici: avversari, rivali. Nonostante la sigaretta sia considerata nemica della salute, non tutti i fumatori se ne rendono conto.

[3]la cima: sommità, vetta. Alcuni membri del Corpo degli Alpini sono saliti sulla cima del Monte Bianco, nonostante le condizioni del tempo fossero cattive.

[4]imponente: solenne, importante. Il Vittoriale di Roma, situato vicino all'antico Foro, è un imponente simbolo dell'unità d'Italia.

[5]la peste: epidemia, malattia infettiva. L'AIDS è una peste globale perché si abbatte ovunque e colpisce a qualunque età.

[6]il mausoleo: grande sepolcro monumentale, tomba. Si usa spesso costruire grandi mausolei per ricordare i soldati morti durante le grandi guerre.

[7]il saccheggio: rapina, devastazione. In un Paese del terzo mondo c'è stata una rivoluzione durante la quale molti cittadini hanno assistito al saccheggio delle città.

[8]lottare: combattere, duellare. La crisi economica comporta una lotta da parte di molte famiglie che non riescono a far fronte alle spese quotidiane.

[9]rifugiarsi: cercare conforto, proteggersi. Dopo una dura settimana di lavoro, è importante rifugiarsi in un posto in cui poter ritemprare le energie.

[10]svolgere: esercitare, realizzare. Ognuno di noi è pronto a svolgere la propria parte per rendere sempre più abitabile la nostra città.

[11]appoggiare: sostenere, favorire. Il presidente americano ha ringraziato l'Italia per l'appoggio sull'accordo antiterrorismo.

[12]il questore: capo della polizia. Un ladro sfortunato ruba un motorino davanti al questore della città ed è subito arrestato dalla polizia.

piano, Mario deve far finta di morire mentre viene fucilato[13], per poi fuggire[14]. Sfortunatamente, però, il progetto non funziona e Mario muore davanti ad un vero plotone di esecuzione. Quando scopre ciò che è accaduto, Tosca, disperata e costernata, si getta dal castello nel fiume Tevere.

_____

[13]fucilare: uccidere a fucilate, sparare. Benito Mussolini fu fucilato nell'aprile del 1945, per ordine del Comitato di Liberazione.

[14]fuggire: evadere, scappare. Le vacanze permettono spesso di fuggire dallo stress della vita moderna.

16.4 Domande sul testo

1. Perché Castel Sant'Angelo è famoso?
2. Secondo la leggenda, cosa fece l'angelo?
3. Perché è stato costruito il castello?
4. Dov'è situato?
5. Perché il saccheggio del 1527 fu devastante?
6. Cosa fecero le guardie svizzere?
7. Perché Mario Cavaradossi fu arrestato?
8. Quale attività svolgeva Tosca?
9. Perché la gente aveva paura di Scarpia?
10. Cosa non ha funzionato nel piano di Tosca?
11. Perché la donna si uccide?

16.5 Domande personali

1. Hai mai visitato una fortezza? Quale?
2. Conosci altre leggende sulla storia di una città?
3. Conosci altri saccheggi nella storia della civiltà? Quali?
4. Ci sono ancora tiranni che fanno tremare la gente? Quali?
5. Come definisci l'atto di Tosca?
6. In quali circostanze saresti disposto/a a sacrificare la tua vita?

16.6 La mia leggenda preferita. Con il tuo gruppo, prepara una presentazione sulla tua leggenda preferita. Alcuni esempi interessanti sono l'origine di Roma o la nascita di una nazione.

Vocabolario utile

aiutare, l'altruismo, l'armonia, combattere, la coscrizione, la criminalità, difendere, la disoccupazione, il dovere, educare, emarginato, fare esperienza, l'infanticidio, il lavoro, migliorare, la missione, il movimento, l'orgoglio, proteggere, la responsabilità, il servizio militare, lo sforzo, il soldato, il terrorismo, umanitario, il volontariato

16.7 Dibattito: il mio sacrificio per la comunità Uno degli svantaggi della vita urbana rispetto a quella provinciale è il senso d'impersonalità. L'atteggiamento diffuso è che ognuno è per sé e nessuno è per gli altri. Negli ultimi decenni si sono verificati casi sconcertanti di neonati abbandonati e addirittura uccisi semplicemente perché i genitori, per lo più poveri immigrati, non ne vogliono assumere la responsabilità. Che i rapporti, insomma, tra i cittadini e il loro senso di comunità si siano in qualche modo sfibrati, al punto di minacciare il valore della civiltà, è un fatto indiscutibile. Alcuni politici hanno avanzato l'idea di un corpo di giovani, le cosiddette "ronde" che potrebbero funzionare come una sorta di volontari per aiutare le città a risolvere problemi come la droga, la povertà, la criminalità e la disoccupazione. Sei d'accordo con questa tesi? Con il tuo gruppo, indica in quale circostanza saresti disposto a fare del volontariato per la tua città. Discuti pro e contro dell'argomento. Dividere la classe in due gruppi per commentare il risultato. Si raccomanda soprattutto di rispettare le opinioni degli altri durante il dibattito.

Idee

1. L'idea che il governo organizzi un corpo di "militari urbani", composto da giovani per contribuire al benessere di tutti i cittadini, è ottima. È un motivo in più per dare alla gioventù un motivo di orgoglio.
2. La responsabilità di migliorare la qualità della vita dei cittadini deve cadere sui politici perché sono stati eletti affinché la popolazione possa vivere con dignità.

Veduta di Castel Sant'Angelo con il Ponte Sant'Angelo che costruito nel 136 d.C., è uno dei ponti più belli di Roma in quanto non è mai stato distrutto dal Tevere. Da ricordare, inoltre, che gli angeli sul ponte sono opera del Bernini.

UN PO' DI LETTURA AUTENTICA

I segreti di Roma

Intervista di Davide Frati con l'autore e giornalista Corrado Augias

Ciò che segue è un'intervista di Davide Frati al noto giornalista ed autore, Corrado Augias. Nato a Roma nel 1935, Augias ha trascorso molti anni a Londra, Parigi e New York prima come inviato[1] del settimanale *L'Espresso* poi del quotidiano *La Repubblica*. Attualmente vive a Roma dove continua a collaborare con *La Repubblica*. Ha creato e condotto programmi televisivi di gran rilievo, tra i quali il *Telefono giallo* ed il programma sui libri *Babele*. Ha pubblicato vari romanzi, tra cui *Quel treno da Vienna*, *Il fazzoletto azzurro* e *L'ultima primavera*. L'ultima opera s'intitola *I segreti di Roma* ed è una raccolta[2] di saggi e racconti relativi ai precedenti lavori (*I segreti di Londra*, *I segreti di Parigi* ed *I segreti di New York*) pubblicati dalla Mondadori.

Intervista di Davide Frati a Corrado Augias

Dal mito delle origini della città alla gloria intrisa[3] di sangue del Rinascimento; dalle atmosfere cupe[4] e violente dell'epoca medievale al rigore

---

[1]l'inviato: giornalista, corrispondente. Un inviato speciale della televisione italiana è stato aggredito da un noto attore per essere stato troppo impertinente con le sue domande.

[2]raccolta: antologia, collezione. Per proteggere il patrimonio archeologico del Lazio, alcuni cittadini hanno iniziato una raccolta di firme per impedire che la Regione costruisca un casello autostradale in una zona etrusca.

[3]intriso: impregnato, saturo. La partita di calcio sarà sospesa perché il terreno di gioco è intriso d'acqua.

[4]cupo: triste, profondo. Dopo la crisi economica, nel Paese si respira un'aria cupa e drammatica per quanto riguarda il futuro.

razionalista espresso nelle architetture dell'Eur; dalla spregiudicatezza[5] di Cesare alla tenebrosa[6] genialità di Caravaggio; dal fascino di Lucrezia Borgia, "la più bella dama di Roma", alla procace[7] seduttività di Anna Fallarino, marchesa Casati Stampa di Soncino, che fu al centro di uno dei più scabrosi[8] delitti del dopoguerra. Corrado Augias ripercorre[9] la storia di Roma attraverso la narrazione di una serie di aneddoti affascinanti legati indissolubilmente ad alcuni luoghi della Città Eterna, regalando a chi vive a Roma e a chi la ama da lontano un *know-how* indispensabile per godere davvero delle bellezze storiche ed artistiche di questa città millenaria. E sempre con il garbo[10], l'acutezza e la profonda ironia che lo contraddistinguono[11] e ne fanno una delle figure più amate del giornalismo italiano.

COS'È ESATTAMENTE I SEGRETI DI ROMA: UNA GUIDA, UN SAGGIO[12] STORICO, UN LIBRO DI RICORDI? Questa non è la narrazione di una città, ma il racconto di determinati luoghi con i loro retroscena[13]. La mia idea è che i luoghi se non vivono nella nostra immaginazione significano poco. Sono partito da Leopardi, che nello Zibaldone dice che quello che vediamo non è niente se non lo arricchiamo appunto[14] con il contenuto della nostra immaginazione. La stessa collinetta vicino casa sua, quella de "*L'infinito*"[15], è a ben guardare semplicemente una brulla[16] collinetta (sulla quale chissà poi perché l'amministrazione comunale ha piantato una palma, Dio li maledica[17]) dalla quale non si vede nulla. E infatti, Leopardi, non vedendo, immaginava. . .

---

[5]la spregiudicatezza: assenza di pregiudizi, assenza di scrupoli. La cronaca rosa è spesso caratterizzata da spregiudicatezza in quanto esprime giudizi piuttosto infondati.

[6]tenebroso: scuro, enigmatico. Con la caduta dell'Impero romano inizia un periodo tenebroso per la civiltà occidentale.

[7]procace: provocante, impudico. Il Vaticano invita i visitatori a non presentarsi in abiti procaci nella Basilica di San Pietro.

[8]scabroso: spinoso, difficile. L'uso indiscriminato degli antibiotici è un argomento scabroso e controverso.

[9]ripercorrere: visitare di nuovo, esplorare. Una nuova biografia su Leonardo da Vinci ripercorre i momenti più salienti della sua difficile infanzia.

[10]il garbo: eleganza, delicatezza. Marina e Roberto hanno preparato con garbo un pranzo per dieci persone.

[11]contraddistinguere: caratterizzare, marcare. Lo stile dei pittori futuristi si contraddistingue per le loro figure dinamiche e per il senso d'energia che riescono a trasmettere.

[12]il saggio: lavoro, ricerca. Un nuovo saggio sulla medicina alternativa sembra voglia minimizzare il ruolo delle vitamine nel prolungamento della vita dell'uomo.

[13]il retroscena: intrigo, macchinazione. Per capire meglio la politica italiana degli ultimi anni, occorrerebbe esaminare il retroscena avvenuto nel dopoguerra tra la sinistra e la destra.

[14]appunto: infatti, precisamente. Far giocare insieme i bambini serve appunto ad insegnare loro a condividere e a lavorare con persone diverse.

[15]*L'Infinito*: titolo di una famosa poesia di Giacomo Leopardi. *L'Infinito* di Leopardi esprime uno dei momenti più significativi della poesia italiana dell'Ottocento.

[16]brullo: privo di vegetazione, sterile. Fare giardinaggio significa spesso trasformare un terreno brullo e incolto in un giardino ricco di verde e di fiori.

[17]maledire: condannare, bestemmiare. L'ironia della vita è tale che spesso molti maledicono il giorno in cui si sono lasciati sfuggire una buona opportunità di lavoro.

LA COSA CHE PIÙ COLPISCE LEGGENDO IL SUO LIBRO È QUANTO SI NASCONDA DIETRO LUOGHI CHE VEDIAMO OGNI GIORNO RECANDOCI AL LAVORO O PASSEGGIANDO E AI QUALI NEMMENO FACCIAMO PIÙ CASO[18]. . . Prendiamo le torri di Roma, uno dei pochi residui dell'architettura alto-medievale. Noi ci lamentiamo della criminalità diffusa, ma a quei tempi non si poteva assolutamente uscire dopo il tramonto e a volte, anche di giorno. E infatti, dietro alle finestre piccole così di quelle torri-fortezza le famiglie più ricche si barricavano[19] per proteggersi dagli invasori.

A COMPLICARE LE COSE CI SI METTONO I SECOLI, DURANTE I QUALI IN OGNI LUOGO SI SONO AVUTE SOVRAPPOSIZIONI[20], USI INDEBITI[21], DANNI INCALCOLABILI. . . In questo campo è emblematica la storia di Porta San Sebastiano, scelta dal gerarca fascista Ettore Muti per costruirci un appartamento lussuoso. Muti era un personaggio clamoroso, un fascista "distillato", fesso[22] come un piede ma coraggiosissimo. Beh, si era fatto arredare la casa dal grande Moretti, un architetto che allora era quello che oggi è Renzo Piano. Mi ricordo che da bambino giocavo a Porta Latina, lì vicino, e un giorno vedemmo una processione di persone uscire dall'appartamento saccheggiato di Ettore Muti, chi con un tappeto, chi con un vaso, chi con una credenza. . .

QUANTO È STATO DIFFICILE IL LAVORO DI RICERCA PER *I SEGRETI DI ROMA*? Ci sono voluti due anni di ricerca e la collaborazione di molte persone competenti. Ho anche dovuto tagliare qualcosa, ad esempio un capitolo sul Borromini. Avevo scritto troppo, ho utilizzato come *font Times New Roman* che è abbastanza stretto e quindi, mi sembrava di aver scritto meno di quanto non fosse in realtà. Alla Mondadori, infatti, mi hanno avvertito: se non tagliamo qualcosa, vien fuori un mostro di più di 600 pagine, poi siamo costretti[23] ad alzare il prezzo e la gente non lo compra. Ma i capitoli messi da parte verranno riutilizzati presto, confesso che sto lavorando ad un seguito. . .

---

[18]far caso: notare, osservare. Da ragazzo passavo tutte le mattine davanti al Colosseo per andare a scuola e il più delle volte non facevo caso al fatto di trovarmi di fronte ad un luogo storico.

[19]barricarsi: difendersi, proteggersi. Durante la tempesta, molti si sono barricati in casa aspettando che passasse il pericolo.

[20]la sovrapposizione: aggiunta, anteporre. L'artista ha voluto creare una sovrapposizione d'immagini per rendere più interessante la sua opera.

[21]indebito: abusivo, illegale. Il cosiddetto spam indica un uso indebito di Internet per scopi criminali.

[22]fesso: stupido, scemo. Un buon professore accetta anche le domande da fesso perché aiutano a sbloccare la comunicazione tra studente e insegnante.

[23]costretto: obbligato, forzato. Molte famiglie del ceto medio sono costrette a limitare le spese per le vacanze perché gli stipendi sono rimasti immutati negli ultimi cinque anni.

 16.8 Domande sul testo

1. Per che cosa si distingue Corrado Augias?
2. Il libro di Augias come descrive la storia di Roma?
3. L'intervista lascia supporre che a Roma, in passato, la vita sia stata piuttosto difficile. Quali immagini rievocano l'agitazione di quel periodo?
4. In che modo il lavoro di Augias rende la storia di Roma più affascinante?
5. In che senso un luogo deve vivere nella nostra immaginazione per acquistare una maggiore dimensione?

6. La collina descritta da Leopardi ne *L'Infinito* rispecchia la realtà?
7. Perché Augias è piuttosto severo nei confronti dell'amministrazione comunale di Roma?
8. Come si spiega il fatto che spesso non facciamo caso ai luoghi che vediamo ogni giorno?
9. Perché la sovrapposizione avvenuta attraverso i secoli può creare danni incalcolabili?
10. Quando sarebbe stato saccheggiato l'appartamento del gerarca fascista Ettore Muti?
11. Perché ci sono voluti due anni per portare a termine il lavoro?
12. Perché l'autore ha dovuto ridimensionare la sua opera?
13. Quali esempi dell'operazione-verità l'autore intende fare?

16.9 Domande personali

1. Conosci alcuni segreti sulla storia della tua città?
2. Pensi che la qualità della vita sia migliorata rispetto al passato?
3. Condividi l'idea che un luogo debba vivere nella nostra immaginazione affinché questo possa acquistare una maggiore dimensione?
4. Conosci un'opera artistica con immagini che non riflettono la realtà?
5. Conosci altri esempi di sovrapposizione avvenuti in passato?
6. Pensi che l'opera di Augias riesca in qualche modo a separare la realtà dai miti che spesso si associano alle origin di una città?

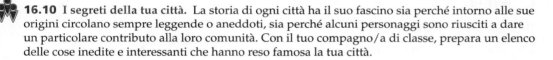

16.10 I segreti della tua città. La storia di ogni città ha il suo fascino sia perché intorno alle sue origini circolano sempre leggende o aneddoti, sia perché alcuni personaggi sono riusciti a dare un particolare contributo alla loro comunità. Con il tuo compagno/a di classe, prepara un elenco delle cose inedite e interessanti che hanno reso famosa la tua città.

16.11 Presentazione in classe: l'uomo ha subito veramente una trasformazione nel corso dei secoli? Secondo alcuni filosofi, la natura umana è rimasta immutata dai tempi in cui il cosiddetto *homo sapiens* era l'essere dominante del nostro pianeta. In effetti, continuano a sostenere i filosofi, le cose non potevano andare diversamente. Se l'uomo ha raggiunto un alto livello di progresso sociale e tecnologico, il merito evolutivo sta nel fatto che l'essere umano è essenzialmente buono e, come tale, è portato a vivere in armonia con gli altri animali. Altri filosofi, invece, non sono affatto d'accordo con questa tesi e ritengono che l'uomo sia cambiato radicalmente e che, in base agli sviluppi degli ultimi cento anni fortemente bellici, l'*homo sapiens* sia destinato a scomparire dalla Terra. Crea una sequenza d'immagini che illustrino il tuo punto di vista. Se non hai la possibilità di accedere alla tecnologia, puoi utilizzare alcune foto da riviste e giornali.

Esercizio di scrittura creativa

16.12 Una gita turistica indimenticabile. Si dice spesso che le gite turistiche, oltre ad offrire uno spunto culturale, aiutino a capire meglio il mondo in cui viviamo. Non molto tempo fa, un signore italiano in visita in Giappone, mentre passeggiava vicino ad un tempio Zen incontrò una vecchietta, vestita tutta di nero. L'anziana signora stava preparando un altare, accendendo delle candele davanti al ritratto di un giovane. L'italiano, che aveva viaggiato molto, capì subito che la donna stava pregando per un membro della sua famiglia che era morto durante la seconda guerra mondiale. La cosa più affascinante di questa storia è che fra la vecchietta giapponese e tutte le altre donne del mondo non ci sono differenze perché ognuna di loro esprime, sia pure in un modo diverso, il dolore per una persona amata. Da questa esperienza, l'italiano ha capito che il viaggio ci aiuta a comprendere la cultura degli altri nel giusto contesto. Con il tuo gruppo, scrivi un componimento su una gita indimenticabile che ti ha aiutato a capire alcuni aspetti della vita.

🔊 Le fontane

Una domanda prima di ascoltare

In che senso le fontane sono emblematiche della cultura italiana?

16.13 Scegliere la risposta appropriata.

1. La Fontana di Gallipoli è famosa perché _____ alcune strutture dell'architettura classica greca.

   a. evoca   **b.** raffigura   **c.** dipinge

2. La fontana è una struttura _____ della cultura italiana.

   a. realistica   **b.** emblematica   **c.** idealistica

3. Nel passato la fontana rispondeva _____ quotidiani della famiglia.

   a. agli eccessi   **b.** ai bisogni   **c.** ai lavori

4. Per diventare una persona _____, la tradizione di Gubbio vuole che si giri tre volte intorno alla Fontana dei Matti.

   a. sciocca   **b.** vivace   **c.** geniale

🔊 Le Terme di Caracalla

Una domanda prima di ascoltare

Che usanze avevano i Romani?

16.14 Scegliere la risposta più adatta.

1. Gli antichi romani miravano a creare _____ tra corpo e mente.

   a. un contrasto   **b.** una moderazione   **c.** un equilibrio

2. L'idea delle terme come luogo di fisioterapia richiama uno straordinario _____ con l'uso della palestra moderna.

   a. divergente   **b.** meridiano   **c.** parallelo

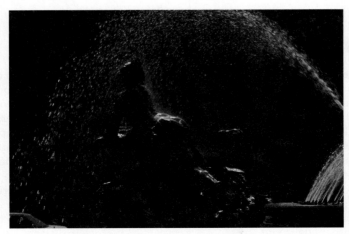

Forse non tutti sanno che la Fontana delle Naiadi, in Piazza della Repubblica, a Roma, è opera dello scultore siciliano Mario Rutelli, un antenato di Francesco Rutelli, ex sindaco della città.

La famosa fontana greco-romana di Gallipoli, in Puglia, è forse la più antica fontana d'Italia. Si osservino le cariatidi che la adornano, che ricordano quelle del Partenone di Atene. *Dagli Orti/Picture Desk, Inc./Kobal Collection*

3. L'immergersi nelle acque calde e fredde, secondo i Romani, era _____ per il corpo umano.

  a. tonico   **b.** tranquillizzante   **c.** eccitante

4. Il trasporto delle acque di diverse temperature richiedeva un sistema idraulico di alta _____.

  a. metodologia   **b.** capacità   **c.** tecnica

📢 Mantova

Una domanda prima di ascoltare

Perché è interessante visitare Mantova?

16.15 Rispondere alle seguenti domande con **Vero** o **Falso**. Se falso, correggi!

1. Oltre al Palazzo Ducale, Mantova è famosa per aver dato un contributo importante alla storia dell'architettura italiana.

2. Nel Palazzo Ducale si possono studiare le opere di alcuni musicisti italiani.

3. La Giocosa è nota per la sua struttura rinascimentale e come centro ricreativo.

4. Nonostante Vittorino da Feltre sia stato uno dei più illustri professori che l'Italia abbia mai avuto, questo brillante umanista veneto ha saputo mantenere un distacco professionale tra lui e i suoi studenti.

🔊 Piazza Navona

Una domanda prima di ascoltare

In che cosa consiste la grandiosità di questa piazza?

16.16 Scegliere la risposta appropriata.

1. Gli antichi Romani utilizzavano Piazza Navona come campo di _____ militare.

   a. pedagogia   **b.** disciplina   **c.** addestramento

2. La piazza è un punto di _____.

   a. dibattito   **b.** colloquio   **c.** commercio

3. Per i bambini la piazza è importantissima perché possono _____ Babbo Natale.

   a. scrivere a   **b.** parlare con   **c.** incontrarsi con

4. La fontana dedicata ai quattro fiumi _____ le acque dei quattro continenti è un'impresa artistica.

   a. prende   **b.** costruisce   **c.** raffigura

Una visita a Pompei

Una strada principale dell'antica Pompei con la vista del Vesuvio. In questa immagine si possono notare le devastanti conseguenze dell'eruzione vulcanica del 79 d.C.

Una visita a Pompei

Rebecca Johnson studia italiano e latino in un liceo americano di Charlotte, North Carolina. Questo è il suo ultimo anno di liceo prima di iniziare a studiare arte all'università. Attualmente è in Italia con la sua classe di latino. Mentre visita le rovine di Pompei, le vengono in mente alcune scene di vita quotidiana che avrebbe potuto aver luogo durante la tragica notte dell'eruzione vulcanica.

Iulia: Giove mio, Fabius! Cosa sta succedendo? C'è una pioggia di fuoco! Aiuto, si salvi chi può! È la fine del mondo! Abbiamo perso ogni speranza e non c'è nessuno che ci possa salvare! Alziamoci! Fuggiamo!

Fabius: Ma cosa dici? Stai esagerando! Questo è il solito incubo che hai quando vai a letto subito dopo cena. Da quando siamo arrivati, non fai altro che interrompere il mio sonno. Se non la smetti, domani mattina ritorniamo a Roma. Anzi, sai che ti dico, chiama il servo Cornelius e ordinagli di preparare il nostro ritorno. Adesso, lasciami dormire in pace!

Iulius: Avanti, avanti, Aurelia! Ma, insomma, ti vuoi muovere? Non c'è tempo da perdere! Qui ne va di mezzo la nostra pelle!

Aurelia: Ma come fai ad abbandonare questo povero cagnolino! Non possiamo mica lasciarlo qui e farlo diventare una pietra. Questa bestiola è fedele e non la lascerò neanche per sogno!

187

> *Marcus:*   Non capisco perché la folla si lasci prendere dal panico! Dopotutto, questa non è la prima volta che c'è un'eruzione vulcanica. Attraverso la meditazione, l'uomo può superare qualsiasi ostacolo. Guai se dovessimo affidarci alle nostre emozioni!
>
> *Claudia:*   Ma che dici, Marcus! Qui siamo in piena sciagura e tu sei ancora in mezzo ai libri e discuti di filosofia. Questo non è il momento adatto per le riflessioni filosofiche. Piuttosto, pensiamo a come metterci al riparo da questa lava. Ho un'idea. Potremmo andare a nasconderci nei sotterranei in attesa che questa bufera di fuoco finisca.

Parliamo un po'

 17.1 Domande sul testo

1. Da dove viene Rebecca?
2. Cosa studia?
3. Cosa studierà all'università?
4. Perché è in Italia?
5. Cosa accade a Rebecca mentre visita Pompei?
6. Di che cosa ha paura Iulia?
7. Perché Fabius è un marito insensibile?
8. Di che cosa si lamenta?
9. Che pensa di sua moglie?
10. Che cosa non vuole abbandonare Aurelia?
11. Perché Iulius ha fretta?
12. Cosa non capisce Marcus?
13. Perché non si allarma?
14. Di che cosa si lamenta Claudia?
15. Cosa suggerisce al marito?

17.2 Domande personali

1. Cosa studierai in futuro?
2. Ti è mai capitato di immaginarti in un'altra epoca?
3. Hai paura dei fenomeni naturali?
4. Conosci una persona insensibile?
5. Di che cosa ti lamenti?
6. Cosa pensi dei tuoi amici?
7. Che cosa non puoi tollerare?
8. Cosa suggerisci per combattere il panico?

Vocabolario utile

> l'aereo, aiutare, le autorità, il cibo, le conseguenze, la crisi economica, l'elicottero, l'emergenza, l'epidemia, le forze dell'ordine, l'iniziativa, l'inquinamento, intervenire, il maremoto, i medicinali, il naufragio, l'ospedale, la paura, la polizia, il pronto soccorso, risolvere, la scossa, i servizi sanitari, il soccorso, il terremoto, i vigili del fuoco

 17.3 Facciamo i giornalisti Con il tuo gruppo, immagina di essere un giornalista televisivo di RAI International. Ti trovi in una zona in cui migliaia di persone sono state colpite da una tragedia. Stai comunicando le notizie al telegiornale.

Località della tragedia	Ciò che è accaduto
ESEMPIO: Sardegna	*La mancanza di pioggia continua a bruciare la campagna. Molti abitanti della zona sono in pericolo. . .*

La famosa Piazza del Campo di Siena dove si svolge la tradizionale festa del Palio delle contrade.

LETTURA BREVE: **Alla ricerca delle proprie radici**

Joseph Baldini è un italo-americano d'origine senese. I suoi genitori, infatti, nacquero nei pressi di Siena, ma per ragioni economiche dovettero emigrare subito dopo la seconda guerra mondiale. Joseph, esperto di lingue e professore di didattica[1], abita nel New Jersey, dove vive con sua moglie ed una bellissima figlia di dodici anni. Grazie alla sua famiglia, che gli ha imposto[2] la lingua e la cultura italiana sin dalla nascita, Joseph parla molto bene l'italiano, anche se con una piacevole cadenza[3] toscana. Durante gli studi universitari, ebbe l'opportunità di studiare presso[4] l'Università di Siena e di riscoprire le sue radici. Quest'estate ha deciso di tornare a Siena per farla conoscere a sua moglie e per far sì che sua figlia arricchisca[5] il proprio bagaglio culturale. L'atteggiamento di Joseph non è affatto singolare se si considera che sono molti gli italo-americani che manifestano il desiderio di conoscere a fondo la storia e la cultura dei loro antenati[6]. La visita di Joseph è stata memorabile sotto tutti i punti di vista perché, oltre alle lunghe

---

[1]la didattica: pedagogia, metodo d'insegnamento. Grazie alle ricerche di didattica, i professori di lingua italiana sono più preparati nel rendere la loro materia più interessante.

[2]imporre: comandare, richiedere. I medici hanno imposto una severa dieta al paziente perché ha un peso eccessivo.

[3]cadenza: accento, intonazione. In genere, gli studenti del primo anno hanno una cadenza molto marcata.

[4]presso: vicino a, in prossimità. Il mio amico abita nei pressi della stazione centrale.

[5]arricchire: rendere copioso, ornare. Un buon antipasto può benissimo arricchire un pranzo.

[6]gli antenati: avi, bisnonni. La mia amica fa delle ricerche su Internet per scoprire la genealogia dei suoi antenati.

tavolate[7] e alle piacevoli chiacchierate in compagnia di parenti, l'evento che maggiormente lo ha colpito è stato il giorno in cui ha assistito al Palio delle contrade.

Il Palio di Siena risale al XIII secolo quando esisteva un'accesa[8] rivalità con la città vicina, Firenze. In quell'epoca, Siena, grazie al suo movimento artistico ed intellettuale, ebbe un vero sviluppo culturale che potremmo definire l'albore[9] del Rinascimento italiano. Se non fosse stato per la devastante peste del 1348, che come ricordiamo distrusse un terzo della popolazione senese, forse Siena sarebbe stata il vero nucleo rinascimentale. Comunque sia, il Palio rappresenta la volontà del popolo senese di tenere duro contro una potenza politica come Firenze. Sotto quest'aspetto, dunque, il Palio non è una semplice corsa di cavalli, ma piuttosto una gara[10] che esalta lo spirito invincibile di un popolo sempre pronto ad affrontare le difficoltà della vita.

---

[7]le tavolate: banchetti, pranzi sontuosi. Mia nonna amava fare delle tavolate in famiglia tutte le domeniche.

[8]accesa: ardente, appassionata. La rivalità tra il partito repubblicano e quello democratico è molto accesa, specialmente quando si avvicinano le elezioni.

[9]albore: inizio, principio. La civiltà greca ha segnato l'albore di un nuovo atteggiamento umano verso la libertà.

[10]gara: torneo, competizione. Il Palio rappresenta una gara molto importante per i senesi.

Anticipando il rituale Palio, uno sbandieratore senese sventola la bandiera della sua parrocchia davanti alla Cattedrale di Siena, costruita nel secolo XII.

17.4 Domande sul testo

1. Da dove vengono i genitori di Joseph?
2. Perché hanno dovuto emigrare?
3. Cosa hanno imposto a Joseph i genitori?
4. Perché conosce molto bene la cultura italiana?
5. Perché visita l'Italia?
6. Perché il suo atteggiamento è tipico di molti italo-americani?
7. Cosa ha fatto durante la sua visita a Siena?
8. Perché il viaggio è stato indimenticabile?
9. In che cosa consiste la rivalità fra Siena e Firenze?
10. Perché il Palio non è una semplice corsa di cavalli?
11. Perché Siena avrebbe potuto diventare il nucleo del Rinascimento italiano?

17.5 Domande personali

1. Di dove sono i tuoi antenati?
2. Per quale motivo molta gente emigra?
3. I tuoi genitori ti hanno imposto qualcosa?
4. Perché è importante conoscere la cultura di un Paese?
5. Ti piacerebbe scoprire le tue radici? Perché?
6. Cosa renderebbe la tua visita indimenticabile?
7. Vorresti visitare il Paese dei tuoi antenati?

17.6. Come si può arricchire l'educazione di un bambino? Con il tuo compagno/a di classe, prepara un elenco di come si può arricchire il bagaglio culturale di un bambino e dopo confronta le tue idee con quelle dei tuoi compagni.

Vocabolario utile

> aumentare, il benessere, il clandestino, la convivenza, la criminalità,
> la delinquenza, diminuire, l'economia, emigrare, gli extracomunitari, illegale, integrare,
> il lavoro manuale / permanente / stagionale, la paura, il permesso di soggiorno,
> la popolazione, i posti di lavoro, i pregiudizi, rifugiato, la schiavitù, lo sfruttamento

17.7 Dibattito: l'immigrazione. L'immigrazione sta cambiando il volto dell'Italia. Non molto tempo fa, erano numerosi gli italiani costretti ad emigrare all'estero per ragioni economiche. Oggi le cose si sono invertite perché sono gli emigranti provenienti da altri Paesi ad andare in Italia. Questo fenomeno sociale comporta dei benefici, ma anche dei problemi perché non tutti gli italiani sono disposti a tollerare i cosiddetti extracomunitari°. Con il tuo gruppo, indica i criteri più importanti che dovrebbero spingere un individuo ad emigrare. Discuti i vantaggi e gli svantaggi dell'immigrazione. Dividere la classe in due gruppi per creare un dibattito. Si raccomanda soprattutto di rispettare le opinioni degli altri durante il dibattito.

° il termine, *extracomunitario* indica una persona che proviene da un Paese povero e che vive, il più delle volte, clandestinamente

Idee

1. Considerando il fatto che in Italia la popolazione è fortemente diminuita, l'immigrazione può essere d'aiuto, ad esempio, per i lavori manuali.
2. Il numero degli immigrati clandestini in Italia è molto aumentato, facendo registrare un alto tasso di criminalità in molte città.

Un po' di lettura autentica

Vivere il Palio di Siena

Il Palio, un momento magico, sanguigno e al tempo stesso romantico che ognuno deve vivere almeno una volta nella vita.

di Flora Lufrano

"Voi a Siena avete questa cosa preziosa, ed è singolare come nel conflitto delle contrade[1] vi sia la vostra unione. Tutto il mondo si sfalda[2] e voi siete qui con la vivezza di questi riti e con fedeltà ai secoli. Credo sia l'unico esempio in Italia. C'è una sorta di cordone[3] misterioso fra voi ed i senesi di tutte le epoche" diceva Federico Fellini parlando del Palio.

Fellini non fu il primo né l'ultimo a subire il fascino di questo evento che rappresenta l'anima della città.

Vivere a Siena significa anche cercare di vivere il Palio nel miglior modo possibile: è inutile porsi[4] domande quando le risposte, da secoli, non ci sono. Da quando mettono il tufo[5] in piazza, si respira un'affascinante atmosfera di mistero e di eccitazione. La città prende vita. Lo studente che durante tutto l'anno vive Siena si trova di colpo in un'altra realtà: l'atmosfera muta[6], le facce sono diverse, i contradaioli[7] indossano il fazzoletto che li identifica nella loro contrada, intere generazioni non parlano altro che di cavalli e fantini e la città si ferma. Il turista, in pochi giorni, non riesce a percepire la nuova identità che la città assume. Lo studente non può farne a meno.

All'improvviso siamo tutti spettatori di un evento magico che vede le sue radici in secoli di storia e il suo futuro nel mantenimento delle proprie tradizioni ad ogni costo. Il presente è dentro al fremito[8] del cuore di ogni contradaiolo nel momento in cui, nel silenzio più assoluto, entrano i dieci cavalli dall'Entrone e vanno verso il canape pronti per partire.

La ragione si perde durante i tre giri di piazza e lascia spazio a grida o a lacrime dopo lo sparo del mortaretto[9], che indica la fine della corsa. Piano piano la piazza si svuota e allo spettatore, che deve per forza rispettare i ritmi frenetici e incomprensibili di questo avvenimento, non resta che tacere[10] (mai parlare a

---

[1]la contrada: strada, quartiere. La contrada è un piccolo quartiere di Siena che gestisce il proprio territorio con le sue regole e tradizioni.

[2]sfaldarsi: scomporsi, disgregarsi. Attenzione a non cuocere troppo la pasta altrimenti si sfalda e perde la sua consistenza.

[3]il cordone: fune, sbarramento. I manifestanti sono scesi in piazza ed hanno formato un cordone umano per bloccare il traffico.

[4]porsi: farsi, dirsi. Spesso dobbiamo porci delle domande per capire il senso della nostra esistenza.

[5]il tufo: terra, materiale vulcanico. Gli operai hanno messo del tufo sulla piazza per la corsa del Palio, per ricoprire la pista e favorire la corsa dei cavalli.

[6]mutare: cambiare, trasformare. Nonostante i tempi siano mutati, le tradizioni senesi rimangono identiche.

[7]il contradaiolo: colui che appartiene alla contrada. Il contradaiolo è un membro attivo della contrada e può anche partecipare alla corsa.

[8]il fremito: brivido, commozione. La piacevole musica di Puccini ci fa provare un fremito di commozione.

[9]il mortaretto: petardo, piccolo cilindro di carta con esplosivo. Subito dopo la corsa, lo sparo dei mortaretti annuncia la vittoria del Palio.

[10]tacere: stare zitto, non parlare. La maestra ha imposto agli alunni di tacere durante gli esami.

sproposito[11] o lasciarsi andare a commenti sarcastici) e osservare i festeggiamenti della contrada che ha vinto il Palio.

Ben presto l'atmosfera gioiosa e di dolce follia avvolgerà anche lui. La sera sarà d'obbligo andare al museo e alla chiesa della contrada vittoriosa per bere vino e partecipare all'esultanza dell'unico vincitore del Palio, il drappo di stoffa dipinto per cui si piange, si ride e ci si appassiona da secoli e nei secoli a venire.

_____

[11]lo sproposito: esagerazione, eccesso. Malgrado la scienza non abbia trovato ancora un rimedio efficace per curare un raffreddore, il consumatore spende uno sproposito per combatterne i sintomi.

 17.8 Domande sul testo

1. In che senso il Palio richiama un elemento magico?
2. A che cosa allude il termine "sanguigno"?
3. Perché l'evento potrebbe considerarsi romantico?
4. Perché l'osservazione di Fellini è intesa come visione pessimistica della vita?
5. Quale aspetto del Palio ammira Fellini?
6. In che cosa consiste l'elemento irrazionale che sembra trascini l'intera città?
7. In che cosa consiste il fascino del Palio?
8. In che senso si rivivono le tradizioni?

17.9 Domande personali

1. Conosci una festa che fa rivivere le tradizioni?
2. Come puoi rivivere l'emozione magica dell'evento?
3. Credi che le tradizioni dei popoli scompaiano con il progresso?
4. Secondo te, è importante preservare le tradizioni?
5. Ci sono delle manifestazioni nella tua comunità che implicano una presa di coscienza collettiva?

17.10 Presentazione in classe: Pompei: disastro e insegnamento. Prepara una presentazione illustrando come gli abitanti di Pompei potrebbero aver vissuto il dramma dell'eruzione avvenuta quasi duemila anni fa. Inoltre, rifletti su come tale calamità naturale potrebbe rappresentare una lezione morale per l'uomo moderno prendendo spunto da alcune calamità pronosticate dalla scienza, come l'effetto serra e la distruzione globale del nostro ambiente. Se non hai accesso all'Internet, puoi utilizzare alcune foto da riviste e giornali oppure oggetti per illustrare il tuo punto di vista.

Esercizio di scrittura creativa

17.11 Esiste un parallelo tra la tutela della natura e le tradizioni sociali? Utilizzando il tema delle tradizioni, scrivi un componimento per dimostrare se esiste un parallelo tra la tutela del nostro ambiente e la sua biodiversità da una parte e il bisogno di tramandare le tradizioni culturali dall'altra.

17.12 L'emigrazione mondiale. In questi ultimi anni l'Italia sta registrando una forte ondata di immigrati clandestini, provenienti soprattutto dall'Africa del nord. Sebbene tutti siano d'accordo sul fatto che l'Italia ha bisogno di mano d'opera, non tutti sono del parere che un alto numero d'immigrati possa giovare al Paese. L'Italia, però, non è l'unico Paese dell'Unione Europea ad affrontare questo problema. In Spagna e in Francia si parla addirittura di chiudere le frontiere per cercare di porre fine a quest'esodo che proviene sostanzialmente dal terzo mondo. Negli Stati Uniti il problema dell'emigrazione non è diverso. Le domande che molti si pongono sono queste: quali sono le responsabilità dei governi occidentali nei confronti del terzo mondo? Con il tuo gruppo, illustra una strategia da adottare per far fronte a questo problema.

🔊 Le abitazioni

Una domanda prima di ascoltare

Come sono le abitazioni in Italia?

Veduta della Villa Sant'Agata a Busseto, nei pressi di Parma, fatta costruire da Giuseppe Verdi per la seconda moglie, Giuseppina Strapponi.

17.13   Rispondere con **Vero** o **Falso** alle seguenti domande. Se falso, correggi!

1. Le abitazioni in Italia di solito sono degli edifici divisi in appartamenti.
2. Le ville in generale sono accessibili a tutti.
3. Il portiere si occupa della manutenzione dell'edificio.
4. Da quest'osservazione possiamo dedurre che tutte le palazzine sono dotate di garage.
5. Le palazzine favoriscono il giardinaggio rispetto alle ville.

🔊 L'Umbria

Una domanda prima di ascoltare

Che cosa ha l'Umbria che affascina molto?

Una vista di Piazza del Popolo a Todi, in Umbria.

17.14   Scegliere la risposta più adatta.

1. Da questa breve descrizione potremmo definire la regione umbra come _____ d'Italia.

    a. la chiesa   **b.** il giardino   **c.** il tempio

2. Sembra che _____ non abbia toccato questa storica regione.

    a. la guerra   **b.** il futuro   **c.** il tempo

3. I piccoli centri rappresentano un vero _____ per gli appassionati d'arte. Vi si può apprezzare il contributo degli artisti italiani nel corso dei secoli.

    a. punto d'incontro   **b.** punto commerciale   **c.** punto di vista

4. Gli umbri riescono a vivere in un ambiente _____ malgrado la loro vita quotidiana si svolga in un'epoca sostanzialmente moderna.

    a. rinascimentale   **b.** medioevale   **c.** antiquato

Una vista del Canal Grande di Venezia con le sue classiche gondole che trasportano i turisti. Si notino anche gli edifici rinascimentali che fanno da cornice al canale.

Venezia

Una domanda prima di ascoltare

Per cosa si distingue Venezia?

17.15 Scegliere la risposta più adatta.

1. Secondo la descrizione, si potrebbe anche vedere _____ attraversare il Canal Grande.

    a. una nave   **b.** un tir [autotreno]

    c. un cargo

2. Nel Canal Grande si possono vedere _____.

    a. delle dimostrazioni pubbliche

    b. delle proteste   **c.** degli spettacoli

3. La Regata Storica è _____ tra i differenti quartieri della città.

    a. un parallelo   **b.** una competizione

    c. un paragone

4. Secondo la descrizione, Venezia ha attraversato dei momenti _____.

    a. prosperi   **b.** vincenti   **c.** gioiosi

🔊 Lo Stromboli

Una domanda prima di ascoltare

A cosa associamo lo Stromboli?

17.16 Scegliere la risposta più adatta.

1. L'arcipelago è un raggruppamento di isole _____.
   a. lontane   **b.** vicine   **c.** attaccate

2. Il Neorealismo è un movimento artistico che descrive la vita senza _____.
   a. finzioni   **b.** verità   **c.** franchezza

3. Nonostante lo Stromboli sia attivo, gli abitanti hanno l'impressione che l'isola non corra _____.
   a. nessuna sicurezza   **b.** nessuna certezza   **c.** nessun rischio

4. La flora e la fauna sono in uno stato di _____.
   a. pericolo   **b.** abbondanza   **c.** scarsità

L'attrice Ingrid Bergman con suo marito, il regista Roberto Rossellini, in un momento di svago durante le riprese del film *Stromboli.*

🔊 Ultime notizie

Una domanda prima di ascoltare

Ti senti sicuro quando voli?

17.17 Ascoltare il seguente annuncio e scegliere la risposta più adatta.

1. L'aereo è precipitato _____ della città.
   a. nella zona esterna   **b.** nella zona commerciale   **c.** nell'interno

2. Nessun occupante del velivolo _____.
   a. ha perso la vita   **b.** è rimasto in vita   **c.** è stato ucciso

3. Il pilota aveva _____ le autorità dell'aeroporto.
   a. tenuto all'oscuro   **b.** minacciato   **c.** avvertito

4. Secondo il testimone, l'aereo avrebbe avuto _____ ai motori.
   a. un contrasto   **b.** un guasto   **c.** modifica

🔊 **Una domanda prima di ascoltare**

Si possono sempre avere delle spiagge pulite?

17.18 Ascoltare il seguente annuncio e scegliere la risposta più adatta.

1. Il naufragio della nave è avvenuto a causa _____.
   a. della pioggia   **b.** della nebbia   **c.** del maltempo
2. La guardia costiera ha paura che le spiagge della zona diventino _____.
   a. inquinate   **b.** contaminate   **c.** tutelate
3. Una delle principali cause dell'affondamento è che la nave ha perso _____.
   a. l'instabilità   **b.** la potenza   **c.** il controllo
4. Le operazioni di salvataggio sono avvenute attraverso l'assistenza _____.
   a. aerea   **b.** marittima   **c.** costiera

🔊 **Una domanda prima di ascoltare**

Hai paura dei terremoti?

17.19 Ascoltare il seguente annuncio e scegliere la risposta più adatta.

1. La scossa di terremoto è durata relativamente _____.
   a. a lungo   **b.** poco   **c.** eccessivamente
2. L'epicentro della scossa è stato localizzato _____ della città.
   a. al centro   **b.** fuori   **c.** nell'interno
3. La popolazione sembra essere abbastanza _____ dall'evento.
   a. fiduciosa   **b.** spassionata   **c.** turbata
4. Le autorità non temono che ci possano essere delle serie _____
   a. cause   **b.** conseguenze   **c.** scosse

CAPITOLO 18

Il cortile del Museo Bargello

Il Museo Nazionale del Bargello, a Firenze, visto dall'interno di un cortile. L'edificio, che ha origini medievali, contiene alcune delle sculture più importanti del Rinascimento italiano.

Il cortile del Museo Bargello

Un gruppo di amici si trova al Museo del Bargello e immagina come sarebbe stato vivere lì, nel Rinascimento.

Riccardo: Immagino questo cortile alle prime ore del mattino. Il fornaio sta vendendo il pane che ha appena finito di infornare. È fresco e croccante. Tutti si affrettano a comprarne un filone prima che finisca.

Lucia: Vedo un contadino che si avvicina al pozzo. È un'afosa giornata di luglio e vuol dare da bere al suo asinello che, probabilmente, avrà fatto molta strada.

Vincenzo: Io, invece, penso ad una bellissima donna che scende dolcemente dalle scale. Tutti si fermano per ammirarla. La sua bellezza è tale che ognuno smette di lavorare. Un giovane, in particolare, ne rimane affascinato. Prende un foglio di carta e comincia a scrivere una poesia sulla figura divina che questa donna gli ispira.

Giovanna: M'immagino un cortile pieno di gente. Accanto alla fontana c'è un menestrello che suona un liuto e canta le glorie del passato. Tutti lo ascoltano e lo guardano. Si racconta la storia di Carlo Magno e le sue imprese contro i Mori. Sono le gesta del cavalier Orlando, pronto a combattere migliaia di mussulmani nel nome del Cristianesimo.

Luigi: È interessante vedere come la condizione umana di oggi non sia cambiata molto rispetto al passato!

18.1 Domande sul testo

1. Cosa fa il gruppo d'amici?
2. Cosa immagina Riccardo?
3. Cosa vende il fornaio?
4. Com'è il pane?
5. Cosa vede Lucia?
6. Che tempo fa?
7. Quanta strada avrà fatto l'asinello?
8. A chi pensa Vincenzo?
9. Perché smettono di lavorare?
10. Cosa ispira la bella donna?
11. Cosa si racconta?
12. Cosa non è cambiato rispetto al passato?

18.2 Domande personali

1. Che tipo di pane preferisci?
2. In occasione di cosa ti affretti?
3. Che tempo fa oggi?
4. A chi pensi in questo momento?
5. Hai una fonte d'ispirazione?
6. Secondo te, è cambiata molto la natura umana dai tempi del Rinascimento?

 18.3 I luoghi che ti ispirano. Con il tuo gruppo, prepara un elenco dei luoghi che hanno ispirato la tua immaginazione.

Verona, la veduta del famoso balcone che ha reso immortale l'incontro notturno tra Giulietta e Romeo, famosissimo dramma di Shakespeare.

LETTURA BREVE: Giulietta e Romeo

Verona è una città affascinante per la sua lunga storia. Nell'epoca romana, Verona costituiva un centro importante per il commercio del sale. Ricordiamo che il sale, anticamente, era un prodotto indispensabile perché serviva per la conservazione del cibo. Non a caso, ad esempio, esiste ancora la via Salaria che veniva utilizzata per il trasporto del sale. A proposito di sale, ricordiamo che la parola "salario" ha etimologicamente le sue radici nel termine latino "salarium", che indica la rimunerazione[1] di un lavoro svolto. Oggi ci sono ancora delle strutture antiche che testimoniano quanto sia stata forte l'influenza romana a Verona. L'Arena, dove gli antichi romani si riunivano per trascorrere il tempo libero, è ancora in ottime condizioni. I veronesi la usano come teatro all'aperto grazie alla sua ottima acustica. Luciano Pavarotti, alcuni anni fa, ha tenuto un concerto davanti a quindicimila spettatori.

Il fascino di Verona attira molti turisti, in particolare il famoso balcone di Giulietta. Non sapremo mai se si tratta di realtà o di leggenda. Il fatto è che da quando Shakespeare scrisse il dramma *Giulietta e Romeo*, molti turisti vogliono rivivere la famosa scena in cui Romeo sale sul balcone per abbracciare la sua bella innamorata. L'opera di Shakespeare è un dramma universale in cui l'amore è contrapposto[2] alla rivalità esistente tra le famiglie.

___

[1] la rimunerazione: retribuzione, compenso. Molti impiegati si lamentano spesso che la rimunerazione del loro lavoro non è adeguata al costo della vita.

[2] contrapposti: contrari, opposti. L'odio e l'amore sono due sentimenti contrapposti.

Ogni anno, ci sono delle manifestazioni[3] teatrali che mettono in scena il dramma di Giulietta e Romeo. Nel famoso cortile[4] della casa dei Capuleti, possiamo vedere ancora oggi il noto balcone, dove i due innamorati si giurarono[5] eterno amore. Il merito di Shakespeare è non solo di aver saputo mescolare[6] la realtà con la leggenda ma, soprattutto, di aver colto[7] l'universalità dell'animo umano, spesso incapace di trovare un'alternativa alla rivalità.

---

[3]manifestazioni: spettacoli, rappresentazioni. In occasione della festa della Repubblica, ci saranno varie manifestazioni di patriottismo in tutta la penisola.

[4]cortile: patio, aia. Nel cortile hanno piantato dei bellissimi fiori.

[5]giurarsi: promettere, dichiarare. I due amici si giurarono fedeltà per tutta la vita.

[6]mescolare: unire, mischiare. Per preparare la polenta tradizionale, è importante mescolare bene tutti gli ingredienti.

[7]cogliere: intercettare, prendere. Sono andato a Verona e ho cercato di cogliere i pensieri di Romeo e Giulietta.

18.4 Domande sul testo

1. Perché Verona era importante per i romani?
2. Per che cosa si usava il sale anticamente?
3. Qual è l'origine della parola *salario*?
4. Quale struttura ricorda il passato glorioso di Roma?
5. Come viene usata l'Arena oggi?
6. Come l'usavano i romani?
7. Cosa vogliono rivivere i turisti?
8. In che senso il dramma di Shakespeare è universale?
9. Perché i sentimenti dei due amanti erano ostacolati dalle loro famiglie?
10. Perché il balcone è il simbolo di *Giulietta e Romeo*?

18.5 Domande personali

1. Hai mai letto *Giulietta e Romeo*?
2. Hai mai visto una versione cinematografica del famoso dramma?
3. Ci sono rivalità nella tua famiglia? Quali?
4. E nella tua comunità? Quali?
5. Puoi indicare i sentimenti contrapposti che caratterizzano la tua personalità?
6. In che modo i contrasti della personalità sono propri dell'essere umano?
7. Oggi si può trovare l'amore ideale?

18.6 Le rivalità nel mondo. Con il tuo compagno/a di classe, indica le rivalità che esistono nelle varie comunità e le soluzioni che si potrebbero adottare per risolverle.

ESEMPIO:

Politica
1. I repubblicani contro i democratici.
Soluzione
Ci deve essere più tolleranza tra opinioni diverse.

Rivalità
I dibattiti sono spesso ingiuriosi.

UN PO' DI LETTURA AUTENTICA

Le piazze italiane

Sono il luogo centrale della città e tramandano[1] la storia del nostro Paese. Basta ascoltarle.

di Beppe Severgnini

Le piazze italiane sono il risultato miracoloso di un accumulo. Succede che, nate per uno scopo, ne servano un altro. Sono un po' ritrovi[2] e un po' officine[3], un po' mercati e un po' assemblee, un po' asili e un po' ospizi, un po' passerelle[4] e un po' palestre, un po' consultori e un po' salotti. Per capirle è necessario scomporle[5], per scomporle occorre frequentarle. Senza fretta. Le piazze italiane raccontano. Ma (come diceva Carlo Bo) bisogna dargli il tempo di parlare.

Esistono una piazza civile e una piazza religiosa, che si fronteggiano dal tempo dei comuni. Chiesa e municipio, in molte città d'Italia, si guardano come avversari che si conoscono bene, e sanno che è meglio marcarsi[6] stretti. Spesso stanno nella stessa piazza: a Cremona, per esempio. Altre volte in piazze collegate (Bergamo) o vicine (Firenze). Croci e stemmi[7] non mancano mai, e oggi vanno d'accordo più di un tempo, come reduci[8] che hanno molto combattuto tra loro e ora capiscono che il nemico è altrove: in una galleria di videogiochi o dentro la scatola della televisione.

Esiste una piazza commerciale, invecchiata bene: solo nel nome, talvolta, tradisce la sua età (piazza delle Erbe a Verona, il Pavaglione di Lugo, ricordo dei papillon, i bachi da seta[9]). La piazza commerciale italiana è talmente efficiente che l'hanno imitata gli ipermercati di tutto il mondo. Negozi, edicola, pasticciere, barbiere, profumeria, tabaccaio, caffè: tutte le necessità e le consolazioni nel raggio[10] di pochi metri. Per concludere, quello che un italiano riesce a fare in mezz'ora (prendere il giornale, bere un caffè, comprare una camicia,

La Piazza della Rotonda con il Pantheon, a Roma, sembra sia rimasta tale e quale come la vedevano gli antichi romani.

---

[1]tramandare: trasmettere, narrare. Le festività e le celebrazioni in Italia sono appuntamenti di popolo che si tramandano di generazione in generazione.

[2]il ritrovo: luogo di riunione, incontro. Il bar italiano è spesso un luogo di ritrovo in cui si discute del più e del meno con gli amici.

[3]l'officina: laboratorio per manutenzioni, laboratorio di un artista. Di solito portiamo la macchina in un'officina per sottoporla a lavori di manutenzione.

[4]la passerella: pista, arena. Le modelle sfilano in passerella indossando le ultime creazioni per la prossima primavera.

[5]scomporre: separare, distinguere. Per risolvere il problema è necessario scomporre le parole fornite nell'elenco.

[6]marcare: seguire da vicino, controllare. Il tecnico della nostra squadra di calcio ha impostato una buona partita e la difesa ha marcato molto bene senza concedere nemmeno un goal.

[7]lo stemma: bandiera, marchio. Lo stemma di Firenze è rappresentato da un giglio, che cresce copiosamente nei campi che la circondano, come simbolo della città.

[8]il reduce: veterano, sopravvissuto. Il numero di patologie riscontrate nei reduci statunitensi è in forte aumento negli ultimi anni.

[9]il baco da seta: insetto, larva. Alcuni ricercatori hanno scoperto che il baco da seta produce collagene in grado di riparare ferite gravi.

[10]il raggio: spazio, area. Nel raggio di pochi chilometri è possibile scoprire gran parte delle isole dell'arcipelago toscano.

ordinare una torta, guardare una ragazza, accorciarsi i capelli e lasciare che le ombre[11] s'allunghino), un americano impiega mezza giornata e guida per trenta miglia.

Esiste una piazza temporanea, che cambia a seconda dell'ora, del giorno e della stagione. È la piazza politica: quella degli eccessi della storia (la tragica parabola guerresca di Mussolini s'è consumata tra la romana piazza Venezia e il milanese piazzale Loreto); dei pochi comizi[12] necessari e dei molti inutili; degli addii importanti; delle bombe che non ci dovevano essere (Milano, Brescia). Le piazze Garibaldi, Cavour e Mazzini dove Garibaldi, Cavour e Mazzini non sono passati mai: affollate dalle partenze e dagli arrivi (corriere, gite, corse, manifestazioni). Le piazze dei concerti. Le piazze dei mercati e delle bancarelle che appaiono[13] e scompaiono[14].

Esiste una piazza sentimentale e sessuale, ma non è quella che credono all'estero: un'esibizione di gambe, petti e sederi, con gli uomini che osservano, come contadini a una mostra bovina. Oggi gli italiani continuano a guardare le donne: ma con qualche timore in più, perché quelle restituiscono gli sguardi. La piazza sentimentale c'è ancora, ma oggi è la piazza degli appostamenti e degli appuntamenti presi con gli SMS.

Esiste una piazza terapeutica. La piazza della pausa, dell'osservazione e della bellezza: possono essere i fiori in piazza di Spagna o la luce della luna che taglia le bifore[15] del mio Duomo di Crema. Il poeta francese Paul Eluard, in una sera di giugno subito dopo la prima guerra mondiale, rimase incantato a guardare la piazza Grande di Bologna (la stessa che canterà Lucio Dalla) da un piccolo caffè vicino a S. Petronio. Era in pace: che regalo gli aveva fatto l'Italia.

Esiste, infine, una piazza sociale. La gente magari non ci va, ma ci si ritrova. Non si tratta di passeggio, che presuppone uno spostamento[16]. Si tratta di una forma di gravitazione. Vie laterali e portici[17] scivolano verso una fontana o un monumento, che diventa un punto di riferimento. Lo frequentano i residenti, ansiosi di consuetudini[18] e ripetizioni; e lo cercano gli stranieri, per capire come siamo fatti noi italiani. Contate i luoghi in cui la gente si siede, in una piazza: panchine[19] e gradini, biciclette e motorini, muretti e ringhiere[20], paracarri e sedie nei caffè. Sono i palchi[21] gratuiti dove osservare la nostra vita che passa e ogni generazione rinnova l'abbonamento[22].

---

[11]l'ombra: oscurità, figura indistinta. L'ondata di caldo è insopportabile e molte persone, in modo particolare gli anziani, preferiscono stare all'ombra per ripararsi dal sole cocente.

[12]il comizio: orazione, discorso. Pochi giorni prima delle elezioni, i candidati fanno comizi fino a tardi.

[13]apparire: mostrarsi, sembrare. Giustamente, dopo un lungo viaggio i passeggeri appaiono piuttosto stanchi e debilitati.

[14]scomparire: non farsi più vedere, non esserci più. Alcune allergie infantili tendono a scomparire subito dopo la pubertà.

[15]la bifora: finestra con due aperture. La bifora è un tipo di finestra molto usata nel periodo romanico e gotico.

[16]lo spostamento: movimento, trasferimento. Gli spostamenti in città stanno diventando sempre più difficili a causa del traffico.

[17]il portico: colonnato, loggia. Bologna è la città dei portici sotto cui si può passeggiare protetti dal sole durante l'estate e protetti dalla pioggia durante l'inverno.

[18]la consuetudine: tradizione, abitudine. Gli italiani hanno la consuetudine di fare ogni giorno la spesa.

[19]la panchina: sedile, panchetta. Quando fa bel tempo preferisco distendermi sulle panchine e leggere un po'.

[20]la ringhiera: balaustrata, parapetto. Le autorità hanno fatto costruire una ringhiera bassa intorno alle aiuole per proteggere i fiori.

[21]il palco: tribuna, palcoscenico. Per animare la lezione d'italiano, il professore invita i suoi studenti a salire sul palco per recitare delle scene.

[22]l'abbonamento: sottoscrizione, tessera. Spesso i giornali offrono un prezzo speciale a coloro che hanno un abbonamento annuale.

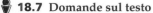 **18.7 Domande sul testo**

1. Qual è l'aspetto principale delle piazze italiane?
2. Come si spiega il concetto della piazza come officina?
3. Chi potrebbe usare la piazza come ospizio?
4. Come si spiega il concetto della piazza come passerella?
5. In che senso la piazza è un ritrovo?
6. Che tipo di agonismo ci sarà stato tra piazza religiosa e civile?
7. Cosa trasmettono le immagini dei videogiochi e della televisione?
8. In che senso la piazza italiana anticipa l'ipermercato?
9. A quale eccesso storico allude l'autore quando parla del contrasto tra piazza Venezia e piazzale Loreto?
10. Che tipo di strumento utilizzano i giovani per fissare un appuntamento?

18.8 Domande personali

1. In che senso la piazza italiana potrebbe essere terapeutica?
2. Senti il bisogno di frequentare una piazza pubblica?
3. Ci sono delle piazze simili nella tua città?
4. Credi che i videogiochi e la televisione possano impedire il dialogo tra gli uomini?
5. Usi gli SMS per fissare gli appuntamenti?

 18.9 Alcuni SMS. Stai visitando l'Italia ed il fuso orario non sempre ti permette di telefonare ai tuoi amici in America. Grazie agli SMS, sei in grado di inviare messaggi in qualsiasi momento della giornata. Prepara una serie di messaggi in cui racconti la tua esperienza italiana.

Vocabolario utile

collettivo, comodo, comportare, la conversazione, la democrazia, dialogare, la diffusione, la dipendenza, distruttivo, l'espressione, favorire, impersonale, l'informatica, l'informazione, la liberazione, pervasivi, la piazza, il rischio, la rivoluzione, lo scambio, la tecnologia, trasformare, i videogiochi, viaggiare senza fili, la vita virtuale

 18.10 Dibattito: il fenomeno delle trasformazioni sociali. Sembra che con l'avvento di Internet, la piazza, come centro di riunione sociale e commerciale, stia perdendo la sua importanza. Il commercio elettronico, ad esempio, ed il fenomeno del blog tendono piuttosto a favorire una specie di dislocazione: la gente non comunica più dal vivo, preferisce l'uso impersonale del computer. Con il tuo gruppo, esplora questo tema. Discuti pro e contro dell'argomento. Dividere la classe in due gruppi in cui ognuno discute il proprio punto di vista. Si raccomanda soprattutto di rispettare le opinioni degli altri durante il dibattito.

Idee

1. La piazza è un vero centro culturale in cui i contatti umani non finiscono mai di esaurirsi. Il computer non potrà mai rimpiazzare il dialogo umano dal vivo.
2. L'arrivo di Internet favorisce lo scambio d'idee perché tutti possono esprimersi liberamente.

18.11 Presentazione in classe: rassegna di alcune importanti piazze d'Italia. Facendo riferimento ad un tuo recente viaggio in Italia, presenta alcune importanti piazze d'Italia, mettendo in rilievo gli aspetti che ti hanno maggiormente colpito. Se non hai ancora avuto l'opportunità di visitare il Bel Paese, prepara un viaggio virtuale facendo ricerche tramite Internet.

Esercizio di scrittura creativa

18.12 La piazza come centro di interazione umana. Sebbene ogni paese abbia la sua piazza, non tutti gli spazi urbani sono identici. In un componimento, esplora l'idea della piazza come punto di attività e di ritrovo in cui avvengono degli scambi d'idee tra gruppi e persone.

L'Abruzzo

Una domanda prima di ascoltare

In che senso l'Abruzzo è una regione fondamentale per quanto riguarda l'aspetto ecologico?

L'Abruzzo, vista del Lago Campotosto, del Gran Sasso (che supera i duemila metri di altezza) e del Parco Nazionale.

18.13 Scegliere la risposta appropriata.

1. L'armonia e la serenità che caratterizzano l'Abruzzo si riferiscono alle qualità _____ dell'ambiente.
    a. ecologiche   **b.** biologiche   **c.** scientifiche

2. Mussolini fu giustiziato _____.
    a. dai nazisti   **b.** dalla Resistenza   **c.** dai socialisti

3. Le cosiddette "case-mura" hanno svolto un ruolo di _____.
    a. robustezza   **b.** appoggio   **c.** fortificazione

4. In alcuni musei abruzzesi si possono fare delle ricerche _____ nel corso dei secoli.
    a. sulle condotte   **b.** sui costumi   **c.** sui valori

L'Alto Adige

Una domanda prima di ascoltare

Quali sono alcuni personaggi importanti dell'Alto Adige?

18.14 Scegliere la risposta appropriata.

1. Si presume che in Alto Adige la presenza _____ sia piuttosto accentuata.
    a. celtica   **b.** teutonica   **c.** gallica

2. La maggior parte dei castelli sono stati _____.
    a. ristrutturati   **b.** riformati   **c.** ricostruiti

3. Manlio Longon è stato ucciso per la sua lotta contro un governo _____.
    a. autoritario   **b.** repubblicano   **c.** monarchico

4. Da ciò che è stato appena descritto, si presume che gli altoatesini, gli abitanti di questa zona, siano _____.
    a. plurilingue   **b.** bilingue   **c.** monolingue

Il pittoresco centro della Maddalena, vicino Bolzano, con un'affascinante vista delle Dolomiti.

🔊 La Basilicata

Una domanda prima di ascoltare

In che senso la storia è legata alla Basilicata?

18.15 Scegliere la risposta appropriata.

1. Da questo brano si presume che la Basilicata vanti un territorio abbastanza
   _____.
   a. fertile   **b.** secco   **c.** produttivo

2. Per coloro che s'interessano d'arte preistorica, la Basilicata offre _____ paleolitici e neolitici.
   a. dei reperti   **b.** dei lavori   **c.** dei prodotti

3. Carlo Levi è stato imprigionato per le sue dichiarazioni contro _____.
   a. la Repubblica   **b.** il Cristianesimo   **c.** il fascismo

4. Secondo il titolo, lo scrittore utilizza l'immagine di Cristo come _____ per denunciare la povertà di questa regione.
   a. un significato letterale **b.** un significato simbolico   **c.** un significato proprio

Una suggestiva immagine della marina di Maratea, in Basilicata, sulla costa del Mar Tirreno.

Lucca, vista dalla Torre del Guinigi da dove spiccano i tetti rossi delle case.

°soggiorno
°ripetere a bassa voce, mormorare
°intimità
°ricamo

°desiderata / commercio

°pipistrello / fortificazione

°pettegolezzi
°cuscino

°provviste

°fogliame
°aumentare
°inondare / cadere
°chiudere / panni
°ostruire

INTRODUZIONE ALLA LETTERATURA ITALIANA

Una vacanza romana

di Mario Tobino (Viareggio, 16 gennaio 1910–Agrigento, 11 dicembre 1991)

L'autore Mario Tobino, uno dei più prolifici autori del Novecento, nacque nel 1910 a Viareggio in Toscana, terra dalla quale trasse molti spunti per i suoi romanzi. *Il deserto della Libia* rimane una delle sue opere fondamentali in cui esprime la banalità di una guerra che nessuno voleva. Molti dei suoi scritti riflettono fortemente il suo retroterra culturale, la sua formazione come medico psichiatra e il fatto che esercitò la professione all'ospedale psichiatrico di Lucca per circa quarant'anni.

Racconto Il titolo del racconto, *Una vacanza romana*, potrebbe forse ingannare il lettore nel senso che lascia immaginare un periodo di libertà dagli impegni lavorativi, quando ci si concede un po' di riposo, possibilmente al mare o in montagna, in un luogo idillico. Al contrario, il racconto di Tobino, è un insieme di riflessioni sulla sua lunga vita letteraria trascorsa per la maggior parte a Lucca.

Lettura Le mura di Lucca

Le mura sono per i lucchesi il familiare tinello°, orto di casa, giardino e insieme però anche il rimurmurare° di tante vicende passate.

Chi passeggia per le mura si trova a tu per tu, lì sotto, in confidenza° con ogni palazzo, chiesa, edificio della città; contempla il campanile di San Martino e la trina° della sua facciata, Gesù lo guarda dal mosaico di San Frediano, si smarrisce all'astratta giostra dell'anfiteatro romano, sorride all'angiolo che dalla cima di San Michele è staccarsi in volo, si sofferma su Palazzo Guinigi, dai mattoni così divenuti compatti di rosso.

C'è un angolino purtuttavia per l'autentico lucchese che solo lui lo individua, distingue, mentre passeggia sulle mura, un punto proprio suo: la sua casetta, ereditata dai vecchi, la costruì il nonno quando tornò dall'America.

I lucchesi cominciarono a metter su queste mura nel Cinquecento; la loro città faceva gola°, ricca la sua mercatura°. I nemici, i predatori potevano sopraggiungere da ogni direzione. Era necessario prepararsi alla difesa.

Invitarono i maestri in quel genere di costruzione, ne arrivarono da ogni parte di Europa; non si badò a spendere, solo di mattoni ce ne vollero da cinque a sei milioni. E nella costruzione di quelle mura, tutto dipendeva dal perché militare, per esempio, l'orecchione° del baluardo° di San Colombano è così proteso, allungato per meglio difendere porta San Pietro; e ora quell'orecchione così sembra che stia lì a godersi chissà quali bisbigli°, quali segrete musiche.

Oggi le mura sono un guanciale° per il lucchese, a quel tempo urlavano la guerra, gridavano ferocia.

Carlo V quando vide Lucca dichiarò che si sbagliava chi gli aveva detto che era una città facile a conquistarsi. Era invece difficile. Se i cittadini erano decisi e da parte avevano vettovaglie°, gli assalitori si sarebbero trovati con la testa rotta.

La prova se le mura erano espugnabili o no, non ci fu mai. Sempre più le mura, tra le fronde° dei loro alberi, accolsero lo zefiro della pace. Una volta sola difesero la città ma si dovette arrivare al 1812 e fu per il Serchio che perse la testa, gonfiò°, straripò°. Dal cielo grondava° acqua e lui a gettarla verso Lucca.

I lucchesi serrarono° le porte. Stracci°, strofinacci, materassi, ogni tampone fu buono, si tappò° ogni buco, si zeppò ogni fessura. L'acqua non entrò. Poi il Serchio si ricompose, ritornò il solito gentile giovanetto.

Intanto col lento passare degli anni, per le carezze dei tramonti e delle albe, i milioni di mattoni si sono indorati e le mura son diventate un luogo per tutti: i bambini giocano tra le piante, i vecchi seduti sulle panchine cullano il passato, i giovani vi incontrano le ragazze.

Non so se esiste un'altra città che abbia un luogo così consueto° e insieme con l'eco di tante memorie passate.

In ogni ora del giorno per le strade di Lucca può arrivare alle orecchie del passante qualcuna di queste frasi:

"Stamani sulle mura... sulle mura incontrerai... si giocava sulle mura... mi distraggo a guardar dalle mura... mi ci voleva un giro di mura per calmarmi... scendi dal baluardo San Martino... al caffè delle mura... sì, ci vediamo alla casermetta, no, dopo la casa del boia..." e si potrebbe un bel pezzo continuare.

Per esempio a Siena quel giorno del Palio i cittadini sono un tutto unico con la piazza del Campo, con il Palazzo Pubblico e la Torre del Mangia, identiche le frustate° dei fantini sulle groppe dei cavalli con gli aizzamenti° dei contradaioli.

Quel giorno del Palio! Ma non so se negli altri giorni i senesi sono così in comunione, in dolce confidenza con quella loro piazza in forma di concava valva°.

Le mura di Lucca no, non sono di una sola giornata, hanno per loro tutti i giorni del calendario. Non c'è cittadino che su quei viali alberati non conserva memoria di una letizia°, un dolore, una malinconia, di un intimo sentimento, non abbia tentato percorrendo quel giorno di mura di mitigare qualche affanno°. Io stesso mi ricordo una sera di tanti anni fa; ero ancora assai giovane a quel tempo. Scendevo da una cortina° e mi sfiorò° una coppia, lui e lei giovani felici, in armonia del creato, con le piante che vivevano intorno e nettamente avvertii il mio contrasto, in che pozzo diverso, io fasciato° dalla solitudine, vivevo tra i matti, medico di manicomio, e per di più ero anche scrittore.

Altre volte invece su quelle mura mi colse la gioia, la festa, il soffio° della speranza, mi sentii alleato con quei viali alberati, i marmi che avevo sotto di me, ogni strada, le case, mi erano confidenti e amiche.

Il fascino delle mura di Lucca forse è in questo senso d'intimo, di consueto, accompagnato dalla loro silenziosa regalità.

Ma io amo anche le mura di fuori, dall'esterno. Non c'è una volta che rientri a Lucca o dall'autostrada, da Montecatini, dalla Garfagnana, da Viareggio, che le mura—cortine, baluardi, i bianchi cartigli° con le date—non mi accolgano, non mi sorridano benevolmente.

"Rientra. Sei stato fuori. . . Qui niente è cambiato".

In quei momenti le vedo più ampie, si dilungano, le cortine offrono la mano ai baluardi, sono insieme presenti e carezzevoli. Quanto è difficile descrivere quel colore damasco° che hanno preso i mattoni per i tantissimi tramonti e le tenere albe che su di loro si sono posate!

Non però che io consideri da meno le cortine rivolte al nord che hanno una tinta più raggrumata°, uno sguardo severo, indagatore°, come valutassero i nostri peccati. Affatto le considero da meno perché il prato che si distende davanti a loro—e le separa dai comuni mortali—svela un più elevato contrasto tra i secoli passati, tra la storia e la vivente grazia della natura.

E qui ci vien fatto di dichiarare, di esigere che i prati che circondano le mura rimangano intatti, nessuno li tocchi, per alcuna ragione, nessuna scusante di automobili, posteggi, ed altre infamie, nessuno li deturpi.

I distesi prati, squillanti di verde, che circondano le mura avvertono che non è permesso con troppa facilità, con sventatezza°, avvicinarsi a un manto regale.

°abituale

°colpi di frusta
°provocazioni

°conchiglia

°contentezza
°pena

°barriera / toccare appena

°bendare

°respiro

°cartelli

°colore lucente

°condensata / analizzatore

°senza riflettere

Ed ora—si creda o non si creda al diavolo—è necessario affrontare la questione di Lucida Mansi.

°*carrozza*

Sulle mura di Lucca, in certe notti—narrano gli scritti, stampe antiche e recenti—appare su un cocchio° Lucida Mansi, simile a una dea, seminuda, uno specchio nella mano. Alla guida, a cassetta, c'è un bellissimo giovane, che è il diavolo.

Compie due o tre giri di mura e d'un tratto lei, il cocchio, il diavolo scompaiono dentro il laghetto del Giardino botanico.

Non sarà vero, è una leggenda, non è verità, ma quanti ne hanno parlato e scritto! Lo stesso Puccini, il grande musicista, sognò di farne un'opera.

Per chi non lo sapesse Lucida Mansi era una signora che abitava una villa nei pressi della città di Lucca. Era rimasta vedova molto giovane, era ricca, e così bella che tutti gli uomini, di ogni età, ricchi e poveri, le cadevano ai piedi.

Si era nei Seicento, un secolo che temeva le tenebre dell'inferno.

°*soddisfare / lineamenti fisici*
°*letto*

A Lucida piaceva sì farsi adorare e a volte, era coi suoi corteggiatori, ma innanzitutto lei amava se stessa, così si compiaceva° delle sue fattezze° che le pareti della sua camera erano tappezzate di specchi. E sopra l'alcova°, nel soffitto, c'era lo specchio più grande, appunto per mirarsi e ammirarsi con tutto l'agio.

°*perdere tempo*

Nei dopopranzi d'estate, in compagnia del canto delle cicale, indugiava° per ore, sdraiata nell'alcova, completamente nuda.

Per Lucca che mormorii, che sibili d'indignazione, che sogni di voluttà. Tremavano le fidanzate e le spose; passavano gli anni e si scopriva che Lucida rimaneva intatta, un miracolo, aveva vinto il tempo.

°*spaventarsi*
°*piega sulla pelle / incisione / occhio*
°*difetti / riso cattivo*
°*derisioni*

Ma in un tardo pomeriggio d'estate Lucida inorridì° per l'improvvisa scoperta: una ruga°, un solco° si partiva dall'angolo esterno dell'orbita°. Attentissima, con furia, si osservò per ogni dove. Scoprì altre pecche°. Le arrivò il ghigno° della vecchiaia.

Muta, disperata, udì le risate delle rivali, i sarcasmi, i dileggi°.

Decise che non sarebbe più uscita, nessuno l'avrebbe vista. Avrebbe chiuso la villa, porte e finestre sbarrate. Solo pochissime serve, scelte tra le fedeli, le sarebbero rimaste vicino.

Subito dette gli ordini, intatto il suo impero.

Invano gli innamorati batterono al portone.

°*ripiegata*

Lucida, nella sua alcova, serpe raggomitolata°, notava l'avanzarsi del disfacimento.

Ma dopo pochi giorni, nella calda ora del pomeriggio, le apparve a lato un bellissimo giovane che la guardava.

°*sorpresa / stupita*

Attonita°, sbalordita°, Lucida non riuscì nemmeno a coprirsi.

Quel giovane sorridendo le disse:

°*essere presente*

"Sono il diavolo, Lucida. Da vent'anni ti seguo. Non c'è stata tua voluttuosa crudeltà alla quale non abbia assistito°.

"Sono venuto a salvarti, Lucida. Se mi vendi la tua anima, per ancora trent'anni sarai la più bella, persino le fanciulle impallidiranno davanti a te. La tua corte splenderà come non mai, e per questo mi devi dare soltanto l'anima, devi dirmi soltanto sì".

Immediatamente il diavolo scomparve.

Ma perché debbo ripetere ciò che già narrai! In un libro in passato descrissi assai diffusamente i particolari di questa storia e come il diavolo, secondo il patto, dopo trent'anni si presentò a prendere Lucida, che invece poi non rimase all'inferno perché appunto se la dorme nel fondo del laghetto, al giardino botanico.

E ora torniamo alle mura. È proprio vero, è possibile che Lucida riposi in fondo al laghetto?

In verità diversi anni or sono, da poco il sole si era coricato, una sera che passeggiavo, solo e semidistratto lungo le mura, mi trovai sopra il laghetto, e mi balenò°, fu un attimo, lo specchio, lei, sorrideva, una dea, tutto ciò che la circondava era dorato.

°*apparire*

Fu una visione? Un'allucinazione? Un abbaglio°? La fantasia che crea una realtà?

°*errore*

Lentamente di più mi sporsi dal margine delle mura. Fissai dentro il laghetto, nel suo fondo. No, non c'era più. Perbacco, com'era bella! Per forza gli uomini ci si rapivano.

Di questa apparizione mai feci verbo con nessuno. Facili ragioni! Ero medico di manicomio, avrebbero commentato: ". . . poveretto. . . a stare coi matti . . ."

Ma la questione grossa è il cocchio infuocato che percorre nella notte profonda le mura. Io, è vero, non l'ho mai visto. Ma io vado a letto presto.

Certi miei amici però scavezzacolli°, gaudenti, che fanno le ore piccole, che tornano da ritrovi notturni, alle mie insistenti, a volte improvvise domande, se Lucida l'hanno vista, almeno intravista, per lo meno due sono rimasti turbati e come se si interrogassero.

°*imprudenti*

Allora io insistendo:

"Il diavolo è davvero così bello? E com'è vestito?"

"Che diavolo e diavolo . . . già ce l'ho assai nella testa . . . e questa Lucida, beata lei . . . Cioè, vedi a vendere l'anima come si finisce . . ."

Sicché certo questi giri di Lucida sulle mura col cocchio infuocato e il diavolo a bordo sono una leggenda. Non ci discuto. Epperò, se qualche volta fosse accaduto? I diavoli non si sa mai quel che pescano fuori; tutti con loro fan gli spavaldi°, ma alla lontana.

°*audaci*

Se fosse accaduto, allora le mura di Lucca, fatte per la guerra, divenute per la pace, e poi la notte questa bellona che va su e giù, allora vallo a trovare un monumento più affascinante.

E se anche questa di Lucida Mansi fosse una fanfaluca ° da non tenere in nessunissimo conto, rimane la precisa verità, che le mura di Lucca insieme posseggono intimità e storia, accolgono familiarmente bambini, giovani e anziani, ma anche rimormorano le storie dei secoli passati, l'ardore, la prudenza, le audacie dei cittadini nei diversi secoli come riuscirono a farsi forti nei mercati di Europa e persino in certi periodi partecipi a battaglie di religione—riforma e controriforma—. Raccontano le mura di Lucca quanto profonda fu la storia della città.

°*bugia*

18.16 Domande sul testo

1. Cosa simboleggiano le mura per i lucchesi?
2. Se potessero parlare, cosa direbbero le mura di Lucca?
3. In che cosa l'autore personifica gli edifici e gli oggetti intorno alle mura?
4. Che tipo di legame esiste tra alcuni lucchesi e l'America?
5. Perché gli abitanti eressero le mura?
6. Come si distinguono economicamente i lucchesi?
7. Che tipo di osservazioni fece Carlo V?
8. In quali circostanze le mura funzionarono da vera fortezza per la città?
9. Come vengono usate oggi le mura dagli abitanti?
10. Perché l'autore oppone Siena a Lucca?

11. Cosa impediva spesso all'autore di essere tanto felice quanto alcune coppie di giovani che passeggiavano sulle mura?
12. Secondo l'autore, in che cosa consiste la regalità delle mura?
13. Perché l'autore si appella ai posteri affinché non deturpino l'ambiente intorno alle mura?
14. In che cosa consiste la leggenda di Lucida Mansi?
15. Perché Puccini voleva creare un'opera su questo personaggio?
16. Cosa pensa l'autore delle generazioni del Seicento?
17. Cosa temevano le fidanzate e le spose?
18. Cosa fece inorridire un giorno Lucida?
19. Che patto fece con il diavolo?
20. Come giustifica l'autore il suo incontro tra Lucida e il diavolo?
21. Perché non ha il coraggio di parlarne con i suoi amici?
22. Se la leggenda di Lucida non può essere vera, quali altre ragioni rendono affascinanti le mura di Lucca?

18.17 Domande personali

1. Esiste un luogo di ritrovo particolare nella tua città?
2. C'è un mercato particolare che distingue la tua città dalle altre?
3. Ci sono personaggi storici che hanno fatto osservazioni sulla tua città?
4. La tua città è mai stata colpita da un disastro naturale?
5. C'è un luogo della tua città che ti fa sentire felice?
6. E uno che ti fa sentire triste?
7. C'è qualche luogo della tua città che vorresti preservare per le generazioni future?
8. Conosci una leggenda riguardante la tua città? Quale? Che cosa narra?
9. Credi che un giorno sarà possibile arrestare l'invecchiamento umano?
10. Hai mai avuto delle allucinazioni?
11. Hai mai vissuto eventi difficili da spiegare scientificamente?

 18.18 Tristezza e felicità nella mia città. Con il tuo compagno/a di classe, fai un elenco di luoghi della tua città che possono evocare sia tristezza che felicità e dai una spiegazione in merito.

🔊 VOCABOLARIO

Nomi

il cavaliere	*knight*
il cortile	*courtyard*
il filone	*loaf*
il fornaio	*baker*
la guglia	*steeple*
il liuto	*lute*
la maschera	*mask*
il menestrello	*minstrel*
i mori	*Moors*
il pozzo	*well*
il pulsante	*button*
lo scherzo	*joke*
il veglione	*ball*

Verbi

affrettarsi	*to hurry*
assicurarsi	*to ensure*
avvicinarsi	*to get closer*
buttare	*to throw*

gettare	*to throw*
impiantare	*to transplant*
infornare	*to bake*
inquadrare	*to focus*
scattare	*to shoot*

Parole ed espressioni

accanto	*next to*
fare strada	*to cover ground*
lo fissano	*they stare at him*
siamo in vena	*we're in a mood*
tale che ognuno	*such that each*

Aggettivi

croccante	*crunchy*
oscuro	*dark*

Avverbi

soavemente	*divinely*

L'uso della grammatica

Facciamo le prenotazioni

Struttura

Riferimento grammaticale

L'ARTICOLO

A. L'uso dell'articolo determinativo: *il, la, lo, l'* (forma contratta, davanti a nomi che cominciano per vocali), *i, le, gli*

1. **il** con i nomi maschili al singolare che cominciano per consonante: *il bambino, il fiore, il fotografo, il tassista.*

2. **i** con i nomi maschili al plurale che cominciano per consonante: *i bambini, i fiori, i fotografi, i tassisti.*

3. **la** con i nomi femminili al singolare: *la donna, la giornalista, la turista.*

4. **le** con i nomi femminili al plurale: *le donne, le giornaliste, le turiste.*

5. **lo** con i nomi maschili al singolare che cominciano con la lettera *s* + **consonante, *z, gn, ps***: *lo sbaglio, lo gnocco, lo psicologo, lo specchio, lo stadio, lo zaino.*

6. **gli** con i nomi maschili al plurale che cominciano con la lettera *s* + **consonante, *z, gn, ps***: *gli sbagli, gli gnocchi, gli psicologi, gli specchi, gli stadi, gli zaini.* **Gli** si usa anche con i nomi maschili al plurale che cominciano con una vocale: *gli animali.*

7. **l'** con i nomi che cominciano con una vocale: *l'amico, l'autista.*

211

01.01 Famosi personaggi italiani. T'intrattieni con un gruppo di turisti dell'albergo discutendo di alcuni illustri personaggi italiani. Completare la frase con un **articolo** adatto.

1. Filippo Brunelleschi era _____ architetto di fama internazionale.

2. _____ stilista Giorgio Armani introduce _____ nuova moda maschile.

3. _____ romanzi di Oriana Fallaci sono lunghi ma interessanti.

4. _____ musica di Vincenzo Bellini è drammatica.

5. Roberto Benigni è _____ stella del cinema internazionale.

B. **L'uso dell'articolo indeterminativo: *un, uno, una, un'* (forma contratta, davanti a nomi che cominciano per vocale).**

1. **un** con i nomi maschili al singolare: *un direttore, un impiegato, un ospite.*

2. **una** con i nomi femminili al singolare: *una camera, una giacca, una signora.*

3. **un'** con i nomi femminili che cominciano con una vocale: *un'amica, un'aula.*

4. **uno** con i nomi maschili al singolare che cominciano con *s* + **consonante**, *z, gn, ps*: *uno psichiatra, uno studio, uno studente, uno gnocco, uno zero.*

01.02 Quali oggetti e strutture ci sono nei vari settori dell'albergo? Con il tuo compagno/a di classe, fai una lista di alcuni oggetti e strutture che sono presenti nel tuo albergo:

    Esempio: *Nella mia stanza ci sono: una radio, due sedie…*

1. In palestra
2. Al ristorante
3. In piscina
4. Al bar
5. Nella stanza da bagno
6. Nel parcheggio

C. **L'uso dell'articolo indeterminativo al plurale: *dei, degli, delle***

1. **dei** per i nomi maschili al plurale: *dei giardini, dei musei.*

2. **degli** per i nomi maschili al plurale che iniziano con vocale o con *s* + **consonante**, *z, gn, ps*: *degli animali, degli stadi.*

3. **delle** per i nomi femminili al plurale: *delle compere, delle visite guidate.*

L'uso della lingua

- Pur non avendo un significato lessicale, l'articolo, determinativo o indeterminativo, serve ad indicare il modo in cui viene associato al nome. Da ricordare, inoltre, che l'articolo concorda con il nome, secondo il genere e il numero.

⇨ Compro **il** giornale in albergo.

⇨ **I** trasporti di questa città non sono buoni.

⇨ Desidero comprare **uno** zaino per fare una gita in montagna.

⇨ Vorrei **degli** opuscoli sulla città di Genova, per favore.

⇨ Ci sono **delle** matite sul banco.

01.03 Completa le frasi inserendo negli spazi vuoti l'articolo appropriato, determinativo o indeterminativo.

> **ESEMPIO:** Ci sono_____ giornali sul banco.
> *Ci sono **dei** giornali sul banco.*

1. _____ opuscolo dell'albergo ha menzionato _____ gita turistica a Villa d'Este.

2. _____ turisti sono entrati nell'albergo con _____ zaini sulle spalle.

3. Quel signore è _____ straniero, ma conosce molto bene _____ lingua italiana.

4. _____ servizio in quest'albergo non è buono.

5. _____ camere dell'albergo dispongono di _____ impianto di aria condizionata.

I VERBI AUSILIARI

A. Il verbo ausiliare *essere*

io sono	noi siamo
tu sei	voi siete
Lei, ella, lui, egli, è	Loro, loro, sono

L'uso della lingua

- Come vedremo più in là, il termine "ausiliare" indica che il verbo aiuta a formare i tempi composti come, ad esempio, "*ho* parlato; *sono* arrivato".

⇨ I bambini che appartengono a quella famiglia **sono** maleducati.

⇨ Su quella poltrona c'**è** un signore seduto che sta fumando.

01.04 Qual è la nazionalità di alcuni turisti che risiedono nell'albergo in cui tu alloggi? Formulare una frase completa con la forma corretta dell'aggettivo e del verbo essere.

> **ESEMPIO:** *Io (Frank Smith) _____.*
> *Io, Frank Smith, **sono** uno studente americano.*

1. Tu (Keiko [*female*] Suzuki) _____.

2. Noi (Carlos e Pedro) _____.

3. Voi (Cristovão e Fátima) _____.

4. Gisèle Renoir _____.

5. I signori Bristol _____.

B. Il verbo ausiliare *avere*

Io ho	noi abbiamo
Tu hai	voi avete
lui, lei, Lei ha	loro, Loro hanno

1. Saranno le valigie di quella signora che **ha** i capelli biondi.

2. Quei turisti non **hanno** la macchina.

01.05 Che tipo di camera hanno queste persone? Formulare una frase completa con la forma corretta del verbo **avere**.

ESEMPIO: Io... un/una   *Io **ho** una camera al quarto piano.*

1. Tu _____ un/una...

2. Noi _____ un/una...

3. Marco e Luigi _____ un/una...

4. Io e Marisa _____ un/una...

5. Claudia _____ un/una...

IL PRESENTE INDICATIVO

A. La prima coniugazione in -*are*

portare:	port-
porto	portiamo
porti	portate
porta	portano

1. **Stiamo** alloggiando in un albergo vicino all'aeroporto.
2. È un albergo di prima categoria e quasi tutti gli ospiti **indossano** un abito elegante.
3. Gli ospiti **lasciano** l'albergo prima delle dieci.

Vocabolario utile

abitare, avere, desiderare, essere, frequentare, guadagnare, lavorare, parlare, seguire, studiare, viaggiare

01.06 Completiamo il seguente brano. Utilizzando il vocabolario utile, completare il seguente racconto con la forma appropriata del verbo.

Elio (1) _____ un ragazzo simpatico di ventidue anni. (2) _____ vicino a Milano, in un quartiere piuttosto lussuoso della città. Attualmente (3) _____ l'Università Bocconi dove (4) _____ informatica. Questa mattina (5) _____ un appuntamento con la sua amica Marisa al caffè Leopardi. Anche lei (6) _____ dei corsi di informatica. Tutti e due (7) _____ appassionati di tecnologia moderna. (8) _____ la lingua inglese e nei prossimi anni (9) _____ continuare gli studi in California. Per il momento però, (10) _____ in un albergo di lusso, non troppo lontano dalle loro abitazioni, per (11) _____ un po' di soldi per poter (12) _____ negli Stati Uniti, la prossima estate.

B. La seconda coniugazione in -*ere*

vedere:	ved-
vedo	vediamo
vedi	vedete
vede	vedono

1. Da questa camera **vedo** molto bene alcuni monumenti della città.

2. Loro **vendono** dei souvenir.

3. Quel cliente **scrive** una e-mail.

01.07 Perché sono interessanti gli ospiti del villaggio turistico? Gli ospiti che alloggiano nel nostro villaggio turistico sono molto interessanti. Formulare una frase completa con la forma corretta del verbo in parentesi.

> **ESEMPIO:**   I miei amici (invitare) _____.
> *I miei amici **invitano** alcuni ospiti al bar.*

1. La coppia belga (indossare) _____ dei vestiti eccentrici.

2. I giovani tedeschi (viaggiare) _____ con pochissimi bagagli.

3. La signora vicino a noi (conoscere) _____ molto bene questa città.

4. Io ed i miei amici (leggere) _____ un libro giallo.

5. Tu (mettere) _____ molto zucchero nel caffè.

C. La terza coniugazione in *-ire*

1. aprire: apr-

apro, apri, apre, apriamo, aprite, aprono

aprire / offrire / partire / seguire / soffrire

a. La banca apr**e** tutti i giorni.
b. I proprietari dell'albergo ci offr**ono** una colazione.
c. Gli ospiti segu**ono** il telegiornale con vivo interesse.

2. Gruppo *-isco*: capire: cap-

capisco, capisci, capisce, capiamo, capite, capiscono

capire / finire / gestire / pulire

L'uso della lingua

- I verbi in italiano si dividono in tre categorie: *-are; -ere; -ire*. Occorre sottolineare, però, che alcuni verbi hanno l'infinito che termina in *-rre* come, ad esempio, *condurre, porre.*

⇨ Io non cap**isco** le indicazioni per far funzionare quest'asciugacapelli.

⇨ Loro gest**iscono** un ristorante in città.

⇨ La donna di servizio pul**isce** la nostra camera dopo le dieci.

01.08 Che tipo di mansioni svolgono i seguenti professionisti? Completare con la forma corretta del verbo.

> **ESEMPIO:**   Io, agente finanziario, (capire) _____ molto bene gi affari bancari.
> *Io, agente finanziario, **capisco** molto bene gli affari bancari.*

1. Noi, camerieri, (servire) _____ i pranzi.

2. Io, autista, (capire) _____ molto bene la segnaletica stradale.

3. I medici (soffrire) _____ lo stress dei lunghi turni in ospedale.

4. L'amministratore (gestire) _____ l'azienda multinazionale.

GLI AGGETTIVI

A. L'uso degli aggettivi e dei loro contrari

Gli aggettivi concordano con il nome in numero e genere.

1. L'albergo è moderno.   **Gli** alberghi sono moderni.

2. La camera è vecchia.   **Le** camere sono vecchie.

alto: basso	bravo: mediocre
altruista: egoista	doppio: singolo
bello: brutto	competente: incompetente
cortese: scortese	esperto: inesperto
forte: debole	gentile: scortese
idealista: realista	matrimoniale: singola
magro: grasso	parziale: imparziale
ottimista: pessimista	simpatico: antipatico
ricco: povero	socievole: asociale

L'uso della lingua

- L'aggettivo serve a modificare il significato del nome a cui si riferisce.

➪ Quest'albergo è molto lussuoso.

➪ La famiglia è simpatica.

➪ I cuochi di questo ristorante sono esperti di cucina asiatica.

➪ La ragazza del secondo piano è inglese, ma i nonni sono francesi.

➪ Il padre di questa famiglia è altruista, ma lo zio è egoista.

➪ Il signore della stanza vicino alla mia è povero, ma i suoi amici sono ricchi.

➪ Le signorine che aspettano l'ascensore sono canadesi.

01.09 I lavori più richiesti in Italia. Stai parlando con alcuni ospiti dell'albergo sulla questione dell'occupazione in Italia. Quali sono gli impieghi di cui le aziende hanno bisogno? Nella seguente classifica delle professioni più richieste in Italia, trasformare la frase dal singolare al plurale con la forma corretta dell'**aggettivo**.

> **Esempio:**   Il meccanico è alto.   *I meccanici sono alti.*

1. Il venditore di elettrodomestici è basso.
2. L'agente finanziario è bello.
3. L'operaia della ditta è cortese.
4. Il consulente legale è intelligente.
5. L'impiegata dei telefoni è magra.

LA PREPOSIZIONE

A. L'uso della preposizione *da*

1. per indicare la durata di un'azione
   a. Aspetto l'autobus **da un'ora**.
   b. Gestiscono questo ristorante **da molti anni**.

2. per esprimere la qualità di un'azione
   a. **Da piccolo,** la mia famiglia frequentava questo luogo di villeggiatura.
   b. **Da straniero,** vorrei esprimere la mia gratitudine per l'accoglienza ricevuta in questa cittadina.

3. per indicare l'origine
   a. I miei genitori vengono **da Roma**.
   b. Il professore viene **da Urbino**.

4. per indicare l'agente
   a. La cena è offerta **dall'albergo**.
   b. Questi libri sugli scaffali sono stati donati **dalla Fondazione Agnelli**.

5. per indicare la distanza
   a. L'albergo è a pochi passi **dalla Galleria degli Uffizi**.
   b. Il ristorante è a 2 km **dalla stazione**.

6. andare in un posto o visitare una persona
   a. Domani vado **dal dottore** prima che il problema si aggravi.
   b. Oggi vado **dalla mia amica Elena** che abita qui vicino.

B. La preposizione davanti all'articolo determinativo

La preposizione davanti all'articolo determinativo si unisce all'articolo in una sola parola, diventando articolata.

da	dal	dalla	dallo	dall'	dai	dalle	dagli
a	al	alla	allo	all'	ai	alle	agli

1. per segnalare l'orario

L'uso della lingua

• I pronomi si possono classificare in: *personali, possessivi, dimostrativi, indefiniti, interrogativi, relativi.*

➭ Vado a dormire **alle dodici**.

➭ Il volo per Roma parte **alle tredici e quaranta**.

2. con andare

L'uso della lingua

• Il verbo **andare** è irregolare e appartiene alla prima coniugazione.

➭ **Vado** al cinema con i miei amici.

➭ Loro **vanno** alla festa insieme.

01.10 Quando usiamo la preposizione articolata? Segui un corso estivo di lingua italiana ad Urbino. Seduto/a in un bar vicino a Palazzo Ducale, stai ripassando la lezione sulle preposizioni con un gruppo di amici. Completare con la forma corretta della preposizione articolata. Attenzione perché non sempre è necessario usare una preposizione articolata!

    ESEMPIO: I ragazzi vanno (il centro) _____.   *I ragazzi vanno in centro.*

1. Gli amici vanno (lo stadio) _____.

2. La famiglia cena (il ristorante) _____.

3. La signora lavora (la posta) _____.

4. Io vado (la stazione) _____.

5. Voi andate (il lago) _____.

I NOMI

Forme regolari

A. Nome maschile singolare in -*o*	**Forma plurale**
1. È un **romanzo** del mio scrittore preferito.	Sono **romanzi** del mio scrittore preferito.
2. È un **maestro** competente.	Sono **maestri** competenti.

B. Nome maschile in -*e*	**Forma plurale**
1. Il **cameriere** è affabile.	I **camerieri** sono affabili.
2. Il nostro **Paese** è meraviglioso.	I nostri **Paesi** sono meravigliosi.

C. Nome femminile singolare in -*a*	**Forma plurale**
1. Loro hanno avuto un'**idea** brillante.	Hanno avuto delle **idee** brillanti.
2. Quell' ospite offre una **rosa** a sua moglie.	Quegli ospiti offrono delle **rose** alle loro mogli.

D. Nome femminile in -*e*	**Forma plurale**
1. La **madre** di Lucia è generosa.	Le **madri** sono generose.
2. La **luce** illumina la mia stanza.	Le **luci** illuminano la stanza.

Forme irregolari

E. Nome maschile singolare in -*a*	**Forma plurale**
1. L'**escursionista** prenota una camera.	Gli **escursionisti** prenotano una camera.
2. Il **problema** non è sempre risolvibile.	I **problemi** non sono sempre risolvibili.

F. Nome femminile singolare in -*o*	**Forma plurale**
1. La **radio** ci permette di ascoltare le notizie.	Le **radio** ci permettono di ascoltare le notizie.
2. L'ospite apre la porta dell'ascensore con **la mano**.	L'ospite apre la porta dell'ascensore con **le mani**.

01.11 Forma il maschile plurale e il femminile plurale dei seguenti nomi in corsivo.

> **ESEMPIO:** *Il cliente* chiede informazioni per una gita ai Musei Vaticani.
> ***I clienti*** chiedono informazioni per una gita ai Musei Vaticani.

1. *L'ospite* legge un *romanzo* nella sala d'aspetto.
2. *Il maestro* fa un'escursione a Firenze.
3. *Il cameriere* offre un cappuccino ai turisti.
4. *Il Paese* è dotato di un'ottima catena alberghiera con tariffe accessibili.
5. *Il problema* non manca mai quando si viaggia.

ESPRESSIONI NEGATIVE

> **non... nessun(o), non... niente, non... ancora, non... né... né..., non... mai, non... affatto**

1. **Non** conosco **nessuno** in questa zona.

2. In questa città **non** c'è **nessun** pericolo di annoiarsi.

3. **Non** abbiamo **ancora** visto l'ultimo film di Nanni Moretti.

4. **Non** ho **né** macchina, **né** bicicletta e **non** sono **affatto** limitato nel visitare la città.

01.12 Una città deserta. Sei arrivato in Italia durante il periodo di Ferragosto, momento in cui gran parte degli italiani abbandona la città per trascorrere le vacanze estive al mare o in montagna. Dopo un paio d'ore di soggiorno, ti accorgi subito che questo fenomeno non risparmia neanche la zona in cui risiedi, poiché tutto sembra essere deserto. Rispondere con una frase usando una forma negativa.

> **ESEMPIO:** Hai visto un bambino con una giacca rossa? *No, **non** ho visto **nessuno**.*
> C'è un poliziotto a cui posso rivolgermi? *No, **non** c'è **nessuno** a cui puoi rivolgerti.*

1. C'è un medico a cui posso rivolgermi?
2. Avete visto la cameriera?
3. C'è qualcuno che può aiutarmi?
4. Hai visto un tassista qui vicino?
5. C'è qualcuno con cui posso parlare?

01.13 Le cose che ancora dobbiamo fare. Sebbene prepariamo degli itinerari da seguire durante un viaggio turistico, non sempre riusciamo a visitare i luoghi più importanti di una città. Rispondere con una frase usando la forma negativa.

> **ESEMPIO:** Avete **già** visitato il Foro romano?
> *No, **non** l'abbiamo **ancora** visitato.*

1. Avete **già** buttato una moneta nella Fontana di Trevi?
2. Hai **già** visitato i Castelli romani?
3. Avete **già** fatto un giro delle catacombe romane?
4. Hai **già** comprato un ricordo ai Musei Vaticani?

01.14 Le cose che dovrei fare ma che non ho mai fatto nella mia classe d'italiano. Rispondere con una frase usando la forma negativa.

> **ESEMPIO:** Hai **mai** letto un romanzo giallo?
> *No, **non** ho **mai** letto un romanzo giallo.*

1. Hai **mai** avuto uno scambio d'idee con i tuoi compagni di scuola?
2. Hai **mai** letto un brano in prosa della letteratura italiana?
3. Avete **mai** mangiato in un ristorante italiano con la vostra classe?
4. Hai **mai** avuto un dialogo con il tuo gruppo?

ESPRESSIONI IDIOMATICHE CON IL VERBO *FARE*

- Le espressioni idiomatiche arricchiscono la comunicazione figurativa e, per questo motivo, non sono traducibili letteralmente.

A. Il verbo *fare*

faccio	facciamo
fai	fate
fa	fanno

L'uso della lingua

- Il significato di un'espressione idiomatica non può essere tradotto letteralmente.

⇨ **Fare una doccia:** Facciamo sempre una doccia dopo gli esercizi.

⇨ **Fare una gita:** Io faccio una gita in campagna.

⇨ **Fare una foto:** Lei fa una foto della laguna di Venezia.

⇨ **Fare una passeggiata:** Voi fate una passeggiata dopo pranzo.

⇨ **Fare le valigie:** Loro fanno le valigie prima di partire.

⇨ **Fare una torta:** Il cuoco fa una torta speciale per il compleanno di mia madre.

B. Altre espressioni idiomatiche con il verbo *fare*

1. Fare la fila (*to be in line*)
2. Fare lo spiritoso (*to joke; clown*)
3. Fare una sorpresa (*to surprise*)
4. Fare lo sci (*to ski*)
5. Fare un favore (*to do a favor*)
6. Fare un regalo (*to give a present*)
7. Far vedere (*to show*)
8. Fare una conferenza (*to give a lecture*)

01.15   Cosa fanno? Le Marche insieme alla Toscana, all'Emilia-Romagna e al Lazio formano un quadrilatero importante nello sviluppo del Rinascimento italiano. Sei ad Urbino e osservi le cose che fanno alcuni tuoi compagni. Completare con la forma corretta del verbo *fare*.

> **Esempio:**   Maria *fare le spese* in una bottega d'antiquariato
> *Maria **fa** le spese in una bottega d'antiquariato.*

1. Marisa e Lucia *fare la conoscenza* di alcuni ragazzi italiani
2. Giuseppe e Lina *fare gli auguri* al professore
3. Tu ed io *fare lo sci acquatico* nell'Adriatico con gli amici
4. Tu e Federico *fare la dieta* mediterranea

IL CONGIUNTIVO

Il **congiuntivo** esprime un elemento soggettivo, come una volontà, una paura, un desiderio o un'incertezza. In genere, il congiuntivo è preceduto da un periodo indipendente e dalla congiunzione **che**. Verbi regolari in **-are, -ere, -ire,** la forma presente:

a. (parlare) parli, parli, parli, parliamo, parliate, parlino
b. (ripetere) ripeta, ripeta, ripeta, ripetiamo, ripetiate, ripetano
c. (finire) finisca, finisca, finisca, finiamo, finiate, finiscano
d. (partire) parta, parta, parta, partiamo, partiate, partano
e. (avere) abbia, abbia, abbia, abbiamo, abbiate, abbiano
f. (fare) faccia, faccia, faccia, facciamo, facciate, facciano

L'uso della lingua

- Mentre l'uso del modo indicativo esprime certezza e realtà, possiamo affermare, invece, che il congiuntivo è il modo dell'incertezza, della probabilità e del dubbio.

⇨ Ho **paura che** l'aereo non **parta** in orario.

⇨ La coordinatrice del tour **teme che** alcuni turisti non **facciano** in tempo a salire sul pullman.

⇨ Abbiamo **l'impressione che** domani **faccia** brutto tempo.

⇨ Tu **credi che** lo studente **abbia** ragione?

⇨ Loro **credono che** la guida **parli** rapidamente.

⇨ Il bambino **dubita che** sua madre **abbia** ragione.

01.16 Espressioni con dubbio, timore e possibilità. Anche quando si viaggia si possono avere delle preoccupazioni. Vediamo un po' come alcuni viaggiatori esprimono le loro ansie. Utilizzando un'espressione di elemento soggettivo, completare la frase con la forma corretta del congiuntivo.

> **ESEMPIO:** _____ che i miei bagagli (essere) smarriti.
>
> *Ho paura che i miei bagagli **siano** smarriti.*

1. _____ che l'aereo (partire) in orario.

2. _____ che domani (fare) mal tempo.

3. _____ che i miei non (spedire) le cartoline postali.

4. _____ che i venditori ambulanti non (vendere) dei prodotti buoni.

5. Noi _____ che la cameriera non (pulire) la camera.

I PRONOMI COMPLEMENTO OGGETTO:
MI, TI, LO, LA, CI, VI, LI, LE, SI

I **pronomi diretti** precedono il verbo. Naturalmente, ci sono delle eccezioni, come, ad esempio, quando il pronome segue un verbo all'infinito e nella forma imperativa:

> Desidero leggere questo opuscolo sulla pittura di Da Vinci.   *Desidero leggerlo.*
>
> Leggi l'opuscolo!   *Leggilo!*

Da notare, inoltre, che con i verbi modali (**volere, dovere, potere**) il pronome diretto può stare davanti al verbo oppure si può unire e formare una sola parola come, ad esempio: Voglio leggere questo libro. **Lo** voglio leggere. Voglio legger**lo**.

L'uso della lingua

• I pronomi diretti sostituiscono i nomi, le cose, le persone o gli animali. Di solito i pronomi diretti stanno davanti al verbo.

⇨ Il mio amico **mi** cerca.

⇨ Il tassista **ti** aspetta all'entrata.

⇨ Compri il souvenir? Dove **lo** compri?

⇨ Leggi la poesia? Sì, **la** leggo.

⇨ Preparate le fettuccine? Come **le** preparate?

⇨ Voi mangiate broccoli ogni giorno? No, non **li** mangiamo spesso.

⇨ Vi aspettano gli amici? Sì, **ci** aspettano in piazza.

⇨ Ascoltate la musica? Sì, **l'**ascoltiamo spesso.

01.17 Una piccola intervista. Sei in Puglia, precisamente nella zona del Gargano, una delle mete più famose dei pellegrinaggi medievali, paragonabile forse a quelli di Francia e Spagna. Stai parlando con un addetto dell'albergo, situato nei pressi delle bellissime chiese romaniche di Santa Maria di Siponto e di San Leonardo, il quale ti fa delle domande personali. Rispondere con la forma corretta del pronome diretto.

> **ESEMPIO:**   Guarda la televisione?   *No, non la guardo perché preferisco visitare i luoghi storici di questa zona.*

1. Compra dei souvenir del Gargano? Quali?

2. Legge la storia medievale? Quale aspetto le interessa di più?

3. Aspetta l'autobus? Per andare dove?

4. Fa le spese in centro? Cosa le serve?

5. Invita le amiche? Festeggia un evento speciale?

IL CONDIZIONALE

Il **condizionale** esprime la possibilità che qualcosa possa realizzarsi. Verbi regolari del condizionale presente:

a. (parlare) parlerei, parleresti, parlerebbe, parleremmo, parlereste, parlerebbero

b. (ripetere) ripeterei, ripeteresti, ripeterebbe, ripeteremmo, ripetereste, ripeterebbero

c. (finire) finirei, finiresti, finirebbe, finiremmo, finireste, finirebbero

L'uso della lingua

• Come modo verbale, il condizionale ha due tempi: semplice e composto.

⇨ Io **visiterei** volentieri il museo.

⇨ Loro **ascolterebbero** l'opera con piacere.

⇨ Noi **parleremmo** spesso in italiano.

⇨ Tu **discuteresti** con il Papa?

⇨ Voi **comprereste** una casa in Italia?

 01.18 Le possibilità del futuro. Mentre aspetti pazientemente i tuoi amici al bar dell'albergo, t'intrattieni con alcuni ospiti sulle cose che si potrebbero fare in vacanza. Utilizzando la forma corretta del condizionale, cambiare dal singolare al plurale.

> **ESEMPIO:**   Io partirei per un'isola deserta. Loro _____.
> *Loro **partirebbero** per un'isola deserta.*

1. Io visiterei il Museo Brera, ma non ho il tempo oggi. Noi _____.

2. Tu preferiresti un aperitivo prima dei pasti? Voi _____.

3. Lei partirebbe per Sorrento in treno. Loro _____.

4. Lui farebbe una gita sulle Alpi. Loro _____.

IL PASSATO PROSSIMO

Il **passato prossimo** indica un atto compiuto recentemente oppure qualche tempo fa. Il passato prossimo si forma con il presente del verbo ausiliare **avere** o **essere** insieme al participio passato del verbo.

Ieri sera ho ascoltato la musica di Verdi all'aperto.
L'anno scorso ho viaggiato in Italia.

ho			
hai		(parlare)	parlato
ha	+	(ripetere)	ripetuto
abbiamo		(finire)	finito
avete			
hanno			

L'uso della lingua

- Il passato prossimo è un tempo composto e, come tale, si può esprimere con i verbi ausiliari **essere** o **avere** come, ad esempio: *Io **ho parlato** con mio zio o Mio zio è **arrivato** ieri sera da Milano.*

⇨ **Ho comprato** una crema repellente di ottima qualità.

⇨ **Abbiamo studiato** la lezione d'italiano con alcuni ragazzi italiani.

⇨ **Loro hanno visitato** la Sicilia con un gruppo di turisti.

01.19 Cosa hanno fatto questi signori? Sei all'aeroporto di Roma con i tuoi compagni di viaggio. Nell'attesa che il tuo volo sia pronto per il rientro negli USA, tu e i tuoi amici riflettete sulle cose successe durante il vostro soggiorno in Italia. Completare le seguenti frasi con la forma corretta del passato prossimo.

ESEMPIO: io / ballare / discoteca   *A Firenze, io **ho ballato** in una delle migliori discoteche.*

1. io / pagare / gelato / in gelateria
2. tu / spedire / cartoline / senza francobolli
3. Anna e Tina / mangiare / in un albergo / di cinque stelle
4. loro / intervistare / l'attrice / sul nuovo film

IL SUPERLATIVO ASSOLUTO CON *-ISSIMO*

Alcuni esempi: *abile: abilissimo, bianco: bianchissimo, caro: carissimo, poco: pochissimo*, ecc. Da notare che alcuni aggettivi che già hanno un significato superlativo sono esenti da questa regola come, ad esempio: *colossale, divino, eccezionale, enorme, eterno, immenso, infinito, straordinario*, ecc. La forma di alcuni aggettivi, invece, è irregolare come, ad esempio: *celebre: celeberrimo, misero: miserrimo, benevolo: benevolentissimo, malevolo: malevolentissimo.*

L'uso della lingua

- Il superlativo assoluto indica una condizione massima, eccezionale in assoluto in relazione ad altre.

⇨ Pavarotti era un **bravissimo** tenore.   **bravo: bravissimo**
⇨ Ha una **bellissima** villa in Romagna.   **bello: bellissimo**
⇨ La sua famiglia è **felicissima**.   **felice: felicissimo**
⇨ Sua madre è **gentilissima**.   **gentile: gentilissimo**
⇨ Lei prepara sempre una cucina **gustosissima**.   **gustoso: gustosissimo**

01.20 Vediamo le cose al superlativo! Fai una gita al Palazzo Ducale di Urbino e sei entusiasta di vedere alcune opere rinascimentali. Completare con la forma corretta del superlativo assoluto.

> **ESEMPIO:**   La Madonna di Piero della Francesca è *bella*.
> *La Madonna di Piero della Francesca è* **bellissima**.

1. La legatoria dei libri di Urbino è *famosa*, come anche la tipografia.
2. Le viuzze che conservano ancora i nomi di un tempo sono *tortuose*.
3. Siamo *innamorati* delle cose fatte da Federico da Montefeltro.
4. Il vestito che indossa la donna dipinta da Raffaello è *elegante*.

ESPRESSIONI IDIOMATICHE CON *DARE* E *STARE*

L'uso della lingua

- Le espressioni idiomatiche aiutano ad esprimersi in un senso figurativo e, come tale, non possono essere tradotte letteralmente.

⇨ Giacché ci conosciamo, **diamoci del** *tu*.

⇨ Giuseppe è un ottimo studente e **dà l'anima** per lo studio.

⇨ Vado un attimo in libreria e **do un'occhiata** alle ultime novità.

⇨ Abbiamo fretta e non possiamo perdere tempo. Mi raccomando, non **dare corda a** quel signore perché parla troppo!

⇨ Marco è una persona molto umile. Il successo non gli ha **dato alla testa**.

⇨ Mario ha bevuto troppo e il vino gli ha **dato alla testa**.

⇨ Quei ragazzi mi **danno** sempre **una mano** quando sono in difficoltà. Sono gentili.

⇨ Teresa, la mia macchina non funziona. Per piacere, mi puoi **dare un passaggio**?

⇨ Questi bambini sono molto vivaci e non **stanno** mai **zitti.**

⇨ Mia madre è molto nervosa quando rientro a casa tardi. **Sta** sempre **sul chi-va-là.**

⇨ La maestra dice che i bambini svogliati **stanno** sempre **con la testa tra le nuvole.**

 01.21 Osserviamo le forme idiomatiche! Continua a portare a termine i compiti d'italiano sulle espressioni idiomatiche insieme ai tuoi amici. Accoppiare la forma idiomatica di ogni frase con delle spiegazioni.

1. Questa macchina mi piace molto, ma prima di comprarla vorrei **dare un'occhiata** al motore.
2. Gianni, sono molto occupato oggi. Per favore, mi potresti **dare una mano**?
3. Questo presidente non sembra **dare l'anima**. Dedica la maggior parte del suo tempo a giocare a golf.
4. Non è consigliabile bere questo liquore a digiuno perché **dà subito alla testa**.
5. Il padre di Franco è una persona esemplare. Ha **dato il sangue** per il bene dei suoi figli.

6. Il mio barbiere è simpatico, ma parla un po' troppo. Cerco di non **dargli corda**, specialmente quando ho fretta.

7. La maestra invita i bambini a **stare zitti** durante la lezione.

8. La madre di Elena **sta sempre sulle spine** quando sua figlia non rientra presto a casa.

9. Bisogna **stare attenti** quando si guida in autostrada. Molti autisti sono indisciplinati.

    a. stare in ansia; essere preoccupata/o; avere timore

    b. esaminare; controllare; verificare

    c. fare attenzione; concentrarsi

    d. sacrificarsi; sacrificare la propria vita per qualcosa

    e. non fare rumore; fare silenzio

    f. aiutare; assistere, sostenere

    g. inebriare; ubriacare; stordire

    h. incoraggiare; invitare; assecondare

    i. dare il meglio; impegnarsi al massimo; dare se stesso/a

LE FORME INTERROGATIVE

- **Chi?**
- **Che?**
- **Cosa?**
- **Quando?**
- **Perché?**
- **Come?**
- **A chi?**
- **A che?**
- **A quale?**

L'uso della lingua

- Le forme interrogative si usano per domandare la qualità, la quantità e l'identità del nome a cui si riferisce come, ad esempio, *Chi sei? Quanto costa?*

⇨ **A chi** hai scritto questa lettera?

⇨ **Come** vai a lavoro?

⇨ **Perché** non hai ancora prenotato l'albergo?

⇨ **In che cosa** consiste il tuo prossimo itinerario?

⇨ **Hai mai** visitato la Sardegna?

⇨ **Quando** andrai in vacanza?

⇨ **Come mai** non hai mai viaggiato in aereo?

01.22 Facciamo delle domande! Sei in un albergo a cinque stelle ultra moderno situato sulla Costa Smeralda, in Sardegna. Purtroppo l'albergo è nuovo e il personale di servizio non è ancora al completo. Ci sono molte domande da fare, dunque, per uno che non conosce bene questa struttura alberghiera. Trasformare la frase nella forma interrogativa.

     ESEMPIO: Non riesco a fare una telefonata da questa camera!

                 Scusi, per favore come si usa questo telefono?

1. Sono in camera da circa venti minuti e sto ancora aspettando le mie valigie!

2. Sono entrato nel jacuzzi, ma non capisco perché non è ancora funzionante!

3. Hai appena pigiato il tasto del pianterreno, ma l'ascensore non funziona!

4. Fai la doccia, ma l'acqua calda non scorre!

5. I canali della televisione sono bloccati e non puoi vedere la partita!

ALCUNI VERBI IRREGOLARI

A. *Andare* **davanti alle preposizioni** *in* / *a* / *da*

vado	andiamo
vai	andate
va	vanno

L'uso della lingua

- Il verbo **andare** è irregolare e appartiene alla prima coniugazione.

- **L'uso perfetto delle preposizioni è un argomento abbastanza complesso perché le regole variano. Si consiglia quindi di leggere spesso e di osservare la maniera in cui vengono utilizzate.**

⇨ Oggi io **vado** *in* centro a fare delle compere.

⇨ I miei genitori **vanno** *in* Francia per due settimane.

⇨ Voi **andate** *a* mangiare al solito ristorante.

⇨ Loro **vanno** *a* Venezia in viaggio di nozze.

⇨ Lei **va** *dal* parrucchiere perché questa sera si festeggia in comitiva.

⇨ Pietro **va** *dal* medico per un consulto.

B. *Dire*

dico	diciamo
dici	dite
dice	dicono

L'uso della lingua

- Il verbo **dire** è irregolare e appartiene alla seconda coniugazione.

⇨ Io **dico** "Buongiorno" agli amici, anche se sono di malumore.

⇨ Lui **dice** che domani non andrà a visitare i portici di Bologna perché ha altri impegni.

⇨ Loro **dicono** sempre delle belle cose per creare ottimismo.

C. *Potere*

posso	possiamo
puoi	potete
può	possono

L'uso della lingua

- Il verbo **potere** è irregolare e appartiene alla seconda coniugazione.

⇨ Tu **puoi** suonare la chitarra senza seguire lo spartito.

⇨ Da quest'albergo, voi **potete** telefonare a casa in qualsiasi momento del giorno.

⇨ Io **posso** visitare il museo solo durante il fine settimana.

⇨ Noi **possiamo** andare in vacanza purché non costi molto.

D. *Venire*

vengo	veniamo
vieni	venite
viene	vengono

L'uso della lingua

- Il verbo **venire** è irregolare e appartiene alla terza coniugazione.
- ⇨ Io **vengo** da te subito dopo l'escursione a Pompei.
- ⇨ Lui **viene** alla festa con alcuni amici brasiliani.
- ⇨ Loro **vengono** in ufficio domani per completare la registrazione al corso d'italiano.

01.23 Dove vanno questi signori? L'Emilia-Romagna è una delle regioni più ricche d'Italia sia dal punto di vista storico, che culturale e geografico. I suoi monti, i terreni fertili, i fiumi e il delta del Po arricchiscono il paesaggio di questa meravigliosa regione. Visiti l'Emilia-Romagna con un gruppo di amici. Riscrivere la frase con la forma corretta del verbo **andare.**

> **ESEMPIO:** Io **vado** a Piacenza. (Noi)   *Noi **andiamo** al mare.*

1. Io vado a Parma per vedere alcune opere del Parmigianino. (Gli studenti / Voi)

_____

2. Tu vai a Reggio Emilia dal pizzicagnolo per comprare dei salumi. (Mia madre / Le mie cugine)

_____

3. Lei va a Modena per visitare la fabbrica della Ferrari. (I meccanici / Il turista)

_____

01.24 Cosa dicono alcuni personaggi famosi? Prima che servano il pranzo fai una passeggiata nel giardino del tuo albergo dove alcuni signori italiani citano personaggi famosi. Riscrivere la frase con la forma corretta del verbo **dire.**

> **ESEMPIO:** È più facile spezzare un atomo che un pregiudizio. [Albert Einstein] (Noi)
> *Noi **diciamo** che è più facile spezzare un atomo che un pregiudizio.*

1. Fatti non foste a viver come bruti, ma per seguir virtute e canoscenza. [Dante, *Inferno XXVI*]. (Io / Lei)

_____

2. Il mondo nasce per ognun che nasce al mondo. [Pascoli] (Loro / Il professore)

_____

3. Le idee non cascano dal cielo. [Antonio Labriola] (Voi / Tu)

_____

01.25 Cosa possono fare queste persone? Nel salotto dell'albergo, ognuno esprime le cose che potrà fare durante un momento di pausa. Riscrivere la frase con la forma corretta del verbo **potere.**

1. Finalmente posso usare il telefono dopo tanto. (Le ragazze / Voi)

_____

2. Tu puoi andare in piscina o in palestra prima che usciamo. (I signori / I miei zii)

_____

3. Lei può farsi una passeggiata nei dintorni. (Le bambine / Noi)

_____

01.26 Da dove vengono alcuni personaggi italiani? Mentre viaggi in pullman per andare a fare un'escursione sulla Sila, in Calabria, discuti di cinema con alcuni amici. Riscrivere la frase con la forma corretta del verbo **venire**.

> **ESEMPIO:**   Giancarlo Giannini viene da La Spezia. (Noi)   *Noi veniamo da La Spezia.*

1. Io vengo da Napoli. (Toto' e Sophia Loren / Io e Massimo Troisi)

_____

2. Roberto Benigni viene da Firenze. (Voi / Tu)

_____

3. Tu vieni da Milano. (Federica e Mario)

_____

IL FUTURO

A. L'uso del futuro

- **Lavorare:** lavor**erò**, lavor**erai**, lavor**erà**, lavor**eremo**, lavor**erete**, lavor**eranno**
- **Ripetere:** ripet**erò**, ripet**erai**, ripet**erà**, ripet**eremo**, ripet**erete**, ripet**eranno**
- **Finire:** fin**irò**, fin**irai**, fin**irà**, fin**iremo**, fin**irete**, fin**iranno**

L'uso della lingua

- Il futuro si può usare per parlare di cose che accadranno nel futuro, per fare promesse, per fare previsioni, per esprimere dubbi, per fare supposizioni oppure per esprimere progetti.
- ⇨ Domani **parlerò** con un esponente del consolato generale per cercare di risolvere alcuni problemi personali.
- ⇨ Questa sera tu **scriverai** un'e-mail al tuo amico affinché si renda conto della situazione.
- ⇨ Loro **partiranno** per l'Europa la prossima estate per conoscere meglio le loro radici.

B. Alcune forme irregolari del futuro semplice

FORMA INFINITIVA	BASE
andare	andr-
avere	avr-
bere	berr-
dimenticare	dimenticher- (tutti i verbi in -*care*)
dovere	dovr-
essere	sar-
fare	far-
giocare	giocher- (tutti i verbi in -*gare*)
godere	godr-
potere	potr-
rimanere	rimarr-
sapere	sapr-
sbrigare	sbri-
stare	star-
vedere	vedr-
venire	verr-
vivere	vivr-
volere	vorr-

L'uso della lingua

⇨ I ragazzi **andranno** in Europa l'anno prossimo.

⇨ Cosa **avrai** come regalo per il tuo compleanno?

⇨ Alcuni ragazzi hanno deciso che non **berranno** birra alla festa.

⇨ Stefano ha telefonato all'albergo e ha detto che non **rientrerà** prima delle otto.

⇨ Dopo le dichiarazioni del presidente **sapremo** la verità su questa faccenda.

01.27 Perché questi studenti sono contenti? Completare le frasi con la forma corretta del futuro.

Un gruppo di studenti americani si prepara a fare una gita in Italia che (avere)

_____ luogo fra circa una settimana. Molti di loro (portare)

_____ sicuramente una macchina fotografica. Il professore (annunciare)

_____ gli ultimi dettagli, l'itinerario e (ricordare) _____ agli

studenti di non dimenticare i passaporti e tutti i documenti necessari. Gli studenti

sono molto contenti perché (visitare) _____ molte città e (parlare)

_____ in italiano.

IL DIMINUTIVO

Aggiungendo il suffisso *-ino* al nome, si ottiene la forma del diminutivo: ragazzo →
ragazz**ino** / ragazza → ragazz**ina**.

L'uso della lingua

• Il diminutivo si usa per alterare il nome o un aggettivo esprimendo un valore di
riduzione rispetto alla qualità e alla condizione. Per ottenere questo effetto, si possono
utilizzare suffissi come, ad esempio, *-ino, -etto, -ello, -otto, -uccio, -icciu(o)lo, -(u)olo,
-acchiotto, -iciattolo* che formano diminutivi come *bellino, foglietto, poverello,
giovanotto, cavalluccio, porticciuolo, festicciola, orsacchiotto, fiumiciattolo*.

⇨ I bambini mangiano spesso la **pastina**, perché si digerisce facilmente.

⇨ Il **fratellino** di Marco ha due anni e già parla due lingue.

⇨ La **casina** di Hansel e Gretel è bella, ma è anche fragile.

01.28 Vediamo le cose in piccolo. Siamo alla Galleria degli Uffizi per visitare il famoso
Gabinetto delle Miniature dove si possono ammirare dei capolavori in piccolo. Sostituire il nome
con la sua forma diminutiva.

    ESEMPIO: La **casa** è graziosa.   *La casina è graziosa.*

1. L'**ombrello** è importato dal Giappone.
2. L' **oggetto** è di provenienza messicana.
3. Il **soldo** è antico.
4. I **ritratti** sono stati eseguiti ad olio.
5. La **farfalla** è bellissima.

Unità 2 Facciamo le compere

Struttura

Riferimento grammaticale

L'USO DEI NOMI

In linea di massima, i nomi in italiano appartengono alla classe maschile e femminile. Questa suddivisione determina la forma dell'articolo o dell'aggettivo.

A. Nomi in -o / -a

La forma maschile singolare	**La forma femminile singolare**
Il ragazzo è americano.	La signora è italiana.
La forma maschile plurale	**La forma femminile plurale**
I ragazzi sono americani.	Le signore sono italiane.

B. Nomi in -e

I nomi che finiscono in **-e** possono appartenere al genere maschile o a quello femminile.

L'uso della lingua

⇨ Il venditore è aggressivo.
⇨ La rappresentante del negozio è gentile.
⇨ Gli agenti sono simpatici.
⇨ Numerose madri fanno la spesa al mercato.

C. Nomi irregolari

Alcuni nomi sono irregolari.

L'uso della lingua

- Alcuni nomi che finiscono in *o* come, ad esempio, *radio*, *moto*, *foto* e *auto*, sono femminili e non cambiano al plurale.
- Alcuni nomi che finiscono in *i* come, ad esempio, *crisi*, *tesi* e *analisi*, sono femminili e non cambiano al plurale.
- Alcuni nomi che finiscono in *a* come, ad esempio, *programma*, *poeta* e *problema*, sono maschili e formano il plurale con **-i**.

⇨ **Il poeta** ha scritto delle poesie romantiche.

⇨ **I poeti** sono sperimentali.

⇨ **L'orefice** crea oggetti in oro.

⇨ **Gli orefici** italiani lavorano artisticamente.

⇨ **L'attore** fa la parte di un venditore ambulante.

⇨ **L'attrice** interpreta il ruolo di una cuoca.

⇨ **Gli attori** sono americani.

⇨ **Lo scrittore** è un esperto di antiquariato.

⇨ **La scrittrice** ha sposato uno stilista famoso.

⇨ **Le scrittrici** sono conosciute.

⇨ **Gli scrittori** sono bravissimi.

⇨ **Il problema** è irrisolvibile.

⇨ **I problemi** spesso comportano stress.

⇨ Hanno annunciato una grande svendita **alla radio**.

⇨ **Le radio** non costano molto.

⇨ **L'uomo** è un consumatore.

⇨ **Alcuni uomini** non sempre pensano prima di agire.

⇨ Il mercato è vicino **al parco**.

⇨ **I parchi** sono enormi.

⇨ **La biblioteca** offre una vasta raccolta letteraria.

⇨ **Le biblioteche** sono virtuali.

D. Plurale invariato

L'uso della lingua

- Alcuni nomi come, ad esempio, *città*, *università* e *gioventù*, sono femminili e non cambiano al plurale.

⇨ **La verità** è che alcuni commercianti ingannano il pubblico.

⇨ **Le verità** sono spesso ambigue.

- In genere, i nomi stranieri che finiscono in consonante come, ad esempio, *autobus*, *computer*, *bar* e *yogurt*, sono maschili e non cambiano al plurale.

⇨ **Il bar** è nel centro della città.

⇨ **I bar** sono utilizzati tutti i giorni.

E. I nomi in -*io*

L'uso della lingua

- In genere, i nomi come, ad esempio, *orologio*, *giornalaio* e *operaio*, formano il plurale con una sola **i**. Da notare, però, che quando la **i** è accentata, il plurale si forma in **-ii**.

⇨ È **un figlio** modello.

⇨ Non sempre **i figli** sono esemplari.

⇨ **Il premio** è meritato.

⇨ Non tutti ricevono **dei premi**.

⇨ **Lo zio** ha un negozio di calzature.

⇨ **Gli zii** sono eccezionali.

⇨ **Il rinvio** della merce non è possibile.

⇨ **I rinvii** non sono graditi dai commercianti.

F. I nomi in -*cia* e -*gia*

L'uso della lingua

- I nomi la cui desinenza **-cia** o **-gia** è preceduta da consonante come, ad esempio, *scheggia* e *arancia*, perdono la **i** al plurale. Se, invece, la desinenza è preceduta da vocale, come, ad esempio, *camicia* e *ciliegia*, mantengono la **i** al plurale.

⇨ **La camicia** è sporca.

⇨ **Le camicie** sono sporche.

⇨ **La farmacia** è aperta.

⇨ **Le farmacie** sono aperte.

⇨ **La bugia** di Pinocchio

⇨ **Le bugie** di Pinocchio

⇨ **L'arancia** è buona.

⇨ **Le arance** sono buone.

⇨ **La spiaggia** è pulita.

⇨ **Le spiagge** sono pulite.

⇨ **La valigia** è pesante.

⇨ **Le valigie** sono arrivate.

Vocabolario utile

arancia, attore, biblioteca, bugia, cameriere, camicia, dottore, farmacia, figlio, guarentigia,
giudice, madre, mano, parco, pensione, poeta, premio, problema, professore, programma,
ragazzo, scrittore, signora, spiaggia, uomo, verità, zio

02.01 Come sono alcuni professionisti? Sei a Milano per visitare la famosa Fiera campionaria.
Milano, infatti, è uno dei centri industriali più importanti d'Europa e i suoi abitanti registrano
un reddito medio tra i più alti d'Italia. Mentre fai una pausa caffè a La Rinascente, uno dei
grandi magazzini italiani, prendi degli appunti su alcuni aspetti della vita in Italia. Completare
la frase con la forma corretta del nome, utilizzando il vocabolario utile.

1. I _____ mi hanno fatto un controllo medico all'Istituto Nazionale per la Ricerca
   sul Cancro, a Milano.

2. Con Windows Media Player ora possiamo ascoltare _____ in lingua italiana in
   qualsiasi momento.

3. Al Lago di Como ci sono oltre 70 _____ private tutte molto diverse fra loro.

4. I _____ dell'università hanno alle proprie dipendenze molti strumenti di ricerca.

5. Ora possiamo comprare le medicine in _____ e anche negli ipermercati.

6. La città di Mantova ha ricevuto un _____ perché offre ai suoi cittadini i migliori
   servizi per l'ambiente e per la salute.

7. A Cremona ho imparato che, per fare una buona macedonia di frutta, occorrono delle
   _____ fresche.

8. A Cremona le _____ insegnano ai propri figli a fare il panettone.

9. Sono molti i _____ che hanno scritto delle poesie ispirate dal Lago di Como.

10. Ho prelevato dei libri dalla _____ per fare delle ricerche sulla Lombardia.

GLI AGGETTIVI NUMERALI ORDINALI

1° primo/a/i/e	*first*		8° ottavo/a/i/e	*eighth*	
2° secondo/a/i/e	*second*		9° nono/a/i/e	*ninth*	
3° terzo/a/i/e	*third*		10° decimo/a/i/e	*tenth*	
4° quarto/a/i/e	*fourth*		11° undicesimo/a/i/e	*eleventh*	
5° quinto/a/i/e	*fifth*		12° dodicesimo/a/i/e	*twelfth*	
6° sesto/a/i/e	*sixth*		100° centesimo/a/i/e	*one hundreth*	
7° settimo/a/i/e	*seventh*		1000° millesimo/a/i/e	*one thousandth*	

L'uso della lingua

- Gli aggettivi numerali ordinali si usano per indicare la posizione di persone, cose,
  fatti o concetti in una serie numerica.

- Dopo i primi dieci ordinali come, ad esempio, *primo, secondo, terzo*, ecc., dall'undici
  in poi, si forma il numero ordinale aggiungendo il suffisso **-esimo** al numero
  cardinale come, ad esempio, *undicesimo, dodicesimo*, ecc.

⇨ Lance Armstrong è arrivato **primo** al Tour de France.

⇨ Ieri sera abbiamo ascoltato la *Quinta Sinfonia* di Beethoven.

⇨ In città è consigliabile guidare sempre in **terza** marcia.

⇨ Con questa compagnia aerea si viaggia solo in **prima** classe.

⇨ Il mio amico abita al **quarto** piano, ma non è necessario prendere l'ascensore.

02.02 La classifica delle città. Hai un appuntamento con un amico per fare degli acquisti in via Condotti, una strada commerciale molto chic di Roma. Mentre aspetti, ti accomodi in un bar a prendere un espresso e leggi la classifica sulla vivibilità delle città italiane pubblicata su *Il Sole 24 Ore*. Leggi attentamente l'articolo e rispondi alle domande con frasi complete, utilizzando gli aggettivi numerali ordinali.

> "*Il Sole 24 Ore* ha pubblicato la sua classifica annuale che mette in evidenza il rapporto tra le città italiane e la loro qualità della vita. Dopo nove anni, Siena ritorna in testa alla classifica come la città in cui si vive meglio, seguita da Trieste, Bolzano e Trento. Per quanto riguarda, invece, il capoluogo con il maggior reddito pro capite, Milano conduce la classifica, come nel passato. Sempre in questa categoria, le città che registrano un'opportunità economica abbastanza bassa sono Taranto, Bari, Foggia e Catania. Quest'ultima si distingue anche per essere tra le peggiori città italiane in tutte le categorie elencate. In ottava e decima posizione si distinguono due capoluoghi della Toscana: Firenze e Grosseto, infatti, registrano un alto livello di vivibilità per quanto riguarda il tenore di vita, l'ambiente e la qualità dei servizi pubblici. L'onore della città più tranquilla d'Italia va a Matera, in Basilicata, nel profondo sud. I centri più vivibili sono Siena, Roma, Firenze e Bologna. Nonostante il carovita, la mancanza di lavoro e i servizi inadeguati siano molto alti al sud rispetto al nord, Salerno, L'Aquila, Brindisi, Pescara, Chieti e Catanzaro sono risultati i migliori capoluoghi del sud, lanciando segnali confortanti sul miglioramento della qualità della vita".

1. Perché Siena è prima in classifica?
2. Quale città italiana è in quarta posizione per quanto riguarda la vivibilità?
3. Qual è l'ultima città d'Italia con un reddito pro capite molto basso?
4. Qual è il terzo capoluogo in cui molti vorrebbero vivere?
5. Qual è la prima città in cui si registra un alto livello di attività economica?
6. Qual è il decimo capoluogo che offre i migliori servizi pubblici?
7. In quale classifica Matera è al primo posto?
8. In quale classifica Catanzaro occupa il sesto posto?
9. Secondo te, qual è la città più vivibile? E perché?

IL PARTICIPIO IRREGOLARE CON *AVERE*

L'uso della lingua

aprire	(**aperto**)	Hanno aperto i negozi un'ora prima del solito.
bere	(**bevuto**)	Hanno bevuto molta birra alla festa.
chiedere	(**chiesto**)	Mi ha chiesto un favore.
chiudere	(**chiuso**)	Hanno chiuso la biblioteca per mancanza di fondi.
decidere	(**deciso**)	Cosa hai deciso di fare questo fine settimana?
dare	(**dato**)	Paolo ha dato una bella rosa gialla a sua nonna.
dire	(**detto**)	Quei ragazzi non hanno detto una parola.
fare	(**fatto**)	Cosa avete fatto ieri sera?
leggere	(**letto**)	Alcuni studenti non hanno mai letto i classici.
mettere	(**messo**)	Abbiamo messo olio d'oliva nell'insalata.
offrire	(**offerto**)	Cosa vi hanno offerto come dolce?
prendere	(**preso**)	Non ho ancora preso una cartolina del Colosseo!
rispondere	(**risposto**)	Gli studenti hanno risposto bene alle domande.
scegliere	(**scelto**)	Dove avete scelto di andare per le vostre vacanze?
scoprire	(**scoperto**)	Abbiamo scoperto un ristorante dove si mangia bene.
scrivere	(**scritto**)	Hai già scritto le tue cartoline?
spendere	(**speso**)	Quanto hai speso per questo libro?
spingere	(**spinto**)	Ho spinto la porta perché non chiude bene.
trascorrere	(**trascorso**)	Lucia ha trascorso le vacanze in Svizzera.
vedere	(**veduto / visto**)	Avete visto l'ultimo film di Nanni Moretti?

02.03 L'ora di pranzo. Cambiare la frase dal presente al passato prossimo, utilizzando la forma corretta del participio passato.

Durante l'ora di pranzo, alcuni impiegati **fanno** una pausa in un ristorante romano in via del Tritone. Prima di servire, il cameriere **suggerisce** alcuni piatti del giorno. Gli impiegati **ordinano** a piacere. **Aspettano** con calma, sorseggiando del vino locale.

    I colleghi **parlano** del più e del meno. Finalmente il cameriere **porta** i vari piatti. Il cuoco li **saluta** e **vuole** sapere se la cucina è di loro gradimento. Tutti **dichiarano** che il pranzo è eccellente. Dopo il pranzo, il padrone del ristorante **offre** un digestivo a tutti gli impiegati. I colleghi **ringraziano** e **rispondono** con una forte stretta di mano.

02.04 Participio irregolare. Frequenti un corso estivo d'italiano presso l'Università di Siena. Sei in un bar in Piazza del Campo insieme ad alcuni compagni e cerchi di portare a termine i tuoi compiti d'italiano sul passato prossimo. Completare la frase, utilizzando la forma corretta del participio irregolare.

> **Esempio:**   Noi (**fare**) un'escursione a San Gimignano.
>   *Noi* **abbiamo fatto** *un'escursione a San Gimignano.*

1. In occasione delle feste natalizie, i negozianti (**decidere**) di aprire presto e di chiudere tardi.
2. Io non . . . mai (**vedere**) tanta gente precipitarsi al centro commerciale al solo annuncio di svendita.
3. Nonostante siamo in vacanza, (**trascorrere**) più tempo a fare spese anziché andare in spiaggia.
4. Alcuni comuni (**chiedere**) al governo di abolire le imposte sugli acquisti per far sì che ci possa essere un maggiore incremento delle vendite.
5. Durante i funerali di Papa Giovanni Paolo II, il Comune di Roma (**dare**) un enorme appoggio civico ai fedeli arrivati da ogni parte del mondo.
6. Molte botteghe tradizionali (**chiudere**) i loro negozi perché la concorrenza subita dai grandi centri commerciale era troppo forte.
7. Tu (**spendere**) molto di più all'ipermercato che in un piccolo negozio di generi alimentari vicino a casa tua!
8. Come iniziativa di marketing, la commessa vi (**offrire**) un CD gratis di musica popolare.
9. La mia amica (**scegliere**) *La Rinascente* come grande magazzino in cui si spende bene.
10. In una strada di Trastevere, a Roma, io e i miei amici (**scoprire**) una libreria in cui si possono trovare edizioni molto antiche.

IL PASSATO PROSSIMO CON I VERBI RIFLESSIVI

Per formare il passato prossimo con i verbi riflessivi, usiamo il verbo **essere**.

ALCUNI VERBI RIFLESSIVI	PRESENTE	PASSATO PROSSIMO
addormentarsi	mi addormento	io mi **sono** addormentato/a
dimenticarsi	ti dimentichi	tu ti **sei** dimenticato/a
lavarsi	si lava	lui si **è** lavato/lei si **è** lavata
preoccuparsi	ci preoccupiamo	noi ci **siamo** preoccupati/e
riposarsi	vi riposate	voi vi **siete** riposati/e
sposarsi	si sposano	loro si **sono** sposati/e
vestirsi	si vestono	loro si **sono** vestiti/e

L'uso della lingua

- La forma riflessiva si forma con i pronomi *mi, ti, si, ci, vi, si.*
- Al passato prossimo, la forma riflessiva si usa con il verbo ausiliare *essere.*

⇨ **Noi ci siamo vestiti** in fretta senza perdere molto tempo.

⇨ **Loro si sono addormentate** tardi ieri sera.

⇨ **Renata si è divertita** molto alla festa di compleanno.

⇨ **Roberto** non **si è divertito** affatto.

02.05 Cosa hanno fatto le seguenti coppie? Alla libreria Feltrinelli hai appena comprato un libro sugli amanti più famosi di tutti i tempi. Vediamo cosa hai scoperto su alcune coppie inseparabili. Completare la frase con la forma corretta del passato prossimo.

1. Giulietta e Romeo (**amarsi**) _____ follemente.

2. Francesca da Rimini (**addolorarsi**) _____ per aver letto il libro di Lancillotto.

3. I romani (**lamentarsi**) _____ di Marco Antonio e Cleopatra perché hanno oltraggiato il nome di Giulio Cesare.

4. Abelardo ed Eloisa (**accorgersi**) _____ di amarsi appassionatamente durante una lezione di letteratura.

5. Tristano ed Isotta (**svegliarsi**) _____ dopo aver bevuto la cosiddetta pozione dell'amore.

6. Ginevra e Lancillotto non . . . mai (**vergognarsi**) _____ del loro amore nonostante lei fosse sposata con re Artù.

7. Don Giovanni (**innamorarsi**) _____ facilmente di numerose donne.

8. *La Vita nuova* di Dante (**aprirsi**) _____ con la visione di Beatrice.

9. Renzo e Lucia (**sposarsi**) _____ dopo una lunga odissea segnata da opposizione e conflitti.

10. Petrarca (**specializzarsi**) _____ nel sonetto diventando sommo poeta per aver scritto oltre trecento poesie alla sua amatissima Laura.

IL VERBO *DOVERE*

Presente

devo	devi
deve	dobbiamo
dovete	devono

L'uso della lingua

- Oltre ai verbi ausiliari *essere* ed *avere*, in italiano ci sono anche i cosiddetti verbi servili perché "aiutano" altri verbi.

⇨ Oggi **dobbiamo** lavorare molto.

⇨ I ragazzi **devono** andare a scuola tutti i giorni.

⇨ **Tu devi** studiare l'italiano spesso.

👥 **02.06 Il commercio in Italia.** Durante il tuo viaggio in Italia hai avuto modo di osservare la gestione dei negozi ed il comportamento di certi commercianti. Quali compiti svolgono i seguenti signori? Crea una frase appropriata, utilizzando la forma idonea del verbo **dovere**.

> **Esempio:** Un fruttivendolo . . .
> *Un fruttivendolo **deve** esporre frutta fresca e verdura in vetrina prima di venderla al pubblico.*

1. Un commesso . . .
2. Gli agenti immobiliari . . .
3. Tu e il fioraio . . .
4. Un commerciante di antiquariato . . .
5. Gli orefici . . .
6. Un commerciante di scarpe . . .

LA PARTICELLA PRONOMINALE *NE*

A. *Ne* fa riferimento al partitivo

> Quanti fiori desideri? **Ne** vorrei un mazzo.
> Quanti libri hai comprato? **Ne** ho comprato uno.

B. *Ne* fa riferimento anche a un concetto o a un punto di vista

> Cosa **ne** pensi di questa musica? Ti piace?

C. *Ne* fa anche riferimento ai verbi pronominali come *accorgersene, andarsene, approfittarsene, intendersene, rendersene conto, ritornarsene, valerne la pena,* ecc.

D. La particella **ne** viene usata anche per sostituire le preposizioni *di, da* e un pronome personale o dimostrativo come, ad esempio, *Il mio amico è ritornato in Italia ma non **ne** (di lui) ho più notizie. Non appena Romeo ha conosciuto Giulietta **ne** (da lei) è stato affascinato.*

L'uso della lingua

- Al participio passato la particella **ne** si usa come un pronome diretto perché fa riferimento ad una quantità come, ad esempio, *Quante riviste hai comprato? **Ne** ho comprate due.*
- Quando invece non si riferisce ad una quantità, la particella **ne** non si accorda con il participio passato come, ad esempio, *Hai parlato delle compere con la tua amica? Sì, **ne** ho parlato.*

▷ Ma guarda un po'! È mezzanotte e non me **ne** sono accorto.
▷ Ho lasciato il lavoro. Me **ne** sono andato perché non ero contento.
▷ È una storia d'amore complicata ma io non **ne** (*di questo*) voglio sapere nulla.

02.07 Che acquisti hai fatto? Durante il tuo soggiorno in Italia, oltre alle varie visite, hai fatto innumerevoli acquisti. In piazza ti incontri con gli amici che sono curiosi di sapere sia le cose che hai fatto che le cose che hai comprato. Rispondere alle domande personali con la particella **ne**.

> **Esempio:** Quanti musei hai visitato ieri? *Ne ho visitati due.*

1. Quanti souvenir hai comprato?
2. Quante brioche con la panna hai mangiato a colazione?
3. Quando ti sei accorto/a di aver pagato le scarpe senza prenderle?

4. Quante salse hai provato durante il tuo soggiorno in Italia?

5. Un negoziante si è mai approfittato della tua mancanza di esperienza sugli usi e i costumi del commercio italiano?

6. Te ne intendi di formaggi e latticini italiani?

7. Hai conosciuto venditori ambulanti che vendono prodotti falsi?

8. Ti sei mai reso/a conto di aver forse speso troppo per le cose che hai comprato?

9. Hai acquistato delle cose originali?

10. Quando ritornerai a casa, cosa diranno i tuoi per aver speso un po' troppo?

GLI AGGETTIVI DI QUANTITÀ; GLI AGGETTIVI INVARIABILI DI COLORE

A. Aggettivo di quantità: *abbastanza, alquanto, altrettanto, assai, numeroso, parecchio, poco, quanto, tanto, troppo.* Di solito, l'aggettivo di quantità precede il nome. Questi sono anche usati come avverbi quando accompagnano un aggettivo, un altro avverbio o un verbo (*assai bello, molto velocemente, mangiare poco*).

L'uso della lingua

- Da notare che l'aggettivo di quantità concorda nel genere e nel numero con il nome cui si riferisce come, ad esempio, *Nella salsa c'è troppa carne. Ho letto tutte le poesie di Leopardi.* ecc.

⇨ Luca non ha **abbastanza** denaro per affrontare un viaggio in America.

⇨ È **molto** importante conoscere la grammatica ed è altrettanto importante saper comunicare in una seconda lingua.

⇨ La casa del mio amico è **abbastanza** spaziosa da ospitare **tanta** gente.

⇨ Nonostante la mia città abbia **numerosi** parchi, sono **pochi** i cittadini che li frequentano.

⇨ **Quante** volte hai visitato questo museo? L'ho visitato tante volte.

B. Gli aggettivi invariabili di colore

L'uso della lingua

- Oltre agli aggettivi di colore come *beige, blu, marrone, rosa* e *viola* , ci sono coppie di aggettivi invariabili perché esprimono gradazione di colore o perché si uniscono a nomi come, ad esempio, *una maglia rosso cardinale, una gonna rosa scuro, una camicia rosso fuoco*, ecc.

⇨ La nuova divisa della mia squadra di calcio ha la maglia **blu** e i pantaloncini bianchi.

⇨ In vetrina ho visto delle giacche **viola** ma non ho visto alcun indumento **beige**, **marrone** o **rosa**.

02.08 Una questione di cultura. Ti sei recato in un centro commerciale di Verona. Mentre aspetti che i tuoi amici finiscano di fare le spese, tu ti trovi in una piazza dove alcuni ragazzi veronesi stanno facendo un gioco di cultura. Completare la frase con la forma corretta di un aggettivo di quantità o avverbio (*abbastanza, alquanto, altrettanto, assai, numeroso, parecchio, poco, quanto, tanto, troppo*).

1. Gli antichi romani costruirono _____ acquedotti per portare l'acqua agli abitanti.

2. Benché Pirandello scrivesse _____ novelle, l'interesse per il teatro era _____ presente nelle attività creative dell'autore.

3. Si dice che l'invenzione della pila di Alessandro Volta, scienziato e fisico autodidatta, sia alla base di _____ invenzioni moderne nel campo dell'elettrologia.

4. Oltre a comporre _____ opere musicali, Giuseppe Verdi fu _____ attivo negli affari politici riguardanti l'Unità d'Italia.

5. Filippo Brunelleschi, architetto fiorentino del Rinascimento, ha subito _____ concorrenza da _____ altri artisti come Lorenzo Ghiberti, Jacopo della Fonte e Simone da Colle.

02.09 Vai a fare delle compere. Si avvicinano le feste natalizie e compri dei pensierini per i tuoi amici. Utilizzando la forma corretta dell'aggettivo, completa le seguenti frasi.

1. Mi scusi, ha delle camicette (giallo) con dei fiorellini (arancione)?

2. Desidero dei fazzolettini (viola) con le iniziali color (marrone).

3. Vorrei dei calzettoni (verde) e delle calze (beige).

4. Per favore, mi dia quelle canottiere (rosa) e quelle mutande (rosso)?

5. Mi dica, quanto costano quei maglioni (blu)?

L'USO DI *MOLTO, PARECCHIO, POCO, TANTO, TROPPO* COME AVVERBIO

L'**avverbio** è invariabile.

L'uso della lingua

• Si ricordi che l'avverbio non concorda nel genere e nel numero a cui si riferisce come, ad esempio, *Noi abbiamo lavorato* **troppo.** *Quei ragazzi parlano* **poco**. ecc.

⇨ Abbiamo speso **molti** (**parecchi, pochi, tanti, troppi**) soldi.

⇨ Loro hanno pagato **troppo** (**parecchio, poco, tanto, troppo**) per gli acquisti.

02.10 Spese inutili ed eccessive. Siamo diventati degli spendaccioni al punto che, a volte, compriamo più del necessario. Si tratta di un fenomeno moderno alimentato dal concetto di marketing, secondo cui il produttore ci incoraggia a comprare sempre di più, anche se le cose non servono. Sei andato/a in un centro commerciale e, senza volerlo, hai comprato più di quello che cercavi prima di entrare nel negozio. Vediamo cosa hai comprato di superfluo. Scrivi delle frasi utilizzando **molto, parecchio, poco, tanto** o **troppo** come **avverbio**.

1. Ho comprato un televisore 42 pollici al plasma per 800 euro, ma non so dove metterlo perché il mio salotto è _____ piccolo!

2. Ho comprato un paio di jeans un po' eccentrici per 111 euro, ma non so se potrò indossarli perché ne ho già comprati _____.

3. Ho acquistato un paio di occhiali da sole Armani, di serie limitata e con _____ esemplari al mondo, per soli 199 euro, ma ne ho già tre tipi in diversi colori.

4. Ad una vendita all'asta mi sono aggiudicato un orologio Bulgari in oro bianco con _____ garanzia della ditta, per 1.299 euro, ma ho paura di indossarlo.

5. Ho comprato una collezione di videogiochi Sega Dreamcast per 299 euro, ma sfortunatamente, non ho _____ tempo a disposizione per giocarci.

I VERBI *CONOSCERE / SAPERE*

PRESENTE:	conosco, conosci, conosce, conosciamo, conoscete, conoscono
	so, sai, sa, sappiamo, sapete, sanno
PARTICIPIO:	conosciuto
	saputo
CONGIUNTIVO PRESENTE:	conosca, conosca, conosca, conosciamo, conosciate, conoscano
	sappia, sappia, sappia, sappiamo, sappiate, sappiano
CONDIZIONALE:	conoscerei, conosceresti, conoscerebbe,
	conosceremmo, conoscereste, conoscerebbero,
	saprei, sapresti, saprebbe, sapremmo, sapreste, saprebbero

L'uso della lingua

- **Conoscere** si riferisce al possedere delle nozioni riguardanti una persona, un posto come, ad esempio, *Conosco quella persona con la camicia gialla. Conosco questa città molto bene*, ecc.

- **Sapere** si riferisce al possedere informazioni su qualcosa riguardante fatti come, ad esempio, *Sai a che ora comincia lo spettacolo? Sappiamo com'è morto Luciano Pavarotti*, ecc.

⇨ Tu **conosci** un negozio di abbigliamento dove si spende bene?

⇨ Loro **sanno** spendere bene senza fare brutti acquisti.

⇨ Lui **conosce** molti negozi in cui si possono trovare ottimi prodotti.

⇨ Noi **sappiamo** usare il nuovo programma interattivo che abbiamo comprato su eBay.

⇨ Io **ho conosciuto** un commesso molto simpatico che mi ha aiutato a scegliere un regalo per mia madre.

⇨ Sono stato alla Rinascente e **ho conosciuto** molte persone simpatiche.

⇨ Nel negozio di strumenti musicali **ho conosciuto** un pianista che **sa** suonare il pianoforte con la stessa bravura di Chopin.

02.11 Fare delle compere non è sempre facile. Spesso è necessario ottenere delle informazioni specifiche da un negoziante o amici se si vuole acquistare un buon prodotto. Sei in un centro commerciale e, in base alla situazione, fai delle domande su ciò che vuoi comprare. È necessario utilizzare la forma corretta del verbo **sapere**.

> **ESEMPIO:**   Situazione: compri un paio di scarpe di gomma per correre. Parli con un commesso.
> *Scusi, **sa** se queste scarpe sono adatte per correre?*

1. Situazione: compri un energetico come il ginseng per ottenere maggiore energia fisica. Parli con due farmacisti.

2. Situazione: hai paura di prendere troppo sole alla spiaggia e vorresti comprare un flacone di aloe vera. Chiedi un parere ai tuoi amici.

3. Situazione: vorresti comprare un navigatore satellitare in lingua italiana per la tua macchina. Chiedi al tuo amico un parere.

4. Situazione: desideri comprare una collezione di DVD sul cinema italiano e chiedi al commesso se si possono utilizzare in Nord America.

5. Situazione: stai per comprare del vino rosso da tavola. Chiedi ad alcuni signori un parere sulla qualità del prodotto.

IL PASSATO PROSSIMO CON *ESSERE*

Il passato prossimo indica un evento recente o qualcosa che è successa in passato.

Presente	Participio	Condizionale	Congiuntivo
sono	stato	sarei	sia
sei		saresti	sia
è		sarebbe	sia
siamo		saremmo	siamo
siete		sareste	siate
sono		sarebbero	siano

Una formula mnemonica (MR. VAN DER CRAMPU) per ricordare alcuni verbi usati al **passato prossimo** con l'ausiliare **essere**.

Formula	Infinito	Participio	Passato prossimo
M	morire	morto	sono mort**o** / **a** / **e** / **i**
R	restare	restato	sei restat**o** / **a** / **e** / **i**
V	venire	venuto	è venut**o** / **a** / **e** / **i**
A	andare	andato	siamo andat**i** / **e**
N	nascere	nato	siete nat**i** / **e**
D	diventare	diventato	sono diventat**i** / **e**
E	entrare	entrato	sono entrat**o** / **a** / **e** / **i**
R	rimanere	rimasto	siamo rimast**i** / **e**
C	cadere	caduto	è cadut**o** / **a** / **e** / **i**
R	ritornare	ritornato	è ritornat**o** / **a** / **e** / **i**
A	arrivare	arrivato	è arrivat**o** / **a** / **e** / **i**
M	montare	montato	sono montat**i** / **e**
P	partire	partito	sono partit**i** / **e**
U	uscire	uscito	sono uscit**o** / **a** / **e** / **i**

L'uso della lingua

- Si usa l'ausiliare **essere** con verbi che esprimono *movimento* come, ad esempio, *andare, arrivare, cadere, entrare, partire, (ri)tornare, salire, scendere, uscire, venire . . .* (da non confondersi però con altri verbi che denotano movimento come, ad esempio, *ballare, camminare, guidare, nuotare, passeggiare, viaggiare . . .*).

- Si usa l'ausiliare **essere** con i verbi che denotano una *trasformazione* come, ad esempio, *crescere, dimagrire, diventare, ingrassare, morire, nascere . . .*

- Si usa l'ausiliare **essere** con i verbi che denotano uno stato in luogo come, ad esempio, *essere, restare, rimanere* e *stare.*

- Da ricordare inoltre che l'ausiliare **essere** si usa con i verbi riflessivi.

▷ Io sono rimast**o** al centro commerciale, ma i miei amici sono ritornat**i** in albergo.

▷ Le mie zie sono andat**e** a fare la spesa al supermercato.

▷ I sarti sono venut**i** per farmi un vestito su misura.

▷ Mia nonna è partit**a** per Roma dove ha intenzione di comprare un appartamento.

02.12 Una lettera alla nonna. Sei a Perugia e frequenti l'Università per Stranieri. È un'esperienza formidabile! Hai scritto una lettera in italiano a tua nonna, per raccontarle come hai trascorso il fine settimana. Completare le frasi con la forma corretta del passato prossimo.

Cara nonna,

Finalmente, come ti (1) _____ (scrivere) in precedenza (2) _____ (avere) l'occasione di conoscere l'Umbria. Ieri, con un gruppo di amici (Elena, Lucia e Giorgio) (3) _____ (fare) una gita a Todi, in Umbria. Ci (4) _____ (svegliarsi) prestissimo e (5) _____ (partire) alle otto. Dopo un'oretta, (6) _____ (arrivare) a Todi. (7) _____ (scendere) dall'autobus con tanto entusiasmo. Prima di iniziare la nostra visita, ci (8) _____ (fermarsi) in un bar dove (9) _____ (fare) colazione. Dopodiché, (10) _____ (vedere) le varie botteghe del centro. Come sai, in questa cittadina medievale c'è molto da visitare, perché vanta una ricca tradizione artigianale. Elena e Lucia (11) _____ (entrare) in un negozio di ceramiche dove (12) _____ (comprare) dei bellissimi oggetti. Io e Giorgio, invece, (13) _____ (entrare) in una libreria dove si trovano delle stupende stampe antiche. Purtroppo, non (14) _____ (comprare) niente perché i prezzi erano molto alti. Dopo alcune pause, tra una foto e l'altra, (15) _____ (decidere) di visitare il Tempio della Consolazione che è un'importante opera attribuita a Bramante. (16) _____ (avere) l'impressione di essere di nuovo a Roma perché c'è molta somiglianza tra la Basilica di San Pietro e questa magnifica struttura. Ma la cosa che mi ha lasciato più perplesso è l'idea di aver scoperto un luogo in cui la gente vive ancora secondo le vecchie tradizioni. Insomma, ci (17) _____ (divertirsi) molto e (18) _____ (trascorrere) una giornata indimenticabile. La prossima volta che ti scriverò, ti parlerò a lungo dei miei studi.
Un bacione,

Rocco

I VERBI IMPERSONALI

Usiamo la forma impersonale per non indicare un soggetto specifico.

INFINITO	PRESENTE	PARTICIPIO PASSATO
accadere	accade	accaduto
bastare	basta	bastato
bisognare	bisogna	bisognato
capitare	capita	capitato
giovare	giova	giovato
piovere	piove	piovuto
sembrare	sembra	sembrato
succedere	succede	successo

L'uso della lingua

- Oltre a non fare riferimento a un soggetto specifico, i verbi impersonali si usano solo alla terza persona singolare.
- Alcuni verbi impersonali hanno riferimento meteorologico come, ad esempio, *diluviare, grandinare, nevicare, piovere.*

- Alcuni verbi nonostante abbiano una coniugazione personale si usano spesso in maniera impersonale con l'infinito come, ad esempio, *basta, conviene, dispiace, occorre, serve.*

⇨ Oggi non **è accaduto** nulla di strano. Tutto **è andato** bene senza problemi.

⇨ In molte famiglie non **basta** un salario e spesso **occorre** che una seconda persona vada a lavorare per far fronte alle necessità della vita.

⇨ Quando si guida, **bisogna** stare attenti e soprattutto non **bisogna** usare i telefonini per evitare incidenti.

⇨ Il dottore dice che mi **gioverebbe** comprare una casetta al mare per alleviare lo stress **causato** dal mio duro lavoro.

⇨ **Sembra** che piova da un momento all'altro.

⇨ Che disastro! **Piove** a dirotto, ma non so dove comprare un ombrello.

02.13 Un'intervista. Sempre al bar di Perugia, il tuo amico s'intrattiene con te per conoscerti meglio e per parlare del più e del meno. Utilizzando i verbi impersonali, rispondi alle seguenti domande.

1. È successo qualcosa d'interessante a Perugia?
2. Quanto tempo ti serve per finire gli studi?
3. Che cosa fai per attenuare lo stress?
4. Ti è mai capitato di perdere un volo?
5. Ti fa bene andare in montagna?
6. Cosa ti è piaciuto della tua ultima vacanza?
7. Dov'eri quando è piovuto ieri pomeriggio?
8. Ti ho visto sconvolta l'altro ieri. Cosa ti è successo?

I PRONOMI DIRETTI

I pronomi diretti precedono sempre il verbo ausiliare e rispondono alle domande Chi? e Che cosa? Se abbiamo un verbo all'infinito, il pronome diretto si può collocare prima del verbo coniugato o dopo l'infinito. Per esempio, *Hai dovuto visitare i nonni? Sì, **li** ho dovuti visitare. / Sì, ho dovuto visitar**li**.*

L'uso della lingua

- Se il pronome diretto è prima del tempo composto, il participio passato concorda con il soggetto come, ad esempio, *Avete comprato la pizza? Sì, l'abbiamo comprat**a**.*

mi	I miei amici **mi** hanno vist**o** in piazza mentre facevo spese.
ti	Fabio, scusami se non **ti** ho salutat**o**, ma ero al telefono.
lo	Lucia, perché studi il giapponese? **Lo** studio perché è una lingua che mi affascina molto.
la	Ascolti la musica italiana? Sì, **l'**ascolto spesso quando sono in macchina.
ci	Ragazzi, non dimenticate di chiudere la porta! Non **ci** dimenticheremo!
vi	Ragazzi, spero che qualche volta vi ricorderete di me! Signora maestra, **vi** ricorderemo con affetto.
li	Avete comprato i biglietti per il grande concerto? No, non **li** abbiamo ancora comprat**i**.
le	Ciao, mamma! Hai ricevuto le mie cartoline dalla Sicilia? Sì, **le** ho ricevut**e**. Erano molto belle.

02.14 Cosa vuoi comprare esattamente? Sei in un negozio di abbigliamento e stai decidendo cosa comprare. Rispondi alle domande della commessa, utilizzando la forma corretta del pronome diretto.

> **ESEMPIO:**   La camicia, la preferisce bianca o a quadri? *La preferisco bianca.*

1. I pantaloni li vuole con la piega o semplici?
2. La giacca vuole prenderla ora o domani?
3. Le cravatte le vuole di seta o di cotone?
4. Gli accessori li preferisce di pelle o sintetici?
5. La fattura vuole pagarla in contanti o con carta di credito?

I PRONOMI INDIRETTI

I pronomi indiretti precedono sempre il verbo coniugato ad eccezione del pronome **loro** che segue il verbo. Rispondono alle domande A chi? e A che cosa?

L'uso della lingua

- I pronomi indiretti si usano principalmente con i seguenti verbi: *bastare, chiedere, dire, domandare, parlare, piacere, raccontare, rispondere, scrivere, sembrare, servire, telefonare.*
- Con i pronomi indiretti *gli* e *le* non si usa mai l'apostrofo.

mi	Mia nonna **mi** scrive delle lunghe lettere.
ti	È vero che il medico **ti** ha parlato per molto tempo?
gli	**Gli** ho prestato la macchina per il fine settimana.
le	**Le** ho chiesto dei soldi per andare in vacanza.
le	Signor Giusti, **Le** posso offrire un aperitivo?
ci	Il professore **ci** ha detto che ci sarà un esame lunedì prossimo.
vi	Cosa **vi** ha suggerito il cameriere?
gli	**Gli** ho spedito alcuni regali per Natale.
loro	Abbiamo spedito **loro** alcuni regali.

▷ Ho scritto una lettera a mia madre. **Le** ho detto che sto bene.

▷ I miei amici sono venuti a trovarmi. **Gli** ho offerto del caffè e dei dolci.

▷ Il Presidente è malato e i cittadini **gli** augurano una pronta guarigione.

▷ I ragazzi vorrebbero uscire, ma i genitori non **gli** danno il permesso.

▷ Ho due bellissime nipotine e la sera **gli** racconto sempre delle favole.

▷ Signor Rutoli, **Le** posso offrire qualcosa?

02.15 Una prova d'italiano. Segui un corso d'italiano presso l'Università Ca' Foscari, a Venezia. La tua professoressa d'italiano ha preparato una piccola prova sui pronomi diretti. Vediamo cosa occorre fare. Completa la frase con la forma corretta del pronome indiretto.

1. Vorrei chiedere al mio amico se _____ presta la sua macchina.
2. Il professore _____ ha promesso a tutti noi che non ci saranno esami questa settimana.
3. (A mia cugina) _____ ho raccomandato di mandarmi una bella cartolina da Venezia.
4. Ragazzi, mi dispiace, ma _____ ho già detto che non potete guardare la televisione!
5. Signora Danielli, _____ posso fare una domanda personale?
6. Mariella, che cosa _____ hanno regalato i tuoi amici per il compleanno?
7. (Ai bambini) È necessario che gli adulti _____ dicano come agire in società.

LE PREPOSIZIONI

L'uso della lingua

A. La preposizione **a,** per indicare il complemento indiretto

- Le preposizioni in italiano possono essere semplici o articolate come, ad esempio, *Vado **a** Firenze. Vado **al** centro commerciale a fare spese.*

  Ho regalato un libro **al** mio amico.

B. Per specificare l'ora

  A che ora parte il treno per Milano? Parte **alle** 8.45.

C. Per indicare un luogo di destinazione

  Vado **a** Milano e poi vado **a** Trento.

D. La preposizione **di,** per indicare possesso

  Di chi è questa penna?

E. Per indicare le origini di una persona

  Di dov'era Giacomo Puccini? Era di Lucca?

F. Per indicare un argomento

  Gli studenti parlano **di** politica.

G. Per indicare il materiale di un oggetto

  Di che cosa è fatto questo mobile? È **di** legno; non è **di** plastica.

H. Le preposizioni **fra** o **tra,** per indicare il tempo

  Quando partirai per la Sardegna? Partirò **fra** tre giorni.

I. Per distinguere tra due persone o tra due cose

  Chi è di origine italiana **fra** voi due?

J. La preposizione **su,** per distinguere un soggetto

  Ho fatto degli studi **sulla** letteratura italiana.

K. Per indicare un'età approssimativa

  Quanti anni ha questa ragazza? Avrà **sulla** trentina.

02.16 L'ennesima prova d'italiano. Molti credono che i veneziani si muovano principalmente in barca, ma in realtà le cose non stanno così. Grazie ai suoi ponti, se ne calcolano più di quattrocento, Venezia offre ai cittadini l'opportunità di scoprire la città a piedi. Questo è stato il motivo principale che ti ha spinto a studiare l'italiano alla Ca' Foscari, una delle università più rinomate per le lingue e il commercio. La professoressa dà un esame settimanale ai suoi studenti per vedere come procede lo studio della lingua italiana. Completare la frase con la preposizione corretta.

1. Qualcuno ha perso questo libro. _____ chi è?
2. Quanti anni ha Stefano? Credo che avrà _____ quarantina.
3. Che differenza di età c'è _____ te e Marcella?
4. Mi piace questa borsa ma non la compro perché è fatta _____ pelle di coccodrillo.
5. _____ dove sono i tuoi genitori? Sono _____ Londra, è vero?
6. Avete fatto delle ricerche _____ questione dell'inquinamento del mare?
7. Quando finirai gli studi? _____ un anno e mezzo finalmente finirò gli studi.

8. Partiamo subito perché lo spettacolo comincia _____ otto precise.

9. Gli studenti hanno fatto una gita _____ Modena per visitare la fabbrica della Ferrari.

10. Avete mandato gli auguri di Buon Anno _____ vostri amici?

L'IMPERFETTO

L'imperfetto si usa per indicare delle abitudini del passato e anche per descrivere eventi accaduti di recente.

-are	-ere	-ire
parlavo	ripetevo	finivo
parlavi	ripetevi	finivi
parlava	ripeteva	finiva
parlavamo	ripetevamo	finivamo
parlavate	ripetevate	finivate
parlavano	ripetevano	finivano

A. Per indicare delle abitudini del passato

L'uso della lingua

- L'imperfetto si usa per parlare di azioni abituali avvenute in passato come, ad esempio, *Mio nonno mi **raccontava** delle favole. Durante la guerra, la gente **viveva** nel terrore.*
- Oltre ad eventi abituali, l'imperfetto si usa anche per raccontare azioni che hanno luogo nello stesso momento ed esprimono la stessa durata come, ad esempio, *Mentre Luisa **faceva** la spesa, sua sorella **parlava** al telefonino con Sergio.*
- L'imperfetto si usa anche per descrivere condizioni fisiche e stati psicologici come, ad esempio, *Dopo aver fatto le spese ai grandi magazzini, **ci sentivamo** stanchi ma soddisfatti.*

⇨ Quando ero piccolo **studiavo** il latino, ma adesso l'ho dimenticato.

⇨ Tutte le domeniche, **andavo** a trovare i miei zii in campagna.

⇨ Alcune volte **andavo** allo stadio con mio padre a vedere una partita di calcio.

B. Per descrivere degli eventi in corso

L'uso della lingua

⇨ Mentre **facevo** spese, la mia amica mi ha telefonato per chiedermi di comprarle qualcosa.

⇨ **Studiavo** quando hanno suonato il campanello.

⇨ **Indossava** un vestito rosso quando l'ho vista al negozio di abbigliamento.

👥 **02.17 Il mondo cambia!** Sei a Venezia con alcuni amici e discutete della trasformazione dei costumi nel corso dei secoli. Utilizzando la forma corretta dell'imperfetto, osserva come sono cambiate le abitudini. Partendo dall'idea iniziale, completa la frase.

ESEMPIO: In passato i bambini (andare) a scuola a piedi. Oggi invece ci vanno . . .
*In passato i bambini **andavano** a scuola a piedi; oggi invece ci vanno in autobus.*

1. Tu (indossare) dei pantaloncini corti . . .
2. Loro (fare spese) in un piccolo negozio . . .
3. I negozi (essere) chiusi la domenica . . .
4. La mia mamma (fare) spesa al mercato all'aperto . . .
5. Voi (ricevere) un solo giocattolo per Natale . . .

02.18 Un'intervista. Un altro motivo che ti ha fatto scegliere di studiare a Venezia è, senza dubbio, l'isola di San Giorgio. Qui si trova la Chiesa di San Giorgio, un'opera classica del famoso architetto veneto Andrea Palladio e la Fondazione Giorgio Cini che ospita le più importanti manifestazioni culturali d'Italia. Oggi la tua professoressa d'italiano ti ricorda che, oltre al piacere di visitare Venezia, bisogna studiare gli aspetti grammaticali della lingua italiana. Vediamo cosa ha preparato per te. Utilizzando la forma corretta dell'imperfetto, rispondere alle seguenti domande personali.

1. Che scuola frequentavi quando eri piccolo/a?
2. Come passavi il tuo tempo libero?
3. Che cosa facevi la domenica mattina?
4. Dove andavi in vacanza?
5. Che cosa leggevi?
6. Che programma vedevi in televisione?

IL CONDIZIONALE CON I VERBI IRREGOLARI

Il condizionale esprime la probabilità o l'incertezza.

Alcuni verbi irregolari

andare:	andrei, andresti, andrebbe, andremmo, andreste, andrebbero
dire:	direi, diresti, direbbe, diremmo, direste, direbbero
essere:	sarei, saresti, sarebbe, saremmo, sareste, sarebbero
fare:	farei, faresti, farebbe, faremmo, fareste, farebbero
vedere:	vedrei, vedresti, vedrebbe, vedremmo, vedreste, vedrebbero
venire:	verrei, verresti, verrebbe, verremmo, verreste, verrebbero
volere:	vorrei, vorresti, vorrebbe, vorremmo, vorreste, vorrebbero

L'uso della lingua

• Il condizionale si usa per esprimere desideri sia nel presente che nel futuro come, ad esempio, *Mi piacerebbe venire con voi a teatro ma non posso. Mi sarebbe piaciuto visitare tua zia ma non l'ho fatto.*

• Si può usare il condizionale anche quando si danno consigli o si esprimono opinioni in maniera meno diretta come, ad esempio, *Comprerei i tuoi vestiti in un altro negozio. Al posto tuo, io andrei da un altro specialista.*

▷ Loro **andrebbero** volentieri in Alaska, ma non hanno i mezzi per poterlo fare.

▷ Noi **vorremmo** comprare una macchina sportiva, ma non abbiamo abbastanza soldi.

▷ Lei **verrebbe** in Italia la prossima estate con le sue amiche.

02.19 Quali scelte hanno fatto le seguenti persone? Dopo un'escursione a Verona, la bellissima città in cui Shakespeare ha ambientato l'amore leggendario tra Giulietta e Romeo, il tuo gruppo ha deciso di fare una sosta a un grande centro commerciale. Qui la scelta dei prodotti non ha limiti e c'è un ottimo assortimento dei migliori stilisti italiani. Con la tua fantasia, inventa delle situazioni in cui gli individui si trovano a dover fare delle scelte. Utilizzando la forma corretta del condizionale, completare le seguenti frasi.

> **Esempio:**   Noi (volere) _____ provare / quel paio di jeans Armani / per . . .
> *Noi **vorremmo** provare quel paio di jeans Armani per il sabato sera.*

1. Io (volere) _____ comprare / quel maglione Benetton / per . . .

2. Lui (venire) _____ con me al negozio Dolce & Gabbana / per . . .

3. Noi (andare) _____ al salone Gianfranco Ferrè / per . . .

4. Tu (dire) _____ che le borse Gucci / essere . . .

5. Questi vestiti (essere) _____ gli ultimi modelli di Versace / per . . .

6. Cosa (fare) _____ tu / con un vestito Valentino? Io lo . . .

7. Noi (vedere) _____ volentieri quei vestiti Krizia / per . . .

8. Voi (bere) _____ un aperitivo all'Emporio Armani / per . . .

IL VERBO *PIACERE*

LA FORMA SINGOLARE	LA FORMA PLURALE
Mi **piace** l'estate.	Mi **piacciono** i fiori esotici.
Ti **piace** la pizza semplice.	Mi **piacciono** i piatti complicati.
Le **piace** lo sport.	Le **piacciono** i film americani.
Ci **piace** il calcio.	Ci **piacciono** le partite di pallacanestro.
Vi **piace** la pasta al pomodoro.	Vi **piacciono** gli spaghetti alle vongole.
Gli **piace** la cioccolata.	Gli **piacciono** i gelati.

L'uso della lingua

- Il verbo **piacere** si usa spesso con i pronomi indiretti come, ad esempio, *Mi piacciono gli stivali. Le piace fare spese in un piccolo negozio.*
- Ci sono altri verbi che hanno una caratteristica simile a **piacere** come, ad esempio, *bastare, disgustare, interessare, mancare, occorrere, parere, sembrare*, ecc.

⇨ Non mi **bastano** mille euro al mese.

⇨ È una cosa che mi **disgusta** molto.

⇨ Mi **manca** molto l'Italia.

⇨ **Occorre** molto denaro per comprare questa macchina.

02.20 Un'intervista. Dopo aver fatto spese, è più che normale concedersi un po' di riposo in un bar o in un ristorante. Questo è esattamente ciò che tu e la tua amica avete fatto per riposarvi quando siete andate in un centro commerciale. Mentre gustate un gelato, la tua amica ti fa delle domande personali sulle tue preferenze. Utilizzando la forma corretta del verbo **piacere** e altri verbi con simili caratteristiche, rispondere con frasi complete.

1. Ti piacciono i film d'amore? Perché?

2. Che t'interessa fare il fine settimana?

3. Che tipo di pasta ti serve per preparare un pranzo all'italiana?

4. Quanti anni ti mancano per finire gli studi?

5. Che ti succede quando sei stanco?

L'AGGETTIVO POSSESSIVO

Gli aggettivi possessivi precedono il nome.

| LA FORMA SINGOLARE | | LA FORMA PLURALE | |
MASC.	FEM.	MASC.	FEM.
mio	mia	miei	mie
tuo	tua	tuoi	tue
suo	sua	suoi	sue
nostro	nostra	nostri	nostre
vostro	vostra	vostri	vostre
loro	loro	loro	loro

L'uso della lingua

- Gli aggettivi possessivi concordano nel genere e nel numero cui si riferiscono.
- Gli aggettivi possessivi si usano di solito con l'articolo determinativo eccetto con i sostantivi singolari che indicano parentela come, ad esempio, *mio zio, tua cugina, sua sorella*, ecc.
- Con i membri della famiglia al singolare usiamo l'articolo determinativo quando il nome è qualificato da un aggettivo come, ad esempio, ***Il mio** cugino preferito si chiama Luigi.*

⇨ Seguo un corso d'italiano. Il **mio** professore è di Roma.

⇨ Marco chiede al **suo** amico se può usare la macchina.

⇨ Lucia, cosa offriamo ai **nostri** amici come aperitivo?

⇨ Chiedo a **mia** madre il permesso di usare la cucina.

⇨ A **tuo** zio Clemente ho regalato una bella cravatta in occasione del suo compleanno.

⇨ **I miei** cugini abitano a Roma.

⇨ I signori Rossi accompagnano il **loro** bambino al parco.

⇨ Signori, chiedo scusa, ma dove sono i **loro** bagagli?

02.21 Una prova d'italiano. Mentre sei in un centro commerciale di Verona, ti ricordi che devi finire il tuo compito d'italiano. Con la tua amica, utilizzando la forma corretta dell'aggettivo possessivo, completa le seguenti frasi.

1. La casa di Roberto si trova su un bellissimo lago. Questo edificio rappresenta la _____ casa ideale.

2. Federico ha una sorella simpatica e intelligente, ma _____ sorella non la pensa allo stesso modo.

3. Teresa ha comprato una nuova macchina, ma noi non la compreremo perché la _____ auto è ancora in buone condizioni.

4. Ragazzi, dove avete messo i _____ libri di letteratura inglese?

5. Marco, la mia macchina non funziona. Mi puoi prestare la _____ Ferrari?

6. Buongiorno, signori. Per favore, posso controllare i _____ passaporti?

7. Enrico ha delle idee geniali. Sfortunatamente i _____ genitori sono molto legati alle tradizioni e non sempre condividono i _____ sentimenti.

Riferimento grammaticale

PRONOMI DIRETTI, INDIRETTI E DOPPI

PRONOMI DIRETTI	PRONOMI INDIRETTI	PRONOMI DOPPI (pronomi diretti + pronomi indiretti)	
mi	mi	me	lo/la
ti	ti	te	lo/la
lo	gli	glielo	
la	le	gliela	
ci	ci	ce	lo/la
vi	vi	ve	lo/la
li	gli	glieli/gliele	
le	loro	loro lo/la/li/le loro	

A. Pronomi diretti

L'uso della lingua

- I pronomi diretti come, ad esempio, **lo, la, li** e **le** di solito sono davanti al verbo e si usano per sostituire persone, cose o animali.

- Quando in una frase ci sono due verbi come, ad esempio, _verbo + infinito_, il pronome diretto può essere davanti al verbo o dopo l'infinito: _Vuoi vedere il film? Sì,_ **lo** _voglio vedere. Sì, voglio veder**lo**._

- I pronomi diretti **lo** e **la** prendono un apostrofo (') davanti a una parola che comincia con una vocale come, ad esempio, _Ascolti la radio? Sì,_ **l'**_ascolto._

- Inoltre, quando il pronome diretto precede il participio passato, quest'ultimo deve accordarsi in genere e in numero al complemento oggetto: _Hai comprato i giornali?_ _Sì,_ **li** _ho comprati_ . _Hai visto le foto? Sì,_ **le** _ho viste._

⇨ La guida del museo **ci** saluta in italiano.

⇨ Suo fratello **mi** accompagna alla mostra d'arte.

⇨ Gli studenti d'arte **lo** considerano un maestro di tutti i tempi.

⇨ Vorresti vedere la mostra sui disegni di Leonardo da Vinci? Sì, vorrei veder**la**. (Sì, **la** vorrei vedere).

⇨ Accompagni tua cugina al museo? Sì, **l'**accompagno.

⇨ Hai comprato le cartoline sulla mostra di Giulio Romano? No, non **le** ho compra**te**.

⇨ Questo fine settimana devo vedere un film italiano sulla vita di Leonardo. Devo veder**lo** per il mio corso d'italiano.

⇨ Voglio andare a far visita ai miei nonni che abitano vicino al Museo Brera. Vorrei andar**li** a trovare perché sono soli.

B. Pronomi indiretti

L'uso della lingua

- In genere, i pronomi indiretti sono governati dai verbi come, ad esempio, *bastare, chiedere, dire, domandare, mandare, mostrare, parlare, piacere, raccontare, rispondere, scrivere, sembrare, servire, telefonare.*

- Quando in una frase ci sono due verbi come, ad esempio, *verbo + infinito*, il pronome indiretto può essere davanti al verbo o dopo l'infinito: *Perché scrivi a Elena? Perché le devo rispondere. Perché devo risponderle.*

⇨ I miei amici **vi** mandano un invito per partecipare a un convegno sull'arte moderna.

⇨ La professoressa **gli** mostra una serie di foto sulle opere di Raffaello.

⇨ Io **gli** chiedo il permesso (alla guardia) per fare una foto del *Davide* di Michelangelo.

⇨ Perché devi parlare con Elena? Devo dir**le** una cosa importante riguardo al corso d'italiano sull'arte rinascimentale.

C. Pronomi doppi

L'uso della lingua

- Quando un pronome indiretto e un pronome diretto si utilizzano nella stessa frase, si accoppiano. I cosiddetti pronomi doppi si possono utilizzare così: *me lo, me la, me li, me le, te lo, te la, te li, te le, glielo, gliela, glieli, gliele, ce lo, ce la, ce li, ce le, ve lo, ve la, ve li, ve le, glielo, gliela, glieli, gliele, lo . . . loro, la . . . loro, li . . . loro, le . . . loro.*

- Come accade con i pronomi diretti, quando il pronome indiretto precede il participio passato, quest'ultimo deve accordarsi in genere e in numero al complemento oggetto: *Hai mandato i regali ai tuoi cugini? Sì, glieli ho mandati.*

⇨ Franco, hai mandato il libro sui pittori manieristi a tua madre? Sì, **gliel'**ho mandato questa mattina.

⇨ Tua cugina ha ricevuto delle bellissime stampe di Roma antica. Chi **gliel'**ha date? **Gliele** ho date io per il suo compleanno. Ti piacciono?

⇨ Chi ha regalato questo libro sulla storia dell'arte italiana a tuo padre? **Glielo** ha regalato mio fratello.

03.01 Un'intervista. Sei a Taormina per seguire un corso estivo d'italiano con alcuni amici statunitensi. Hai scelto questa località non solo per la straordinaria presenza del tesoro greco, come l'anfiteatro e i templi, ma anche perché Taormina rappresenta il massimo equilibrio tra uomo e natura e la città appare sospesa in cima con una vista incantevole dell'Etna e dello Stretto di Messina. Mentre ti godi il panorama da una tipica terrazza della zona, svolgi il compito d'italiano sui pronomi. Completare la frase con la forma corretta del pronome diretto o indiretto.

1. Quando è stato costruito l'anfiteatro? _____ hanno costruito durante il secondo secolo d.C.

2. Hai mandato una cartolina ai tuoi amici da Taormina? Sì, _____ ho mandato una cartolina stamattina.

3. Ragazzi, avete scritto le e-mail ai vostri amici cinesi? Sì, _____ abbiamo scritte ieri sera.

4. Paola, hai consegnato i compiti al professore? No, non _____ ho ancora consegnati.

5. Renata, cosa hai consigliato di fare ad Elisa? _____ ho consigliato di andare a teatro.

6. Ti hanno regalato una piantina della città? No, non me l'hanno regalata. _____ ho comprata.

03.02 Un'intervista. Completare la frase con un pronome doppio.

1. Monica, hai chiesto il permesso ai tuoi genitori? Sì, _____ ho chiesto.

2. Chi vi ha insegnato l'uso del congiuntivo? Il professore _____ ha insegnato.

3. Chi ha mandato questi fiori a Teresa? _____ hanno mandati le cugine.

4. Chi ti ha suggerito questa cura? _____ ha suggerita il medico.

5. Chi ti ha raccontato questa storia? _____ ha raccontata mio fratello.

IL PASSATO PROSSIMO E L'IMPERFETTO

L'uso della lingua

- In una frase si possono trovare sia il passato prossimo che l'imperfetto. In genere, l'imperfetto indica un'azione che è già cominciata mentre il passato prossimo indica un'azione che si è già compiuta. Alcuni connettivi come, ad esempio, *mentre, perché* e *quindi* si utilizzano spesso per indicare una frase in cui s'inseriscono il passato prossimo e l'imperfetto.

⇨ Quando **sono entrato** al museo, c'**era** molta gente che **aspettava** in fila.

⇨ Ieri sera, *mentre* **facevi** i compiti d'italiano, **hai ascoltato** un nuovo CD.

⇨ Questa mattina **siete andate** a Pompei ma non **avete comprato** nessun ricordo perché non **avevate** un soldo!

⇨ Non **abbiamo visitato** il museo *perché* **era** chiuso.

 03.03 Studio sull'arte italiana. Trascorri un semestre in Italia durante il quale fai studi approfonditi sull'arte italiana. Insieme ai tuoi compagni visitate tanti musei italiani. Vediamo insieme le cose interessanti che avete osservato. Riscrivere la frase con la forma corretta del passato prossimo e dell'imperfetto.

ESEMPIO: Leonardo da Vinci lascia la sua casa natale perché suo padre non lo ama.
Leonardo da Vinci **ha lasciato** *la sua casa natale perché suo padre non lo* **amava.**

1. Fra Angelico unisce i colori alla prospettiva perché vuole esaltare l'esperienza religiosa.

2. Oltre agli affreschi, l'arte di Pisanello si distingue per la lavorazione dell'oro perché è appassionato di medaglie commemorative.

3. Andrea Mantegna sa unire la prospettiva alle sue immagini massicce per mettere in rilievo la drammaticità delle sue opere.

4. Il pittore veneziano Giovanni Bellini usa i colori ad olio per mettere in risalto la ricchezza dei tempi.

5. Roberto e io parliamo con il direttore del museo perché ci ha dato il permesso di fare ricerche sull'arte di Gian Lorenzo Bernini.

6. Jacopo Pontormo porta dei cadaveri in casa per studiare bene l'espressione del corpo umano prima di dipingere la *Deposizione*.

7. Giorgio Vasari scrive la vita degli artisti per stabilire un punto di riferimento dell'attività dei maestri dell'arte italiana.

8. Tu e Luisa scrivete un saggio su Benvenuto Cellini, celebre scultore ed orafo italiano del Rinascimento, vi appassiona la sua vita tormentata.

9. Caravaggio, uno dei più illustri maestri della pittura italiana, ha una vita piuttosto agitata e spesso le autorità lo denunciano per vari atti.

10. Questi pittori si rifiutano di seguire lo stile formale rinascimentale perché vogliono elaborare lo stile manierista.

LA PARTICELLA *CI*

L'uso della lingua

- In genere, la particella **ci** è davanti al verbo.
- La particella **ci** si usa per sostituire un luogo o un posto.
- La particella **ci** si usa anche per sostituire una frase introdotta dalle preposizioni *a, con, in* e *su* come, ad esempio, *Tu credi a tutto quello che racconta la guida? No, non* **ci** *credo.*

⇨ Vai al museo questo pomeriggio? Sì, **ci** vado.

⇨ Quando vai in biblioteca? Di solito, **ci** vado ogni due giorni.

⇨ Sei mai stato alla Biennale di Venezia? Sì, **ci** sono stato due volte.

⇨ Chi **vi** dà un passaggio agli scavi archeologici? **Ce lo** dà Mario.

⇨ Chi **vi** porta a Piazza Armerina domani mattina? **Ci** porta Gaetano.

⇨ Chi **vi** aspetta agli scavi archeologici di Morgantina? I nostri amici **ci** aspettano.

 03.04 Dopo la lezione di arte, ti fermi a prendere un cappuccino insieme con un amico/ con un'amica nell'atrio di un museo e parlate del più e del meno. Rispondere alle domande del tuo amico con la particella *ci*.

1. Come vai all'università?

2. Di solito, quando vai al ristorante?

3. Quante volte sei venuto in classe questa settimana?

4. Con chi vai al museo?

5. Quando vai all'Accademia delle Belle Arti?

IL TRAPASSATO PROSSIMO

Imperfetto dell'ausiliare + Participio passato = Trapassato prossimo

L'uso della lingua

- Il trapassato prossimo si utilizza per indicare un'azione accaduta prima di un'altra azione al passato come, ad esempio, *Finalmente abbiamo visitato la Galleria degli Uffizi e sono contento per i miei amici perché non l'avevano mai visitata.*

⇨ Finalmente ieri sera ho letto un libro sulla vita di Michelangelo che mi **aveva regalato** mia sorella per il compleanno.

⇨ Mentre sistemavo il mio studio, ho trovato una vecchia lettera che **avevo scritto** a mia moglie quando **eravamo fidanzati**.

⇨ Quando Stefano è entrato in aula, la lezione **era** già **cominciata**.

⇨ Il padre di Rodolfo **era venuto** in America per una breve visita, ma finì per restarci per tutta la vita.

⇨ All'età di quattro anni, Mozart **aveva** già **imparato** a suonare il pianoforte.

 03.05 Ricordiamo la storia. Riscrivere la frase al passato prossimo e al trapassato prossimo.

> **ESEMPIO:** Quando Breese Morse **inventa** il telegrafo nel 1837, Thomas Jefferson **è** già **morto**.
> *Quando Breese Morse **ha inventato** il telegrafo nel 1837, Thomas Jefferson **era** già morto.*

1. Quando Guglielmo Marconi **inventa** il telegrafo senza fili, i miei nonni **sono** già **nati**.
2. Nel 1423, mentre Filippo Brunelleschi e i suoi studenti **cominciano** i lavori alla cupola di Santa Maria del Fiore, alcuni scultori **hanno finito** i loro capolavori.
3. Quando **nasce** Leonardo da Vinci, il padre **ha** già **avuto** altri figli da un'altra donna.
4. Quando Michelangelo **scolpisce** la *Pietà*, **ha** già **ricevuto** un pugno al naso da un rivale.
5. Quando il pieno Rinascimento **sboccia,** gli abitanti di Firenze si **sono** già **avvicinati** ai centomila.
6. Quando la Francia **invade** l'Italia nel 1494, le città italiane **hanno** già **raggiunto** un grande splendore.
7. Quando gli europei **comprano** *Il Cortegiano*, i libri di Baldassare Castiglione **sono** già **tradotti** in tedesco, francese, spagnolo, olandese ed inglese.
8. Quando gli europei **parlano** del Rinascimento, Giorgio Vasari **ha** già **usato** il termine "rinascita" per mettere in rilievo lo spirito dell'Umanesimo italiano.

03.06 Domande per il professore. Subito dopo la lezione, tu e alcuni studenti vi trattenete con il professore di storia dell'arte per discutere sulle vostre ricerche. Utilizzando il trapassato prossimo fai un riassunto di ciò che si è discusso.

> **ESEMPIO:** Venire per fare una domanda su Filippo Brunelleschi (io)
> *Buongiorno, professore, **ero venuto** per farle una domanda su Filippo Brunelleschi.*

1. entrare nel suo ufficio per discutere la tecnica del chiaroscuro (noi)
2. ritornare per chiarire l'argomento che Lei ha presentato in classe (io)
3. arrivare ad un bivio difficile sulle ricerche (loro)
4. preoccuparsi per la mia tesi sull'arte (io)
5. ipotizzare sull'opera di Michelangelo a Firenze (voi)

6. pensare all'adolescenza di Leonardo da Vinci (tu)

7. teorizzare il modo in cui Brunelleschi ha creato la sua cupola (lei)

8. formulare una domanda sull'arte di Donatello (io e Luca)

IL FUTURO ANTERIORE

Futuro semplice + participio passato = Futuro anteriore

L'uso della lingua

- Il futuro anteriore si utilizza per esprimere dubbi o fare delle congetture.
- Il futuro anteriore si può utilizzare per indicare un'azione che accade prima di un'altra azione al futuro come, ad esempio, *Dopo che la guida **avrà parlato** sui disegni di Giulio Romano, le <u>farò</u> alcune domande sul Manierismo.*

⇨ Appena **avrò finito** gli studi, farò un lungo viaggio in Europa.

⇨ Quando **si sarà svegliata**, Franca ti telefonerà.

⇨ Dopo che **saremo arrivati** in albergo, faremo una bella passeggiata in città.

⇨ Dopo che **avrò cenato,** guarderò una partita di calcio in televisione.

 03.07 Quando farete alcune cose? Sei con i tuoi amici a Firenze, città dell'arte per antonomasia. Fai amicizia con alcuni ragazzi italiani che ti fanno delle domande. Utilizzando prima il futuro semplice e poi il futuro anteriore, rispondi alle seguenti domande.

ESEMPIO: Quando conseguirai la laurea?
*Conseguirò la laurea quando **avrò presentato** la mia tesi.*

1. Quando ti sposerai?

2. Quando comprerai una casa?

3. Quando avrai dei figli?

4. Quando studierai per una nuova laurea?

5. Quando andrai in vacanza?

IL PRONOME RELATIVO

A. Che

Come soggetto:

1. Gli italiani sono delle persone **che** amano molto la famiglia.

2. È il nostro professore d'italiano **che** ci spinge a parlare bene la lingua di Dante.

Come oggetto:

1. Il libro che ho letto mi piace.

2. *La vita è bella* è il film di Benigni che a noi piace molto.

B. Altri pronomi relativi

Che

Cui

Il quale, la quale, i quali, le quali

L'uso della lingua

- Il pronome relativo **che** si utilizza per sostituire un soggetto o un oggetto diretto.

- Il pronome relativo **cui** si utilizza per sostituire gli oggetti indiretti preceduti da preposizioni: *a cui, con cui, di cui, fra/tra cui, per cui, su cui*.

- Il pronome relativo **chi** si utilizza esclusivamente per sostituire essere animati come, ad esempio, *Di solito **chi** va al museo con frequenza è un appassionato d'arte*.

- Il pronome relativo **il quale** è variabile e si utilizza al posto di **che** e **cui** come, ad esempio, *La guida, **che** abbiamo conosciuto alla conferenza sulla scultura di Bernini, è professoressa d'arte all'Università di Firenze*.

  *La guida, **la quale** abbiamo conosciuto alla conferenza sulla scultura di Bernini, è professoressa d'arte all'Università di Firenze.*

➪ Sandra è una ragazza **che** (**la quale**) scrive delle poesie.

➪ Preferisco i film di Nanni Moretti **che** (**i quali**) riflettono l'ambiente italiano.

➪ Il libro **di cui** parlo è un romanzo di Carlo Cassola.

➪ L'argomento **su cui** ha parlato il presidente non interessa ai cittadini.

➪ La città **da cui** ho spedito la cartolina è meravigliosa.

➪ L'amico **con cui** ho viaggiato in Messico si chiama Luigi.

➪ La ragione **per cui** ho scelto questo albergo è prettamente economica.

➪ Il museo **in cui** possiamo ammirare l'arte rinascimentale è la Galleria degli Uffizi.

➪ Il vantaggio dei grandi magazzini è quello che ci sono molti prodotti **tra cui** scegliere.

➪ La ragazza **a cui** ho dato dei fiori si chiama Mariella.

 03.08 Una prova d'italiano. Il tuo professore d'italiano ha preparato un piccolo esame sull'uso corretto dei pronomi relativi. Riscrivere la frase con la forma corretta del pronome relativo.

> **ESEMPIO:**   Maria è una studentessa d'italiano. **Maria** parla bene l'italiano.
> *Maria è una studentessa **che** parla bene l'italiano.*

1. Noi facciamo l'esercizio. L'esercizio è difficile.

2. Le macchine sono europee. Voi guidate le macchine.

3. Non conosco la città. Voi visitate la città.

4. Alla conferenza ci sarà Mario Fossati. Fossati è uno scrittore di fama internazionale.

5. Ho comprato degli occhiali. Gli occhiali costano molto.

03.09 Una prova. Sempre a Firenze, sei impegnato a partecipare ad una piccola prova d'italiano. Utilizzando la preposizione corretta, riscrivere la frase con il pronome relativo.

> **ESEMPIO:**   Ho prestato un libro di grammatica a un amico. Il mio amico si chiama Gianni.
> *L'amico **a cui** ho prestato un libro di grammatica si chiama Gianni.*

1. Questa è una macchina. Non puoi fare a meno di questa macchina.

2. Sono andato dal medico. Il medico è specializzato in gastroenterologia.

3. Ho telefonato alla ragazza. Ho invitato la ragazza alla festa.

4. Frequentavo la scuola media con un ragazzo. Ho incontrato un ragazzo.

5. Garibaldi scriveva gli appunti su questo quaderno. Questo è il quaderno di Garibaldi.

I PRONOMI TONICI

La forma **tonica** dà una distinta nota di rilievo al pronome:

a me, a te, a lei, a lui, a noi, a voi, a loro

[con me . . . da me . . . di me, fra/tra me . . . in me . . . per me . . .]

L'uso della lingua

- La forma tonica si utilizza per dare maggior enfasi al pronome come, ad esempio, *Il professore <u>ci</u> ha mostrato alcuni disegni di de Chirico. Il professore ha mostrato **a noi** alcuni disegni di de Chirico.*

- La forma tonica si utilizza con una frase esclamativa come, ad esempio, *Hai saputo che Luigi ha ricevuto dei biglietti gratis per andare a vedere il restauro dell'*Ultima Cena *di Da Vinci? Fortunato **lui**!*

➭ I miei amici verranno **da me** questa sera per discutere di alcuni problemi.

➭ Cosa diranno **di te** se ti vedranno in questa situazione?

➭ Io andrò **con lei** al museo domani sera.

➭ Il curatore ha assicurato che farà tutto questo **per noi**.

➭ Chi **fra di** voi parla cinese?

➭ A chi hanno detto di leggere? **A me** o **a te**?

03.10 Alcune curiosità sull'arte italiana. Riscrivere la frase usando il pronome tonico adatto.

> **ESEMPIO:**   Mio padre ha fatto questo per *mio fratello.*
> *Mio padre ha fatto questo per **lui**.*

1. Stai parlando di Andrea del Verrocchio o dei *suoi allievi,* come Leonardo, Ghirlandaio o Perugino?

2. *Ci* hanno chiesto se vogliamo vedere il dipinto di *Giorgio de Chirico*, venduto a New York per 7 milioni di dollari?

3. "Credetemi se *vi* dico che Modigliani è stato il pittore italiano del Novecento, le cui opere si sono vendute ai prezzi più alti", dichiara il professore *ai suoi studenti.*

4. *Mi* piacerebbe sapere ancora di più del *grande pittore rinascimentale Masaccio* che morì a soli 27 anni, probabilmente avvelenato da un rivale.

5. "Credetemi se *vi* dico che Cassandra Fedele è stata una delle maggiori studiose di greco e latino del Rinascimento", dichiara il professore *ai suoi studenti.*

PRONOMI POSSESSIVI

I **pronomi possessivi** sono essenzialmente simili agli aggettivi possessivi:

il **mio**	la **mia**	i **miei**	le **mie**
il **tuo**	la **tua**	i **tuoi**	le **tue**
il **suo**	la **sua**	i **suoi**	le **sue**
il **nostro**	la **nostra**	i **nostri**	le **nostre**
il **vostro**	la **vostra**	i **vostri**	le **vostre**
il **loro**	la **loro**	i **loro**	le **loro**

L'uso della lingua

- In genere, l'articolo determinativo è davanti al pronome possessivo come, ad esempio, *La mia arte preferita è quella del Rinascimento. Qual è **la tua**?*

- In genere, la forma plurale del pronome possessivo come, ad esempio, *i miei, i tuoi, i suoi*, ecc., si utilizza per indicare i familiari, i genitori ed altri parenti stretti: ***I miei (I miei genitori) mi aiutano a pagare le spese universitarie.***

➪ Stefano, puoi prestarmi il tuo telefonino? Mi dispiace, ma il **mio** non funziona.

➪ A che ora parte il vostro volo? Il **nostro** parte alle otto.

➪ Com'è la loro casa? — La **loro** è abbastanza comoda.

Attenzione!

➪ Oggi vado dai **miei**. = Oggi vado dai **miei** genitori.

➪ Ognuno dice la **sua**. = Ognuno esprime la **sua** opinione.

 03.11 Un'intervista. Sei al Museo d'Arte Medievale e Moderna di Arezzo dove c'è una mostra sulla *Madonna col bambino*, di Piero della Francesca. C'è un'attesa di mezz'ora circa e intanto passi il tempo facendo il compito d'italiano sui pronomi possessivi. Rispondere con un pronome possessivo.

> **Esempio:**   Ragazzi, potete dirmi com'era **la bicicletta di Marco**?
> *La **sua** era gialla.*

1. Dove si trova **la tua scuola**?

2. Signore, per favore, può descrivere **la sua macchina**?

3. Signorina, lei ha perso un paio d'orecchini, vero? Come sono **i suoi**?

4. Signore, scusi, a che ora parte **il suo volo** per Parigi?

5. Dove hai messo **il tuo quaderno**?

03.12 Osservazione grammaticale. Nelle seguenti frasi indica se la parola scritta in corsivo è un aggettivo possessivo o un pronome possessivo.

> **Esempi:**   Il padre di Michelangelo manifestò il *suo* dissenso per la carriera artistica.
> ***Suo** è utilizzato come aggettivo.*
> Le *nostre* scelte professionali sono meno difficili della *sua*.
> ***Nostre** è utilizzato come aggettivo, mentre **sua** è un pronome.*

1. Trascorrerò le feste natalizie con *i miei* e l'anno nuovo con i *miei* amici.

2. Hai parlato dei *tuoi* problemi, ora ascolta *i miei*.

3. Il padre di Leonardo prese la *sua* strada ed egli *la sua*.

4. Leonardo entrò nella bottega di Andrea del Verrocchio accompagnato da un *suo* parente senza neanche salutarsi col padre.

5. Ho ritrovato *i miei* appunti sull'arte rinascimentale, ma *i tuoi* dove sono andati a finire?

6. Le richieste di Papa Giulio a Michelangelo in merito al completamento della Basilica di San Pietro erano difficili. *Le sue*, infatti, erano inflessibili.

AGGETTIVI DIMOSTRATIVI

questo	**questa**	**questi**	**queste**
quel / quello	**quella / quell'**	**quei / quegli**	**quelle**

L'uso della lingua

- Gli aggettivi dimostrativi si utilizzano per indicare una persona o una cosa.
- L'aggettivo dimostrativo al singolare davanti a una vocale si può elidere come, ad esempio, *Quest'anno abbiamo visitato molti musei italiani.*

⇨ **Questa** mostra è molto noiosa perché non offre alcun parallelo con la storia.

⇨ **Questo** professore mostra di essere una persona competente.

⇨ **Quei** giardini sono famosi per i disegni geometrici.

⇨ **Quegli** studenti non hanno ancora visitato un museo italiano.

 03.13 Curiosità. Aspetti pazientemente per visitare la mostra e continui i tuoi compiti d'italiano. Crea la frase utilizzando l'aggettivo dimostrativo adatto.

> **ESEMPIO:** stivali
> *Quanto costano* **questi** *stivali?*

1. l'automobile
2. la camicia
3. i videogiochi
4. le racchette
5. fare lo sci

03.14 Osservazione grammaticale. Completare le seguenti frasi con un aggettivo dimostrativo adatto.

1. Dove andrai a studiare l'inglese _____ estate?
2. Non ricordo il nome di _____ pittore rinascimentale che ha dipinto un ritratto di Isabella d'Este.
3. So che sei un appassionato d'arte. Ma sei sicuro che vuoi andare al museo con _____ bufera di neve?
4. Finalmente ho visto in televisione _____ film su Caravaggio di cui mi parlavi.
5. Ritornerò volentieri in Toscana perché _____ luoghi mi ricordano tanto la campagna dipinta dai pittori macchiaioli.

L'AGGETTIVO COMPARATIVO

A. **tanto . . . quanto   =   così . . . come**

Queste forme comparative esprimono l'uguaglianza e si possono usare alternativamente quando si fa un confronto tra aggettivi ed avverbi.

1. I macchiaioli sono **tanto** bravi **quanto** i pittori impressionisti francesi.
2. Leonardo colpisce **così** profondamente **come** Michelangelo.

B. (tanto) . . . quanto   =   (così) . . . come

L'uso della lingua

- Il comparativo di uguaglianza è preceduto da *tanto* o *così* e seguito da *quanto* e *come*: *L'arte medievale è* (**tanto**) *interessante* **quanto** *l'arte rinascimentale. L'arte medievale è* (**così**) *interessante* **come** *l'arte rinascimentale.*
- Gli avverbi *tanto* e *così* possono essere omessi mentre **quanto** e **come** sono obbligatori.

   Le ragazze sono (**tanto**) dinamiche **quanto** i ragazzi.

C. (tanto) . . . quanto si utilizza nel paragonare i nomi

L'uso della lingua

- Per i comparativi di uguaglianza, si noti che il nome è preceduto dall'avverbio *tanto* o *così* ed è seguito da *quanto* o *come*.

   Giorgio Vasari ha completato (**tanti**) scritti biografici sugli artisti **quante** pitture.

D. (tanto) quanto si utilizza nel paragonare i verbi

L'uso della lingua

- Si noti che gli avverbi che normalmente precedono i verbi possono anche essere sottintesi.
- ⇨ Quello scultore ha scolpito (**tanto**) **quanto** lui.
- ⇨ Quel fotografo ha fotografato (**tanto**) **quanto** me.

E. più . . . di   =   più . . . che
  meno . . . di   =   meno . . . che

Queste forme si utilizzano per esprimere il concetto di maggiore o minore quantità, numero, dimensione e simili. Da notare che la preposizione **di**, in questo caso, viene articolata se vi è un articolo determinativo.

L'uso della lingua

- Si noti che il comparativo di un aggettivo è sempre preceduto dall'avverbio *più* o *meno*. Da ricordare inoltre che se la preposizione *di* è seguita da un articolo determinativo, va articolata come, ad esempio, del, della, ecc.
- ⇨ Le opere di Caravaggio esprimono **più** chiaroscuro **del** pittore Leonardo.
- ⇨ Dicono che Giotto sia stato più bravo **del** suo maestro, Cimabue.
- ⇨ La scultura moderna è **più** flessibile **di** quella antica.
- ⇨ In Italia ci sono **più** musei **che** biblioteche.

 03.15 Un giudizio sull'arte italiana. Sei a Firenze e da alcuni giorni stai visitando i più importanti musei della città insieme ad alcuni amici. Mentre vi rilassate in un bar a pochi passi dalla famosa Piazza della Signoria, scambiate alcune opinioni sull'arte italiana. Utilizzando la forma corretta del **comparativo**, scrivi un giudizio di uguaglianza nei confronti di alcuni maestri italiani delle arti visive.

ESEMPIO: Giotto, *innovatore* e genio del Rinascimento italiano, ha cambiato l'arte. *L'innovatore* Cimabue, il maestro di Giotto, ha trasformato l'arte bizantina. *Giotto era* **tanto** *innovativo* **quanto** *il suo maestro Cimabue.*

1. Leonardo ha utilizzato le forme della prospettiva classica *nelle sue pitture*. Bramante ha insistito sulla prospettiva classica *nella sua architettura*.

2. Caravaggio era un pittore geniale per la sua scenografia. Ha avuto una vita tormentata *da violenza* e *da una condotta criminale*.

3. Canaletto ha dipinto molte rappresentazioni di Venezia. Si è espresso *alla stessa maniera* a Londra, dove ha vissuto per circa nove anni.

4. Amedeo Modigliani è stato definito un artista maledetto ma anche un *genio* che ha rinnovato la pittura e la scultura. Benvenuto Cellini ha avuto una vita tormentata, essendo stato coinvolto nella criminalità ma paradossalmente è stato anche un *genio* della scultura manierista fiorentina.

5. Filippino Lippi è stato *un grandissimo pittore*, noto soprattutto per il suo stile personale. Anche Fra Filippo Lippi, padre di Filippino Lippi e allievo di Botticelli, si è *distinto nella pittura* e, inoltre, è stato immortalato in una delle poesie di Robert Browning.

03.16 Un giudizio critico sull'arte italiana. Utilizzando il concetto di maggioranza e minoranza, esprimi un giudizio critico su alcuni maestri della pittura italiana moderna.

ESEMPIO: Umberto Boccioni nella sua pittura futurista ha esaltato *il dinamismo, la velocità e la tecnologia*. La Scuola di Posillipo, movimento artistico napoletano sviluppatosi tra il 1820 e il 1850, mette in evidenza l'importanza del paesaggio, *anziché esprimere la vitalità della vita urbana*. *Le opere di Boccioni illustrano* **più** *dinamicità della Scuola di Posillipo.*

1. Renato Guttuso, grande pittore siciliano del Novecento, ha suscitato controversie politiche con alcune opere che *mettono in evidenza la corrente antifascista*. Enrico Trampolini, grande pittore futurista, *non si oppone all'atteggiamento bellico di Mussolini*.

2. Giuliano da Sangallo, uno dei massimi esponenti dell'architettura rinascimentale, è *l'allievo più interpretativo dell'architettura di Filippo Brunelleschi*. Suo fratello, Antonio da Sangallo, invece, sebbene sia noto come il pioniere della struttura fortificata di tipo moderno, *non esprime fedelmente l'arte di Brunelleschi*.

3. Guido Reni *ha adottato le figure massicce* introdotte da Caravaggio ma *non ha espresso il tormento esistenziale e i conflitti personali*.

4. Il famoso pittore veneziano del Rinascimento Giorgione *è morto giovane* a causa della peste. Invece, il suo contemporaneo Tiziano, altro grande pittore veneziano, *è morto all'età di ottantasette anni*.

5. Le città dipinte da Giorgio de Chirico appaiono spesso *disabitate ed enigmatiche*. Al contrario, le scene urbane rappresentate da Renato Guttuso, anche lui siciliano, sono *molto popolate*.

6. Agnolo di Cosimo Allori, detto il Bronzino, grande pittore manierista, *si è espresso in termini mitologici e religiosi* con molta eloquenza. Annibale Carracci, grande pittore manierista, *era famosissimo per i ritratti*.

7. Giotto, grande pittore del primo Rinascimento, ha espresso *un realismo commovente*. Raffaello, grande pittore del tardo Rinascimento, ha espresso *un idealismo esaltante*.

L'AGGETTIVO *BELLO*

un **bel** giardino	dei **bei** giardini
un **bell'**uomo	dei **begli** uomini
un **bello** specchio	dei **begli** specchi
una **bella** signora	delle **belle** bambine
una **bell'**amica	delle **belle** amiche

L'uso della lingua

- L'aggettivo *bello* è troncato davanti ai nomi maschili che iniziano con una consonante.
- ⇨ Maddalena ha ricevuto un **bell'**orologio dal suo ragazzo.
- ⇨ Visiterebbero il **Bel** Paese, ma non hanno molto tempo a disposizione.
- ⇨ Noi viaggeremmo volentieri con voi per fare una **bella** scampagnata alla Valle dei Templi, in Sicilia.

03.17 Alcune curiosità sull'arte italiana. Riscrivere la frase con la forma appropriata dell'aggettivo *bello*.

> **Esempio:** Abbiamo visitato i più **rinomati** musei d'Italia.
> *Abbiamo visitato i più **bei** musei d'Italia.*

1. Il pittore ha dipinto i **seducenti** occhi della modella.
2. Raffaello ha dipinto delle **stupende** *Madonne col bambino* senza mai renderle irrilevanti.
3. *La Primavera* di Sandro Botticelli esprime una **graziosa** armonia e colori.
4. Il *Davide* di Donatello manifesta un'**armoniosa** rappresentazione della potenza fisica e della grazia classica dell'antica Grecia.
5. Tintoretto, uno dei grandi pittori veneziani, fa un **gradevole** gesto inserendo il suo volto in un dipinto.
6. Il **magnifico** ambiente della Cappella Sistina affrescata da Michelangelo ci ricorda l'episodio biblico della creazione dell'uomo.

LA FORMA IMPERATIVA

A. La forma formale

PARLARE	RIPETERE	APRIRE	FINIRE
Parli!	Ripeta!	Apra!	Finisca!
Parlino!	Ripetano!	Aprano!	Finiscano!

B. La forma informale

Parla!	Ripeti!	Apri!	Finisci!
Non parlare!	Non ripetere!	Non aprire!	Non finire!
Parliamo!	Ripetiamo!	Apriamo!	Finiamo!
Parlate!	Ripetete!	Aprite!	Finite!

C. Alcuni verbi irregolari

ANDARE	DARE	AVERE	DIRE
Vada!	Dia!	Abbia!	Dica!
Vadano!	Diano!	Abbiano!	Dicano!
Va (Vai / Va')!	Dà (Dai / Da')!	Abbi!	Dì!
Non andare!	Non dare!	Non avere!	Non dire!
Andiamo!	Diamo!	Abbiamo!	Diciamo!
Andate!	Date!	Abbiate!	Dite!

FARE	ESSERE	VENIRE	STARE
Faccia!	Sia!	Venga!	Stia!
Facciano!	Siano!	Vengano!	Stiano!
Fa (Fai / Fa')!	Sii!	Vieni!	Sta (Stai / Sta')!
Non fare!	Non essere!	Non venire!	Non stare!
Facciamo!	Siamo!	Veniamo!	Stiamo!
Fate!	Siate!	Venite!	State!

L'uso della lingua

- La forma imperativa non si utilizza solo per dare degli ordini ma anche per dare suggerimenti e indicazioni come, ad esempio, *Allora, visto che Lei ha solo un'ora di tempo per visitare il nostro museo,* **lasci** *perdere i manieristi minori e* **si concentri** *solo sui lavori del Parmigianino. Per vedere le opere di Pontormo,* **vada** *al secondo piano e* **prosegua** *per la sala B.*

⇨ Signor Rossi, la prego, **parli** con il suo direttore!

⇨ Il professore dice ai suoi studenti: "**Ripetete!**"

⇨ Ragazzi, **aprite** i vostri libri, per favore!

⇨ Renato, **non parlare** al conducente mentre guida l'autobus!

⇨ Robertino, **stai** fermo un attimo, ti prego!

03.18 Un compito. Trascorri un soggiorno in Sardegna. Per allietare il week-end, hai fatto una gita a Santa Teresa di Gallura con alcuni amici. Avete scelto una spiaggia bellissima, circondata da enormi rocce che probabilmente risalgono a un'epoca preistorica. Mentre ammirate la bella veduta del mare, fate alcuni compiti in italiano. Completare la frase con la forma appropriata dell'imperativo.

1. Signore e signori, per favore, (andare) _____ avanti.

2. Maria, (ascoltare) _____ bene quello che ti dico.

3. Signorina Giusti, (entrare) _____ in ufficio, per favore.

4. Signor Presidente, (venire) _____ un attimo, per cortesia.

5. Franco, (dire) _____ la verità! Chi ti ha detto queste cose?

6. Ragazzi, (venire) _____ domani alle nove.

7. Cari bambini, (stare) _____ fermi un attimo mentre scatto una foto!

8. Renata, per favore, (dare) _____ questo messaggio alla mamma.

IL FUTURO CON *AVERE* PER ESPRIMERE PROBABILITÀ

PRESENTE	FUTURO
ho	avrò
hai	avrai
ha	avrà
abbiamo	avremo
avete	avrete
hanno	avranno

L'uso della lingua

- Oltre ad esprimere azioni future, il futuro si utilizza anche per esprimere congetture e probabilità.

⇨ Quanti anni ha quel signore? Non so. Probabilmente, **avrà** sessanta anni.

⇨ Perché Marco non è venuto al museo? Probabilmente, **avrà avuto** un impegno.

⇨ Il presidente non ha parlato di tasse. Evidentemente **avrà** le sue ragioni.

 03.19 Fare delle supposizioni. Fai un'escursione a Bergamo e tra una pausa e l'altra fai i compiti d'italiano. Rispondere alle seguenti domande con il futuro del verbo *avere*.

> **ESEMPIO:** Quanti anni avrà il tuo professore d'italiano?
> *Probabilmente **avrà** trentacinque anni.*

1. Che cosa avrà detto l'equipaggio di Cristoforo Colombo dopo aver navigato per oltre tre mesi?

2. Cosa avranno pensato gli americani quando è morto il Presidente John Kennedy?

3. Cosa avrà spinto Giulietta e Romeo ad innamorarsi?

4. Che tipo di rivoluzione culturale avrà scatenato l'invenzione di Johann Gutenberg?

5. Che tipo di rivoluzione culturale avrà scatenato l'uso di Internet?

IL CONDIZIONALE COMPOSTO

Condizionale *di avere / essere* **+ participio passato del verbo:**

-ARE	-ERE	-IRE	CON *ESSERE*
avrei parlato	avrei ripetuto	avrei finito	sarei arrivato (a)
avresti [ ]	avresti [ ]	avresti [ ]	saresti diventato (a)
avrebbe [ ]	avrebbe [ ]	avrebbe [ ]	sarebbe entrato (a)
avremmo [ ]	avremmo [ ]	avremmo [ ]	saremmo morti (e)
avreste [ ]	avreste [ ]	avreste [ ]	sareste nati (e)
avrebbero [ ]	avrebbero [ ]	avrebbero [ ]	sarebbero saliti (e)

L'uso della lingua

- Il **condizionale composto** si utilizza per esprimere rammarichi e delusioni per le cose che non sono avvenute.

⇨ Enrico ci ha assicurato che **sarebbe venuto** alla festa, purtroppo ancora non è arrivato.

⇨ **Avremmo voluto** visitare la nuova mostra di Modigliani sabato scorso, ma purtroppo abbiamo avuto altri impegni.

⇨ Marco non è andato bene agli esami d'italiano. **Avrebbe dovuto** studiare di più.

⇨ Il presidente ha detto che la guerra **sarebbe finita** presto invece ancora continua.

03.20 Che cosa avrebbero potuto fare i seguenti personaggi? Ti trovi a Bergamo. Hai scelto questa località per due motivi: in primo luogo hai uno zio che lavora nelle vicinanze per la Società Acqua Minerale San Pellegrino; in secondo luogo stai svolgendo delle ricerche sul famoso compositore Gaetano Donizetti autore di opere come *L'Elisir d'amore* e *Lucia di Lammermoor*, alcune tra le più belle composizioni operistiche di tutti i tempi. Mentre ammiri lo splendido panorama delle Alpi, continui a fare i compiti d'italiano. Completa la frase con la forma corretta del condizionale composto.

> **Esempio:** Una signora era rimasta in casa da sola per tutto il fine settimana.
> *La signora* **avrebbe potuto** *incontrare un'amica.*

1. Un autista e sua moglie sono rimasti bloccati nel traffico perché la loro auto aveva esaurito la benzina.
2. Mauro e tu vi siete alzati tardi e avete perso il treno delle nove.
3. Marina e le sue amiche si sono annoiate alla festa perché non conoscevano molte persone.
4. Io ho dimenticato la mia parola d'ordine (*password*) per accedere al mio computer.
5. Noi siamo andati a trovare i nostri amici ma non erano in casa.

IL PASSATO REMOTO

Il **passato remoto** indica un'azione che ha avuto luogo in passato e che è ormai terminata. In linea di massima, l'italiano moderno preferisce il passato prossimo al passato remoto soprattutto nelle conversazioni. L'uso del passato remoto è riservato fondamentalmente alla narrazione storica.

A. Passato remoto

PARLARE	RIPETERE	FINIRE
parl**ai**	ripet**ei**	fin**ii**
parl**asti**	ripet**esti**	fin**isti**
parl**ò**	ripet**é**	fin**ì**
parl**ammo**	ripet**emmo**	fin**immo**
parl**aste**	ripet**este**	fin**iste**
parl**arono**	ripet**erono**	fin**irono**

ESSERE	AVERE
fui	ebbi
fosti	avesti
fu	ebbe
fummo	avemmo
foste	aveste
furono	ebbero

B. Altri verbi irregolari

BERE	COMPRENDERE	CONOSCERE	DARE	DIPINGERE	DIRE
bevvi	compresi	conobbi	diedi	dipinsi	dissi

CHIEDERE	FARE	LEGGERE	METTERE	NASCERE	PERDERE
chiesi	feci	lessi	misi	nacqui	persi

PIACERE	RISPONDERE	SAPERE	VENIRE	VOLERE
piacqui	risposi	seppi	venni	volli

L'uso della lingua

• Il passato remoto si utilizza per narrare eventi storici e per fare cenni biografici storici.

⇨ Giuseppe Garibaldi **nacque** a Nizza e **fu** l'artefice dell'Unità italiana.

⇨ Socrate **rifiutò** di scegliere la libertà e **bevve** una bevanda velenosa.

⇨ Quando **ebbi** l'opportunità di visitare Venezia, **feci** subito un giro in gondola.

⇨ Quella sera Elena mi **parlò** a lungo della sua visita ai Musei Vaticani.

 03.21 Un compito. A Bergamo, continui i compiti. Utilizzando la forma corretta del passato remoto, completa le seguenti frasi.

ESEMPIO: Michelangelo *scolpire la Pietà* quando aveva 22 anni.
Michelangelo **scolpì** *la Pietà* quando aveva 22 anni.

1. Leonardo da Vinci e altri umanisti *interessarsi* alla natura per capire i fenomeni naturali.
2. Leon Battisti Alberti *ideare* la camera oscura perché voleva "fotografare" le immagini.
3. Giorgio Vasari *scrivere* la prima biografia degli artisti.
4. Giorgio de Chirico e alcuni discepoli *dipingere* paesaggi disabitati.
5. Amedeo Modigliani *morire* all'età di trentacinque anni.

03.22 Indovina chi sono? Con il tuo gruppo organizza una seduta spiritica durante la quale richiamate alcuni personaggi storici. Utilizzando la forma corretta del passato remoto, ogni gruppo ha il compito di preparare la descrizione di un personaggio famoso e di presentarlo in classe. Il gruppo deve indovinare chi è la persona di cui si parla. **Attenzione!** Bisogna osservare la regola del gioco: il gruppo deve aspettare che lo studente finisca la descrizione prima di scoprire chi è il personaggio. Inoltre è necessario indicare alcuni punti essenziali come, per esempio, se il personaggio è vivo o morto, se ha famiglia, ecc.

ESEMPIO: *Fu un grande interprete di Shakespeare. Scrisse molte opere che tuttora vengono applaudite dagli spettatori di tutto il mondo. Lavorò assiduamente componendo più di trenta opere. Commemorò l'apertura del Canale di Suez esortando la bellezza egiziana con una delle sue più melodiche composizioni. Contribuì all'Unità d'Italia risvegliando l'amore patriottico degli italiani. La sua immagine fu riprodotta sulle banconote della lira italiana. Chi è questo personaggio?*
Risposta: Giuseppe Verdi

Unità 4   Dal medico: la nostra salute

Struttura

Riferimento grammaticale

IL CONGIUNTIVO CON ALCUNE CONGIUNZIONI

per far sì che	to ensure that
a patto che	provided that, only if
benché	although, in spite of the fact that
malgrado	in spite of, despite
nel caso che	in the event that
nonostante	despite
prima che	before
può darsi che	it's possible that
sebbene	even though, although

L'uso della lingua

- Il congiuntivo si utilizza anche con frasi impersonali come, ad esempio, *bisogna che, è bello / meglio che, può darsi che, si dice che.*

⇨ **Benché** questa studentessa non **sia** italiana, parla molto bene l'italiano.

⇨ **Nel caso che** l'aereo **arrivi** in ritardo, noi perderemo il collegamento con l'autobus.

⇨ **Prima che** io **inizi** a lavorare, vorrei andare in vacanza per un paio di settimane.

⇨ **È meglio che** prenda un'aspirina perché ho un forte mal di testa.

04.01   Un compito. Ti sei iscritto all'Università di Bolzano per un semestre e qui, in collaborazione con la tua università americana, segui alcuni corsi d'italiano. Hai scelto questa città non solo perché hai dei parenti che vivono in zona, ma anche perché hai intenzione di sciare durante i week-end. Oggi sei a Bressanone, una delle più belle città dell'Alto Adige, dove hai appuntamento con un compagno per fare i compiti d'italiano. Completare la frase con la forma corretta del **congiuntivo**.

1. Nel caso che (fare) _____ freddo, prenderemo un taxi anziché aspettare l'autobus.
2. Nonostante mio padre (avere) _____ ottantasei anni, ancora guida la macchina.
3. Il professore spiega la lezione per far sì che gli studenti (imparare) _____ bene la materia.
4. Accetto l'invito al ristorante a patto che ognuno di noi (pagare) _____ il proprio conto.
5. Prima che (giungere) _____ la sera, vorrei fare una passeggiata in piazza.

MEGLIO COME AVVERBIO E *MIGLIORE* COME AGGETTIVO

L'uso della lingua

- *Meglio* è l'avverbio comparativo di *bene* ed è invariabile.
- *Meglio* si può utilizzare anche come aggettivo con i verbi *essere*, *parere* e *sembrare* come, ad esempio, *Alcuni cardiologi dicono che è* **meglio** *prendere un'aspirina al giorno per mantenere un cuore sano.*
- *Meglio* si può utilizzare anche come nome maschile come, ad esempio, *Il cameriere ha portato un buon antipasto, ma* **il meglio** *deve ancora arrivare.*
- *Migliore* è aggettivo comparativo di *buono*.

⇨ Buongiorno, Enrico. Come stai? Stai **meglio** oggi?

⇨ Ho scelto questo ristorante perché si mangia **meglio**.

⇨ Gli studenti di questa classe lavorano **meglio** in gruppo.

⇨ Questi studenti d'italiano sono **migliori** rispetto a quelli dell'anno scorso.

⇨ Questo prodotto è **migliore** e di conseguenza costa leggermente di più.

⇨ Questo è il **miglior** libro dell'anno ed è questa la ragione per cui tutti lo comprano.

04.02   Continuano i compiti. Completare la frase con **migliore** o **meglio**.

1. Questo è il _____ giorno della mia vita.
2. Il dottore ha detto che il paziente sta _____ oggi.
3. Molti studenti lavorano _____ dopo le dieci di mattina.
4. I turisti hanno viaggiato _____ dell'anno scorso.
5. Dicono che sia il _____ film dell'anno.

I PRONOMI INDEFINITI

alcuni	**nulla**
ciascuno/a	**ognuno/a**
chiunque	**quale**
molti/e	**qualcosa**
nessuno/a	**qualcuno/a**
niente	**tutti/e**

L'uso della lingua

- *Alcuno, ciascuno* e *nessuno* quando sono davanti al nome si utilizzano come un articolo indeterminativo.
- Il pronome indefinito *chiunque* è seguito dal congiuntivo come, ad esempio, **Chiunque** <u>conduca</u> *una vita sedentaria corre il rischio di una malattia cardiaca.*

➡ Gli studenti sono bravi. **Alcuni** sono addirittura eccezionali.

➡ Ho molti amici in Italia. Però ho notato che **nessuno** mi scrive con frequenza.

➡ Gianni ha una famiglia numerosa. Ha sette fratelli e **ognuno** di loro aiuta nelle faccende domestiche.

➡ Scusi, c'è **qualcuno** qui che parla italiano?

➡ I miei amici sono simpatici. **Tutti** amano la cultura italiana.

04.03 Continuano i compiti. Completare la frase con la forma corretta del **pronome indefinito**.

1. Tutti i cittadini dovrebbero avere il dovere civico di salvaguardare la propria salute, o perlomeno saper vivere con moderazione. _____ deve esercitare la propria responsabilità.

2. Scusate, c'è _____ che mi può aiutare con le valigie? Ho una frattura al braccio.

3. Il ginecologo sta visitando delle donne incinte, _____ delle quali sono sieropositive.

4. È un libro sui tumori e su come combatterli e _____ ha detto che è il miglior libro dell'anno.

5. All'Istituto Nazionale dei Tumori di Milano ci sono dei medici bravissimi, _____ dei quali sono in contatto con il Memorial Sloan-Kettering di New York.

IL GERUNDIO

Il gerundio consiste di due tempi: presente e passato.

A. Per i verbi in **-are**, il gerundio presente si forma aggiungendo il suffisso **-ando**, mentre per i verbi in **-ere** e **-ire**, si usa la desinenza **-endo**.

parl**are**	ripet**ere**	part**ire**
parl**ando**	ripet**endo**	part**endo**

B. Il **passato** si esprime con il **gerundio presente** dell'ausiliare *avere* ed *essere* + **participio passato del verbo**.

avendo parlato	**avendo** ripetuto	**essendo** partito
essendosi alzato	**essendosi** raso	**essendosi** vestito

C. Alcuni verbi irregolari:

b**ere**	bev**endo**
d**are**	d**ando**
d**ire**	dic**endo**
f**are**	fac**endo**
st**are**	st**ando**

L'uso della lingua

- In genere il gerundio esprime una funzione subordinata che accompagna la frase principale.
- Il gerundio esprime un'azione in un contesto di causa, tempo e modo come, ad esempio, (causa) *Fumando, una persona si ammala*; (tempo) *Camminando per la via, ho incontrato un vecchio amico*; (modo) *Il farmacista mi aiuta pensando al mio bene*.

⇨ **Esaminando** il paziente, il medico gli ha riscontrato un tumore.

⇨ **Avendo fumato** per diversi anni, il signore ha sviluppato un male incurabile.

⇨ **Essendosi ammalata** di fegato, Rosa è diventata un'esperta in malattie epatiche.

⇨ **Bevendo** molta acqua, Ferdinando si è sentito meglio con lo stomaco.

 04.04 Alcune osservazioni inerenti alla salute. Riscrivere la frase utilizzando la forma corretta del **gerundio presente** o **passato**.

> **ESEMPI:** L'ospedale ha riservato un trattamento speciale ai pazienti solo perché sono ricchi.
> *Essendo ricchi, l'ospedale gli ha riservato un trattamento speciale.*
>
> Dopo una lunga cura di terapia e di esercizi, il calciatore ha potuto riprendere la sua attività agonistica.
> *Avendo fatto una lunga cura di terapia e di esercizi, il calciatore ha potuto riprendere la sua attività agonistica.*

1. Maria ha deciso di iniziare una dieta perché ha scoperto di aver messo un po' di peso.
2. Mentre scendevo le scale, sono caduto da un gradino.
3. Poiché il ginocchio aveva subìto una frattura, il medico decise di intervenire con un'operazione con il laser.
4. Poiché il bambino non aveva dormito da due giorni, la madre aveva ritenuto necessario sospendere tutte le medicine.
5. È morto mentre fumava la sua ultima sigaretta.

L'INFINITO COME SOGGETTO

L'infinito si può usare al **presente** (**-are, -ere** e **-ire**) o al **passato** (**avere / essere + participio passato del verbo**).

L'uso della lingua

- L'infinito come soggetto si utilizza anche per dare indicazioni come, ad esempio, *Prendere la medicina prima dei pasti*.

⇨ È una buona idea **ottenere** una seconda opinione prima di accettare una diagnosi medica.

⇨ Dopo **aver parlato** con il medico, Luisa si è sentita più sicura riguardo la sua situazione medica.

⇨ **Camminare** quotidianamente fa bene alla circolazione.

 04.05 Prepara dei consigli di medicina! Creare delle frasi, utilizzando la forma dell'**infinito** come **soggetto**.

> **ESEMPIO:** è una buona idea quando . . . / *fare* le vaccinazioni contro le malattie infettive
> *Fare le vaccinazioni contro le malattie infettive è una buona idea quando si viaggia all'estero.*

1. ci protegge . . . / *usare* la crema solare contro le abrasioni della pelle
2. *utilizzare* dei termometri che contengono il mercurio / può essere pericoloso . . .
3. *entrare* in una vasca per l'idromassaggio sporca / comporta dei rischi come . . .
4. secondo una ricerca giapponese / *bere* tè verde potrebbe aiutare . . .
5. *mangiare* piano . . . / secondo alcuni dietologi
6. secondo un gruppo di ricercatori / *fare* la meditazione aiuta a . . .
7. secondo gli scienziati *utilizzare* il Teflon per cucinare / è dannoso . . .
8. secondo alcuni studi / *lavorare* troppo può causare . . .

I SUFFISSI PER INDICARE IL DIMINUTIVO, IL VEZZEGGIATIVO L'ACCRESCITIVO E IL PEGGIORATIVO

A. diminutivo

-ino/a/i/e	patata	patatina
-ello/a/i/e	albero	alberello
-etto/a/i/e	villa	villetta
-cino/a/i/e	libro	libricino
-olino/a/i/e	topo	topolino

B. vezzeggiativo

-uccio/a, -ucci/e	caro	caruccio
-ino/a/i/e	sorella	sorellina

C. accrescitivo

-one/a/i/e	film	filmone

D. peggiorativo

-accio/a	ragazzo	ragazzaccio

L'uso della lingua

- I suffissi possono alterare in qualche modo il significato di una parola.

⇨ Il mio amico ha affittato una *villetta* al mare per ritemprare le energie dopo un lungo periodo di stress.

⇨ A mio avviso, l'ultimo lavoro di Roberto Benigni è un *filmone* da non perdere.

⇨ I miei nonni mi hanno regalato una *macchinuccia* da usare durante il mio soggiorno in Italia.

 04.06 Osserviamo alcune situazioni nell'ambiente della salute. Utilizzando il **suffisso** adatto, creare delle frasi.

ESEMPIO: medico / offrire / pazienti / *libro* su come vivere bene
*Il medico offre ai suoi pazienti un **libricino** su come vivere bene.*

1. infermiera / dare / al signore / *bastone*/ per aiutarlo a camminare
2. madre / dovere / portare / suo figlio / al pronto soccorso perché ha una *febbre* da far paura
3. ortopedico / usare / *vasca* / come terapia degli arti
4. moglie / dare / *bacio*/ al marito prima di entrare in sala operatoria
5. dentista / invitare / un paziente / a bere da una *fontana*

GLI AGGETTIVI *QUALCHE* E *ALCUNO/A/I/E*

Qualche si usa solo al singolare come aggettivo indefinito per esprimere una quantità indefinita o per indicare una persona o una cosa indeterminata. L'aggettivo *alcuno*, invece, ha lo stesso significato di *qualche* ma può essere usato al singolare e al plurale.

L'uso della lingua

- Alcuni aggettivi indefiniti sono invariabili e si usano al singolare come, ad esempio, *ogni, qualche, qualunque* e *qualsiasi*.

⇨ Ho un forte mal di testa e tra **qualche** minuto prenderò due aspirine.

⇨ Questo ragazzo non va affatto bene a scuola, ma confidiamo di trovare **qualche** rimedio per aiutarlo a migliorare la sua prestazione accademica.

⇨ **Qualche** medico ha suggerito l'idea che cambiare clima potrebbe aiutare i sofferenti di asma.

⇨ Ho comprato dei libri e delle riviste per l'estate. **Alcuni** libri sono in italiano ed **alcune** riviste sono in francese.

⇨ **Alcuni** medici si mostrano contrari all'uso di medicinali per modificare il comportamento negativo dei bambini.

⇨ **Alcune** malattie come, ad esempio, la bronchite, se non sono curate bene, potrebbero avere delle serie conseguenze.

 04.07   Come mantenere denti sani. Utilizzando un **aggettivo indefinito** adatto, crea delle frasi riguardanti una cura adeguata per mantenere dei denti sani.

> **Esempio:** Qualche ragazzo / lavarsi i denti dopo i pasti, però alcuni non sempre . . .
> *Qualche ragazzo si lava i denti dopo i pasti, però alcuni non sempre hanno il tempo di farlo.*

1. Qualche paziente / andare dal dentista spesso però alcuni non . . .
2. Qualche persona / cambiare lo spazzolino ogni mese però alcuni . . .
3. Qualche ragazza / passare il filo interdentale tra i dent, però alcuni non . . .
4. Ogni alunno / sciacquarsi la bocca con un colluttorio prima di . . .
5. Qualche prodotto / rimuovere la placca dai denti con . . .
6. Qualche spazzolino / provoca abrasioni per alcuni . . .
7. Qualche dentifricio / rinfresca . . .

LA FORMA PASSIVA

L'uso della lingua

- La forma passiva si utilizza per esprimersi indirettamente, per illustrare regole o per narrare episodi.

- In genere, la forma passiva si può ottenere con *essere* + participio passato, con *venire* + participio passato, con *andare* + participio passato e con *si* + un verbo alla terza persona singolare o plurale come, ad esempio, **È stato detto** *tante volte che troppe medicine possono essere nocive all'organismo. L'eccessivo uso della carne rossa* **viene considerato** *rischioso da molti. Le medicine* **vanno prese** *con giudizio.* **Si dice** *che la dieta mediterranea promuova la buona salute.*

⇨ **Si accettano** carte di credito per i servizi medici.

⇨ **Si ricorda** l'anniversario della scoperta della penicillina.

⇨ **Si comprano** i medicinali in farmacia o al supermercato.

⇨ **Si parla** italiano in questo ospedale.

⇨ **Si prega** di non fumare negli uffici sanitari.

⇨ **Si studia** come prevenire le malattie polmonari.

⇨ **Sono venduti** attrezzi medici di seconda mano.

 04.08 Cosa dicono alcuni esperti della salute? Riscrivere la frase al **passivo**.

> **ESEMPIO:** Il dentista dice che il fumo, il caffè e il tè ingialliscono i denti.
> *Si dice / Dicono che il fumo, il caffè e il tè ingialliscono i denti.*

1. I dentisti dicono che lavarsi regolarmente i denti con uno spazzolino morbido aiuta a proteggere lo smalto dei denti.

2. Gli esperti incoraggiano a sostituire i denti mancanti per stabilizzare il resto dei denti.

3. Gli oncologi dicono che il dentista può salvare la vita alle persone con tumori al cavo orale.

4. Mia nonna dice che la gengivite è una malattia da non trascurare.

5. Mia zia mi ha detto che troppe radiografie potrebbero nuocere alla salute.

6. L'infermiera dice che la distruzione dello smalto è la prima fase delle carie.

7. Gli esperti dicono che i denti rotti sono le operazioni più complesse per i dentisti.

8. I dentisti dicono che l'alitosi, l'alito cattivo, si attribuisce spesso ad una forte assenza di igiene orale.

IL CONGIUNTIVO IMPERFETTO

Il congiuntivo imperfetto esprime non solo un'azione al passato ma anche un evento contemporaneo e futuro.

VERBI IN -ARE	IN -ERE	IN -IRE
parlare	ripetere	finire / aprire
parlassi	ripetessi	finissi / aprissi
parlassi	ripetessi	finissi / aprissi
parlasse	ripetesse	finisse / aprisse
parlassimo	ripetessimo	finissimo / aprissimo
parlaste	ripeteste	finiste / apriste
parlassero	ripetessero	finissero / aprissero

VERBI IRREGOLARI

avere:	avessi, avessi, avesse, avessimo, aveste, avessero
essere:	fossi, fossi, fosse, fossimo, foste, fossero
andare:	andassi . . .
bere:	bevessi . . .
condurre:	conducessi . . .
dare:	dessi . . .
dire:	dicessi . . .
fare:	facessi . . .
stare:	stessi . . .
volere:	volessi . . .

L'uso della lingua

- Si noti che le prime due persone singolari del congiuntivo imperfetto sono identiche.

- In genere, il congiuntivo imperfetto viene introdotto da un verbo al passato come, ad esempio, *credere, pensare, sperare, supporre, volere*: Pensavo che Pietro **fosse** ammalato.

- Il congiuntivo imperfetto si può utilizzare con il condizionale per esprimere un desiderio come, ad esempio, <u>Vorrei</u> che tu **leggessi** questo libro sulla medicina alternativa.

⇨ Avevo paura che queste medicine mi **facessero** più male che bene.

⇨ Non credevo **fosse** possibile andare in bicicletta in città.

⇨ Il professore voleva che tutti gli studenti **parlassero** in italiano.

⇨ Non credevo che il dottore mi **desse** una diagnosi precisa sulla mia malattia.

 04.09 Cosa vogliono alcuni sanitari. Riscrivere la frase con la forma corretta del **congiuntivo imperfetto**.

> **Esempio:** Il mio dentista (volere) che io (andare) per una visita di controllo ogni sei mesi.
> *Il mio dentista **voleva** che io **andassi** per una visita di controllo ogni sei mesi.*

1. Io (chiedere) una radiografia al dentista per vedere se ci (essere) delle carie.

2. L'igienista mi (ordinare) che io (aprire) la bocca ogni volta che passava il filo interdentale.

3. L'igienista (insistere) che io (guardare) bene come usare lo spazzolino.

4. I dentisti (ostinarsi) per far sì che tutti (usare) un dentifricio al fluoro.

5. Franco non (credere) che l'estrazione di un dente (essere) possibile.

6. Dopo la chirurgia orale, il dentista (consigliare) che il paziente (fare) impacchi di ghiaccio.

7. Subito dopo l'estrazione di un dente, la madre (desiderare) che sua figlia (consumare) solo cibi liquidi.

8. Il medico di famiglia (raccomandare) ai pazienti che (iniziare) degli antibiotici per impedire un'infezione.

I COMPARATIVI E SUPERLATIVI IRREGOLARI

COMPARATIVO		SUPERLATIVO	SUPERLATIVO ASSOLUTO
buono	migliore	(il/la) migliore	ottimo/a/i/e
		(i/le) migliori	
cattivo	peggiore	(il/la) peggiore	pessimo/a/i/e
		(i/le) peggiori	
grande	maggiore	(il/la) maggiore	massimo/a/i/e
		(i/le) maggiori	
piccolo	minore	(il/la) minore	minimo/a/i/e
		(i/le) minori	

Nota bene: Per questi aggettivi comparativi ci sono anche le forme regolari come, ad esempio, *buono, più buono, buonissimo, cattivo, più cattivo, cattivissimo* e via di seguito. Si noti che l'aggettivo "buono" cambia in "buon", davanti ai nomi maschili che cominciano con una consonante come, ad esempio, "un buon pranzo, un buon servizio", ecc. Inoltre, si usa l'apostrofo davanti ai nomi femminili che cominciano con una vocale come, ad esempio, una buon'amica, una buon'idea, ecc. Lo stesso si potrebbe dire degli altri aggettivi come, ad esempio, "grande, santo, bello", perché seguono la stessa regola.

L'uso della lingua

- Il superlativo si può esprimere in due modi, relativo e assoluto come, ad esempio, *Il mal di stomaco è **peggio** del mal di testa. Un male incurabile è **il peggiore** dei mali.*

⇨ Dopo l'intervento chirurgico, la mia condizione fisica è **migliore** di prima.

⇨ Secondo gli scienziati, l'influenza aviaria potrebbe avere **peggiori** conseguenze nei Paesi sottosviluppati.

⇨ Il mio dolore è **maggiore** di quanto potessi immaginare.

⇨ Il medico vuole che io faccia **il minimo** sforzo per evitare che la ferita si aggravi.

04.10 Alcune valutazioni sui trattamenti medici. Utilizzando la forma appropriata dei **comparativi** e dei **superlativi** irregolari, creare delle frasi riguardanti la medicina.

> **ESEMPIO:** in questo ospedale / avere / un **buon** / trattamento
> *In questo ospedale ho avuto il **miglior** trattamento.*
> *Ho avuto un **ottimo** trattamento in questo ospedale.*

1. in questa clinica / avere / una cattiva / esperienza
2. essere un / buon medico / nel campo dell'oncologia
3. essere un centro di ricerche mediche / piccolo / rispetto a molti altri
4. essere un grande / chirurgo / nel ramo ortopedico
5. essere un cattivo / farmaco da prendere

VERBI CON LE STESSE CARATTERISTICHE DI *PIACERE*

L'uso della lingua

- I verbi con le stesse caratteristiche di *piacere* sono impersonali perché non hanno un soggetto specifico e si usano alla terza persona singolare come, ad esempio, *bastare, mancare, occorrere, restare, succedere* e *servire*.

⇨ **Basta** che il paziente sia ben informato prima di subire un intervento chirurgico.

⇨ Ad Elio **mancano** due esami per completare la laurea in medicina.

⇨ Mi **occorrerebbero** delle pagine per spiegare come mi sento.

⇨ Alla bambina **restano** ancora due settimane di convalescenza.

⇨ A Franca **succede** spesso di non poter continuare a leggere senza prima mettere delle gocce agli occhi.

⇨ A Giuliana **servono** ancora due anni di tirocinio prima che apra il proprio studio medico.

04.11 Alcuni consigli medici. Utilizzando i verbi con la stessa caratteristica di **piacere**, creare delle frasi riguardanti la salute.

> **ESEMPIO:** il medico / dire che camminare trenta minuti al giorno / **bastare** / per mantenermi in forma
> *Il medico mi ha detto che camminare trenta minuti al giorno **basta** per mantenermi in forma.*

1. (a me) bastare / poche ore per fare gli esercizi aerobici
2. (a Luisa) mancare / le energie per affrontare un lavoro pesante
3. (a noi) occorrere / la concentrazione per combattere la noia
4. (a voi) restare / ancora alcune settimane per laurearvi
5. (a te) succedere / spesso di avere mal di testa
6. (a loro) servire / molti soldi per far fronte a un intervento chirurgico

ALTRE ESPRESSIONI IDIOMATICHE

L'uso della lingua

- La lingua italiana è ricca di espressioni idiomatiche che spesso non si possono tradurre letteralmente.

⇨ **Avere la stoffa del campione** (avere le qualità per diventare eccellente)

Arianna ha la stoffa del campione perché è una dottoressa eccellente e vede la sua professione come una missione.

⇨ **Averne fin sopra i capelli** (non riuscire più a sopportare una determinata situazione)

Sabrina ne ha fin sopra i capelli del trattamento del medico.

⇨ **Dare per scontato** (credere che certe cose si verifichino)

Spesso i medici danno per scontato che tutti i malati abbiano gli stessi sintomi.

⇨ **Fare un salto** (visitare qualcuno)

Domani facciamo un salto in ospedale per vedere come sta la nonna.

⇨ **Farsi un nome** (diventare noto)

Questo medico si sta facendo un nome nel campo delle malattie allergiche.

⇨ **Farsi in quattro** (lavorare molto)

In questo ospedale le infermiere si fanno in quattro per aiutare i pazienti.

⇨ **Essere giù di morale** (sentirsi depresso)

Marina è a letto da due settimane ed è comprensibile che sia giù di morale.

⇨ **Essere fuori di sé** (arrabbiarsi)

Dopo aver appreso la brutta notizia i genitori erano fuori di sé.

⇨ **Essere tagliato per un lavoro** (avere un talento per un determinato lavoro)

Anna ha molta pazienza e sembra sia tagliata per il lavoro di infermiera.

⇨ **Non mi fa né caldo né freddo** (mi è indifferente)

Il trattamento di chemioterapia a Luigi sembra non faccia né caldo né freddo.

⇨ **Non mollare** (non abbandonare)

Gli amici esortano Lucia a non mollare nella lotta contro il cancro.

⇨ **Tenere duro** (non rinunciare)

Malgrado Luca soffra di leucemia, i medici lo spronano a tener duro.

⇨ **Un tipo in gamba** (una persona abile ed intelligente)

Rita è un tipo in gamba e sono sicuro che saprà affrontare questa nuova crisi con molta serenità.

⇨ **Vecchia roccia** (una persona buona e forte)

Mio nonno è sempre stato una vecchia roccia capace di combattere le avversità della vita senza demoralizzarsi.

04.12 Alcune osservazioni sulla medicina. Utilizzando le **espressioni idiomatiche** elencate, creare delle frasi riguardanti la medicina.

> **Esempio:** **avere la stoffa del campione**
> *Luciana è una dottoressa preparatissima che si dedica anche al tennis mostrando di* **avere la stoffa del campione.**

1. averne fin sopra i capelli
2. dare per scontato
3. fare un salto
4. farsi in quattro
5. essere giù di morale
6. non mi fa né caldo né freddo
7. non mollare
8. tenere duro

IL PERIODO IPOTETICO

Il periodo ipotetico esprime la probabilità di un'azione e l'improbabilità di un'azione ed è sempre introdotto dalla congiunzione *se*. La costruzione ipotetica, che può essere espressa in tre modi, consiste di due parti, la frase principale e quella subordinata.

A. Ipotesi di realtà: un'azione che non lascia spazio a dubbi. **Se** + tutti i tempi del modo indicativo, futuro / presente (frase subordinata), tutti i tempi del modo indicativo, futuro / presente (frase principale)

   1. **Se andrò** dal medico stamattina, **non potrò** andare a scuola.
   2. Se **hai preso** gli antibiotici, **non puoi** bere alcol!
   3. **Puoi** studiare, se **hai** un gran mal di testa?

B. Ipotesi di possibilità: un'azione che potrebbe succedere. **Se + congiuntivo imperfetto** (frase subordinata), condizionale presente (frase principale)

   1. **Se chiedessi** ad un esperto di botanica il valore delle erbe aromatiche, mi **spiegherebbe** gli effetti benefici che alcune piante possono dare.
   2. **Se scrivessi** per un parere al medico, **non** mi **risponderebbe** perché non ha tempo.
   3. **Se esaminassimo** gli antichi rimedi, ci **accorgeremmo** subito che i nostri nonni usavano la cosiddetta medicina alternativa.

C. Ipotesi di impossibilità o dell'irrealtà: un'azione impossibile da realizzare. **Se + congiuntivo trapassato** (frase subordinata), **condizionale passato** (frase principale).

   1. Se questi pazienti non avessero fumato, non avrebbero avuto malattie respiratorie.
   2. Se non avesse camminato sotto la pioggia, Renzo non avrebbe preso un raffreddore.
   3. Se loro non fossero venuti in Italia, non avrebbero mai incontrato nuovi amici.

L'uso della lingua

- Il periodo ipotetico si introduce sempre con *se* e si utilizza per fare ipotesi, per esprimere un disappunto per le cose che non sono state realizzate e per manifestare desideri.

  ⇨ **Se avessi preso** due aspirine, forse ti **saresti sentito** meglio.

  ⇨ **Se avessi fatto** l'agopuntura alla spalla, forse **sarei stato** in grado di riprendere l'attività sportiva.

  ⇨ **Se** noi **avessimo fatto** una terapia omeopatica, forse **avremmo avuto** un organismo più resistente alle infezioni.

 04.13 Quali benefici produce l'uso delle erbe? Utilizzando il **periodo ipotetico**, formulare frasi complete facendo delle ipotesi.

> **ESEMPIO:**   noi prendere / una dose di ginko biloba / aiutare / a non dimenticare
> *Se noi **prendessimo** una dose di ginko biloba, **ci aiuterebbe** a non dimenticare.*

1. voi utilizzare / ginseng / stimolare più energia fisica
2. tu usare / valeriana / tranquillizzare lo stress quotidiano
3. io bere / una tazza di camomilla / potere combattere l'insonnia
4. loro fare / una cura di turmeric / non soffrire l'artrite
5. lei comprare / una dose di astragalus anziché aspirina / avere risultati migliori per curare il raffreddore
6. io e tu servirsi / di echinacea / proteggersi da infezioni
7. tu e Mario includere / cicoria nella dieta / curare l'osteoporosi

ALTRI USI DEL CONGIUNTIVO DEI VERBI IRREGOLARI

Verbi irregolari:

INFINITO	CONGIUNTIVO PRESENTE	CONGIUNTIVO IMPERFETTO
andare:	vada . . . andiamo, andiate, vadano	andassi . . . andassimo . . . andassero
dire:	dica . . . diciamo, diciate, dicano	dicessi . . . dicessimo . . . dicessero
dovere:	debba . . . dobbiamo, dobbiate, debbano	dovessi . . . dovessimo . . . dovessero
stare:	stia . . . stiamo, stiate, stiano	stessero . . . stessimo . . . stessero
porre:	ponga . . . poniamo, poniate, pongano	ponessi . . . ponessimo . . . ponessero
tradurre	traduca . . . traduciamo, traduciate, traducano	traducessi . . . traducessimo . . . traducessero
uscire:	esca . . . usciamo, usciate, escano	uscissi . . . uscissimo . . . uscissero
volere:	voglia . . . vogliamo . . .vogliate . . .vogliano	volessi . . .volessimo . . .volessero

L'uso della lingua

- Il congiuntivo si usa per esprimere un'opinione o una congettura.

  ⇨ Molti medici ritengono che la medicina alternativa **non debba** recare alcun beneficio all'uomo.

  ⇨ Può darsi che uno di questi giorni **esca** uno studio più accurato sull'utilizzo delle erbe aromatiche in alternativa alla medicina moderna.

  ⇨ Si dice che gli antichi **curassero** le loro malattie con le erbe aromatiche.

04.14 Cosa pensi della medicina alternativa? Utilizzando la forma corretta del **congiuntivo**, esprimi un giudizio sulla cosiddetta medicina alternativa.

> **ESEMPIO:**   medici / porre fiducia sulla medicina alternativa
> *Non credo che i medici **pongano** fiducia nella medicina alternativa.*

1. omeopatia / avere gli stessi effetti del placebo

2. medicina alternativa / potere avere degli effetti collaterali

3. medicina alternativa / utilizzare un metodo scientifico

4. farmaco alle erbe / essere più efficace dei farmaci moderni

5. chirurgia moderna / costare meno dell'agopuntura

6. medicina alternativa / rischiare di perdere credibilità rispetto alla medicina moderna

7. praticanti della medicina tradizionale / essere meno sicuri di coloro che optano per la medicina alternativa

L'INFINITO COME SOGGETTO

L'uso della lingua

- L'infinito come soggetto si può utilizzare per dare delle indicazioni o per esprimere giudizi.

⇨ **Bere** tè verde fa bene alla salute.

⇨ **Prendere** ripetute dosi di vitamina C aiuta a prevenire un raffreddore.

⇨ Dicono che **ridere** prolunga la vita.

 04.15 Le erbe magiche. Utilizzando la forma dell'**infinito come soggetto**, riscrivi le seguenti frasi.

> **ESEMPIO:**   L'uso del basilico potrebbe combattere l'alito cattivo.
> *Dicono che **usare** il basilico potrebbe combattere l'alito cattivo.*

1. La camomilla come bevanda potrebbe calmare i nervi.

2. Il consumo delle carote potrebbe regolare il sistema intestinale.

3. I fiori della lavanda potrebbero combattere malattie respiratorie.

4. L'uso dell'origano potrebbe facilitare la digestione.

5. Le foglie del rosmarino potrebbero alleviare l'asma.

Unità 5   A tavola

Struttura

Riferimento grammaticale

IL CONGIUNTIVO PASSATO

Come avviene nel passato prossimo, il tempo composto del **congiuntivo passato** si forma con l'ausiliare del verbo *avere* o *essere*.

-ARE	-ERE	-IRE
Congiuntivo presente di *avere* + participio passato del verbo:		
Che io abbia parl**ato**	**Che io abbia** ripet**uto**	**Che io abbia** fin**ito**
Che tu abbia parl**ato**	**Che tu abbia** ripet**uto**	**Che tu abbia** fin**ito**
Congiuntivo presente di *essere* + participio passato del verbo:		
Che io sia and**ato(a)**	**Che io sia** rim**asto(a)**	**Che io sia** usc**ito(a)**
Che tu sia and**ato(a)**	**Che tu sia** rim**asto(a)**	**Che tu sia** usc**ito(a)**

L'uso della lingua

- Il **congiuntivo** si usa essenzialmente in frasi subordinate.
- ⇨ Non penso che il pasticcere **abbia messo** troppo zucchero nella torta.
- ⇨ Credo che i miei amici **siano rimasti** in pasticceria a fare degli assaggi.
- ⇨ È probabile che i ragazzi **abbiano mangiato** dei gelati e questo spiega perché non hanno appetito.

05.01   Un tipico piatto regionale. Utilizzando la forma corretta del **congiuntivo passato,** creare una frase completa con gli elementi forniti.

> **Esempio:** essere / probabile / che / nonna siciliana / preparare / pasta alla norma / melanzane / ricotta salata
> *È probabile che la mia nonna siciliana **abbia preparato** la pasta alla norma con melanzane e ricotta salata.*

1. credere / che / zii torinesi / suggerire / agnolotti / con ripieno di carne / e parmigiano

2. pensare / che / orecchiette con le cime di rapa / essere / un piatto tipico della Puglia / da molti secoli

3. essere / possibile / che / amici genovesi / comprare / ingredienti / per preparare / lasagne al pesto

4. sebbene / preparare / ossobuco alla milanese / spesse volte / mia moglie / desiderare / mangiarlo / stasera / ristorante

5. dubitare / che / parenti napoletani / volere assaggiare / pasta alle vongole / una seconda volta

6. temere / che / tu / ordinare / polenta alla veneta / per / fare piacere / ai cugini veneziani

7. essere contento / che / noi / ordinare / stracciatella alla romana / per / non mangiare sempre / saltimbocca alla romana

8. avere paura / che il cuoco / esaurire / tagliatelle alla bolognese / ma potere benissimo sostituirle con / orecchiette baresi all'emiliana

LE CONGIUNZIONI USATE CON IL CONGIUNTIVO PASSATO

Le **congiunzioni** usate con il **congiuntivo passato** sono: *a condizione che, a patto che, benché, malgrado, nel caso in cui, nonostante, per quanto, prima che, purché, sebbene, senza che, seppure.*

L'uso della lingua

- I **connettivi** come, ad esempio, *prima che, sebbene,* ecc., esigono l'uso del congiuntivo.
- ⇨ **Senza che** gli ospiti l'**abbiano chiesto,** l'oste ha offerto loro un dolce regionale.
- ⇨ **Nonostante** io non **abbia** ancora **digerito,** sarei disposto a prendere un gelato alla vaniglia.
- ⇨ **Nonostante** i signori **siano arrivati** tardi al ristorante, la cuoca ha preparato loro un pranzo indimenticabile.

 05.02   Alla scoperta di piatti regionali. Utilizzando le **congiunzioni** usate con il **congiuntivo passato,** creare delle frasi originali.

> **Esempio:** per quanto / io leggere molto sulla cucina napoletana/ la pizza
> *Per quanto io **abbia letto** molto sulla cucina napoletana, non riesco a fare la pizza.*

1. a condizione che / tu / comprare gli ingredienti / io / frittelle ripiene alla siciliana

2. a patto che / loro / pulire il forno / noi / gnocchi alla piemontese

3. benché / lei / nascere in Calabria / non / sgombro alla calabrese

4. malgrado / noi / andare in vari ristoranti italiani / non / penne alla pugliese

5. nel caso in cui / cuoco / esaurito gli ingredienti / zucchine ripiene alla ligure

6. nonostante / io / ritornare recentemente dall'Italia / non / sfogliatelle alla napoletana

7. quantunque / sorella / visitare mai l'Italia / gnocchi al gorgonzola

8. sebbene/ tu/ non visitare ancora l'Italia/ spaghetti alla carbonara

IL CONGIUNTIVO IMPERFETTO

Il congiuntivo imperfetto si utilizza nelle proposizioni subordinate e si può usare anche per far riferimento al presente.

-ARE	-ERE	-IRE
Che io parl**assi**	Che io ripet**essi**	Che io fin**issi**
Che tu parl**assi**	Che tu ripet**essi**	Che tu fin**issi**
Che egli parl**asse**	Che egli ripet**esse**	Che egli fin**isse**
Che noi parl**assimo**	Che noi ripet**essimo**	Che noi fin**issimo**
Che voi parl**aste**	Che voi ripet**este**	Che voi fin**iste**
Che essi parl**assero**	Che essi ripet**essero**	Che essi fin**issero**

L'uso della lingua

- Si noti che le prime due persone del **congiuntivo imperfetto** come, ad esempio, *parlassi, ripetessi* e *finissi,* sono uguali.
- ➯ **Sebbene** il bambino non **mangiasse** molto, lui, però, era ghiotto di dolci.
- ➯ **Nonostante** la nonna di Mara non **cucinasse** spesso, quando voleva, sapeva cucinare bene.
- ➯ **Senza che** i bambini glielo **chiedessero**, il nonno aveva l'abitudine di comprar loro dei dolci tutte le domeniche.
- ➯ Pensavano che il ristorante **fosse** chiuso di lunedì.
- ➯ Avevamo paura che il pranzo in quel ristorante **costasse** molto, invece i prezzi erano ragionevoli.

 05.03   Gli ingredienti essenziali. Utilizzando la forma corretta del **congiuntivo imperfetto,** trasformare le seguenti frasi:

> **ESEMPIO:**   Non (credere) che per preparare il risotto alla toscana (servire) cipolle, carote, sedano, un bicchiere di olio e sugo di pomodoro fresco.
> *Non **credevo** che per preparare il risotto alla toscana **servissero** cipolle, carote, sedano, un bicchiere di olio e sugo di pomodoro fresco.*

1. Non (credere) che per preparare farro al pesto (occorrere) basilico, burro, pinoli, parmigiano, aglio, sale e olio d'oliva.
2. Noi non (pensare) che per preparare l'aragosta lessata (volerci) aceto, foglie di alloro, prezzemolo, carota, cipolla, qualche foglia di lattuga, maionese, uova sode, sale e pepe.
3. Tu non (credere) che per preparare il tiramisù (richiedere) savoiardi (biscotti), mascarpone, una tazza di caffè zuccherato, cacao in polvere e, a piacere, 10 cucchiai di liquore.
4. Loro non (credere) che per preparare risotto alla milanese (necessitare) mezza cipolla, burro, midollo di bue, brodo, parmigiano, zafferano e sale.
5. Lei non (pensare) che per preparare calamari farciti (bisognare) aglio, 2 cucchiai di pangrattato, pepe, sale, un tuorlo d'uovo, prezzemolo e salsa di pomodoro.
6. Io e lui non (credere) che per preparare insalata alla marinara (servire) patate lesse, qualche coda di gambero, scampi, vongole, 3 uova sode, origano, basilico, prezzemolo, olio, succo di limone, maionese e senape.
7. Voi non (credere) che per preparare la torta rustica con funghi (richiedere) 4 grossi funghi porcini, prezzemolo, aglio, olio extravergine, besciamella pronta e burro.
8. I signori non (credere) che per preparare penne alla pugliese (volerci) broccoli, 1/2 litro di panna, 1 mazzetto di maggiorana, 1 spicchio di aglio, 1 peperoncino rosso, 1/2 bicchiere di olio, 6 cucchiai di pecorino grattugiato, sale e pepe.

IL CONGIUNTIVO TRAPASSATO

Come avviene nei tempi dell'indicativo, il **congiuntivo trapassato** si forma con il **congiuntivo imperfetto di** *avere / essere* **+ participio passato del verbo.**

-ARE	**-ERE**	**-IRE**
Con *avere*:		
Che io avessi parlato	**Che io avessi** ripetuto	**Che io avessi** finito
Che tu avessi parlato	**Che tu avessi** ripetuto	**Che tu avessi** finito
Con *essere*:		
Che io fossi andato(a)	**Che io fossi** rimasto(a)	**Che io fossi** uscito(a)
Che tu fossi andato(a)	**Che tu fossi** rimasto(a)	**Che tu fossi** uscito(a)
Che lui fosse andato(a)	**Che lui fosse** rimasto(a)	**Che lui fosse** uscito(a)
Che noi fossimo andati(e)	**Che noi fossimo** rimasti(e)	**Che noi fossimo** usciti(e)
Che voi foste andati(e)	**Che voi foste** rimasti(e)	**Che voi foste** usciti(e)
Che essi fossero andati(e)	**Che essi fossero** rimasti(e)	**Che essi fossero** usciti(e)

L'uso della lingua

- Si noti che il **congiuntivo trapassato** si forma con il congiuntivo imperfetto di *essere* o *avere* + il participio passato.
- Nonostante il cuoco non **avesse studiato** formalmente l'arte culinaria, sapeva preparare dei piatti squisiti.
- Nonostante loro **fossero rimasti** in casa a causa del maltempo, potevano ordinare dei pranzi completi presso un ristorante nelle loro vicinanze.
- Prima che noi **avessimo avuto** il tempo per gustare il pranzo, il cameriere ci presentò subito il conto.

 05.04 La mia esperienza al ristorante. Utilizzando la forma corretta del **congiuntivo trapassato,** creare delle frasi originali.

ESEMPIO: Benché il menu **(indicare)** i prezzi dei piatti, il conto non **(rispecchiare)** ciò che noi **(mangiare).**
*Benché il menu **avesse indicato** i prezzi dei piatti, il conto non **ha rispecchiato** ciò che **abbiamo mangiato**.*

1. Malgrado la cucina **(essere)** buona, il servizio **(essere)** pessimo.
2. Nonostante l'ambiente **(essere)** suggestivo, la cucina non **(offrire)** una varietà di piatti.
3. Anche se gli amici lo **(raccomandare)**, la qualità del ristorante **(lasciare)** molto a desiderare.
4. Per quanto i giornali **(scrivere)** buone cose sul cuoco, lui non **(rimanere)** umile.
5. Sebbene il ristorante **(essere)** affollato, noi **(divertirsi)** lo stesso.

ALTRE PREPOSIZIONI

Ecco altre preposizioni: **contro, davanti, dentro, dietro, dopo, durante, eccetto, escluso, fuori, insieme, lontano, lungo, mediante, nonostante, prima, salvo, secondo, sopra, sotto, tranne, vicino.**

L'uso della lingua

- Oltre alle **preposizioni** semplici ed articolate, ce ne sono altre come, ad esempio, *insieme, sopra, tranne*, ecc., che richiedono un impiego meno complicato.

⇨ **Nonostante** il prezzo sia abbastanza caro, direi che in questo ristorante abbiamo mangiato bene.

⇨ **Escluso** il servizio, che bisogna pagare a parte, il prezzo è ragionevole.

⇨ Dopo cena, abbiamo fatto una bella passeggiata **lungo** il fiume Tevere.

⇨ **Salvo** qualche imprevisto, direi che in questa trattoria si mangia bene e si spende poco.

⇨ **Tranne** il vino, che non era tra i migliori, il resto della cena era buonissimo.

Vocabolario utile

contro, davanti, dentro, dietro, dopo, durante, eccetto, escluso, fuori, insieme, lontano, lungo, mediante, nonostante, prima, salvo, secondo, sopra, sotto, tranne, vicino

 05.05   La preposizione. Segui un corso estivo d'italiano presso l'Università di Pavia. Una delle ragioni per cui hai scelto questa meravigliosa città è per vivere in un luogo tranquillo senza però annoiarti. Utilizzando una **preposizione** appropriata tratta dal vocabolario utile, completare le seguenti frasi.

1. _____ molto tempo, finalmente abbiamo cenato in un ristorante giapponese.
2. _____ la sua esperienza internazionale, il cuoco abbia mantenuto sempre la creatività in cucina.
3. _____ qualche piccolo errore, nell'insieme direi che il mio amico ha preparato un pranzo buonissimo.
4. _____ la strada si possono trovare tutti i ristoranti di questo mondo.
5. _____ il caffè molto diluito, la torta era eccezionale.
6. _____ del pranzo, il cameriere ci ha portato degli antipasti caldi veramente saporiti.

ALCUNE IRREGOLARITÀ DEI NOMI

A. Nomi con doppia forma di plurale:

1. **il braccio** (*m*): **i bracci** (con riferimento ai bracci di una macchina, un robot, ecc.); **le braccia** (*f*) (con riferimento al corpo umano)

2. **il cervello** (*m*): **i cervelli** (con riferimento alle menti, agli ingegni); **le cervella** (*f*) (con riferimento alla materia cerebrale in sé)

3. **il dito** (*m*): il plurale è **le dita** (*f*). Se si vuole intendere due singole dita, come, ad esempio, l'indice, il singolare sarà *il dito indice*, il plurale semplicemente gli indici; il plurale **i diti** si utilizza quando si considerano le dita distintamente l'uno dall'altra.

4. **il ginocchio** (*m*): il plurale è **le ginocchia** oppure **i ginocchi**

5. **il labbro** (*m*): **i labbri** (con riferimento ad una ferita); **labbra** (*f*) (con riferimento alla bocca)

6. **l'osso** (*m*): **gli ossi** (*m*) (con riferimento agli animali); **le ossa** (*f*): con riferimento al corpo umano

7. **il vestigio** (*m*): si può dire **i vestigi** o **le vestigia** (*f*); da notare che il plurale si usa pochissimo.

B. Nomi con doppia forma del singolare e del plurale:

    1. l'orecchio/l'orecchia: gli orecchi/le orecchie parte del corpo

    2. il frutto/la frutta: i frutti/la frutta prodotto delle piante e risultato di qualcosa

L'uso della lingua

- Si noti che alcuni **nomi** hanno due forme al plurale.

⇨ In questo ristorante è vietato entrare in costume da bagno e addirittura a **braccia** nude.

⇨ Secondo alcuni sondaggi, **i cervelli** dell'informatica italiana fuggono all'estero.

⇨ Quando si lavora in cucina, bisogna fare attenzione a non tagliarsi **le dita**.

Vocabolario utile

braccia / bracci, cervella / cervelli, dita / diti, frutta / frutti, ginocchia / ginocchi, labbra / labbri, orecchie / orecchi, ossa / ossi, vestigia / vestigi

05.06   La città di Pavia è piccola ma graziosa, si può passeggiare per vie strette e visitare chiese antichissime. Seguendo un corso d'italiano presso l'università di questa città, il professore ti ha chiesto di portare a termine alcuni esercizi grammaticali. Completare le seguenti frasi con con la forma appropriata del nome. Per facilitarti il compito, utilizza il **vocabolario utile**.

1. Il cameriere ha detto che non c'è il pericolo degli _____ quando si mangia l'ossobuco.

2. Visto che in questo locale l'aria condizionata è molto forte, i camerieri ci consigliano di coprirci e _____.

3. Nei ristoranti italiani di solito offrono _____ dopo il pranzo.

4. Alcuni piatti come il minestrone e la pasta e fagioli sono dei _____ della cucina dei poveri.

5. Oltre al senso della buona cucina, questo cuoco ha un eccellente _____ per la musica.

6. Lo scheletro di questo dinosauro è costituito da numerose _____.

7. A questa conferenza, hanno parlato i più grandi _____ della scienza internazionale.

8. Gli italiani usano mangiare molta _____ durante un pasto.

L'AVVERBIO

L'avverbio oltre ad essere invariabile, determina il significato di una frase. In genere, gli avverbi si formano aggiungendo il suffisso **-mente** alla forma femminile dell'**aggettivo** in **-o**:

certo	**fort**e	**general**e
cert**amente**	forte**mente**	general**mente**
rar**amente**	grande**mente**	gentil**mente**
ultim**amente**	veloce**mente**	esemplar**mente**

L'uso della lingua

- Gran parte degli avverbi si ottiene aggiungendo il suffisso **-mente**.
- Da notare che se l'ultima sillaba dell'aggettivo termina in **-le** o **-re**, si elimina la **-e** finale come, ad esempio, *speciale*: *specialmente*.
- Eccezioni: **benevolo**: benevol**mente**; **ridicolo**: ridicol**mente**; **leggero**: legger**mente**; **violento**: violente**mente**.
- ⇨ **Ultimamente** in alcuni ristoranti è di moda offrire un fiore alle donne.
- ⇨ Dato che la pasta non è stata di gradimento, il cameriere ha agito **benevolmente** offrendo un altro piatto al cliente.
- ⇨ **Generalmente** il servizio è incluso nel conto.

 05.07 Un avverbio appropriato. Sempre all'Università di Pavia, continui a svolgere il compito di grammatica italiana. Creare delle frasi con l'**avverbio** appropriato.

> **ESEMPIO:** uso / cappuccino / dopo il pranzo / **certa** / abitudine americana
> *L'uso del cappuccino dopo il pranzo è **certamente** un'abitudine americana.*

1. madre / allergia / la ragione per cui / **rara** / …al ristorante
2. **ultima** / al ristorante / mangiare / un piatto straordinario che consiste in…
3. i genitori italiani / essere / **forte** / preoccupati / perché i bambini / mangiare fast food / anziché…
4. quando / essere… / mangiare / **veloce**
5. **generale** / non mettere mai lo zucchero…

LA FORMA ARTICOLATA DELLA PREPOSIZIONE

La forma articolata della preposizione *di* come, ad esempio, **del, dell', dello, della, dei, degli** e **delle** si utilizza per dare un valore **partitivo** alla frase, ossia una quantità indeterminata che equivale a *un po' di.*

L'uso della lingua

- La **preposizione articolata** *di* può indicare la quantità indefinita di qualcosa.
- ⇨ Vorrei comprare **del** pane e **della** pasta.
- ⇨ A me, sembra che ci sia stata **dell'**ironia nelle parole del cameriere.
- ⇨ La cucina è troppo elaborata e sarebbe ora che i cuochi ci mettessero **del** buon senso nel semplificarla.

05.08 Partitivo. Sei nel Friuli per frequentare un corso estivo presso l'Università di Udine. Hai scelto questa città anche perché hai degli zii che abitano a Pordenone, una città che ti affascina perché qui s'incontrano tre diverse culture: latina, slovena e germanica. Oggi, la tua professoressa d'italiano ti ha dato dei compiti da svolgere. Utilizzando la **forma articolata** della preposizione *di*, completare le seguenti frasi.

1. Fammi un favore. Se esci, comprami _____ uova e _____ pane.
2. Ho l'impressione che la tua amica abbia _____ antipatie verso coloro che non parlano bene l'italiano.
3. Cameriere, ci sono _____ tavoli liberi per il nostro gruppo?
4. Parto per la montagna e ho messo _____ maglioni, _____ guanti, _____ fazzoletti e _____ camicie nella mia valigia.

5. È l'onomastico di mia sorella e stiamo preparando _____ panini,

_____ pizzette e _____ torte.

6. A Trieste ho fatto _____ foto bellissime.

7. Al concerto, il cantante ha cantato _____ famose canzoni del mio musicista preferito.

8. Potrei dirti _____ cose interessanti su questa faccenda, ma in questo momento non ne ho proprio voglia.

ALTRI USI DI _LO_, _CI_ E _NE_

Oltre ad essere utilizzato come pronome oggetto riferito a persone, il pronome _lo_ può riferirsi ad una frase precedente come, ad esempio, "Non ho mangiato la torta e tutti **lo** hanno notato!"

L'uso della lingua

- Oltre a sostituire persone, cose o animali, il **pronome diretto** _lo_ può occupare il posto di una frase con il significato di _questo_ (ad esempio, Chi ha fatto questo? Non _lo_ so.).

⇨ Mio fratello vorrà pagare il conto. Non me **lo** ha/ l'ha detto, ma **l**'ho capito.

⇨ Tutti dicono che "da Gigino" sia un buon ristorante ma, in effetti, non **lo** è.

⇨ **Lo** sapevo che le cose sarebbero andate così!

- Oltre ad essere usato come **pronome oggetto**, _ci_ può esprimere la funzione di un pronome dimostrativo perché può sostituire una parola o una frase introdotta dalle preposizioni _a, in, su, con_ + _questo_:

⇨ Ti dico che mia zia è una bravissima cuoca. **Ci** puoi contare (su questa qualità della zia ci puoi fare affidamento).

⇨ Non **ci** fare caso (Non dare importanza a ciò). La trattoria è affollata, però si mangia bene.

⇨ A questo bambino piace tanto mangiare le patatine fritte. **Ci** prova gusto (a ciò)!

⇨ Questa faccenda non è affatto chiara. Non **ci** vedo nulla di buono (in ciò).

- La particella _ne_ è utilizzata anche come pronome e si riferisce alle preposizioni _di_ e _da_, seguite da un **pronome personale** come, ad esempio, **di lui, di lei, di loro, da lui, da lei, da loro**.

⇨ Credo che il mio amico lavori in quel ristorante, ma da tempo non **ne** ho avuto notizie (**di lui**).

⇨ Non conosco i signori Rossi, però **ne** ho sentito parlare (**di loro**).

⇨ La sua bellezza mi affascina e me **ne** sono subito innamorato (**di lei**).

- Il pronome _ne_ si usa anche come pronome **dimostrativo** come, ad esempio, _di questo, di questa, di questi, di queste, da questo, da questa, da questi, da queste_.

⇨ Non **ne** parla più (**di questo, di questa**).

⇨ Ha mangiato troppo ed ora se **n**'è pentito (**di questo**).

⇨ È un problema serio, ma lui non **ne** vuole sapere (**di questo**).

⇨ Ha letto questo libro e **ne** ha tratto alcune impressioni (**da questo**).

⇨ Non ha visto la bicicletta e **ne** è stato investito (**da questa**).

05.09 Un pronome appropriato. Utilizzando la forma corretta del pronome *lo, ci* e *ne*, completa la frase.

> **ESEMPIO:** Avevo previsto che sarebbe stata una festa poco divertente.
> *Lo avevo previsto.*

1. Non lavora più in quella fabbrica. Non _____ vuole lavorare più.

2. Sapete qualcosa sullo stato di salute della zia? No, non _____ sappiamo niente.

3. Cosa sentivi dentro di te? Sentivo che _____ fossero dei problemi.

4. Cosa hai notato? Ho notato che Sabrina non _____ stava bene in quella scuola.

5. Hai trovato qualcosa di nuovo in quel negozio? No, non _____ ho trovato niente.

6. Ho problemi con il mio computer. Sono due ore che _____ lavoro ma non riesco a trovare una soluzione.

7. Dove vai domani? Vai allo stadio? Con chi _____ vai?

8. Quanti gelati volete? _____ volete due?

9. Quando hai capito che c'era una discordia tra loro due? Me _____ sono immaginato subito.

LA POSIZIONE DEL SOGGETTO

In genere, **la posizione del soggetto** precede il verbo ma qualche volta può anche esserci l'inversione per dare maggiore enfasi alla frase.

L'uso della lingua

* Non sempre il **soggetto** occupa il primo posto nella frase.
⇨ È buona **la cucina**!
⇨ **Ha detto mia zia** che qui si mangia bene.
⇨ Che bel piatto che **hai preparato, Maria**!

 05.10 Posizione del soggetto. Invertendo la **posizione del soggetto**, crea delle frasi originali con i soggetti indicati.

> **ESEMPIO:** un piatto di carciofi
> *Si preparano dei piatti di carciofi alla giudea in questo ristorante.*

1. la bella vista da questo ristorante

2. gli amici

3. Paola non viene al ristorante con noi

4. gli esami d'italiano

5. il cameriere

6. la brutta figura

7. un etto di prosciutto

8. un panino

ALTRE ESPRESSIONI IDIOMATICHE

L'uso della lingua

- Le **espressioni idiomatiche** sono espressioni convenzionali per cui non possono essere tradotte letteralmente.

▷ **dare** atto, l'avvio, congedo, luogo, peso, torto

   a. Dobbiamo **dare atto** alla mamma che ha saputo preparare un pranzo squisito.

   b. L'uso eccessivo della Nutella, un prodotto di nocciola e cacao, **ha dato l'avvio** in Italia alla moda della pizza al cioccolato.

   c. Subito dopo la festa, gli sposi hanno **dato congedo** agli amici e sono partiti per la luna di miele.

   d. I programmi televisivi sulla cucina hanno **dato luogo** ad un nuovo interesse culinario.

   e. Un buon cuoco dovrebbe **dare peso** alla critica dei clienti.

   f. Il padrone ha **dato torto** al cameriere per aver portato un piatto sbagliato al cliente.

▷ **fare** allusione, finta, fronte, uso.

   a. Il presidente americano ha **fatto allusione** alla buona cucina italiana durante un discorso che ha tenuto a Roma.

   b. Ho chiamato il cameriere, ma forse **fa finta** di non vedermi.

   c. Per aprire un buon ristorante, bisogna **far fronte** a delle grandi spese.

   d. In questo ristorante **fanno uso** di prodotti genuini.

▷ **mettere** mano, piede, in atto, in azione

   a. Ogni volta che **metto mano** per preparare una pietanza, non ci riesco.

   b. **Abbiamo messo piede** in questa trattoria spesso e questa è la prima volta che abbiamo mangiato male.

   c. Il governo **ha messo in atto** una nuova legge che vieta di fumare nei locali pubblici.

   d. La mamma **ha messo in azione** il suo piano per far mangiare vegetali ai bambini.

▷ **prendere** aria, atto, congedo, cura, gusto, il largo, le distanze

   a. Dopo aver mangiato molto, alcuni invitati sono usciti fuori per **prendere aria** e per digerire meglio.

   b. Il cuoco **ha preso atto** delle richieste ed ha preparato un pranzo particolare per i suoi clienti.

   c. Dopo il ricevimento, gli sposi **hanno preso congedo** dagli ospiti e sono partiti per la luna di miele.

   d. Il cameriere **si è preso cura** delle nostre richieste portandoci pane e vino in abbondanza.

   e. Molti clienti **prendono il gusto** di ordinare un ricco antipasto come pranzo.

   f. Subito dopo **aver preso il largo**, la nave crociera ha iniziato le festività di bordo con pranzi e balli per tutti.

   g. Quando la cena non è buona, spesso i camerieri **prendono le distanze** dal cuoco scusandosi.

➪ **tenere** compagnia, conto, fede, a dieta, in sospeso

    a. I miei amici mi **hanno tenuto compagnia** fino a tarda ora.

    b. Bisogna **tener conto** di ciò che mangiamo se non si vogliono correre rischi a lungo andare.

    c. I nostri amici **hanno tenuto fede** al loro invito a cena preparandoci un pranzo indimenticabile.

    d. Mi piacerebbe mangiare pasta tutti i giorni, ma il medico mi **tiene a dieta**.

    e. Non abbiamo ricevuto nessuna notizia riguardo alla festa di compleanno perché ci vogliono **tenere in sospeso**.

 05.11 Espressioni idiomatiche. Utilizzando le **espressioni idiomatiche** elencate, creare delle frasi mantenendo il tema culinario.

    ESEMPIO: **fare** finta
                 *Ho chiamato il cameriere, ma forse **fa finta** di non vedermi.*

   1. dare atto, l'avvio, congedo, luogo, peso, torto

   2. fare allusione, finta, fronte, uso

   3. mettere mano, piede, in atto, in azione

   4. prendere aria, atto, congedo, cura, gusto, il largo, le distanze

   5. tenere compagnia, conto, fede, a dieta, in sospeso

IL DISCORSO DIRETTO E INDIRETTO

I verbi come *dire, domandare, chiedere* e *rispondere* possono introdurre sia il **discorso diretto** come, ad esempio, Il cameriere dice: "Possiamo preparare il pesce alla griglia oppure fritto", sia il **discorso indiretto** come, ad esempio, "Il cameriere dice che possono preparare il pesce alla griglia oppure fritto".

    Quando il verbo della proposizione principale è al passato, il passaggio dal **discorso diretto** a quello **indiretto** comporta una trasformazione del verbo della proposizione dipendente.

L'uso della lingua

• Esempio di **discorso diretto**:

➪ Il cameriere **rispose**: "Possiamo preparare il pesce alla griglia oppure fritto".

• Esempio di **discorso indiretto**:

➪ Il cameriere **rispose** che **potevano** preparare il pesce alla griglia oppure fritto.

➪ E ancora esempio di **discorso diretto**:

➪ Il cameriere **rispose**: "**Potremo** preparare il pesce alla griglia oppure fritto".

• Esempio di **discorso indiretto**:

➪ Il cameriere **rispose** che **avrebbero potuto** preparare il pesce alla griglia oppure fritto.

 05.12 Discorso indiretto. Trasforma le seguenti frasi sostituendo il **discorso diretto** con il **discorso indiretto**.

    ESEMPIO: La signora dice: "Vorrei due etti di prosciutto di Parma, per favore".
                 La signora dice che vuole due etti di prosciutto di Parma.

   1. Ai miei amici chiesi: "Volete mangiar fuori oppure dentro?"

   2. A mia madre ho detto: "È un pranzo squisito".

3. Al cuoco dissi: "La pasta non è al dente".

4. Il cameriere ha risposto: "La mancia non è sufficiente".

5. A mia sorella ho chiesto: "Ti piacciono i gamberi?"

ALTRI USI DEI NUMERALI

A. L'uso dei **numeri cardinali** per indicare i secoli: A partire dal secolo XIII, ossia dal 1201 al 1300, usiamo i **numeri cardinali** con la **lettera maiuscola**. Ad esempio, il secolo XIII (1201–1300), equivale al Duecento, il secolo XIV (1301–1400), equivale al Trecento e così via.

L'uso della lingua

- Il concetto di **numero** si può usare come aggettivo o nome.
- ⇨ Nel Cinquecento la tavola in Italia comincia a subire una trasformazione grazie all'introduzione della forchetta, del cucchiaio e del coltello.

B. L'uso dei **numerali moltiplicativi** come *doppio, duplice, triplo, triplice, quadruplo,* ecc., mette in rilievo il valore quantitativo della frase.

   1. Cameriere, vorrei **una doppia** porzione di pesce spada.

   2. I cuochi ricevono **un triplo** compenso quando lavorano durante una festa nazionale.

   3. Per aprire un ristorante di lusso nel centro della città occorre una spesa **quadrupla** di quella calcolata.

 05.13 Alcune osservazioni sulla cucina italiana. Altri usi degli **aggettivi numerali.** Utilizzando i **numeri cardinali** e **ordinali,** crea delle frasi complete.

   ESEMPIO: secolo / XVIII / cucina piemontese / acquistare / fama internazionale nel settore…
               Nell'Ottocento, la cucina piemontese acquista una fama internazionale nel settore dei dolci.
               ristorante / offrire duplice servizio perché si mangia bene e…
               Questo ristorante offre un duplice servizio perché si mangia bene ed è situato vicino al mare.

1. secolo / XVI / cucina italiana / esportare / creatività…

2. dopo cena sontuosa / invitati / ordinare / caffè doppio…

3. secolo / XVI / introduzione pomodoro / nascere / cucina…

4. pranzo / mare / regalare / duplice / vista / perché…

5. secolo / XX /cucina / italiana / esperimentare / piatti / nascere…

L'IMPERATIVO ACCOPPIATO AI PRONOMI ATONI

La forma atona o debole si riferisce al pronome che si appoggia al verbo.

L'uso della lingua

- La **forma imperativa** non si usa solo per dare ordini, ma anche per esprimere altre funzioni come, ad esempio, dare consigli, dare indicazioni, ecc.

   a. **Fatemi** la cortesia di chiudere la finestra.

   b. I ragazzi dicono al cameriere: "**Dateci** un po' di tempo prima di portarci il secondo".

   c. Se vedete il cuoco, mi raccomando, **ditegli** di non mettere troppo sale nella pasta.

- **L'imperativo** accoppiato ai pronomi atoni vede raddoppiare la consonante iniziale quando si usa con i verbi irregolari *andare, dare, fare, stare, dire,* come, ad esempio, *va, da, fa, sta, di* (si noti, inoltre, che con il pronome *gli,* non c'è raddoppiamento come, ad esempio, "*Digli* a Mario che vengo alla festa".).

  a. Franco, **dacci** una spremuta di limone.

  b. Marisa, **dimmi** la verità, chi ti ha aiutato in cucina?

  c. Roberto, **stammi** a sentire!

05.14 Comandiamo! Riscrivi le seguenti frasi accoppiando i **pronomi atoni** alla forma **imperativa**.

> **ESEMPIO:** Renato, per favore, **passa** il menù **a me**.
> *Renato, per favore, **passami** il menù.*
> Francesca, per cortesia, **stai** bene a sentire a ciò che ti dico.
> *Francesca, per cortesia, **stammi** bene a sentire a ciò che ti dico.*

1. Ragazzi, **date** una mano **a noi** a spostare questo tavolo.

2. Mario, **vai** a prendere un caffè **per me**.

3. Luca, **fai** la cortesia **a noi** di non usare il telefonino mentre siamo a tavola.

4. Ragazzi, **dite** la verità **a me**, chi vi ha dato il permesso di fumare?

5. Maria, per favore, **leggi** il menù **per me** perché non ho gli occhiali.

I PRONOMI RELATIVI *IL QUALE, LA QUALE, I QUALI, LE QUALI*

Nonostante l'uso dei pronomi relativi *che* e *cui* sia abbastanza diffuso, il pronome relativo composto da due elementi serve a precisare eventuali ambiguità come, ad esempio, *Ho parlato con la sorella del mio amico la quale frequenta un corso d'italiano.* In questo caso l'uso di *che* potrebbe riferirsi all'*amico* anziché alla *sorella*.

L'uso della lingua

- Si noti che l'uso dei **pronomi relativi** come, ad esempio, *il quale,* non è comune nella lingua parlata.

⇨ Ho parlato con la moglie del cuoco, **la quale** mi ha detto che suo marito usa solo ingredienti biologici.

⇨ Ho incontrato un amico di mio fratello, **il quale** mi ha detto che ha aperto un nuovo ristorante italiano vicino a casa.

 05.15 Pronomi relativi. Sostituisci il pronome relativo *che / cui* con *il quale, la quale, i quali* o *le quali*.

> **ESEMPIO:** Ieri ho parlato con l'assistente della mia professoressa d'italiano **che** mi ha detto di prepararmi perché fra qualche giorno ci saranno degli esami orali in classe.
> *Ieri ho parlato con l'assistente della mia professoressa d'italiano **il quale** mi ha detto di prepararmi perché fra qualche giorno ci saranno degli esami orali in classe.*

1. Quando ero bambino mia nonna mi preparava molti pranzi deliziosi a **cui** non sapevo rinunciare.

2. Questo è il famoso cugino di mia madre **a cui** dovremmo scrivere più spesso.

3. Ho ricevuto un invito per la festa di compleanno di un'amica con **cui** ho frequentato l'università.

4. Ho telefonato a tua madre a **cui** ho spiegato la situazione.

5. Non mi ricordo i nomi degli alberghi in **cui** abbiamo pernottato.

L'OMISSIONE DELL'ARTICOLO

Sebbene l'uso comune richieda l'articolo determinativo, in alcuni casi è possibile ometterlo.

A. quando il **nome** diventa **avverbiale**

- Oltre ad escludere l'**articolo** con nomi geografici, nomi propri ed aggettivi possessivi, si può avere l'omissione dell'articolo in altre situazioni:

▷ Mia nonna prepara la pizza **con amore**.

▷ Lui lavora in cucina **con pazienza** e **tranquillità**.

B. quando ad un **nome** si unisce il **significato di un altro**

▷ Abbiamo pranzato nella **sala da pranzo**.

▷ Le donne si sono presentate alla festa in **abito da sera**.

C. quando il **nome** viene usato come **titolo di un libro** o come **nome di un negozio:**

▷ Ho comprato un nuovo libro dal titolo *Cucina regionale italiana*.

▷ Siamo andati a cenare al famoso ristorante romano **Antica Roma**.

05.16 **L'omissione dell'articolo.** Riscrivere la frase utilizzando il **nome come valore avverbiale**.

> **ESEMPIO:**   La cucina di mia nonna è speciale perché prepara i pranzi **entusiasticamente**.
> *La cucina di mia nonna è speciale perché prepara i pranzi **con entusiasmo**.*

1. Mio cugino ha aperto un ristorante **audacemente** senza dar peso alle spese e alle possibilità di successo.

2. Un buon cuoco ha bisogno di lavorare **tranquillamente** in cucina.

3. La cuoca ha saputo preparare dei nuovi piatti **intelligentemente**, senza trascurare gli ingredienti tradizionali.

4. È impossibile pranzare in un ristorante e parlare **serenamente** quando c'è troppa gente e baraonda dappertutto.

5. **Onestamente** devo dire che in questo ristorante si mangia bene, ma il servizio è pessimo.

Visitiamo l'Italia

Struttura

Riferimento grammaticale

I SUFFISSI _-TORE_ E _-TRICE_

I nomi che al maschile terminano in **-tore** formano il femminile con **-trice**.

l'at**tore**	l'at**trice**
il collabora**tore**	la collabora**trice**
l'impera**tore**	l'impera**trice**

L'uso della lingua

- I suffissi - _tore_ e _-trice_ hanno una funzione attiva perché indicano ciò che una persona o un oggetto svolge.
- ⇨ Una telespetta**trice** americana ha scritto alla RAI chiedendo un itinerario per le Isole Eolie.
- ⇨ La famosissima at**trice** Sophia Loren può benissimo essere considerata l'ambascia**trice** del cinema italiano del nostro tempo.
- ⇨ Si dice che l'impera**tore** romano, Gaio Cesare, soprannominato Caligola, fosse uno dei più crudeli despoti che Roma abbia mai avuto.

06.01 Arricchire il vocabolario. Formulare delle frasi complete con i seguenti nomi, utilizzando la forma femminile dei sostantivi che terminano in -**tore** o in -**trice**.

> **ESEMPIO:** conduttrice
> *Una famosa* **conduttrice** *della televisione italiana ha invitato alcuni turisti americani a partecipare ad un dibattito sulla vita quotidiana del nostro Paese.*

1. collaboratore
2. direttore
3. albergatore [chi gestisce o possiede un albergo]
4. ammiratore
5. autore
6. temporeggiatore [chi ritarda un'azione in attesa di condizioni migliori]
7. radioascoltatore
8. traduttore
9. coltivatore
10. sceneggiatore [chi mette in scena un'opera teatrale o cinematografica]

I NOMI DIFETTIVI

I **nomi difettivi,** ossia nomi senza singolare o plurale, sono:

A. i nomi astratti utilizzano solo la forma singolare come, ad esempio, **l'allegria, la bontà, il buonumore, la carità, la cattiveria, la chimica, il coraggio, la crudeltà, la depressione, la fama, la fame, la fede, la felicità, la fisica, la generosità, la giustizia, la modestia, la pazienza, la superbia, la tristezza, l'umiltà, la vitalità.**

L'uso della lingua

- I nomi che terminano in -*tà* e in -*tù* sono femminili e non hanno una forma al plurale.
- ⇨ Alcuni nomi che terminano in -*o* e in -*si* come, ad esempio, *foto, radio, moto, auto, tesi, crisi, analisi,* tendono a non avere la forma al plurale.
- ⇨ Qualche volta i poliziotti manifestano un'eccessiva **superbia** nei confronti dei cittadini e non rispettano i diritti civili.
- ⇨ Anziché manifestare **cattiveria** nei confronti dei nostri nemici, dovremmo agire con più gentilezza.
- ⇨ La **crudeltà** verso gli animali è segno che una persona non può essere considerata civile.

B. alcuni nomi collettivi come, ad esempio, **la classe, la comitiva, il fogliame, la folla, la gente, il personale, la roba, la squadra.**

L'uso della lingua

- ⇨ Malgrado **la folla** radunata davanti alla Fontana di Trevi, non ci sono stati incidenti.
- ⇨ Sono molti i turisti che ammirano **il fogliame** autunnale con i suoi splendenti colori.
- ⇨ Il **personale** di servizio di quest'albergo è molto attento ai dettagli e soprattutto cerca di far sentire il turista a suo agio.

06.02 Visitiamo l'Italia. Utilizzando i seguenti **nomi difettivi**, crea delle frasi complete relative al tema dell'unità "Visitiamo l'Italia".

> **ESEMPIO:** durante le feste natalizie / gli italiani / esprimere / il loro **buonumore**...
> *Durante le feste natalizie, gli italiani esprimono il loro buonumore facendo spese.*

1. nelle piazze italiane / sentirsi / *l'allegria* mentre...
2. i commercianti / romani / dimostrare / *la generosità* / quando...
3. gli autisti / palesare / un atteggiamento di *cattiveria* quando...
4. gli anziani / viaggiare / per... *la depressione*
5. gli impiegati / volere / *la giustizia* perché...
6. i visitatori / perdere / *la pazienza* quando...
7. quando entrare / in... / subentra *la tristezza*
8. una città come Milano / mettere in evidenza / *la vitalità* durante...

I VERBI *ESSERE* E *AVERE* AL FUTURO PER ESPRIMERE PROBABILITÀ

I verbi *essere* e *avere* al futuro si possono utilizzare per esprimere probabilità. Si noti la presenza degli avverbi come rafforzativi di questo modo di utilizzare il futuro.

L'uso della lingua

- Il futuro si usa per parlare di cose al futuro o per esprimere supposizioni.
- ⇨ Dove **saranno andati** gli altri amici? Probabilmente **saranno entrati** in qualche negozio per fare spese.
- ⇨ Quanti anni **avrà** la guida del nostro tour? Dall'apparenza, ne **avrà** sicuramente una trentina.
- ⇨ In quel ristorante c'è molta gente. **Sarà** certamente un posto dove si mangia e si spende bene.

 06.03 In giro per l'Italia. Utilizzando i verbi *essere* e *avere* al **futuro** per esprimere probabilità, formulare delle risposte in base alle seguenti domande.

> **ESEMPI:** Perché stanno mettendo un'impalcatura intorno al Colosseo? (avere intenzione di ripulire la facciata...)
> *Avranno intenzione di ripulire la facciata di questo importante edificio storico.*
>
> Perché ci sono tre ambulanze in Piazza San Pietro? (farsi male...)
> *Si sarà fatto male qualcuno.*

1. Perché quei ragazzi portano uno zaino sulle spalle? (avere voglia di fare un'escursione...)
2. Perché non circolano i mezzi di trasporto pubblici? (esserci uno sciopero...)
3. Perché hanno chiuso la Biblioteca Nazionale? (esserci una festa...)
4. Perché non permettono di fare foto al Museo degli Uffizi? (avere paura che facciano dei danni...)
5. Perché sventolano le bandiere italiane davanti agli edifici pubblici? (esserci una festa...)
6. Perché i negozi sono chiusi oggi? (i negozianti avere intenzione di protestare per...)
7. Perché il cameriere non ha ancora portato il conto? (essere occupato con...)
8. Perché l'ascensore non arriva mai? (esserci molte persone...)
9. Perché l'aereo sta ancora fermo sulla pista? (esserci molti...)

I PRONOMI PERSONALI

I pronomi personali, **me, te, sé, noi, voi, sé**, possono essere seguiti dall'**aggettivo dimostrativo** *stesso/a/i/e* per dare un valore rafforzativo al pronome di riferimento. Si noti che **sé + stesso = se stesso**.

L'uso della lingua

- I pronomi usati in questo modo indicano più enfasi.
- ⇨ Quando non c'è nessuno in casa, faccio tutto da **me**: cucino il pranzo e pulisco la cucina per me stesso.
- ⇨ Tutto dipende da **te**! Sarai **tu stesso** a decidere la tua sorte.
- ⇨ Marco è un egoista. Pensa solo a **se stesso** e non s'interessa degli altri.
- ⇨ Avete portato con **voi** i documenti?
- ⇨ Siamo soddisfatti di **noi stessi**.
- ⇨ Loro sono tutt'altro che altruisti perché fanno tutto per **se stessi** e niente per gli altri.

06.04 Le cose su cui riflettere quando visitiamo l'Italia. Utilizzando **i pronomi personali (me, te, sé, noi, voi, sé)**, crea delle frasi con i seguenti elementi.

> **ESEMPIO:** visitare / Cappella Sistina / chiedere a *me stesso* / cosa volesse significare / opera di Michelangelo. . .
>
> *Ho visitato la Cappella Sistina e ho chiesto a **me stesso** cosa volesse significare l'opera di Michelangelo nel contesto rinascimentale.*

1. visitare / Volterra / dire a *me stesso* / cosa volessero significare le coppie di sposi etruschi. . .
2. visitare / Colosseo / domandare a *te stesso* / com'era la vita sociale dell'antica. . .
3. visitare / Pompei / ripetere a *se stesso* / come la gente avrà vissuto. . .
4. visitare / piazze italiane / interpellare *noi stessi* / come vivono. . .
5. visitare / spiagge italiane / chiedere a *voi stessi* / come fanno a nuotare. . .
6. visitare / Terme di Caracalla / domandare a *se stessi* / come passavano il tempo libero. . .

DISTINZIONE TRA *ANDARE* E *VENIRE*

I due verbi, *andare* e *venire*, sono identici nel senso che tutti e due indicano lo spostamento da un punto all'altro. Si usa il verbo *andare* per indicare uno spostamento verso qualcuno o qualcosa come, ad esempio: *Domani **vado** allo stadio con i miei amici.* Si usa il verbo *venire* quando chi parla e chi ascolta, si trovano in due luoghi diversi e quando chi parla invita chi ascolta a raggiungerlo come, ad esempio, *Maria, vieni a teatro con me questa sera?*

L'uso della lingua

- La distinzione tra *venire* e *andare* sta nel fatto che il primo indica il muoversi in un luogo in cui ci s'incontra con qualcuno, mentre l'altro indica il muoversi in un luogo non necessariamente per incontrarsi con qualcuno come, ad esempio,:
  Vengo al teatro e spero di incontrarti.
  Domani sera vado a teatro con il mio amico Piero.
- ⇨ **Vado** a Orvieto perché ci tengo tanto a visitare il Duomo.
- ⇨ Ieri sono **venuta** in piazza, ma non ti ho visto. Dove sei **andato**?
- ⇨ Finalmente siamo arrivati a Orvieto. Sto cercando quel ristorante dove si mangia bene, ma non lo trovo. Ci siamo **venuti** tante volte eppure non ricordo dove si trova!

06.05 Andare o venire? Utilizzando le seguenti frasi, usa la forma corretta del verbo *andare* o *venire*.

ESEMPI: Sei arrivata all'albergo in cui alloggiano i tuoi amici.
*Buongiorno! Mi chiamo Elena Rossi e **sono venuta** a chiedere se gentilmente può chiamare i miei amici.*

Fai parte di un gruppo turistico e chiedi alla guida se il tour include una gita ad Assisi.
***Andremo** anche ad Assisi con il gruppo?*

1. Stai prendendo un cappuccino con un amico e gli chiedi perché non si è presentato all'appuntamento ieri sera.
2. Stai viaggiando in aereo verso l'Italia e chiedi alla tua amica quali sono i luoghi che visiterete.
3. Sei a Piazza Navona e chiedi ad un vigile urbano dove si può gustare un ottimo gelato.
4. Dopo la visita al Museo del Bargello, chiedi alla tua amica se desidera ballare con te in discoteca questa sera.
5. Non conosci nessuno del tuo gruppo turistico e chiedi ad una persona se puoi unirti a lui/lei al ristorante questa sera.
6. Hai appena fatto amicizia con una persona interessante del gruppo turistico e le chiedi la sua provenienza.
7. Dopo aver fatto colazione in albergo, chiedi ad alcuni amici se vogliono recarsi al Foro romano con te.
8. Uno dei tuoi amici ti telefona per invitarti a cena. Accetti l'invito gentilmente e gli dici che sarai a casa sua per le sette e trenta di sera.
9. Sei appena arrivato in albergo e prima di effettuare il check-in, l'impiegato ti chiede la tua provenienza.

PAROLE DERIVATE CON SUFFISSI

Alcuni suffissi come *-aggio, -aio, -ale, -ame, -are, -ario, -evole, -ezza, -ile, -ificare* , e *-oso,* possono formare i seguenti vocaboli:

1. **-aggio** indica un'**azione** come, ad esempio, atterrare / atterraggio, lavare / lavaggio, linciare / linciaggio, monitorare / monitoraggio, montare / montaggio, salvare / salvataggio, spiare / spionaggio, riciclare / riciclaggio;

2. **-aio/a** indica chi svolge un'**attività** come, ad esempio, benzina / benzinaio, bottega / bottegaio, fiore / fioraio, forno / fornaio, giornale / giornalaio, orologio / orologiaio;

3. **-ale** indica un **aggettivo** come, ad esempio, commercio / commerciale, industria / industriale, musica / musicale, posta / postale, centro / centrale;

4. **-ame** indica un **insieme di cose** come, ad esempio, bestia / bestiame, foglia / fogliame, legno / legname, pelle / pellame, scatola / scatolame;

5. **-are** oltre all'**infinito** dei verbi di prima coniugazione, indica un **aggettivo** come, ad esempio, crepuscolo / crepuscolare, popolo / popolare, salute / salutare, secolo / secolare;

6. **-ario/a** indica chi svolge un'**attività** come, ad esempio, biblioteca / bibliotecario, milione / milionario, proprietà / proprietario, visione / visionario;

7. **-evole** indica un **aggettivo** come, ad esempio, amico / amichevole, amore / amorevole, colpa / colpevole, onore / onorevole;

8. **-ezza** indica un **nome** derivato da un aggettivo come, ad esempio, alto / altezza, bello / bellezza, grande / grandezza, lungo / lunghezza, triste / tristezza;

9. **-ile** indica un **aggettivo** come, ad esempio, febbre / febbrile, giovane / giovanile, percorre / percorribile (*exception*), primavera / primaverile, signore / signorile;

10. **-ificare** indica un **verbo** che deriva da un nome o da un aggettivo come, ad esempio, beato / beatificare, dolce / dolcificare, nido / nidificare, pane / panificare, persona / personificare, pietra / pietrificare, solido / solidificare;

11. **-oso** indica un **aggettivo** come, ad esempio, aria / arioso, fama / famoso, muscolo / muscoloso, noia / noioso; veleno / velenoso.

L'uso della lingua

- In italiano si possono creare nuove parole aggiungendo suffissi.
- ⇨ Sono molti gli italiani che spesso si recano alle terme per fare una cura termale con idromassaggi e bagni di fango.
- ⇨ Andare dal giornalaio è conveniente perché oltre ai quotidiani e alle riviste si può trovare un po' di tutto.
- ⇨ I piccoli negozi di quartiere spesso soffrono una spietata concorrenza da parte dei centri commerciali, in grado di offrire prezzi ragionevoli al consumatore.
- ⇨ L'autunno con il suo fogliame brillante offre uno degli spettacoli più belli della natura.
- ⇨ Il volontariato in Italia vanta una lunga tradizione laica che si distingue dall'aspetto religioso.
- ⇨ Per molti telespettatori è difficile vedere un evento sportivo senza pagare perché le concessionarie private spesso gestiscono le trasmissioni televisive.
- ⇨ Nonostante l'aereo abbia registrato un notevole ritardo a causa del maltempo, i passeggeri hanno messo in mostra un comportamento ammirevole.
- ⇨ Oltre alla lingua parlata, gli studenti hanno evidenziato correttezza grammaticale nei loro temi in italiano.
- ⇨ Benché sia caduta abbastanza neve, il sindaco della città ci rassicura che tutte le strade principali sono percorribili.
- ⇨ Ho ricevuto una brutta notizia che mi ha pietrificato.
- ⇨ In Italia si possono vedere statue di personaggi storici famosi in molte piazze e in molti giardini.

 06.06 Osservazioni sull'Italia. Con i seguenti vocaboli, forma delle **parole derivate con suffissi** e crea delle frasi complete riguardo una visita in Italia.

> **Esempio:** riciclare
> *Ho notato che i comuni in Italia facilitano il **riciclaggio** mettendo a disposizione dei contenitori specifici per ogni tipo di rifiuto.*

1. giornale
2. benzina
3. posta
4. foglia
5. pelle
6. popolo
7. visione
8. amico
9. ammira
10. bello
11. biblioteca
12. aria

IL PRESENTE PROGRESSIVO

Altri usi del **presente progressivo**: con il verbo *stare* + **gerundio**, esprime un'azione in corso. Sebbene il verbo **stare** sia la forma più frequente, in casi particolari il presente progressivo si può anche formare con il verbo **andare**.

L'uso della lingua

- Il presente progressivo si forma con il presente del verbo stare e il gerundio come, ad esempio, *sto parlando* (parlare), *sto ripetendo* (ripetere), *sto finendo* (finire).
- I verbi *bere, dire* e *fare* hanno la forma del gerundio irregolare: *bevendo, dicendo, facendo*.
- ➪ In questo momento i bambini **stanno giocando** a calcio.
- ➪ I passeggeri **stanno aspettando** il permesso per salire a bordo dell'aereo.
- ➪ L'economia **va migliorando** giorno per giorno e il consumatore si sente più sicuro.
- ➪ Marino **va dicendo** a tutti che la settimana prossima si sposerà.

 06.07 Cosa stai facendo in questo momento? Il tuo amico ti telefona per sapere cosa stai facendo. Utilizzando la forma corretta del verbo *stare* + **gerundio**, crea una frase completa con le parole indicate.

> **ESEMPIO:**   leggere un libro
> *Sto **leggendo** un libro di storia sulla seconda guerra mondiale.*

1. ascoltare la musica
2. preparare la cena
3. bere una bevanda
4. scrivere una e-mail
5. prendere un caffè
6. finire i compiti
7. fare le spese
8. imbucare cartoline postali
9. comprare dei souvenir
10. cenare al ristorante

IL FUTURO ANTERIORE

Il **futuro anteriore** si forma con il **futuro semplice** di *essere* o *avere* seguito dal **participio passato** del verbo ed esprime ciò che avverrà in futuro.

L'uso della lingua

- Il futuro anteriore può esprimere probabilità e incertezza.
- ➪ Quando **avrò finito** gli studi, farò un viaggio intorno al mondo.
- ➪ Dopo che **avranno giocato** tutto il pomeriggio, i bambini avranno fame.
- ➪ Ho telefonato a Mafalda ma non ha risposto. Forse **sarà andata** al cinema.

06.08 Esprimi alcune ipotesi sulla storia della civiltà. Con il tuo compagno/a di classe cerca di interpretare la storia della civiltà utilizzando il **futuro anteriore**. Inoltre scegli un'idea adatta.

> ESEMPIO: Perché Cristoforo Colombo ha salpato l'Oceano Atlantico? pensare una rotta più breve
> *Probabilmente Cristoforo Colombo **avrà pensato** di trovare una rotta più breve.*

1. Perché Cleopatra si legò a Marco Antonio?	a. volere facilitare il trasporto
2. Perché Napoleone è morto in esilio a S. Elena?	b. esprimere la sua creatività artistica
3. Perché Dante ha scritto *La Divina Commedia*?	c. essere avvelenato da una vipera
4. Perché gli antichi hanno inventato l'orologio?	d. tentare di salvare l'Egitto
5. Perché gli antichi hanno inventato la ruota?	e. mettere in evidenza la sua creatività
6. Perché l'uomo ha inventato la musica?	f. celebrare l'apertura del Canale Suez
7. Perché Giuseppe Verdi ha scritto l'*Aida*?	g. avere bisogno dell'ora esatta
8. Perché Michelangelo ha scritto poesie?	h. per incontrare Kublai Khan
9. Perché Marco Polo ha visitato l'Asia?	i. essere ispirato da Beatrice
10. Perché Andrea del Palladio ha costruito molti edifici?	j. per capire meglio l'architettura classica

IL CONDIZIONALE PASSATO

Il **condizionale passato** si forma con il **condizionale presente** di *essere* o *avere* seguito dal **participio passato** del verbo ed esprime **probabilità** e **desiderio**.

L'uso della lingua

- Denota eventi accaduti in passato.
- Indica anche incertezza.
- ➪ Mi **sarebbe piaciuto** andare in vacanza la settimana **prossima**.
- ➪ Noi **saremmo dovuti** arrivare alle sei, ma l'aereo ha registrato un ritardo.
- ➪ Marco ha detto che **sarebbe rientrato** questa sera, ma non posso confermarlo.

06.09 Riscrivere la storia di Pinocchio. Mettendo i verbi nelle parentesi quadre al **passato condizionale**, riscrivere il seguente riassunto sulla storia di Pinocchio.

> ESEMPIO: [costruire] *avrebbe costruito*
>
> Geppetto (1) [costruire] _____ un burattino perché non aveva figli e lo (2) [chiamare] _____ Pinocchio. Questi però (3) [scappare] _____ via da casa. Pinocchio (4) [promettere] _____ al padre d'essere buono e che (5) [andare] _____ a scuola. Uscito di casa, Pinocchio (6) [vendere] _____ il libro in cambio di un biglietto per il teatro delle marionette; Pinocchio (7) [incontrare] _____ il Gatto e la Volpe, che gli consigliano di coltivare le monete nel campo dei Miracoli, per moltiplicarle. La Fata dai capelli turchini lo (8) [salvare] _____ . Ritornando da Geppetto, Pinocchio (9) [trovare] _____ per caso nuovamente il Gatto e la Volpe. Pinocchio (10) [scoprire] _____ di essere stato derubato; (11) [essere] _____ gettato in mare. Il burattino (12) [fare] _____ delle buone azioni e questo (13) [permettere] _____ la sua trasformazione finale in ragazzo.

PAROLE DERIVATE CON PREFISSI

A. Alcuni **prefissi con valore negativo**: *il-, im-, in-, ir-, s-* e *dis-* come, ad esempio, *disabile, disabitato, disarmonia, disattento, discontinuo, discutibile, disfare, disonesto, disonore, illogico, inimmaginabile, impossibile, incapace, inesperienza, infedele, irresponsabile, scontento, scortese, sfortuna, sleale, smisurato, svantaggio.*

B. Alcuni **prefissi con valore intensivo**: *arci-, extra-, iper-, super-, stra-* e *ultra-* come, ad esempio, *arcicontento, arcicarico, arcistufo, extrafino, iperattivo, ipersensibile, ipertensione, supermercato, super-rifinito, stracarico, strafare, stragrande, stravedere, stravizio, ultrarapido, ultrasinistra.*

L'uso della lingua

- I prefissi aiutano a capire meglio le parole e a creare nuovi vocaboli.

⇨ Più visito l'Italia e più mi rendo conto della mia ignoranza **smisurata** nei confronti della sua storia.

⇨ Alcuni turisti si lamentano di essere in posizione di netto **svantaggio** nell'esprimersi in italiano o rispetto a coloro che lo hanno studiato.

⇨ Nel mese di agosto gli impiegati alberghieri dicono spesso di essere **stracarichi** di lavoro.

⇨ Dobbiamo fare attenzione nel criticare la nostra guida turistica perché è una ragazza **ipersensibile**.

06.10 Arricchire il vocabolario. Utilizzando le seguenti **parole derivate**, creare nuove frasi riguardanti una visita in Italia.

> **ESEMPIO:** appena arrivare a Roma / *disfare* / le valige e fare un giro...
> *Appena siamo arrivati a Roma, abbiamo **disfatto** subito le valige ed abbiamo fatto un giro della città.*

1. quando ritornare / al paese / dove nascere i nonni / vedere che era *disabitato*
2. le scuole italiane / aiutare / i *disabili* a. . .
3. quando entrare al caffè / i loro amici discutevano i meriti / della *disarmonia* / nella musica . . .
4. i turisti / essere spesso / *disattenti* / quando comprano prodotti. . .
5. nonostante l'inverno sia stato rigido / gli alberghi non hanno registrato un *discontinuo* numero di. . .
6. alcuni turisti essere truffati da / *disonesto*. . .
7. per la festa dei santi, molti negozi sono rimasti chiusi e questo / *illogico* da parte di alcuni turisti.
8. visitare Venezia e non andare in / . . . non *essere immaginabile* / per. . .
9. essere *impossibile* / non notare segni di antichità quando visitare. . .
10. incontrare una guida turistica che era *incapace* / di. . .

PAROLE COMPOSTE

Altre **parole composte** che possono avere una base **verbale**, **aggettivale** o **nominale** come, ad esempio, *apribottiglie, apriscatole, asciugamano, attaccapanni, bassorilievo, camposanto, capolavoro, capostazione, cassaforte, copricapo, dopoguerra, lavastoviglie, pastasciutta, pescecane, pianoforte, piedipiatti, portafoglio, terraferma, tiramolla, tritacarne.*

L'uso della lingua

- Le parole composte aiutano a capire meglio le parole e a creare nuovi vocaboli.

- Il termine *senzatetto* si riferisce alle persone che non hanno un posto in cui ripararsi.

- La parola composta *saliscendi* si riferisce al salire e allo scendere continuo di persone.

- Il termine *agrodolce* unisce due aggettivi, *agro* e *dolce* e può fare riferimento a un misto di dolcezza e d'ironia.

06.11 Soggiornare in Italia. Utilizzando le seguenti **parole composte**, creare nuove frasi riguardanti un viaggio in Italia.

> **ESEMPIO:**   quando andare in Sicilia / ordinare. . . che è un tipico piatto agrodolce
> *Quando siamo andati in Sicilia, abbiamo ordinato la caponata che è un tipico piatto* **agrodolce***.*

1. fare un pranzo al sacco presso la Rocca di Assisi e abbiamo usato l'*apribottiglie* per...
2. comprare / *apriscatole* per. . .
3. pernottare / lussuoso albergo di Capri, ma gli *asciugamani*. . .
4. in un albergo di Sorrento / chiedere / *attaccapanni* per. . .
5. visitare / *camposanto* di Genova che è uno dei. . .
6. chiedere / al *capostazione* / la ragione per cui il treno. . .
7. essere importante mettere gli oggetti di valore / nella *cassaforte* dell'albergo perché. . .
8. visitare / Basilica di San Marco e le autorità ci hanno detto di mettere / un *copricapo* per. . .
9. partecipare ad una conferenza sul cinema italiano / del *dopoguerra* per. . .
10. durante la cena / suonare / un *pianoforte* che. . .

SOSTITUTI DELL'AGGETTIVO

Alcuni **sostituti dell'aggettivo** con le *preposizioni di* e *a* come, ad esempio, *albergo di lusso, attrice di successo, camicia di forza, casa di riposo, corteo di protesta, marca di garanzia, professore di ruolo, pittore d'avanguardia, prodotto di qualità, uomo di parola, aereo a reazione, bagaglio a mano, cavallo a dondolo, macchina a noleggio, pasticcini alla crema, penna a sfera, pentola a pressione, pittura ad olio, prestito a medio termine, sedia a rotelle, servizio a domicilio, vuoto a rendere.*

L'uso della lingua

- In italiano, alcuni nomi accompagnati da una preposizione possono assumere il valore di aggettivo.

⇨ Benché Marco si trovi in una situazione di handicap, ha deciso di visitare Roma pur essendo condizionato da una **sedia a rotelle**.

⇨ Il **bagaglio a mano** è forse la valigia più pratica perché, con le sue ridotte dimensioni, permette al viaggiatore di tenerlo con sé in treno o in aereo.

⇨ Con la loro **macchina a noleggio**, i due amici hanno percorso l'intera penisola in meno di due settimane.

06.12 Trattenersi in Italia. Utilizzando i **sostituti dell'aggettivo**, creare frasi riguardanti un viaggio in Italia con i seguenti termini.

> **ESEMPIO:** durante. . . / vedere / *La Locandiera* di Goldoni con un'*attrice di successo*. . .
> *Durante la nostra visita a Venezia abbiamo visto* La Locandiera *di Goldoni con un'ottima* **attrice di successo** *nel ruolo di Mirandolina.*

1. mentre loro erano ad Assisi, alcuni studenti / organizzare un *corteo di protesta* / contro. . .
2. io / visitare / Murano e / comprare / un *prodotto di qualità* perché. . .
3. a Modena / visitare / la fabbrica della Ferrari / dove. . . *marchio di garanzia*
4. a Siena, loro / seguire. . . con un *professore di ruolo*
5. al museo d'arte moderna di Milano / avere. . . sui *pittori d'avanguardia*
6. a Firenze, la nostra guida turistica / mostrare / di essere un *uomo di parola* perché. . .
7. a Roma per la festa della Repubblica, gli avieri /. . . con *aerei a reazione*
8. all'aeroporto Leonardo da Vinci noi / prendere / una *macchina a noleggio* e. . .
9. ad Amalfi voi / alloggiare / in un *albergo di lusso* / dove. . .
10. ad Arezzo lui / comprare / un *bagaglio a mano* perché. . .

L'USO CAUSATIVO DEL VERBO *FARE* + INFINITO

La forma **causativa** indica un'azione che viene "fatta fare" da un altro anziché dal soggetto come, ad esempio, **far arrabbiare, far bere, far costruire, far imprigionare, far innamorare, far innervosire, far mangiare, far ripetere, far sapere, far scrivere, far vedere, far venire, farsi prendere, farsi togliere.**

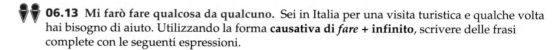

L'uso della lingua

- Il verbo *fare* in questo caso assume una funzione ausiliare.
- ⇨ **Farò leggere** questa lettera dal mio amico Park perché non capisco il coreano.
- ⇨ Il problema del calcio è che molti tifosi **si fanno prendere** dall'ira quando la loro squadra perde.
- ⇨ Per **far mangiare** la pappa al bambino, la mamma deve spesso fare la parte di un pagliaccio.

 06.13 Mi farò fare qualcosa da qualcuno. Sei in Italia per una visita turistica e qualche volta hai bisogno di aiuto. Utilizzando la forma **causativa di *fare* + infinito**, scrivere delle frasi complete con le seguenti espressioni.

> **ESEMPIO:** io / *farsi fotografare* / davanti al *David* di Michelangelo perché. . .
> Mi *farò fotografare* davanti al *David* di Michelangelo come ricordo della mia visita in Italia.

1. Loro / farsi lavare / vestiti perché. . .
2. le attrici / farsi notare / al Colosseo perché. . .
3. io e i miei amici / farsi dare / biglietto per. . .
4. Elena / farsi prestare / una Vespa perché. . .
5. Franco e Maria / farsi prenotare / biglietti da. . .
6. bambini / farsi tagliare / capelli da. . .
7. mio padre / farsi fare / vestito perché. . .
8. i viaggiatori / farsi dare / lezioni d'italiano perché. . .
9. tu / farsi prestare / una macchina sportiva per. . .

SOGGETTI INDEFINITI

In italiano si possono utilizzare i **soggetti indefiniti** per esprimersi in modo generico.

L'uso della lingua

- Con il soggetto indefinito, il verbo si coniuga alla terza persona plurale.
- ➪ **Hanno** liberato gli ostaggi!
- ➪ **Vengono** da tutte le parti per vedere Piazza San Marco.
- ➪ In Italia, **servono** pasta in tutti i ristoranti.

 06.14 Cosa si fa in Italia? Crea delle frasi complete riguardanti una gita in Italia. Utilizza un **soggetto indefinito**.

> **ESEMPIO:** gettare / . . .Canal Grande durante la famosa Regata Storica
> *Hanno gettato dei fiori nel Canal Grande durante la famosa Regata Storica.*

1. *fare* /. . .per il Palio di Siena
2. *sfilare* / le maschere di. . . a Piazza San Marco
3. *presentare* / . . .all'anfiteatro di Taormina
4. *fare* / una mostra. . . al Museo degli Uffizi
5. *proibire* / di salire sulla Torre di Pisa perché. . .
6. *visitare* / l'isola di Capri ma non. . .
7. *pulire* / la Fontana di Trevi perché. . .
8. *restaurare* / la Cappella Sistina perché. . .
9. *camminare* / sulla via Appia Antica come. . .
10. *attraversare* / Il Foro romano per. . .

LA CONCORDANZA DEL PARTICIPIO PASSATO

La concordanza del **participio passato**, con la **forma impersonale del** *si*, si utilizza nel partitivo e con i pronomi complemento oggetto.

L'uso della lingua

- Il participio passato concorda in genere e in numero con il sostantivo che modifica.
- ➪ **La** si è vist**a** in giro per Roma.
- ➪ Di pasta, se **ne** è mangiat**a** molta durante la visita in Italia.
- ➪ Di insulti, se **ne** sono dett**i** molti agli autisti.

 06.15 Cose che succedono in Italia. Utilizzando la concordanza del **participio passato** con la **forma impersonale del** *si*, il partitivo con i pronomi complemento oggetto, riscrivi le seguenti frasi.

> **ESEMPI:** Hanno fotografato l'attrice mentre si bagnava nella Fontana di Trevi.
> *La si è fotografata mentre si bagnava nella Fontana di Trevi.*
>
> Hanno bevuto molta grappa durante una visita in Alto Adige.
> *Di grappa, ne hanno bevuta molta durante una visita in Alto Adige.*

1. Hanno visto la famosa cantante d'opera mentre firmava autografi alla Scala.
2. Hanno comprato molti souvenir ai Musei del Vaticano.
3. Ha letto molti libri sulla storia d'Italia prima di visitare il Bel Paese.
4. Ha fatto molte foto all'interno della Basilica di San Pietro.
5. Hanno preparato molte domande per la guida.
6. Hanno cancellato molti voli nazionali all'ultimo minuto.
7. Hanno visto la figlia del Presidente del Consiglio in discoteca.

I verbi

AVERE e ESSERE

Verbi semplici

INFINITO (INFINITIVE)	avere		essere		
PRESENTE (PRESENT INDICATIVE)	ho hai ha	abbiamo avete hanno	PRESENTE (PRESENT INDICATIVE)	sono sei è	siamo siete sono
IMPERFETTO (IMPERFECT INDICATIVE)	avevo avevi aveva	avevamo avevate avevano	IMPERFETTO (IMPERFECT INDICATIVE)	ero eri era	eravamo eravate erano
PASSATO REMOTO (PAST ABSOLUTE)	ebbi avesti ebbe	avemmo aveste avemmo	PASSATO REMOTO (PAST ABSOLUTE)	fui fosti fu	fummo foste furono
FUTURO (FUTURE)	avrò avrai avrà	avremo avrete avranno	FUTURO (FUTURE)	sarò sarai sarà	saremo sarete saranno
CONDIZIONALE PRESENTE (CONDITIONAL)	avrei avresti avrebbe	avremmo avreste avrebbero	CONDIZIONALE PRESENTE (CONDITIONAL)	sarei saresti sarebbe	saremmo sareste sarebbero
IMPERATIVO (IMPERATIVE)	— abbi (non avere) abbia	abbiamo abbiate abbiano	IMPERATIVO (IMPERATIVE)	— sii (non essere) sia	siamo siate siano
CONGIUNTIVO PRESENTE (PRESENT SUBJUNCTIVE)	abbia abbia abbia	abbiamo abbiate abbiano	CONGIUNTIVO PRESENTE (PRESENT SUBJUNCTIVE)	sia sia sia	siamo siate siano
CONGIUNTIVO IMPERFETTO (IMPERFECT SUBJUNCTIVE)	avessi avessi avessero	avessimo aveste avessero	CONGIUNTIVO IMPERFETTO (IMPERFECT SUBJUNCTIVE)	fossi fossi fosse	fossimo foste fossero
GERUNDIO (GERUND)	avendo		GERUNDIO (GERUND)	essendo	

Verbi composti

PARTICIPIO PASSATO (PAST PARTICIPLE)	avuto	stato/a/i/e	CONDIZIONALE PASSATO (CONDITIONAL PERFECT)	avrei avuto avresti avuto avrebbe avuto avremmo avuto avreste avuto avrebbero avuto	sarei stato/a saresti stato/a sarebbe stato/a saremmo stati/e sareste stati/e sarebbero stati/e
INFINITO PASSATO (PAST INFINITIVE)	avere avuto	essere stato/a/i/e			
PASSATO PROSSIMO (PRESENT PERFECT INDICATIVE)	ho avuto hai avuto ha avuto abbiamo avuto avete avuto hanno avuto	sono stato/a sei stato/a è stato/a siamo stati/e siete stati/e sono stati/e	CONGIUNTIVO PASSATO (PRESENT PERFECT SUBJUNCTIVE)	abbia avuto abbia avuto abbia avuto abbiamo avuto abbiate avuto abbiano avuto	sia stato/a sia stato/a sia stato/a siamo stati/e siate stati/e siano stati/e
TRAPASSATO PROSSIMO (PAST PERFECT INDICATIVE)	avevo avuto avevi avuto aveva avuto avevamo avuto avevate avuto avevano avuto	ero stato/a eri stato/a era stato/a eravamo stati/e eravate stati/e erano stati/e	CONGIUNTIVO TRAPASSATO (PAST PERFECT SUBJUNCTIVE)	avessi avuto avessi avuto avesse avuto avessimo avuto aveste avuto avessero avuto	fossi stato/a fossi stato/a fosse stato/a fossimo stati/e foste stati/e fossero stati/e
FUTURO ANTERIORE (FUTURE PERFECT)	avrò avuto avrai avuto avrà avuto avremo avuto avrete avuto avranno avuto	sarò stato/a sarai stato/a sarà stato/a saremo stati/e sarete stati/e saranno stati/e	GERUNDIO PASSATO (PAST GERUND)	avendo avuto	essendo stato/a/i/e

VERBI REGOLARI
Verbi semplici

INFINITO (INFINITIVE)	VERBI IN **-are** parlare	VERBI IN **-ere** vendere	VERBI IN **-ire** partire	VERBI IN **-ire** (**-isc-**) finire
PRESENTE (PRESENT INDICATIVE)	parl **o**	vend **o**	part **o**	fin **isc o**
	parl **i**	vend **i**	part **i**	fin **isc i**
	parl **a**	vend **e**	part **e**	fin **isc e**
	parl **iamo**	vend **iamo**	part **iamo**	fin **iamo**
	parl **ate**	vend **ete**	part **ite**	fin **ite**
	parl **ano**	vend **ono**	part **ono**	fin **isc ono**
IMPERFETTO (IMPERFECT INDICATIVE)	parla **vo**	vende **vo**	parti **vo**	fini **vo**
	parla **vi**	vende **vi**	parti **vi**	fini **vi**
	parla **va**	vende **va**	parti **va**	fini **va**
	parla **vamo**	vende **vamo**	parti **vamo**	fini **vamo**
	parla **vate**	vende **vate**	parti **vate**	fini **vate**
	parla **vano**	vende **vano**	parti **vano**	fini **vano**
PASSATO REMOTO (PAST ABSOLUTE)	parl **ai**	vend **ei**	part **ii**	fin **ii**
	parl **asti**	vend **esti**	part **isti**	fin **isti**
	parl **ò**	vend **è**	part **ì**	fin **ì**
	parl **ammo**	vend **emmo**	part **immo**	fin **immo**
	parl **aste**	vend **este**	part **iste**	fin **iste**
	parl **arono**	vend **erono**	part **irono**	fin **irono**
FUTURO (FUTURE)	parler **ò**	vender **ò**	partir **ò**	finir **ò**
	parler **ai**	vender **ai**	partir **ai**	finir **ai**
	parler **à**	vender **à**	partir **à**	finir **à**
	parler **emo**	vender **emo**	partir **emo**	finir **emo**
	parler **ete**	vender **ete**	partir **ete**	finir **ete**
	parler **anno**	vender **anno**	partir **anno**	finir **anno**
CONDIZIONALE PRESENTE (PRESENT CONDITIONAL)	parler **ei**	vender **ei**	partir **ei**	finir **ei**
	parler **esti**	vender **esti**	partir **esti**	finir **esti**
	parler **ebbe**	vender **ebbe**	partir **ebbe**	finir **ebbe**
	parler **emmo**	vender **emmo**	partir **emmo**	finir **emmo**
	parler **este**	vender **este**	partir **este**	finir **este**
	parler **ebbero**	vender **ebbero**	partir **ebbero**	finir **ebbero**
IMPERATIVO (IMPERATIVE)	—	—	—	—
	parl **a** (non parlare)	vend **i** (non vendere)	part **i** (non partire)	fin **isc i** (non finire)
	parl **i**	vend **a**	part **a**	fin **isc a**
	parl **iamo**	vend **iamo**	part **iamo**	fin **iamo**
	parl **ate**	vend **ete**	part **ite**	fin **ite**
	parl **ino**	vend **ano**	part **ano**	fin **isc ano**
CONGIUNTIVO PRESENTE (PRESENT SUBJUNCTIVE)	parl **i**	vend **a**	part **a**	fin **isc a**
	parl **i**	vend **a**	part **a**	fin **isc a**
	parl **i**	vend **a**	part **a**	fin **isc a**
	parl **iamo**	vend **iamo**	part **iamo**	fin **iamo**
	parl **iate**	vend **iate**	part **iate**	fin **iate**
	parl **ino**	vend **ano**	part **ano**	fin **isc ano**
CONGIUNTIVO IMPERFETTO (IMPERFECT SUBJUNCTIVE)	parl **assi**	vend **essi**	part **issi**	fin **issi**
	parl **assi**	vend **essi**	part **issi**	fin **issi**
	parl **asse**	vend **esse**	part **isse**	fin **isse**
	parl **assimo**	vend **essimo**	part **issimo**	fin **issimo**
	parl **aste**	vend **este**	part **iste**	fin **iste**
	parl **assero**	vend **essero**	part **issero**	fin **issero**
GERUNDIO (GERUND)	parl **ando**	vend **endo**	part **endo**	fin **endo**

Verbi composti			
PARTICIPIO PASSATO (PAST PARTICIPLE)	parl ato	vend uto	part ito	fin ito
INFINITO PASSATO (PAST INFINITIVE)	avere parlato	avere venduto	essere partito/a/i/e	avere finito
PASSATO PROSSIMO (PRESENT PERFECT INDICATIVE)	ho parlato hai parlato ha parlato abbiamo parlato avete parlato hanno parlato	ho venduto hai venduto ha venduto abbiamo venduto avete venduto hanno venduto	sono partito/a sei partito/a è partito/a siamo partiti/e siete partiti/e sono partiti/e	ho finito hai finito ha finito abbiamo finito avete finito hanno finito
TRAPASSATO PROSSIMO (PAST PERFECT INDICATIVE)	avevo parlato avevi parlato aveva parlato avevamo parlato avevate parlato avevano parlato	avevo venduto avevi venduto aveva venduto avevamo venduto avevate venduto avevano venduto	ero partito/a eri partito/a era partito/a eravamo partiti/e eravate partiti/e erano partiti/e	avevo finito avevi finito aveva finito avevamo finito avevate finito avevano finito
FUTURO ANTERIORE (FUTURE PERFECT)	avrò parlato avrai parlato avrà parlato avremo parlato avrete parlato avranno parlato	avrò venduto avrai venduto avrà venduto avremo venduto avrete venduto avranno venduto	sarò partito/a sarai partito/a sarà partito/a saremo partiti/e sarete partiti/e saranno partiti/e	avrò finito avrai finito avrà finito avremo finito avrete finito avranno finito
CONDIZIONALE PASSATO (CONDITIONAL PERFECT)	avrei parlato avresti parlato avrebbe parlato avremmo parlato avreste parlato avrebbero parlato	avrei venduto avresti venduto avrebbe venduto avremmo venduto avreste venduto avrebbero venduto	sarei partito/a saresti partito/a sarebbe partito/a saremmo partiti/e sareste partiti/e sarebbero partiti/e	avrei finito avresti finito avrebbe finito avremmo finito avreste finito avrebbero finito
CONGIUNTIVO PASSATO (PRESENT PERFECT SUBJUNCTIVE)	abbia parlato abbia parlato abbia parlato abbiamo parlato abbiate parlato abbiano parlato	abbia venduto abbia venduto abbia venduto abbiamo venduto abbiate venduto abbiano venduto	sia partito/a sia partito/a sia partito/a siamo partiti/e siate partiti/e siano partiti/e	abbia finito abbia finito abbia finito abbiamo finito abbiate finito abbiano finito
CONGIUNTIVO TRAPASSATO (PAST PERFECT SUBJUNCTIVE)	avessi parlato avessi parlato avesse parlato avessimo parlato aveste parlato avessero parlato	avessi venduto avessi venduto avesse venduto avessimo venduto aveste venduto avessero venduto	fossi partito/a fossi partito/a fosse partito/a fossimo partiti/e foste partiti/e fossero partiti/e	avessi finito avessi finito avesse finito avessimo finito aveste finito avessero finito
GERUNDIO PASSATO (PAST GERUND)	avendo parlato	avendo venduto	essendo partito/a/i/e	avendo finito

VERBI IRREGOLARI

The following verbs are irregular only in the tense and moods here noted. The other forms are regular.

accendere to turn on, to light
Passato remoto: accesi, accendesti, accese, accendemmo, accendeste, accesero
Participio passato: acceso

andare to go
Indicativo presente: vado, vai, va, andiamo, andate, vanno
Futuro: andrò, andrai, andrà, andremo, andrete, andranno
Condizionale: andrei, andresti, andrebbe, andremmo, andreste, andrebbero
Congiuntivo presente: vada, vada, vada, andiamo, andiate, vadano
Imperativo: va'!, andiamo!, andate!, vada!, vadano!

bere to drink
Indicativo presente: bevo, bevi, beve, beviamo, bevete, bevono

Imperfetto: bevevo, bevevi, beveva, bevevamo, bevevate, bevevano
Passato remoto: bevvi, bevesti, bevve, bevemmo, beveste, bevvero
Futuro: berrò, berrai, berrà, berremo, berrete, berranno
Condizionale: berrei, berresti, berrebbe, berremmo, berreste, berrebbero
Congiuntivo presente: beva, beva, beva, beviamo, beviate, bevano
Congiuntivo imperfetto: bevessi, bevessi, bevesse, bevessimo, beveste, bevessero
Imperativo: bevi!, beviamo!, bevete!, bevano!, bevano!
Participio passato: bevuto
Gerundio: bevendo

cadere to fall
Passato remoto: caddi, cadesti, cadde, cademmo, cadeste, caddero
Futuro: cadrò, cadrai, cadrà, cadremo, cadrete, cadranno

Condizionale: cadrei, cadresti, cadrebbe, cadremmo, cadreste, cadrebbero

chiedere   to ask
Passato remoto: chiesi, chiedesti, chiese, chiedemmo, chiedeste, chiesero
Participio passato: chiesto

chiudere   to close
Passato remoto: chiusi, chiudesti, chiuse, chiudemmo, chiudeste, chiusero
Participio passato: chiuso

comprendere   to understand, to comprehend (see prendere)

condividere   to share (see dividere)

conoscere   to know, to be acquainted
Passato remoto: conobbi, conoscesti, conobbe, conoscemmo, conosceste, conobbero
Participio passato: conosciuto

correre   to run
Passato remoto: corsi, corresti, corse, corremmo, correste, corsero
Participio passato: corso

crescere   to grow
Passato remoto: crebbi, crescesti, crebbe, crescemmo, cresceste, crebbero
Participio passato: cresciuto

cuocere   to cook
Passato remoto: cossi, cocesti, cosse, cocemmo, coceste, cossero
Participio passato: cotto

dare   to give
Indicativo presente: do, dai, dà, diamo, date, danno
Passato remoto: diedi (detti), desti, diede (dette), demmo, deste, diedero (dettero)
Futuro: darò, darai, darà, daremo, darete, daranno
Condizionale: darei, daresti, darebbe, daremmo, dareste, darebbero
Congiuntivo presente: dia, dia, dia, diamo, diate, diano
Congiuntivo imperfetto: dessi, dessi, desse, dessimo, deste, dessero
Imperativo: da'!, diamo!, date!, dia!, diano!

decidere   to decide
Passato remoto: decisi, decidesti, decise, decidemmo, decideste, decisero
Participio passato: deciso

dire   to say, to tell
Indicativo presente: dico, dici, dice, diciamo, dite, dicono
Indicativo imperfetto: dicevo, dicevi, diceva, dicevamo, dicevate, dicevano
Passato remoto: dissi, dicesti, disse, dicemmo, diceste, dissero
Congiuntivo presente: dica, dica, dica, diciamo, diciate, dicano
Congiuntivo imperfetto: dicessi, dicessi, dicesse, dicessimo, diceste, dicessero
Imperativo: di'!, diciamo!, dite!, dica!, dicano!
Participio passato: detto
Gerundio: dicendo

discutere   to discuss
Passato remoto: discussi, discutesti, discusse, discutemmo, discuteste, discussero
Participio passato: discusso

dividere   to divide
Passato remoto: divisi, dividesti, divise, dividemmo, divideste, divisero
Participio passato: diviso

dovere   to have to, must
Indicativo presente: devo (debbo), devi, deve, dobbiamo, dovete, devono (debbono)
Futuro: dovrò, dovrai, dovrà, dovremo, dovrete, dovranno

Condizionale: dovrei, dovresti, dovrebbe, dovremmo, dovreste, dovrebbero
Congiuntivo presente: deva (debba), deva (debba), deva (debba), dobbiamo, dobbiate, debbano

fare   to make, to do
Indicativo presente: faccio, fai, fa, facciamo, fate, fanno
Imperfetto: facevo, facevi, faceva, facevamo, facevate, facevano
Futuro: farò, farai, farà, faremo, farete, faranno
Condizionale: farei, faresti, farebbe, faremmo, fareste, farebbero
Congiuntivo presente: faccia, faccia, faccia, facciamo, facciate, facciano
Congiuntivo imperfetto: facessi, facessi, facesse, facessimo, faceste, facessero
Imperativo: fa'!, facciamo!, fate!, faccia!, facciano!
Participio passato: fatto
Gerundio: facendo

leggere   to read
Passato remoto: lessi, leggesti, lesse, leggemmo, leggeste, lessero
Participio passato: letto

mettere   to place, to put
Passato remoto: misi, mettesti, mise, mettemmo, metteste, misero
Participio passato: messo

morire   to die
Indicativo presente: muoio, muori, muore, moriamo, morite, muoiono
Congiuntivo presente: muoia, muoia, muoia, moriamo, moriate, muoiano
Imperativo: muori!, moriamo!, morite!, muoia, muoiano
Participio passato: morto

nascere   to be born
Passato remoto: nacqui, nascesti, nacque, nascemmo, nasceste, nacquero
Participio passato: nato

perdere   to lose
Passato remoto: persi, perdesti, perse, perdemmo, perdeste, persero
Participio passato: perso (perduto)

piacere   to like
Indicativo presente: piaccio, piaci, piace, piacciamo, piacete, piacciono
Passato remoto: piacqui, piacesti, piacque, piacemmo, piaceste, piacquero
Congiuntivo presente: piaccia, piaccia, piaccia, piacciamo, piacciate, piacciano
Participio passato: piaciuto

piangere   to cry
Passato remoto: piansi, piangesti, pianse, piangemmo, piangeste, piansero
Participio passato: pianto

porre   to put, to place
Indicativo presente: pongo, poni, pone, poniamo, ponete, pongono
Imperfetto: ponevo, ponevi, poneva, ponevamo, ponevate, ponevano
Passato remoto: posi, ponesti, pose, ponemmo, poneste, posero
Futuro: porrò, porrai, porrà, porremo, porrete, porranno
Condizionale: porrei, porresti, porrebbe, porremmo, porreste, porrebbero
Congiuntivo presente: ponga, ponga, ponga, poniamo, poniate, pongano
Congiuntivo imperfetto: ponessi, ponessi, ponesse, ponessimo, poneste, ponessero
Imperativo: poni!, poniamo!, ponete!, ponga!, pongano!
Participio passato: posto

potere   to be able
Indicativo presente: posso, puoi, può, possiamo, potete, possono
Futuro: potrò, potrai, potrà, potremo, potrete, potranno
Condizionale: potrei, potresti, potrebbe, potremmo, potreste, potrebbero
Congiuntivo presente: possa, possa, possa, possiamo, possiate, possano

prendere to take
Passato remoto: presi, prendesti, prese, prendemmo, prendeste, presero
Participio passato: preso

ridere to laugh
Participio passato: risi, ridesti, rise, ridemmo, rideste, risero
Participio passato: riso

rimanere to remain
Indicativo presente: rimango, rimani, rimane, rimaniamo, rimanete, rimangono
Passato remoto: rimasi, rimanesti, rimase, rimanemmo, rimaneste, rimasero
Futuro: rimarrò, rimarrai, rimarrà, rimarremo, rimarrete, rimarranno
Condizionale: rimarrei, rimarresti, rimarrebbe, rimarremmo, rimarreste, rimarrebbero
Congiuntivo presente: rimanga, rimanga, rimanga, rimaniamo, rimaniate, rimangano
Imperativo: rimani!, rimaniamo!, rimanete!, rimanga!, rimangano!
Participio passato: rimasto

rispondere to answer
Passato remoto: risposi, rispondesti, rispose, rispondemmo, rispondeste, risposero
Participio passato: risposto

salire   to get on, to go up, to come up
Indicativo presente: salgo, sali, sale, saliamo, salite, salgono
Congiuntivo presente: salga, salga, salga, saliamo, saliate, salgano
Imperativo: sali!, saliamo!, salga!, salgano!

sapere to know
Indicativo presente: so, sai, sa, sappiamo, sapete, sanno
Passato remoto: seppi, sapesti, seppe, sapemmo, sapeste, seppero
Futuro: saprò, saprai, saprà, sapremo, saprete, sapranno
Condizionale: saprei, sapresti, saprebbe, sapremmo, sapreste, saprebbero
Congiuntivo presente: sappia, sappia, sappia, sappiamo, sappiate, sappiano
Imperativo: sappi!, sappiamo!, sappiate!, sappia!, sappiano!

scegliere to choose
Indicativo presente: scelgo, scegli, sceglie, scegliamo, scegliete, scelgono
Passato remoto: scelsi, scegliesti, scelse, scegliemmo, sceglieste, scelsero
Congiuntivo presente: scelga, scelga, scelga, scegliamo, scegliate, scelgano
Participio passato: scelto

scendere to go down, to come down, to descend, to get off
Passato remoto: scesi, scendesti, scese, scendemmo, scendeste, scesero
Participio passato: sceso

scrivere to write
Passato remoto: scrissi, scrivesti, scrisse, scrivemmo, scriveste, scrissero
Participio passato: scritto

sedere to sit
Indicativo presente: siedo, siedi, siede, sediamo, sedete, siedono
Congiuntivo presente: sieda, sieda, sieda, sediamo, sediate, siedano
Imperativo: siedi!, sediamo!, sedete!, sieda!, siedano!

spendere to spend
Passato remoto: spesi, spendesti, spese, spendemmo, spendeste, spesero
Participio passato: speso

stare to stay, to remain, to be
Indicativo presente: sto, stai, sta, stiamo, state, stanno
Indicativo imperfetto: stavo, stavi, stava, stavamo, stavate, stavano
Futuro: starò, starai, starà, staremo, starete, staranno
Condizionale: starei, staresti, starebbe, staremmo, stareste, starebbero
Congiuntivo presente: stia, stia, stia, stiamo, stiate, stiano
Congiuntivo imperfetto: stessi, stessi, stesse, stessimo, steste, stessero
Imperativo: sta'!, stiamo!, state!, stia!, stiano!
Participio passato: stato

tenere to keep, to hold,
Indicativo presente: tengo, tieni, tiene, teniamo, tenete, tengono
Passato remoto: tenni, tenesti, tenne, tenemmo, teneste, tennero
Futuro: terrò, terrai, terrà, terremo, terrete, terranno
Condizionale: terrei, terresti, terrebbe, terremmo, terreste, terrebbero
Imperativo: tieni!, teniamo!, tenete!, tenga!, tengano!

uscire to go out
Indicativo presente: esco, esci, esce, usciamo, uscite, escono
Congiuntivo presente: esca, esca, esca, usciamo, usciate, escano
Imperativo: esci!, usciamo!, uscite!, esca!, escano!

vedere to see
Passato remoto: vidi, vedesti, vide, vedemmo, vedeste, videro
Futuro: vedrò, vedrai, vedrà, vedremo, vedrete, vedranno
Condizionale: vedrei, vedresti, vedrebbe, vedremmo, vedreste, vedrebbero
Participio passato: visto (veduto)

venire to come
Indicativo presente: vengo, vieni, viene, veniamo, venite, vengono
Passato remoto: venni, venisti, venne, venimmo, veniste, vennero
Futuro: verrò, verrai, verrà, verremo, verrete, verranno
Condizionale: verrei, verresti, verrebbe, verremmo, verreste, verrebbero
Congiuntivo presente: venga, venga, venga, veniamo, veniate, vengano
Imperativo: vieni!, veniamo!, venite!, venga!, vengano!
Participio passato: venuto

vivere to live
Passato remoto: vissi, vivesti, visse, vivemmo, viveste, vissero
Participio passato: vissuto

volere to want
Indicativo presente: voglio, vuoi, vuole, vogliamo, volete, vogliono
Passato remoto: volli, volesti, volle, volemmo, voleste, vollero
Futuro: vorrò, vorrai, vorrà, vorremo, vorrete, vorranno
Condizionale: vorrei, vorresti, vorrebbe, vorremmo, vorreste, vorrebbero
Congiuntivo presente: voglia, voglia, voglia, vogliamo, vogliate, vogliano

VERBI CONIUGATI CON ESSERE

The following verbs are conjugated with **essere**. In addition, all reflexive verbs are conjugated with **essere** (for example, **divertirsi**, to have a good time):
mi sono divertito/a, ti sei divertito/a, si è divertito/a, ci siamo divertiti/e, vi siete divertiti/e, si sono divertiti/e.

accadere	to happen	ingrassare	to gain weight, to get fat
andare	to go	mancare	to lack, to be lacking
arrivare	to arrive	morire	to die
avvenire	to happen	nascere	to be born
bastare	to be enough, to suffice	parere	to seem, to appear
cadere	to fall	partire	to leave, to depart
*cambiare	to change	*passare	to pass time, to pass by
*cominciare	to begin, to start	piacere	to like
costare	to cost	restare	to remain, to stay
*correre	to run	rimanere	to remain
crescere	to grow	*risalire	to climb up again, to go up again
dimagrire	to lose weight	ritornare	to return
dispiacere	to be sorry	riuscire	to manage, to succeed
divenire	to become	*salire	to get on, to go up
diventare	to become	*saltare	to jump, to skip
durare	to last	scappare	to run away
entrare	to enter	*scendere	to descend, to go down, to get off
esistere	to exist	sembrare	to seem
esplodere	to explode	stare	to stay
essere	to be	succedere	to happen
*finire	to finish	tornare	to return
fuggire	to run, to flee	uscire	to go out
guarire	to get well	venire	to come

*Conjugated with **avere** when used with a direct object.

VERBI CON IL PARTICIPIO PASSATO IRREGOLARE

INFINITO	PARTICIPIO PASSATO	INFINITO	PARTICIPIO PASSATO
accendere to tun on, to light	acceso	**offrire** to offer	offerto
aggiungere to add	aggiunto	**parere** to seem	parso
apparire to appear	apparso	**perdere** to lose	perso (perduto)
apprendere to learn	appreso	**permettere** to permit	permesso
aprire to open	aperto	**piangere** to weep, to cry	pianto
assumere to hire	assunto	**prendere** to take	preso
bere to drink	bevuto	**produrre** to produce	prodotto
chiedere to ask	chiesto	**promettere** to promise	promesso
chiudere to close	chiuso	**promuovere** to promote	promosso
comprendere to understand	compreso	**proteggere** to protect	protetto
concludere to conclude	concluso	**raggiungere** to reach	raggiunto
conoscere to know	conosciuto	**rendere** to return, to render	reso
convincere to convince	convinto	**richiedere** to require	richiesto
coprire to cover	coperto	**ridere** to laugh	riso
correre to run	corso	**rimanere** to remain	rimasto
correggere to correct	corretto	**risolvere** to solve	risolto
cuocere to cook	cotto	**rispondere** to answer	risposto
decidere to decide	deciso	**rompere** to break	rotto
dipendere to depend	dipeso	**scegliere** to choose	scelto
dipingere to paint	dipinto	**scendere** to get off, to get down	sceso
dire to say	detto	**scommettere** to bet	scommesso
discutere to discuss	discusso	**scoprire** to discover	scoperto
dividere to divide	diviso	**scrivere** to write	scritto
eleggere to elect	eletto	**soffrire** to suffer	sofferto
esprimere to express	espresso	**sorridere** to smile	sorriso
essere to be	stato	**spegnere** to turn off, to extinguish	spento
fare to do, to make	fatto	**spendere** to spend	speso
interrompere to interrupt	interrotto	**succedere** to happen	successo
leggere to read	letto	**togliere** to remove	tolto
mettere to put	messo	**vedere** to see	visto (veduto)
morire to die	morto	**venire** to come	venuto
muovere to move	mosso	**vincere** to win	vinto
nascere to be born	nato	**vivere** to live	vissuto
offendere to offend	offeso		

Vocabolario

A

a partire da	starting
a proposito	by the way, à propos
abbassare	to lower
abbellire	to embellish
abbinare	to match, coordinate
abbracciarsi	to embrace
l'abito	suit; garment, apparel
abituato	accustomed
l'abitudine	habit
le abitudini	customs
accadere	to occur
accanirsi	to be dogged by bad luck
accanto	next to
accarezzare	to caress
accedere	to enter, log on
accingersi	to begin to
l'accoglienza	hosting; reception, hospitality
accogliere	to welcome
accomodarsi	to make oneself comfortable
accoppiare	to match
accorgersi	to become aware of
l'acquisto	purchase
addirittura	even
l'afa	sultriness
affascinare	to fascinate
affermare	to state
affermarsi	to become established
afferrare	to seize, grab
affidare	to entrust
affidarsi	to rely on
affollato	crowded
affrettarsi	to hurry
affrontare	to face, confront
aggiungere	to add
agire	to act
al forno	baked
al punto di	to the point of
l'alimentazione	nourishment
l'alito	breath
alla buona	casual
alle vongole	with clams
allenarsi	to train
l'allievo	student
alloggiare	to lodge
allontanarsi	to get away from
l'ambasciata	embassy
ammaestrare	to master, to learn
l'ammenda	fine
l'anello	ring
annuire	to agree
l'anziano	elderly person
anziché	rather than
appannare	to cloud
appartenere	to belong
appiccicare	to stick
appoggiare	to lean
l'approccio	approach
approfittare	to take advantage
l'argento	silver
l'armadio	wardrobe
arrabbiato	upset
l'arredamento	decoration

arredare	to decorate
arricchire	to enrich
l'artigianato	craftsmanship
asciugare	to dry
assaggiare	to taste
assicurarsi	to ensure
l'assicurazione	insurance
l'astuzia	craftiness
l'atteggiamento	behavior
attenuato	subdued
l'attesa	wait
l'attimo	moment
l'attrezzatura	equipment
augurare	to wish
avvantaggiato	favored
l'avvenimento	event
avvenire	to happen; to take place
avviare	to initiate
avvicinarsi	to approach, near; to get closer
avviluppare	to envelop

B

il bacio	kiss
bagnarsi	to bathe oneself
la balaustra	balustrade
la balena	whale
balneare	seaside
basarsi	to be based on
bastare	to suffice
il bastoncino	cane
la beffa	practical joke
la bellezza	beauty
il bene	good, property
il benessere	well-being
benestante	well-off
la bibita	soft drink
il bivio	junction, crossroads
la borsetta	handbag
il bozzolo	cocoon
il bracciale	bracelet
la bresaola	dry beef
la briciola	crumb
il brivido	shudder
il bucato	laundry
la bugia	lie
buttare	to throw

C

il camoscio	chamois
la campagna	campaign, country
campestre	rural
cancerogeno	carcinogenic
il cantante	singer
capacitarsi	to comprehend
capeggiare	to lead
capitare	to happen
il capolavoro	masterpiece
il carburante	fuel
il carciofo	artichoke
il cardellino	goldfinch
il carteggio	correspondence, documents
la cartolina	postcard
la cascata	waterfall
la cassata	Sicilian cheesecake

la catena	chain
cautamente	cautiously
il cavaliere	knight
cavarsela	to make it, survive
la cerniera	fastener, zipper
il ceto	social class
che ne direste...?	How about...?
chiaramente	clearly
chiaro	clear
chissà	who knows?
la chirurgia	surgery
la ciliegia	cherry
il cinghiale	boar
la cipolla	onion
cogliere	to pick; to seize / catch
coinvolgere	to involve in
la collana	necklace
collegare	to connect
colmare	to fill up
colmo	full, summit
colpire	to hit, to strike
li ha colpiti	struck them
colto	cultured, learned
la comitiva	group
la commessa	clerk
il comò	dresser
il comodino	night table
comporre	to compose
il comportamento	behavior
comportare	to bring about; to involve
concedere	to grant
concedersi	to treat oneself
concepire	to conceive
il concorrente	competitor
condividere	to share
confezionare	to pack, make
il coniuge	spouse
il consiglio	advice
la convivialità	intimacy, warmth, friendliness
il coperchio	lid, top
la coppa	cured neck of pork, cup, globet
la coppia	couple
il coraggio	courage
la corazza	armor
coricarsi	to go to bed
il cortile	courtyard
Cosa fai da queste parti?	What are you doing here?
cosicché	and so
costretto	forced
la credenza	cupboard, pantry
la crescita	growth
la creta	clay
croccante	crunchy
la crostata	pie
il cuoio	leather, hide

D

d'ora in poi	from now on
da quanto sembra	it appears that
la damigella	damsel, bridesmaid
il danno	damage
dare	to give

dà buoni risultati	it gives good results
dare il via	to kick off, begin
la debolezza	weakness
decapitare	to decapitate
dedurre	to infer
dello stesso stampo	similar
il dentifricio	toothpaste
dipende	it depends
se dipendesse da me	if it were up to me
di solito	usually
diluviare	to pour
la dimora	home
dipingere	to paint
il dipinto	painting
il discobolo	discus thrower
diseredato	underprivileged, disadvantaged
disfattistico	self-destructive
disponibile	available
distruggere	to destroy
il divano	sofa
il dolore	suffering
il dono	gift
duttile	ductile, malleable

E

e via di seguito	and so on
l'edilizia	construction, building
elencare	to enumerate, list
emanare	to emit
l'equipaggio	crew
equo	equitable / fair
eseguire	to carry out
esemplificare	to exemplify
esercitare	to exercise
esibirsi	to perform, show off, display
essere	to be
è disposto a	is ready to
essere a fuoco	to be in focus
l'esito	result
l'essiccatura	drying
estivo	summer, summertime
evitare	to avoid

F

la facciata	façade
la facoltà	department, faculty
il fallimento	bankruptcy
fare	to do, make
fare a meno di	to do without
fare comodo	to be of convenience
fare parte di	to take part in
fare strada	to cover ground
far fronte a	to face
farà piacere a	it will please
la farfalla	butterfly
il fascino	charm
faticare	to labor
il fato	fate
fatto su misura	tailor made
la favola	fairy tale; fable
la felce	fern
il fianco	side, hip
la fidanzata	fiancée
la filastrocca	nursery rhyme

il filo	thread
il filone	loaf, trend
la fioreria	flower shop
la firma	signature
fissare	to stare at
lo fissano	they stare at him
il fiume	river
la folla	crowd
la fonte	source, spring
il fornaio	baker
il fornello	stove
fornire	to furnish, give
fratturarsi	to fracture
frignare	to whine
la fuga	running away
la furbizia	astuteness, shrewdness

G

il gambero	shrimp
la garanzia	guarantee
il garofano	carnation
la gengiva	gum
gestire	to manage
gettare	to throw
gettarsi	to throw oneself
il getto	jet, spurt
la ghiandola	gland
già fatto	it has been done
la giardiniera	female gardener
il gigante	giant
il giglio	lily
il gioielliere	jeweler
la giornata	day
giovare	to be useful, be good; to help
gracile	delicate, frail
la grandezza	greatness
grato	grateful
la guarigione	cure, recovery
il guerriero	warrior
la guglia	steeple

I

immergersi	to immerse oneself
impastare	to knead
impegnato	committed / engaged
l'impegno	commitment
impensabile	unthinkable
impiantare	to transplant
l'impianto	equipment, facility
impomatare	to pomade / gel one's hair
l'impresa	initiative, undertaking
l'impronta	footprint, mark
in che modo	in what way
in linea di massima	generally speaking
in merito	with regards to
incancellabile	indelible
l'incantesimo	magic spell
l'incarico	onus, responsibility
incartare	to wrap
l'incertezza	uncertainty
incidere	to affect
incrociare	to cross
indirizzare	to address / direct
indurre	to induce
ineguagliabile	incomparable
infornare	to bake
ingrassare	to gain weight

l'ingresso	entrance
innalzarsi	to elevate
innescarsi	to activate / to be triggered
inoltre	in addition
inquadrare	to focus
l'inquadratura	frame
l'insediamento	settlement, habitat
inseguire	to follow, pursue
l'insicurezza	insecurity
intraprendere	to undertake
intrattenere	to entertain a company
intrattenersi	to entertain, to dwell on
invaso	invaded
l'invecchiamento	aging
irrisolto	unresolved

L

lagnarsi	to whine
lanciare	to launch, to throw
lasciare	to let go
la lavorazione	craftsmanship
la legatura	binding
il legname	wood
il lenzuolo	bedsheet
la lepre	hare
liceale	high school
il lineamento	feature
il liuto	lute
la lunghezza	length
la lusinga	enticement

M

ma senz'altro	of course
la macedonia	fruit cocktail
la maestria	mastery
maggiormente	mostly
magistrale	masterful
la maglia	jersey, sweater
la malattia	sickness
il malinteso	misunderstanding
la malsanità	malpractice
la mancanza	shortage, lack of
mancare	to be missing, fail; to miss
mandare	to send
a mandarmi in bestia	to send me into a rage
la mandorla	almond
il manico	handle
mantenere	to hold
il maremoto	tsunami
la margherita	daisy
la marmellata	jam
il marmo	marble
la maschera	mask
il materassino	mattress
il mattatoio	slaughter house
il mazzo	bouquet
il meglio	best
la melanzana	eggplant
il menestrello	minstrel
la menzogna	lie
la metà	half
mettere a disposizione	to make available
mettere in evidenza	to highlight
mi dà pena	it pains me
mi sembra	it seems

mirare	to aim at	pescare	to fish	richiedere	to require
il mobile	furniture	la pesca	fishing	riconoscere	to recognize
la mobilia	furniture	il peso	weight	il ricordo	souvenir
mondano	mundane, worldly	la peste	plague	ricoverare	to hospitalize
il monitoraggio	monitoring	il pezzo	piece	la rientranza	recess
montare	to climb	piantare	to plant	rilassarsi	to relax
la morbidezza	softness	la piastrella	tile	rimpicciolire	to downsize, shrink
morbido	soft	il pidocchio	louse	ringhiare	to growl
morboso	morbid	il piedistallo	pedestal	rinvenire	to discover, recover
i mori	Moors	piegarsi	to bend	rinvigorirsi	to reinvigorate
il moscerino	fly, gnat	pigliare	to seize, take	riproporre	to propose anew
i soliti moscerini	the usual flies	piove a dirotto	it's pouring	risalire	to date back to; to go
mosso	agitated	piuttosto	rather		back
il mughetto	lily of the valley (flower)	la pizzicheria	delicatessen	risaltare	to stand out
		la poltrona	armchair	risaputo	well known
N		il poppante	baby	la riscoperta	rediscovery
n'è valsa la pena	it was worth it	porre	to place	ritemprare	to reinvigorate
ne prendiamo	we take some	il portaombrelli	umbrella stand	ritrarre	to depict
nelle tue cose	in your affairs	il portavivande	plate	riuscire	to succeed
nitidamente	clearly	carrello		rivolgersi	to address oneself to; to
nocivo	harmful	portavivande	lazy susan		turn to
non ci resta che	all we need to do	posarsi	to rest on, to perch	il roseto	rose garden
notare	to observe	il posto	place, job	ruvido	rough, coarse
il nuotatore	swimmer	il pozzo	well		
la nuvola	cloud	pregiato	precious	**S**	
		prelevare	to take, withdraw	la sabbia	sand
O		prelibato	delicious	salomonico	wise / Solomon-like
l'obiettivo	objective	il premio	prize	salutare	healthy
occuparsi	to be involved in	prendere il volo	disappearing	il salvagente	life preserver
oltre a	in addition to	prendere in affitto	to rent	salvaguardare	to safeguard
l'omaggio	tribute, gift	prestare	to lend	il sangue	blood
omogeneizzare	homogenize	prevenire	to prevent	il sapore	taste
l'opera	work of art	progredire	to progress	sbagliare	to err, to make a mistake
l'operaio	worker	proporre	to propose	scalare	to climb
oppure	or	prostrato	worn out, lying flat	la scalinata	stair
ormeggiare	to anchor	provare	to taste, to try on	lo scalino	step
oscuro	dark	la provenienza	origin	lo scambio	exchange
ospitare	to host	provenire	to come from	lo scarpone	boot
l'ospite	guest	il pugno	fist, punch	scatenare	to unleash
ovunque	everywhere	il pulsante	button	la scatola	box
		la purga	laxative / purge	scattare	to shoot
P				lo scavo	excavation
il pacchetto	pack	**Q**		la scheda	form, card
il pacco	parcel	quaresimale	pertaining to Lent	la scelta	choice
il paesaggio	landscape	quotidiano	daily	lo scherzo	joke
la pancetta	salt-cured pork belly			lo schiaffo	slap
	(similar to bacon)	**R**		lo sciacquo	rinse
paragonare	to compare	racchiuso	enclosed	lo scienziato	scientist
il pareggio	draw / equalizer	raccogliere	to harvest	sciolto	loose
la parentela	relationship, relatives	il racconto	story	sciupare	to squander
il parere	opinion	radunare	to gather	scivolare	to slip
pari	equal	il raduno	gathering	scomparire	to disappear
la partenza	departure	raffigurare	to represent	scomparso	disappeared
la partita	game, match	la raffigurazione	image	sconfiggere	to defeat
partorire	give birth to	rafforzare	to reinforce	lo scontro	clash
la pasticceria	pastry shop	il raffreddore	cold	scordare	to forget
la patria	motherland	la ragione	reason	scorgere	to notice
la pelle	leather	rallentare	to slow down	screpolato	chapped
la nostra pelle	our skins	il rapporto	relationship	la scuola media	middle school
la pelletteria	leather shop	il re	king	scuotere	to shake
il pendio	slope	reagire	to react	scuotersi	to shake off
il pensiero	thought	il reale	monarch	sdraiato	lying down
il pensionato	retiree	recarsi	to go	seccante	annoying
Per carità!	My goodness!	la reggia	palace	il secolo	century
per volere di	by the will of	rendere	to render	la sede	headquarters
perdevo colpi	I was out of step, could	il reperto	find	il sedile	seat
	not function	riallacciare	to reconnect	segnalare	to identify
perfino	even	ribellarsi	to rebel	il seguace	follower
la persiana	shutter	il ricamo	embroidery	seguire	to follow

selvatico	wild	la spiegazione	explanation	il tenore di vita	lifestyle
sembrare	to seem	spietato	violent	le terme	baths
semmai	if anything	lo spillo	pin	teso	tense
senz'altro	of course	la spina	thorn	il tessuto	tissue
sfacciatamente	rudely	spingere	to push	tirare	to pull
sfamare	to feed	la spinta	push, drive	ha tirato fuori	has drawn out
sfamarsi	to feed	sporgente	protruding	togliere	to remove
lo sfascio	collapse	lo spuntino	snack	la tombola	tombola (an Italian version of Bingo)
lo sfondo	background	la stampa	print, the press		
lo sforzo	effort	la statuaria	art sculpture	la torre	tower
la sfuriata	outburst, fit of anger	lo stelo	stem	il torrone	nougat candy
siamo in vena	we're in a mood	lo stilista	designer	tracciare	to sketch, outline
simboleggiare	to symbolize	stretto	tight	tramandare	to hand down
il sindaco	mayor	la stufa	heater	tramite	by means of
la smania	obsession	subire	to stand / suffer	il tramonto	sunset
smettere	to quit, to stop	succedere	to happen	trascinare	to drag
soavemente	divinely	la suora	nun	trascurare	to neglect
il socio	member	la superficie	surface	il trasloco	move
soggiogare	to subjugate	suscitare	to arouse	la tristezza	sadness
solcare	to mark, plough	la sveglia	alarm clock	il tubetto	tube
sommario	brief	la svendita	sale	il tuono	thunder
la somministrazione	administering of medication	sviluppare	to develop		
		lo sviluppo	development, growth	**U**	
sommo	highest, supreme	svogliato	half-hearted	urgere	to urge
la sorgente	spring	svolgere	to carry out, develop	l'usanza	tradition
sorgere	to emerge, rise				
sorreggere	to hold	**T**		**V**	
la sorte	destiny	tale	such	vantare	to boast
la sosta	rest, stop, pause	tale che ognuno	such that each	variopinto	multicolored
sostenere	to sustain	la tappa	stop; stage	il vassoio	platter
il sostegno	support	il tappeto	rug	il veglione	ball
sottile	thin	la tasca	pocket	la vendita	sale
spargere	to shed, spread	temere	to fear	venire	to come
lo spaesamento	disorientation	la tenerezza	tenderness	le viene in mente	it comes to mind
spaziare	to range	tenere	to hold	il vetro	glass
la spazzatura	rubbish	tener conto	to keep in mind	la vicenda	affair, matter
lo spazzolino	brush	ci tenevano	they cared about / to	la volontà	will
la speranza	hope	ci tengo a	it matters to me that	la volpe	fox
spiegare	to explain	ci tiene	it matters to him/her		

Credits

Index